Arno Gruen
Der Verlust des Mitgefühls

In Liverpool entführen zwei elfjährige Jungen einen Zweijährigen und ermorden ihn. Die Tat hätte verhindert werden können, wenn Passanten, die die Schreie des Kindes hörten, eingegriffen hätten. Durch ihr Nichthandeln stellen sie sich auf die Seite der Mörder und Entführer.

Um unser Mitgefühl ist es schlecht bestellt. Woran liegt das?

Es geht, so zeigt das Buch, um die Art, wie wir aufwachsen, um die Geschichte unserer Kindheit. Es geht um den Terror, dem Kinder ausgeliefert sind, umd um das Umkippen dieses Terrors: Am Ende werden in unserer Zivilsation jene edealisiert, die kalt sind und die das Kind – und das Kind in sich selbst – nicht mehr wahrnehmen können. Die politischen Folgen sind katastrophal: Menschen entwickeln keine eigene Identität, sie identifizieren sich mit der Macht oder den Mächtigen. Jedoch verlieren Menschen, die eine fremde Identität aus der Identifikation mit Macht und ihren Symbolen beziehen – ein Musterbeispiel ist der Faschismus von rechts oder links –, das Fundament ihres Menschseins. Vor allem wenn – wie heute – unsere Gesellschaften bedroht sind vom Chaos und den Auswirkungen der globalen Wirtschaftsentwicklung, droht der Ausbruch neuer Gewalt. Erst aus dem Vergleich mit primitiven Kulturen, aus erschreckenden Berichten von Überlebenden der Todeslager und aus der Beschäftigung mit den sogenannten seelisch Kranken entwickelt das Buch Alternativen: Es könnte Wege geben, sich der Politik der Gleichgültigkeit bewußt zu werden und einen Ausweg aus der Sackgasse zu immer mehr Gewalt und weniger Mitgefühl zu finden.

Arno Gruen, 1923 in Berlin geboren, 1936 Emigration in die USA, 1961 Promotion als Psychoanalytiker bei Theodor Reik. Tätigkeit als Professor und Therapeut an verschiedenen Universitäten und Kliniken, daneben seit 1958 psychoanalytische Privatpraxis. Seit 1979 lebte und praktizierte Arno Gruen in der Schweiz. 2001 erhielt er den Geschwister-Scholl-Preis für ›Der Fremde in uns‹, 2010 wurde ihm der Loviisa Peace Prize verliehen. Zahlreiche Fachpublikationen und Buchveröffentlichungen. Arno Gruen starb im Oktober 2015 in Zürich.

Arno Gruen

Der Verlust des Mitgefühls

Über die Politik der Gleichgültigkeit

dtv

Von Arno Gruen
sind im dtv lieferbar:
Der Verrat am Selbst
Der Wahnsinn der Normalität

MIX
Papier aus verantwortungsvollen Quellen
FSC® C019821

Originalausgabe 1997
14. Auflage 2023

Umschlagkonzept: Balk & Brumshagen
Umschlagfoto: gettyimages
Satz und Herstellung: Hartmut Czauderna, Gräfelfing,
auf Apple Macintosh QuarkXPress
Gesetzt aus der 10/12˙ Stempel Garamond
Druck und Bindung: Druckerei C.H.Beck, Nördlingen
Printed in Germany · ISBN 978-3-423-35140-9

Inhalt

Für beide Zoes und für ihre Zukunft

Vorwort: Die Frage nach dem Menschsein

Die Frage nach dem Mitgefühl des Menschen ist die Frage nach seinem Menschsein, seiner Identität. Es ist zugleich die Frage, mit wieviel Schaden an Körper und Seele er noch an seinem Menschsein festhalten kann.

Auschwitz ist ein mahnendes Beispiel dafür, wozu Menschsein ohne Mitgefühl entarten kann. Primo Levi (1992) schreibt in seinem erschütternden Auschwitz-Bericht »Ist das ein Mensch?«, daß er sich dafür schäme, daß es Menschen waren, die Auschwitz erdacht und errichtet haben. Aber Auschwitz ist weder Anfang noch Ende einer solchen Scham. Diese begann mit den Kindsmorden der Antike und ist auch heute Alltag, etwa bei den Verstümmelungen und Vergewaltigungen von Frauen und Kindern in Südamerika, Afrika, im früheren Jugoslawien, in Rußland, im Nahen Osten, in Indonesien und ebenso in Europa bei den Ausschreitungen aus Fremdenhaß und den Gewalttaten von Kindern gegen andere Kinder. Die heutigen politischen Verhältnisse schwanken zwischen Konsolidierung bürokratischer Herrschaft einerseits und Ausbrüchen ohnmächtigen Zorns andererseits (E. R. Wolf, in: Diamond 1976).

Wie kommt es dazu, daß wirtschaftlicher Zusammenbruch, Rezessionen, Kriege, Zerstörung, Haß, Bruderstreit, Gewalttätigkeit, Drogenkonsum, Kriminalität, Verachtung gegenüber Frauen und Kindern, Verrohung und Grausamkeit überall auf der Welt zunehmen? Läßt sich diese Krise denn nur auf nationale, ökonomische oder technologische Probleme reduzieren? Nein, sie liegt in unserer Definition dessen, was einen Menschen ausmacht, in unserem eigenen und eigentlichen Verständnis des Menschseins. Wir nennen das, worin wir leben, stolz »Zivilisation«, doch die darin waltenden Gesetze und Kräfte haben ein Eigenleben entwickelt, das sich gegen unser seelisches und körperliches Wohl richtet.

Warum lernen wir nicht aus unserer Geschichte? Warum werden wir heute – in Zeiten der Informationsgesellschaft und auf hohem wissenschaftlichen Erkenntnisstand – wieder von der Vergangenheit eingeholt? Wir leben in einer Welt, in der wir zunehmend voneinander abhängig sind, uns aber gleichzeitig vermehrt gegeneinander einsetzen. Warum also stellen sich Menschen gegen das, was sie miteinander verbindet, gegen das, was sie gemeinsam haben?

Die Frage nach dem Menschsein geht weit über Auschwitz hinaus. Auschwitz ist ein Mahnmal dessen, wozu Menschen imstande sind, und berechtigt zu der Frage, was Menschsein überhaupt ausmacht.

Es ist schwierig, eine Antwort darauf zu geben. Unsere wirklichen Bedürfnisse und das, was unser Selbstverständnis und unser Bewußtsein als Menschen formt, sind der gesellschaftlichen Ordnung unterworfen und damit fremdbestimmt. Wie ich versuchen werde darzulegen, sind Kräfte am Werk, die uns dazu zwingen, Macht und Gehorsam als Eigenziele einzuverleiben, so daß unsere ureigenen Bedürfnisse nach Wärme und Liebe von uns losgelöst und sogar verleugnet werden. Diese von uns abgetrennten Bedürfnisse werden zu Erfahrungen, die – von zerstörerischer Wut begleitet – zu einer Zersplitterung des Individuums führen.

Viele beantworten die Frage nach dem Menschsein mit dem Hinweis auf die gesellschaftlichen Rollen, die Menschen spielen. Eine solche Definition des Menschseins setzt menschliche Identität mit der Identifikation mit Rollen und Symbolen gleich. Wenn aber in Zeiten gesellschaftlichen Umbruchs, wirtschaftlichen und politischen Chaos' diese Identifikationen keinen Halt mehr geben, weil die Rollen allmählich ihre Bedeutung verlieren, breiten sich Unsicherheit und Unruhe in der Gesellschaft aus: Die Menschen sind verwirrt, wissen nicht mehr, wo sie stehen, und fühlen sich bedroht. Manche versuchen dann gewaltsam jenen alten Zustand wiederherzustellen, von dem sie glauben, daß er ihnen ihre verlorengegangene Identität zurückgibt. Historiker sprechen von Perioden des Auseinanderfallens und neuen Identitätsgeburten, ohne jedoch in Frage zu stellen, ob menschliche Identität tatsächlich aus gesellschaftlichen Rollen erwächst. Eine solche Definition klammert jedoch das, was unser Menschsein wirklich ausmacht, aus und beschränkt sich auf jenen Teil menschlichen Selbstverständnisses, der dem Selbsterhalt von Macht und Gehorsam dient.

Dennoch ist diese Definition unseres Menschseins die vorherrschende, weitgehend unser Denken bestimmende. Sobald wir aber Identität mit Identifikation gleichsetzen, müssen wir auch den Nationalismus als Ausdruck von Identitätsentfaltung akzeptieren. Und dann müssen wir auch akzeptieren, daß dieser in Gewalttätigkeit, in

Entmündigung und Mißbrauch der Verwundbarsten – der Frauen und Kinder –, in Mord und Krieg mündet. Indem wir uns eine solche nationalistische Identität überstülpen lassen, liefern wir uns ihr aus, machen wir uns zu ihrem Opfer.

Sicher, die Identifikation mit einem Land und seinen Bräuchen, die Teilhabe an gemeinsamen Erfahrungen, Hoffnungen, Freude und Trauer geben Menschen das Gefühl von Gemeinschaft und Geborgenheit. Wir sind gesellschaftliche Wesen, die andere Menschen für ihr körperliches und seelisches Wachstum benötigen. Doch eine Identifikation mit der Macht, die aus dem Gefühl eigener Unzulänglichkeit resultiert, führt zu einem Verlust unseres Mitgefühls.

Ein Musterbeispiel hierfür ist der Faschismus, egal ob von links oder rechts. Das zersplitterte Individuum, das im disziplinierten Mob oder in der Armee seinen Platz findet, ist durch seine Identifikation mit Autoritätssymbolen bereit, sich Befehlen zu fügen, erspürt in dieser Identifikation seine Identität, um gleich danach in orgiastischer und nihilistischer Wut zu explodieren. Ein Menschsein, das die Verantwortung für sich selbst an übergeordnete Systeme delegiert, ist ein entfremdetes. Es ist gefangen in Emotionen, welche, losgelöst von ihren eigentlichen Ursprüngen, zu zusammenhanglosen Erfahrungen verkümmern. Menschen, die ihre Identität aus einer Identifikation mit Macht und ihren Symbolen beziehen, verlieren den Boden ihres Menschseins unter ihren Füßen, und ihr Selbstverständnis dient dann der Perpetuierung eines Gesellschaftssystems, das auf Macht basiert. Der Teufelskreis beginnt.

Eine zusätzliche Gefahr geht von der »bürokratischen« Persönlichkeit aus, in der Pflicht das Gewissen und Identifikation mit Macht die Identität ersetzt. Denn hier passieren Gewalt und Mord auf hochorganisierter Ebene und nur aus ihrer technologischen Machbarkeit heraus. In Wahrheit verdecken aber solche Vorgehensweisen nur die Entfremdung vom Mitgefühl.

Doch das Mitgefühl ist die in uns eingebaute Schranke zum Unmenschlichen. Mit seiner Unterdrückung und Verzerrung ist die Geschichte unserer Zivilisation nicht nur verflochten, sie ist ihr Fundament. Es ist die Geschichte des Mitgefühls, seiner Entwicklung und seines Schicksals, der dieses Buch gewidmet ist.

Die Problematik von Opfern und Tätern

Wenn ein Mensch seinen eigenen Schmerz nicht erleben darf und kann, weil er dazu angehalten wurde, ihn als schwach abzutun, wird er ihn in anderen Lebewesen suchen müssen. Ein solcher Mensch wird andere erniedrigen, quälen oder verstümmeln, um des eigenen verdrängten und verneinten Schmerzes habhaft zu werden. Zugleich wird er dieses Tun leugnen, um seine eigene seelische Verstümmelung zu verbergen. Diese Verleugnung aber macht aus Opfern Täter, und sie führt ferner dazu, daß wir alle bis zu einem gewissen Grad Schwierigkeiten haben, Opfer und Täter zu unterscheiden: Die Opfer werden als Täter und die Täter werden als Opfer gesehen. Diese Verwechslung ist charakteristisch für unsere Kultur.

In unserer Kultur werden Kinder – Jungen stärker als Mädchen – dazu erzogen, sich für ihre Tränen, ihre Verzweiflung, ihre seelischen Verletzungen zu schämen. Indem wir aber dem Zwang, Schmerz zu verneinen, ausgesetzt wurden, in welchem Maß auch immer, werden wir unseren eigenen Schmerz nicht erkennen können. Und wir werden aus demselben Grund auch den Schmerz, der einem anderen zugefügt wird, nicht wahrhaben wollen.

Dafür gibt es viele Beispiele:

In Liverpool entführen zwei elfjährigen Jungen, selbst Opfer verheerender Lieblosigkeit in ihren Familien, einen Zweijährigen und ermorden ihn (Neue Zürcher Zeitung, NZZ, vom 25. 11. 1993). Die Vernehmung von siebenundzwanzig Zeugen läßt erkennen, daß die Bluttat leicht zu verhindern gewesen wäre, hätten die Passanten rechtzeitig interveniert. Doch obwohl diese das Schreien des Kindes hörten, schritt niemand ein. Indem sie sich vor der Not des Opfers verschlossen, stellten sie sich auf die Seite der Täter.

Nicolaie Ceauşescus Securitate-Truppen, die so grausam gegen das rumänische Volk vorgingen, wurden aus ehemaligen Waisenkindern rekrutiert (Frefel 1989). Gezielt wurden diese Kinder, deren Leben von Liebesentzug und Hoffnungslosigkeit geprägt war und deren Überleben von der erfolgreichen Unterdrückung ihres Schmerzes abhing, zum Töten erzogen.

Der Film »Geraubte Kindheit« von Johannes Gulde und Stefanie

Landgraf (gedreht für Terre des Hommes) handelt von zehnjährigen Kindern in Moçambique, die von der sogenannten Rebellenorganisation Renamo gekidnappt, vergewaltigt und schließlich dazu gebracht werden, wie Roboter andere Menschen zu ermorden. Der Film veranschaulicht drastisch, wozu ein Sozialisierungsprozeß auf der Grundlage von Gehorsam und Terror im Extremfall führen kann. Indem die Angst, Verletzlichkeit und Scham des Kindes durch Bestrafung ausgelöscht werden, wird dieses zum Werkzeug seines Unterdrückers. Mehr noch: Es sucht selbst Erlösung von dem Schmerz, den es nicht fühlen darf, indem es anderen Schmerz zufügt (Gulde und Landgraf 1991).

Wie unterschwellig solche Mechanismen funktionieren, zeigt folgendes Beispiel (vgl. Tages-Anzeiger, T. A., Zürich vom 11.2.1994). Beim Aussteigen aus einer Straßenbahn fühlt sich ein siebenundsiebzigjähriger Mann von einem anderen Mann behindert, weil dieser, da er mit dem Fahrer spricht, den Ausstieg blockiert. Der ältere Mann zieht einen Revolver, gibt aus einer Distanz von zwei bis drei Metern vier Schüsse auf den anderen ab und verschwindet. Zufällig wird der Schütze vier Wochen später in einem Restaurant wiedererkannt und verhaftet. Er streitet ab, geschossen zu haben, trägt aber eine Waffe ohne Waffenschein bei sich. Bei der Durchsuchung seines Hauses entdeckt die Polizei ein Waffenlager. Schließlich gesteht der Mann die Tat. Er macht jedoch geltend, »im Affekt« gehandelt zu haben, vom anderen »erschreckt« worden zu sein.

Eine gerichtliche Untersuchung wird eingeleitet und dann eingestellt. Laut Stellungnahme der Staatsanwältin habe sich der Siebenundsiebzigjährige in einem »Sachverhaltsirrtum« befunden. Er habe irrtümlich angenommen, er befinde sich in einer Notwehrsituation und sei deshalb berechtigt gewesen, sich zu wehren. Es sei verständlich, so die Staatsanwältin, daß er »übersensibel auf aggressive Spannungen und Äußerungen« reagiere.

»Was habe ich getan«, fragte das Opfer einen Journalisten, »daß er auf mich schießen durfte?«

Wie sollen wir das »Mitgefühl« dieser Staatsanwältin verstehen? Warum stellt sie sich auf die Seite des Täters und schützt andere Bürger nicht vor ihm? Gibt ihre Haltung nicht jedem die Erlaubnis, zu morden? Was ist das für ein Mitgefühl, das uns gegen unsere eigenen Bedürfnisse und Interessen verstoßen, das uns den Schmerz des Opfers beiseiteschieben läßt und die tödliche Gefahr, die vom Täter ausgeht, verneint? Diese Staatsanwältin muß unfähig sein, selbst Schmerz zu empfinden. Indem sie die tödliche Handlung des Täters als gerechtfertigt ansieht, mißachtet sie die Not des Opfers. Sie nimmt den Schmerz des Opfers nicht wahr, glaubt ihn aber im Erschrecken des Täters zu finden.

Das Verhängnisvolle, aber zugleich Bezeichnende an diesem Fall ist, daß ein Mensch, der sich seinen eigenen Schmerz nicht zugesteht, auch nicht in der Lage ist, den Schmerz eines anderen Menschen wahrzunehmen. Täte er dies, würde ihn das an seinen eigenen, lange zurückliegenden Schmerz erinnern. So empfindet er Mitgefühl mit dem scheinbaren Schmerz des Täters, weicht aber vor dem wahren Schmerz des Opfers zurück. Das Nicht-wahrhaben-Dürfen des in der eigenen Lebensgeschichte erlebten Schmerzes führt zu einer Verleugnung des Schmerzes anderer.

Eine solche Verleugnung wahren Schmerzes ist überall zu finden. So erregt sich ein Psychoanalytiker in einem Fachzeitschriftenartikel (Erb 1991), daß der Autor einer kulturkritischen Studie kein Mitgefühl mit einer Mutter zeigt, die ihren kleinen Sohn ermordete (Gruen 1989). Die Mutter hatte fast zwei Stunden lang auf der Brust ihres Sohnes gesessen, um ihn dafür zu bestrafen, daß er mit Streichhölzern gespielt und sechs Cents aus dem Küchenschrank genommen hatte. Die zehn Jahre ältere Schwester des Jungen, die ihn nach Luft schnappen hörte, verständigte schließlich die Polizei. Mehrere Tage später starb der Junge an einem Gehirnschlag, der durch die Erstickung verursacht worden war. Die Jury von Geschworenen entschied, daß diese Mutter »nicht gefühllos mit Leben umgegangen« sei. Und auf diese Perversion des Mitgefühls machte die Studie aufmerksam.

Dieser Fall ist einer von mehreren, in denen dem Mörder Mitleid oder Bewunderung ausgesprochen werden, sei es von seiten der Medien oder von seiten akademischer oder religiöser Gruppierungen, während den Angehörigen der unschuldigen Opfer nie ein Wort des Beileids zuteil wird. Auch der Psychoanalytiker, der sich darüber beklagt, daß der Autor der Studie der Mutter kein Mitgefühl entgegenbringt, gehört zu jenen Verfechtern eines pervertierten Mitleids. Zu jenen, die sich mit den Tätern identifizieren und den Schmerz des Opfers verneinen. Wahres Mitgefühl wird ausgeschaltet, weil man das Opfer in sich selbst verachtet.

Generell glauben Menschen, sie seien frei in ihrem Denken, sie seien zu einem kritischen und »wissenschaftlich« begründeten Urteil fähig. Ganz besonders trifft dies auf Menschen zu, die sich einer als fortschrittlich geltenden Gruppierung oder einer Gruppierung mit revolutionärem Ideengut zugehörig fühlen. Doch bloße Zugehörigkeit schützt nicht davor, innerhalb vorprogrammierter Bahnen zu denken. Und es ist genau das verinnerlichte Leugnen des eigenen Opferseins, auf das wir programmiert sind. Programmiert deswegen, weil es von Generation zu Generation weitergegeben wird, ohne daß es denen, die es weitergeben, bewußt wird und ohne daß es von ihnen in Frage gestellt wird. Indem wir den Schmerz in uns einmauern, verschließen wir uns vor den wahren Opfern und bemitleiden die Täter.

Selbstverständlich sind auch die Täter Opfer. Sie unterscheiden sich jedoch von ihren Opfern dadurch, daß sie ihr eigenes Opfersein am meisten hassen und am stärksten zurückweisen und daß sie andere zu Opfern machen müssen, um ihre eigene Existenz zu erhalten. Wenn es uns gelingt, die Täter als Täter zu erkennen, werden wir sie nicht bemitleiden. Dann werden wir auch merken, daß unser Mitleid ihnen nur dazu dient, ihr Selbstmitleid zu bestätigen, mit dem sie die von ihnen begangenen Taten rechtfertigen. Wahres Mitgefühl bedeutet nicht, den Täter in seiner Selbstgerechtigkeit zu bestärken; wahres Mitgefühl bedeutet vielmehr, zu erkennen, daß der Weg zu wahrer Menschlichkeit zurückgehen muß zu einer Konfrontation mit dem eigenen, vergangenen Leid.

Es stimmt in gewissem Sinn, was Judith Lewis Herman in ihrem Buch »Die Narben der Gewalt« (1993) über traumatische Erfahrungen schreibt: Sie erklärt, das Erforschen psychischer Traumata bedürfe der Unterstützung politischer Bewegungen. Mit Bezug auf sexuelle Traumata, die wir als stellvertretend für das ganze Spektrum des Zum-Opfer-Werdens betrachten können, schreibt sie: »Die Erforschung traumatischer Erfahrungen im sexuellen und häuslichen Bereich ist nur legitim in einem Umfeld, das die Unterordnung von Frauen und Kindern in Frage stellt.« Mit anderen Worten: Wenn man die strukturellen Rahmenbedingungen, die Frauen und Kinder zu Opfern machen, nicht spüren kann, kann man auch deren traumatische Erfahrungen nicht sehen. Herman glaubt, daß eine starke politische Menschenrechtsbewegung nötig sei. Wenn diese fehle, »gewinnt unweigerlich die (tätige) Verdrängung die Oberhand über die aktive Auseinandersetzung mit dem Geschehenen«. Verleugnung, Verdrängung und Dissoziation seien ihre Folgen.

Herman sieht allerdings nicht, daß Menschenrechtsbewegungen allein nicht genügen. Es muß zunächst bei uns selbst ein Bewußtsein über unser eigenes Opfersein entstehen, das wir anschließend im gesellschaftlichen Kontext betrachten müssen. Ohne ein solches Bewußtsein erkennen wir nicht die Notwendigkeit, uns der alten Autoritätsstrukturen zu entledigen, und unterwerfen uns erneut einer Autorität, die nur einen anderen Namen trägt. Erst wenn wir Identifikation mit Autorität in Zusammenhang mit der Verleugnung des eigenen Schmerzes erleben, können wir uns von der Identifikation mit dem Täter und der dazugehörigen Angst befreien.

Herman belegt ihre These auf originelle Weise anhand der Geschichte der Hysterieforschung. Es war der große französische Neurologe Jean-Martin Charcot, der erstmals Patienten - größtenteils waren es Patientinnen – behandelte, die traumatisiert worden waren und die in dem berühmten Pariser Krankenhaus Salpetrière Zuflucht vor Gewalt, Ausbeutung und Vergewaltigung gefunden hatten. Zuvor hatten nur Dichter diese Opfer erwähnt. Charcot folgten Janet (1889), Breuer und Freud (1895). Das Resultat der Pionierarbeit dieser Männer war die Einsicht, daß Hysterie durch psychologisches Trauma verursacht wird und nicht als typisch weibliche Krankheit abgetan werden kann.

In Freuds und Breuers Praxen berichteten Patientinnen von sexuellen Übergriffen, Mißhandlungen und Inzest. Bald wurde klar, daß es sich bei der Hysterie nicht nur um ein Phänomen innerhalb des Pariser Proletariats handelte, sondern daß diese auch im bürgerlichen Wien weit verbreitet war. Daß Hysterie zugleich ein gesellschaftliches Phänomen ist, wurde jedoch nicht erkannt. Und so war das Zuhören des brillanten und revolutionären Denkers Freud – laut Herman – in Wirklichkeit ein Nicht-hören-Können; desgleichen beruht auch die Psychoanalyse im wesentlichen auf der Leugnung der weiblichen Realität (Herman 1981). Statt die Frauen auf einen allfälligen Mißbrauch hin zu befragen, wurde gezielt danach gefragt, ob dabei nicht sexuelle Sehnsüchte erfüllt worden seien. Herman sieht diese Verkehrung als einen Spiegel des Machtkampfes zwischen Mann und Frau. Wenn wir diesen Machtkampf aber als eine Manifestation der tieferen Notwendigkeit unserer Gesellschaft sehen, die Unterdrückung des Kindes und seine Opferung auf dem Altar eines pathologischen Selbstwertes zu verschleiern, dann kommen wir auf den eigentlichen Grund dieses unbeendeten Kampfes: die Verleugnung des eigenen Opferseins, den daraus resultierenden Haß auf dieses eigene Opfersein und die Bereitschaft, andere zu Opfern zu machen.

Noch etwas. Einer der Wege, wie wir den Blick auf den Haß und auf die daraus resultierende Gewalttätigkeit verschließen können, ist der, Haß und Gewalt nur als zur Unterschicht, zu den Untermenschen, zu den Primitiven unserer Gesellschaft gehörende Ausdrucksformen zu sehen. Es stimmt, die Unterschichten sind offen mit ihrem Haß und ihrer Aggression, wir, die oberen Schichten, nicht. Dadurch brauchen wir uns nicht selbst zu erkennen, wir verstecken uns hinter unserer »Kultur«, der universitären Erziehung, unserer Vorliebe für etablierte Werte. Freud beschreibt diese Verurteilung der Ausdrucksformen der Unterschicht durch die Oberschicht, mithin die Distanzierung von der eigenen Gewalttätigkeit in seiner Diskussion über Michelangelos Moses (1914): »Wie oft bin ich die steile Treppe vom unschönen Corso Cavour zu der einsamen Piazza (...) hochgeklettert und habe die wütende Verachtung des Blicks des Helden (Moses) betrachtet! Manchmal bin ich vorsichtig aus dem Halbdunkel des Innern hervorgekrochen, als ob ich selber zum Mob gehörte, auf den sich sein Blick richtet - der Mob, der sich an keine Überzeugung halten kann, der weder Glauben noch Geduld hat und sich freut, wenn er seine illusorischen Idole wiedergewonnen hat.«

Indem wir unsere Augen vor Gewalttätigkeit verschließen, fördern wir sie. Gleichgültigkeit und Angst vor wahrem Schmerz bewirken, daß wir diesen immer weniger wahrnehmen. Sonst müßten wir ja etwas tun. Aber Verantwortung übernehmen macht angst, und so bleiben wir lieber gleichgültig. Wer traut sich denn schon, was zu sagen, wenn Eltern ihr Kind auf der Straße demütigen, es bloßstellen? Kinder brauchen strenge Eltern, sagen wir uns dann. Das Kind aber schämt sich und fängt an, seinen eigenen Schmerz zu vergessen, aus Angst, den Eltern nicht zu genügen.

Wenn ein Schimpansenbaby sich verletzt, wird es sofort von seiner Mutter aufgehoben und umsorgt. Bei uns zivilisierten Menschen ist es nicht ungewöhnlich, daß Vater und Mutter gerade aus diesem Grund wütend werden. Als ein kleines Mädchen auf einer Eisbahn ausrutschte und sich das Gesicht verletzte, reagierten die Eltern wütend und befahlen ihm, zur Strafe nach Hause zu gehen. Eltern schützen ihre Kinder nicht, weil man nicht hilflos sein darf. Ihre Kinder dürfen nicht Opfer sein, weil sie in ihrer eigenen Kindheit selbst einmal eins waren und sich dafür schämen mußten.

Eltern geben weiter, was ihnen selbst angetan wurde: Sie bestrafen ihre Kinder für das, was sie lernten, in sich selbst abzulehnen und zu hassen, nämlich Verletzlichkeit und Hilflosigkeit. Beides sind leidvolle Erfahrungen, die zu äußern jedoch bei uns einer Herabsetzung unseres Selbstwerts gleichkommt. Und so intervenieren wir auch nicht, wenn ein Kind kläglich schreit, weint oder verzweifelt ist. Wir schützen unsere Kinder nicht, obschon wir uns für ihre Beschützer halten. Wir sind beides, Opfer und Täter, weil wir den Bezug zum eigenen Schmerz verloren haben. Wir suchen dauernd Opfer, um das Opfer, das wir einst selbst waren, zu bestrafen.

Ein Patient berichtet, daß seine Frau gemeinsam mit ihm ein Wochenende verbringen wollte. »Ich wollte nicht. Danach fühlte ich Trauer, Schuld, Angst.« Ich frage, was in ihm hochsteigt. »Ein Gegenbild. Das Bild meiner Mutter. Sie wirkt so gewinnend. Annette (seine Frau) ist nicht gewinnend. Sie sagt, sie leidet darunter, daß ich so distanziert bin. Ich aber leide darunter, wenn sie mir zu nahe kommt. Das verletzt sie. Sie übertreibt. Eine Trennung erscheint mir daher sinnvoll.« Ich bitte ihn, mehr über das Gegenbild seiner Mutter zu sagen. »Komisch«, erklärt er, »es wirkt sich aus auf Annette. Meine Mutter hatte Vorstellungen davon, wie ich zu sein hatte: höflich, brav, nett, sie beschützend. Sie sagte immer, sie wolle nur das Beste für mich.« – »Und was möchte Annette?« frage ich. »Daß ich sie gern habe«, antwortet er, »ihr Aufmerksamkeit schenke, sie verstehe und stütze.« Ich frage ihn, worin er den Unterschied zwischen seiner Frau und seiner Mutter sehe. »Sie haben unterschiedliche Wertvorstellungen, aber beide haben eine Erwartungshaltung mir gegenüber.« – »Und was«, frage ich weiter, »wollten Sie als Kind von Ihrer Mutter?« – »Mütterlichkeit, Zuneigung, Anerkennung.« – »Aber das bekamen Sie nicht. Im Gegenteil, Sie schildern Ihre Mutter so, daß sie es war, die Zuneigung von Ihnen verlangte, und wenn sie ihr diese nicht gaben, wurde sie böse auf Sie.« Der Patient überlegt: »Mmh, Sie meinen also, wenn ich vorhin von dem gewinnenden Gegenbild meiner Mutter sprach, dann idealisierte ich sie, um nicht realisieren zu müssen, wie sehr mich ihre Ablehnung schmerzte.« – »Mir scheint, daß Sie Annette auf die gleiche Weise bestrafen, wie Ihre Mutter Sie bestrafte: indem Sie sich von ihr fernhalten, weil sie Zuneigung von Ihnen verlangt.«

Nach einer Weile sagt der Patient: »Meine Mutter hat mich links liegengelassen. Sie erzählt, daß ich als Kind dauernd geschrien hätte.

Sie ließ den Kinderwagen draußen vor den Geschäften stehen, weil ich so schrie. Sie schämte sich für mein Gebrüll. Spüre ich darum plötzlich Trauer, wenn ich nein zu Annette sage? Bestrafe ich sie dafür, daß sie ›kindliche‹ Nöte hat? Mutter zeigt sich immer so bemüht um ihre Enkelkinder. Aber in Wirklichkeit ist selbst das Wickeln eines Enkelkinds für sie schon Stress. Sie hat immer das Gefühl, sie könnte was falsch machen. Und deshalb denke ich: Was für eine liebe Mutti, sie will nichts falsch machen. Wenn die Kinder meines Bruders bei ihr sind, werden sie oft bestraft, werden ohne Abendessen ins Bett geschickt. Mein Bruder erzählte mir, daß sie das mit uns auch gemacht habe. Ich kann mich nicht daran erinnern. Ich habe das Gefühl, ich verrate Mutter, wenn ich sie als böse hinstelle. Als Jugendlicher liebte ich mal ein Mädchen. Aber das war mein großes Geheimnis, denn eigentlich schuldete ich ja Mutter alle meine Liebe.« – »Mir kommt es so vor, als müßten Sie Annette dafür bestrafen, daß Sie Ihre Mutter lieben müssen. Sonst würden ja Sie bestraft.« – »Meine Mutter kann nicht böse sein. Sie ist so unsicher ... Wissen Sie, ich war letzte Woche nach langer Zeit mal wieder auf dem Berg, den ich als Kind oft zusammen mit meiner Mutter bestiegen hatte. Ich hatte ihn eher als einen kleinen, sanften Hügel in Erinnerung. Jetzt habe ich bemerkt, daß der Aufstieg gefährlich ist. Ich glaube, daß ich meine Angst vor mir selbst und vor meiner Mutter verbarg. Diesmal hatte ich Höhenangst.«

Dieses Beispiel verdeutlicht, wie ein Mann seine Frau bestraft, wie er sie für die Bedürfnisse, für die er selbst in seiner Kindheit bestraft wurde, verachtet. Sein Schmerz von damals ging ihm abhanden, aus Angst, der Mutter – wie auch dem Vater – nicht zu genügen. Aber die Angst kippte um in Geborgenheit, und dadurch gingen der Schmerz wie auch das Mitgefühl verloren.

Schmerz und Mitgefühl sind eng miteinander verbunden, ebenso ist unsere Fähigkeit, Schmerz zu erleben, auch bestimmend für unsere Fähigkeit zur Empathie. Gleichzeitig verhindert die Verneinung von Schmerz in der Lebensgeschichte eines jeden einzelnen die vollständige Entwicklung des eigenen Selbst, verursacht durch den Terror einer Welt, die Nicht-Liebe zur Liebe erklärt. Eine unter solchen Umständen sich bildende Identität kann nur die Angst, die sie formte, widerspiegeln und ist so alles andere als lebendig und originell. Unter derart eingeschränkten Bedingungen verkümmern viele mögliche Ausprägungen des Menschseins. Auschwitz ist ein Mahnmal dessen, was sich unter solchen Bedingungen des Aufwachsens entwickeln kann; es stellt uns vor die Frage, was Menschsein denn noch ausmacht, wenn die Fähigkeit, Schmerz und Mitgefühl zu empfinden, verlorengegangen ist.

In der Kindheit werden die Weichen für ein voll entfaltetes beziehungsweise verkümmertes Menschsein gestellt. Hier passieren die verhängnisvollen Fehler, die dann unbewußt von Generation zu Generation weitergegeben werden. Es ist daher sinnvoll, sich der Geschichte der Kindheit in unserem Kulturkreis zuzuwenden und sie auch mit der Kindheit in anderen Kulturen, die auf ganz anderen Grundlagen basiert, zu vergleichen.

Zur Geschichte der Kindheit und des Kindseins

Der Ursprung von Gewalt und Zerstörerischem liegt in unserem Umgang mit unseren Kindern. Durch die sechstausend Jahre alte Geschichte der Kindheit in den sogenannten Hochkulturen zieht sich wie ein roter Faden die Ablehnung der Lebendigkeit und des Eigenlebens der Kinder.

Wir verstehen ihre Sprache nicht. Und wir machen uns gar nicht erst die Mühe, denn in unserer selbstgefälligen Machtpositon erleben wir uns als so gut, so fortschrittlich, so allwissend. Unsere Sprache hat keine Worte für unsere Erlebnisse während unserer frühesten Kindheit. Erst heute befaßt sich die Forschung (u. a. Stern 1992, Dolto 1988) damit, und dies noch gegen großen Widerstand, als wollten wir nicht wahrhaben, was so traumatisierend auf Kinder und ihre Entwicklung wirkt.

Freud war sich dieser Wortlosigkeit bewußt, glaubte aber, sie entspräche einer Amnesie während der Kindheit, die auf der Verdrängung sexueller Konflikte beruhe. Doch hierbei geht es bei weitem um mehr als um sexuelle Tabus.

Die Amnesie, um Freuds Terminologie zu gebrauchen, entsteht während einer Verschiebung der Wahrnehmungen des Kindes vom Empathischen, Mitfühlenden, hin zum Intellektuellen. Diese Verschiebung spaltet unser Bewußtsein und dient nicht einfach der Unterdrückung sexueller Vorgänge. Sie können ein Teil dieses Spaltungsprozesses sein, sind aber nicht das Wesentliche. Es sind vielmehr die Traumatisierungen, verursacht durch das Nicht-Erkennen und das Ausnutzen der Hilflosigkeit des Kindes, die sein Bewußtsein reduzieren, indem sie wesentliche Teile abspalten. In dieser reduzierten Form besteht das Bewußtsein dann weiter - was wiederum Folgen für unser Leben und Miteinander in unserer Gesellschaft hat.

Die Wortlosigkeit während der frühesten Kindheit bedeutet allerdings nicht, daß Kinder keine Emotionen haben – sie sind existent, können aber nicht ausgedrückt werden. Und die Emotionen kommen erst recht nicht zum Ausdruck, weil sie verneint werden und weil die Eltern selbst keine Worte dafür haben. Am stärksten treten diese wortlosen Emotionen in der alltäglichen Gewalttätigkeit unserer Kinder hervor.

Sylvia Ashton-Warner (1963), eine neuseeländische Lehrerin, die Maori und Kinder aus weißen Familien unterrichtete, sann auf eine Methode, die Gewalttätigkeit unter ihren fünfjährigen Schülern zu reduzieren: Mit Hilfe von Wörtern stellte sie eine Verbindung zu dem verleugneten Schmerz der Kinder her. Mit dem Ergebnis, daß die Kinder, statt destruktiv und zerstörerisch zu agieren, kreativ wurden: malten, Gedichte erfanden oder auf andere Art schöpferisch tätig waren.

Wie brachte Ashton-Warner dies zustande? Zuerst verteilte sie Wortkarten an ihre fünf Jahre alten Schüler, auf denen jeweils ein Wort stand, das eine intensive Bedeutung für ein Kind hat, zum Beispiel »Mutti«, »Vati«, »Angst«, »Geister«. Dann fragte sie Mohi, einen neu hinzugekommenen, unfolgsamen Jungen: »Welches Wort möchtest du?« – »Jet«, antwortete er. Sie schmunzelte, schrieb das Wort auf eine kleine Karte, gab sie ihm und sagte: »Du kannst sie morgen zurückbringen.« Anschließend fragte sie Gay, ein klassisch diszipliniertes und schikaniertes Kind einer sehr geachteten Mutter: »Und welches Wort möchtest du, Gay?« – »Haus«, flüsterte Gay. Ashton-Warner schrieb auch dieses Wort auf und gab es dem Mädchen in die eifrig danach ausgestreckte Hand. »Was willst du, Seven?« Seven ist ein gewalttätiger Maori. »Bombe! Bombe! Ich will Bombe!« schrie er. Seven bekam sein Wort »Bombe« und forderte alle heraus, die versuchten, es ihm wegzunehmen.

So ging es weiter, bis jeder Schüler an der Reihe gewesen war. Als dann jeder von ihnen den Kern einer Lesevokabel errungen hatte und Ashton-Warner wußte, daß die Kinder damit zufrieden waren, zeigte sie ihnen das Wort »Angst«. Alle zugleich platzten heraus mit dem, was ihnen angst machte. Für fast alle Maoris waren das Geister, die weißen Kinder nannten vorwiegend Tiere wie »Tiger« oder »Krokodil«, die sie zwar noch nie gesehen hatten, die aber als gefährlich gelten. Es ist immer das Unbekannte, das angst macht. Die gefährlichen Tiere symbolisierten für die europäischen Kinder die unbenennbare Angst, die sie zudem nicht haben durften.

Sylvia Ashton-Warner schreibt weiter: »Dennis ist das Opfer einer ehrwürdigen, geldmachenden, gut angezogenen Mutter, die ihn auspeitscht. Mit fünf hatte er schon einen psychischen Zusammenbruch. ›Ich habe keine Angst vor nichts‹, schreit er. Ich konnte für ihn nie die

Angst-Wörter finden. Dennis' Mutter hatte mich besiegt. Morgens, wenn alle malen, mit Ton arbeiten, tanzen, streiten, singen, zeichnen, sprechen, schreiben oder bauen, ist Dennis jeweils dran, meine Sachen vom Boden aufzuheben und die Matten gerade zu legen. Aber das Bild, das ich von ihm habe, ist das eines Kindes, das von einer nicht zu nennenden Angst verfolgt wird.« Das bedeutet mithin, daß er die Quelle seiner Angst, den Schmerz, den ihm seine Mutter zufügte, nicht nennen, nicht kennen darf.

»Es sind die Angst-Wörter, die alles dominieren«, konstatiert Ashton-Warner. »Daddy«, »Mommy«, »Geister«, »Bombe«, »Kuß«, »Bruder«, »Metzgermesser«, »Gefängnis«, »Liebe«, »Tanz«, »weinen«, »kämpfen«, »streiten« – das sind die Wörter ihrer Kinder. In den anderen Schulen von Neuseeland hört man etwas anderes: »Komm doch, Jonnie, guck mal, Jonnie«, heißt es da, »siehst du die Schiffe?« Das Vokabular der englischen höheren Mittelklasse ist, so Ashton-Warner, zweidimensional und angepaßt.

Wenn ein Kind keinen Zugang zu seinem Schmerz in seinem Inneren findet und ihm dabei auch nicht geholfen werden kann, atrophiert seine Lebendigkeit. Dann verlagert es sein inneres Leben ins Äußere, ins Materielle. Es kauft sich das Leben in den unzähligen Fertigprodukten, die unsere Konsumgesellschaft dafür bereithält. »Von mechanischen Apparaten bis zu gleichschaltenden Erlebnissen in den Filmen kann man fast alles kaufen, von dem man glaubt, es zu benötigen. Auf diese Weise«, schreibt diese außergewöhnliche Lehrerin, »kann man das Leben selbst kaufen – wie Leben in Konserven (canned life).«

»Vor kurzem sagte ich zu einem Freund, einem Professor«, schreibt Ashton-Warner, »›was für Menschen kommen zu dir an die Universität?‹ Er sagte: ›Sie sind alle genau gleich!‹ – ›Aber‹, sagte ich, ›wie kann das sein? Das ganze Ziel der Grundschulerziehung ist doch Mannigfaltigkeit?‹ – ›Nun‹, antwortete er, ›sie kommen zu mir wie Muster aus einer Schreinerei.‹ – ›Im Kindergarten‹, sage ich ihm, ›haben wir noch Identitäten‹« (Übersetzung von A. G.).

Das Nicht-Hören der Schmerzen unserer Kinder brachte DeMause (1980) dazu, seine Geschichte der Kindheit »Hört ihr die Kinder weinen?« zu betiteln. Es ist eine grausame Geschichte, die hier in aller Kürze vorgestellt werden soll.

In der Antike waren bestialische Strafen für Kinder, sogar Kindesmord Alltag. »Kinder wurden in Flüsse geworfen, in Misthaufen und

Jauchegruben geschleudert, in Gefäßen ›eingemacht‹, um sie darin verhungern zu lassen, auf Bergen und an Wegrändern ausgesetzt als Beute für Vögel, Futter für wilde Tiere, die sie zerreißen würden« (Euripides, zitiert bei DeMause). Ein in Gestalt oder Größe von der Norm abweichendes Kind oder ein Kind, das sich von dem unterschied, was in gynäkologischen Schriften als »würdig, erzogen zu werden« (Soranus: Gynäkologie, zitiert bei DeMause) beschrieben wurde, wurde getötet. In der Regel ließ man erstgeborene Jungen am Leben. Hier die Anweisung, die der Kaufmann Hilarian im 1. Jahrhundert v. Chr. seiner Frau gab: »Wenn du, was ja gut möglich ist, ein Kind gebären solltest, und ist es ein Junge, so laß es am Leben; wenn es aber ein Mädchen ist, so setze es aus« (N. Lewis 1990).

Kinder waren ständig sexuellem Mißbrauch ausgesetzt. In der Antike gab es in jeder Stadt Knabenbordelle. Männliche Säuglinge wurden bereits in der Wiege kastriert, um später in Bordellen von Männern mißbraucht zu werden. Die ethische Problematik wurde auf die Frage des Gehorsams reduziert: Der Philosoph Musonius Rufus beispielsweise fragte, ob ein Junge, der von seinem Vater an ein Bordell verkauft worden war, sich weigern dürfe zu gehen. Wäre er dann ungehorsam? (De Mause) – Noch Martin Luther, für den Autoritätsgläubigkeit gleichbedeutend mit Verachtung für das eigene Selbst war, sprach davon, daß ihm ein toter Sohn lieber sei als ein ungehorsamer (A. Siirala, 1964b).

Es mag stimmen, daß sich – wie DeMause hofft - die offene Grausamkeit Kindern gegenüber über die Jahrhunderte hinweg gemildert hat. Nicht geändert hat sich jedoch die dahintersteckende Ablehnung des Kindes und das Bestehen auf Gehorsam. Das übergeordnete Prinzip Macht wurde zu keiner Zeit in Frage gestellt. Die Formen der Unterdrückung von Kindern haben sich zwar verändert, nicht aber die Tatsache selbst. Nach wie vor wird der Schmerz des Kindes verneint.

Erst mit dem Christentum entstand allmählich so etwas wie eine offizielle Moral. Zum ersten Mal wurde im Jahr 374 n. Chr. das Töten von Kindern gesetzlich bestraft. Jedoch bis ins Mittelalter hinein wurden Säuglinge in Flüsse, Gossen und Misthaufen geworfen. Bis ins 18. Jahrhundert war es üblich, Säuglinge Ammen zu übergeben, obwohl dies oft den Tod der Babys bedeutete. Im Jahr 1780 schätzte der Polizeichef von Paris, daß von den einundzwanzigtausend Neugeborenen zwei- bis dreitausend in Kinderheime verbracht wurden, siebzehntausend in die Obhut von Säuglingsammen auf dem Land kamen, siebenhundert zu Hause von Säuglingsammen versorgt wurden und nur siebenhundert von ihren eigenen Müttern gestillt und großgezogen wurden. Noch Ende des 19. Jahrhunderts waren tote Babys auf den Straßen Londons kein ungewöhnlicher Anblick.

Die christliche Ethik leitete vorwiegend eine Veränderung in den zur Schau gestellten Gefühlen ein. Moral war kein Ausdruck einer inneren Haltung, sondern lediglich Pose. Sonst hätte sich auch die Beziehung zu Kindern gewandelt, hätte zu einer Anerkennung des kindlichen Wesens geführt. Doch obwohl die christliche Lehre dies beinhaltet, da sie das Bewußtsein für innere Gefühlswahrheiten stärkt, hatte die Moral der etablierten Kirche wenig damit gemein. »Die von den Kirchenvätern geübte Kritik am Kindesmord schien (...) mehr dem Interesse (der Kirche) an der Seele der Eltern als dem Leben des Kindes zu entspringen. Diese Einstellung zeigt sich zum Beispiel bei dem Märtyrer und Heiligen Justinus, der sagte, ein Christ solle keine Kinder aussetzen, damit er sie nicht später im Bordell wiederfinde« (DeMause). An die Stelle von wahrer Verantwortung für Kinder werden Schuldgefühle ihnen gegenüber gesetzt. Dabei handelt es sich jedoch nicht um Schuldgefühle, die aus der Tiefe des Miterlebens von Schmerz, dem man einem anderen zufügt, emporsteigen, sondern um Schuldgefühle, die eher moralische Pose sind. Es ging also nur darum, sich in den Augen anderer richtig zu verhalten, das Bild eines frommen und gerechten Menschen aufrechtzuerhalten, und nicht um Nächstenliebe. Jesus sprach von Verantwortung sich selbst gegenüber, die Kirche von Pflicht und Gehorsam gegenüber einer Autorität. Demnach resultierte Selbstwert aus der Wahrung des Scheins. Und dies trug gerade nicht dazu bei, dem Kind gegenüber mitfühlend zu sein.

In der Folge wurde die moralische Pose zum Richter über menschliches Verhalten. Aus diesem Grund konnten selbst schlimmste Greueltaten unter dem Deckmantel der Moral vollbracht werden. Menschen wurden und werden »höherer« Ideale wegen gefoltert und ermordet. Der Schrei nach Reinhaltung völkischen Blutes kann überall gehört werden – ob im ehemaligen Jugoslawien, in Rußland, Südamerika, Ruanda oder Indonesien. Wir halten uns aber für zivilisierte Menschen, erklären solche Taten zu Ausartungen, hervorgerufen durch soziale und wirtschaftliche Umstände. Und keiner sieht, daß hier etwas fehlt, nämlich die Basis, die Menschen menschlich macht: das Mitgefühl.

Mit unseren Erklärungen, die jedoch nicht zum Kern des Problems vordringen, versuchen wir permanent die Malaise, in der sich unsere Welt befindet, ungeschehen zu machen. Anstatt wirklich Verantwortung zu tragen, die auf dem Mitfühlen des Leidens und der Freude unserer Mitmenschen beruht, befreien wir uns nur von Schuldgefühlen, die in unseren Augen unseren Selbstwert herabsetzen. Die Art von Schuld, die wir empfinden, resultiert nicht aus einem tiefen Mitgefühl für die schlimme Lage, in die wir den anderen gebracht haben, resultiert nicht aus dem Gefühl, ihm etwas angetan zu haben, sondern resultiert aus dem Gefühl, nicht das »Richtige« getan zu haben. Und so handeln wir weiterhin destruktiv, ohne uns dies eingestehen zu können. Mehr noch: Wir rechtfertigen unsere Gewalt, deren Quellen zu sehen wir verlernt haben, dadurch, daß wir uns »höheren Idealen« verpflichtet fühlen.

Dies beginnt beim Nicht-Erkennen des Eigenlebens unserer Kinder. Und dies werden wir so lange tun, solange es uns nicht gelingt, unsere eigene Gewalttätigkeit zu erkennen. Wenn wir unser Verhalten unseren Kindern gegenüber umtrainieren, hat dies nur eine Verschiebung der Problematik zur Folge. Lösen können wir sie nur, wenn wir erkennen, daß wir Kinder als Projektionsfläche für unsere Wünsche benötigen, sie nur dazu benutzen, unser schwaches Selbstwertgefühl aufzuwerten. Erst dann hat es ein Ende mit der Gewalt.

Der Gestus von Interesse und Liebe für das Kind macht die Sache nur schwieriger. Er ist die Quelle unserer Heuchelei, die uns entweder destruktiv oder tatsächlich krank macht. Ich werde später erläutern, warum ich glaube, daß die Schizophrenie, eine der sogenannten seelischen Krankheiten, eine Reaktion auf diese Heuchelei ist und daß ihre Analyse uns helfen kann, diese zu beseitigen.

Aber wenden wir uns wieder der Geschichte der Kindheit zu und sehen wir, wie der erhoffte Wandel zum »Besseren« eben doch keiner ist. Héroard, Leibarzt von Ludwig XIII. von Frankreich (1755-1824), schildert, wie der Dauphin im Alter von zwölf Monaten in die sexuellen Spiele des Königs und der Königin sowie anderer Mitglieder des »hochzivilisierten« Hofes verwickelt wurde (Marvick 1974). »Er (der Dauphin) läßt jeden seinen Piephahn küssen (...) Die Marquise legt ihre Hand öfter unter sein Kleid; er läßt sich auf das Bett seiner Amme legen, und diese spielt mit ihm, indem sie mit ihrer Hand unter sein Kleid fährt.« Nachdem er seinem Vater, dem König, als sexuelles Spielzeug gedient hat, »droht ihm dieser mit einer Peitsche«.

Nach der Französischen Revolution änderte sich die Form der Gewalt: An die Stelle der offenen Sexualität tritt das sadistische Verbot jeglicher Sexualität. Ende des 18. Jahrhunderts durften Kinder ihre Genitalien nicht mehr berühren. Beschneidungen, Klitorisektomien und Infibulationen waren in diesem Zusammenhang nichts Ungewöhnliches (DeMause). Solche chirurgischen Eingriffe waren in der zweiten Hälfte des 19. Jahrhunderts besonders in England »Mode«. Später wurden sie dann durch Gipsverbände und mit Eisenspitzen versehene Käfige ersetzt, die noch zu Beginn unseres Jahrhunders verbreitet waren. Im Hintergrund stand dabei immer das Bezwingen und Bestrafen der Kinder. Die Formen der Bestrafung veränderten sich, und je mehr sie sich veränderten, desto verschleierter war auch ihre Motivierung: die Gewalttätigkeit.

Bald danach wurden die kindlichen Exkremente zum Mittelpunkt elterlicher Sorge. Damals entstand die Sauberkeitserziehung. Als geeignete Erziehungsmaßnahme galt früher das Bestrafen, heute ist es das Belohnen. Aber auch das Belohnen ist nur eine als Güte und Selbstaufopferung bemäntelte Form der Gewalt. Dies zu durchschauen wird für beide, Eltern und Kinder, jedoch zunehmend schwieriger.

Christopher Lasch (1986) verdeutlicht, wie elterliche »Sorge« heutzutage zu einem System von Zwang und Kontrolle über das Kind ausarten kann: Ein Kind, das sich weigert zu essen, wird aus »Sorge« zum Arzt gebracht. Die Autorität des Arztes schüchtert das Kind ein. Wenn es trotzdem ungehorsam bleibt, wird ein Psychotherapeut hinzugezogen. So wird dann dem Kind »geholfen«, mit »seinem« Problem fertigzuwerden. Autorität und die dahinter verborgene Gewalt werden zu »Freunden« des Kindes.

Die direkt ausgeübte und offen gezeigte Grausamkeit der Antike Kindern gegenüber wird heute von geheuchelter Güte abgelöst. Im Grunde genommen hat sich aber nur die Form verändert, nicht der Inhalt. Und es ist zudem schwieriger geworden, ihn zu entdecken.

Unsere Lebensgeschichte ist geprägt von Verlust. Während unserer Kindheit verlieren wir weitgehend den Zugang zu unserem Menschsein, da unser Bewußtsein gespalten und dabei unsere Empathie unterdrückt wird. Wir werden unempfindlich gegenüber unserem eigenen Schmerz und dem eines anderen. Wir wollen oder können nicht erkennen, wie sehr unser Wertesystem auf Macht und Herrschaft ausgerichtet ist. Und somit können wir auch nicht erklären, warum Krieg und Zerstörung, Gewalt und Grausamkeit den Lauf der Geschichte bestimmen. Auch wenn es nur wenige Menschen sein mögen, von denen die Greueltaten ausgehen, so machen doch so viele mit.

Was trübt unsere Sicht dermaßen, daß wir uns da als Opfer fühlen, wo wir es eigentlich gar nicht sind? Daß wir gegen vermeintliche Feinde ankämpfen, die im Grunde nicht anders sind als wir selbst? Das Kernproblem betrifft das Opfer in uns selbst, das wir nicht erkennen dürfen, das aber zu erwachen droht und deswegen zum Schweigen gebracht werden muß. Und wer käme da gelegener als ein vermeintlicher Feind von außen.

Wir haben so viele Mittel und Wege, das Kind in seinem Sein zu zerstören. Gleichzeitig leugnen wir das, indem wir uns an die Pose des Guten und Zivilisierten klammern. Wenn wir uns umsähen, dann würden wir merken, wie häufig wir Kinder hänseln. Wir bringen ein Kind dazu, sich lächerlich zu fühlen, wenn es zu seinem Schmerz steht. Darüber zu lachen überdeckt unseren Sadismus und gilt als Beweis der Stärke des Kindes. Von da an zählt nur noch der Beweis, daß es nichts gibt, das einem noch etwas anhaben kann. So zeigte Eisner (1994) in seiner soziologischen Studie über Gewalt unter Züricher Jugendlichen auf, daß diese glaubten, durch Gewalt Stärke beweisen zu müssen.

All dies geschieht in einem Klima kognitiven pädagogischen Denkens, das die gütige und verständnisvolle Pose mit echten Gefühlen von Güte und Verständnis gleichsetzt. Wir halten unsere Gefühle für aufrichtig und echt, wenn wir voller Eifer versuchen, den Rollen zu entsprechen, die uns auferlegt wurden.

Betrachten wir dies nun im Zusammenhang der Idealisierung der Mutterrolle.

Pirkko Niemelä (1982 a und b), eine finnische Psychologin, untersuchte in einer Reihe von Studien Mütter aus durchschnittlichen Lebensverhältnissen, die nach einer normal verlaufenen Schwangerschaft in Erwartung einer komplikationsfreien Geburt waren. Sie teilte die Frauen in zwei Gruppen ein: Die Frauen der ersten Gruppe waren der Ansicht, daß eine Frau sich nur durch Mutterschaft als richtige Frau empfinden könne. Die Frauen der Kontrollgruppe teilten weder eine derartige Idealisierung der Mutterschaft noch die Auffassung, daß sich »richtiges« Frausein über Mutterschaft definiere.

Die Frauen der ersten Gruppe hoben als wesentliche Merkmale des Frauseins Schönheit, Heiterkeit und Aufopferungsgabe hervor. Von körperlicher Intimsphäre wie ihrer Menstruation oder Sexualität waren sie eher irritiert. Sie bezogen ihr Selbstbild als Frau stärker aus ihrer Mutterrolle. Insgesamt hatten die Frauen dieser Gruppe ein geringeres Selbstwertgefühl, weniger eigene Interessen, und sie suchten ihre Identität und Lebendigkeit im Muttersein. Sie stellten die Familie über die Ehe, in der sie nicht selten unzufrieden waren, und werteten die aktuelle Beziehung zwischen Mann und Frau als nicht wesentlich. Aber sie empfanden es als wichtiger, Mutter zu sein und eine Familie zu haben, als eine intime Beziehung zum Ehemann zu haben.

Judith Hollenweger (1989) folgerte daraus, daß für diese Frauen der Wunsch, Mutter zu sein, wichtiger sei, als ein Kind zu haben. Sie seien eher auf die Rolle des Mutterseins ausgerichtet als auf das Kind selbst. Das Selbstbild dieser Frauen jedoch brächte sie dazu, zu glauben, daß sie über ihre Kinder glücklich seien. In Wirklichkeit setzten sie aber ihre Mutterrolle und das Bemühen, diese aufrechtzuerhalten, über ihre tatsächlichen Gefühle. So leugneten sie zum Beispiel Aggressionen ihren Kindern gegenüber in ihrem Bestreben, immer geduldig und ausgeglichen zu sein. Sie empfanden keine Wut ihren Kindern gegenüber und glaubten, diese von Anfang an außerordentlich zu lieben. Als Mütter ohne eigene Bedürfnisse sahen sie sich als perfekte Mütter.

Im Gegensatz zu den Müttern der Kontrollgruppe, die zu ihren ambivalenten Gefühlen und Ängsten stehen konnten, hatten sie im allgemeinen eine schwierigere Geburt und empfanden das Stillen als weniger angenehm. Dennoch betonten sie nach der Geburt – im Einklang mit ihrer Rollenerwartung –, wie glücklich sie seien. Gleichzeitig äußerten sie – wie um ihre Sorge um das Kind zu unterstreichen – Ängste, etwa daß das Kind im Schlaf ersticken könne oder daß sie etwas falsch machen könnten.

Niemelä führte zwei, drei und vier Jahre später Folgeuntersuchungen durch. Die von ihren wahren Gefühlen abgeschnittenen Frauen der ersten Gruppe leugneten weiterhin jegliche negativen Gefühle und waren nicht in der Lage, auf die Impulse ihrer Kinder einzugehen. Da sie alle eigenen Bedürfnisse, die außerhalb ihrer selbstauferlegten Rolle standen, verdrängten, konnten sie die wirklichen, autonomen Bedürfnisse ihrer Kinder nicht erkennen. Ihre Kinder erwiesen sich deshalb auch als unselbständig und unsicher. Den Tests zufolge waren die Zweijährigen der ersten Gruppe weniger offen als die

Kinder der Kontrollgruppe. Als sie dann als Vierjährige noch einmal getestet wurden, war der Unterschied eklatant: Die Kinder der ersten Gruppe waren angepaßt und überdurchschnittlich kooperativ. Doch sie, die immer nett und brav sein mußten, die – wie ihre Mütter – es sich nicht erlauben durften, Aggressionen auszudrücken, hatten im Projektiv-Test die höchsten Aggressionswerte. Beobachtungen ergaben zudem, daß sie von ihren Eltern weder echte Wärme noch Hilfe bei emotionalen Problemen erhielten. Im Vergleich zu den Kindern der Kontrollgruppe waren sie abhängiger und unterwürfiger.

Darüber hinaus belegt die Studie, daß Kinder das Verhaltensmuster, einerseits anderen Schmerz zuzufügen, dies aber andererseits zu leugnen, übernehmen und sich einverleiben. In ähnlicher Weise idealisierten die Mütter in Niemeläs erster Gruppe wiederum ihre Mütter. Und das, obwohl die Beziehung zu ihren Müttern während ihrer Kindheit von Kälte gekennzeichnet war. *Hier zeigt sich deutlich der Mechanismus, in dem Opfersein weitergegeben wird, weil es nicht erkannt werden darf.* Zugleich erlaubt dieser Mechanismus ein menschliches Selbstverständnis, das das Vorhandensein von eigenen Verletzungen ausklammert. Männer wie Frauen unterwerfen sich idealisierten Rollen und erkennen den eigenen Schmerz nicht. Der Widerspruch dieses Ideals zu ihrer tatsächlichen Erlebniswelt indes bewirkt ihre Destruktivität. Und da all dies – auch das Verleugnen von Schmerz - der männlichen Ideologie des Herrschens entspricht, müssen wir diese als eigentliche Ursache unserer permanenten Selbstzerstörung betrachten.

Daß es auch andere Formen gesellschaftlichen Zusammenlebens gibt und immer schon gegeben hat, lehrt uns die Anthropologie. (Ausführlicher werde ich darauf in dem Kapitel über die sogenannten »Primitiven« eingehen.) Hier sei kurz auf Leacocks Arbeit über den Mythos der männlichen Überlegenheit (1981) eingegangen, der von einer ganz anderen Art der Eltern-Kind-Beziehung und daher auch von einer anderen Art des Empfindens von Schmerz und Opfersein berichtet. Leacock zitiert den Jesuitenpater Paul Le Jeune, der den Winter 1632/33 bei den Montagnais-Naskapi-Indianern im St.-Lawrence-Flußbecken (in der Nähe des heutigen Quebec in Kanada) verbrachte, um sie kennenzulernen und zu missionieren. Le Jeune klagte über große Schwierigkeiten bei seiner Missionsarbeit: »Diese Primitiven machen es uns unmöglich, ihren Kindern etwas beizubringen. Sie lassen es nicht zu, daß ihre Kinder gezüchtigt werden, sie erlauben nur eine einfache Rüge (...) Ich möchte die Kinder von ihren Eltern getrennt an einem anderen Ort unterrichten, weil diese Barbaren es nicht aushalten, daß ihre Kinder bestraft oder auch nur gescholten werden. Sie schaffen es nicht, einem weinenden Kind irgend etwas zu verweigern. Sie würden sogar so weit gehen und ihre Kinder bei dem kleinsten Vorwand aus dem Unterricht entfernen.«

Für diese »Primitiven« war der Schmerz ihrer Kinder eine Richtschnur für elterliches Verhalten. Wir dagegen tun alles, um dem Willen des Kindes keinen freien Lauf zu lassen. Daraus entsteht ein Machtkampf, den wir uns aber nicht eingestehen. Denn er würde uns an unseren eigenen, lange zurückliegenden Schmerz erinnern und uns dazu zwingen, ihn zu erkennen.

Unsere Identität

Wie wir den Verlust unseres Mitgefühls kompensieren

Wenn das Leiden an unserem frühen Opfersein unterdrückt werden muß, wird das Mitgefühl zum nächsten Opfer. An seinen Platz tritt das Selbstmitleid, von dem wir uns Rettung vor einem verstümmelten Menschsein erhoffen. Selbstmitleid rettet uns auf zweierlei Art: Zum einen »schützt« es uns davor, unser wirkliches Leid und unseren wirklichen Schmerz wahrzunehmen, insofern, als wir uns statt dessen selbst bemitleiden, weil unser Rollenspiel nicht genügend gewürdigt wurde. Zum anderen bewirkt unser Selbstmitleid eine Art Selbstliebe, einen Narzißmus, der uns vor dem Schmerz des Nicht-Geliebtwerdens ebenfalls »schützt«. Dieser Narzißmus – von der klinischen Literatur verkannt und als unwürdige Selbstliebe geschmäht – sichert jedoch unser psychisches Überleben: Denn ein Kind kann den Schmerz und das Leid, die ihm angetan werden, nur dadurch ertragen, daß es sie ins Gegenteil verkehrt, sie also verneint und fortan so tut, *als ob* die Welt heil sei. Narzißmus ermöglicht Geliebtwerden in Form von Selbstliebe, die sich danach richtet, wie gut wir die Rolle des oder der Angepaßten spielen, wie »richtig« wir uns verhalten haben.

Die Geschichte unserer Kindheit ist deshalb nicht nur die Geschichte der Verleugnung unserer Kinder, sondern auch die Geschichte der Weitergabe des Hasses auf den eigenen Schmerz, auf das Opfer in uns, das uns wertlos macht. Da unser Sein von Haß auf unser Opfersein wesentlich bestimmt wird, ist die Geschichte unseres Menschseins über die vergangenen sechstausend Jahre hinweg eigentlich die Geschichte der Unterdrückung des Mitgefühls. Aus der Unterdrückung des Mitgefühls entwickelt sich aber jenes Bewußtsein, das Gewalt und Zerstörung legitimiert.

Zum Ziel des Lebens wird die Eroberung dessen, was außerhalb der Grenzen des eigenen Selbst liegt, das In-Besitz-Nehmen von Lebewesen oder Dingen. Diese nach außen gerichtete Handlung fungiert als »Fluchthelfer« vor der Konfrontation mit dem eigenen verletzten Selbst. Statt sich selbst ganz zu besitzen, werden äußere Dinge oder andere Personen in Besitz genommen – wobei das Besitzen-Wollen eine Eigendynamik entwickelt, da es Erleichterung verschafft. Der amerikanische Dramatiker und Nobelpreisträger Eugene O'Neill brachte seine Kritik an den Amerikanern auf den gleichen Nenner: Sie seien immer darauf ausgerichtet, etwas außerhalb ihrer selbst zu besitzen, um in den Besitz der eigenen Seele zu kommen. Damit erfaßte er genau das Defizit, das aus der Entwertung des eigenen Selbst entsteht und das man vergeblich mittels des Besitzens von äußeren Objekten zu füllen trachtet (Gruen 1989).

Indem wir sowohl unser eigenes Opfersein als auch das Opfersein dessen, den wir erobern, leugnen, halten wir uns für gütig, verständnisvoll und mitfühlend. Doch ein solches Selbstverständnis ist nur eine Gefühlspose, die wir jedoch für gleichbedeutend mit dem echten Gefühl halten. Viele sind sich der Diskrepanz zwischen vermeintlichem und tatsächlichem Gefühl nicht bewußt. Man kann glauben, für den Frieden zu sein, und zugleich in den Krieg gehen, um für den Frieden zu kämpfen. Die Absicht wird dann nicht von der Tat getragen.

Aber viele erkennen das nicht. Sie beziehen ihre Identität aus der Identifikation mit einem Mächtigeren, weil dieser ihnen die Konfrontation mit dem eigenen verletzten Selbst abnimmt und für Feinde von außen sorgt. Das Ziel des Hasses und der Aggression wird mithin nach außen verlagert, die Angst vor dem inneren »Feind« dadurch kompensiert. Umgekehrt werden Macht, Inbesitznahme und Gewalt durch solche Gefolgschaft gestärkt.

Wir suchen – statt den Feind in uns selbst – den Feind »da draußen«, suchen ihn in Menschen, die anders aussehen, sich anders verhalten. Diese anderen werden dann zum »bösen Feind«, wie Nietzsche (1980) schrieb, sie werden zu »›den Bösen‹, und zwar als Grundbegriff, von dem aus er (der Täter) sich als Nachbild und Gegenstück nun noch einen ›Guten‹ ausdenkt – sich selbst!«

Warum wir Feinde benötigen

Henry Miller (1946) meinte über den Feind: »Ja, wer ist der Feind? Sicher wird er ein schreckliches Ungeheuer sein, sonst müßten wir nicht immer wieder gegen ihn zu Felde ziehen.« Feinde dienen uns als Zielscheibe für unseren Selbsthaß. Wir suchen uns Feinde, um sie für das zu bestrafen, was unsere Eltern in uns mißbilligten oder ablehnten.

Feinde lenken uns von unseren eigenen Verletzungen ab. Solange man andere bestrafen, erniedrigen, sogar ausradieren kann, muß man sich nicht selbst ins Gesicht blicken. Denn dann würde man dem eigenen Opfersein ins Auge schauen müssen. So wie der auf Seite 18 f. erwähnte Patient bestraft man einen anderen für dessen Bedürftigkeit, weil man die eigene Bedürftigkeit nicht wahrhaben will und darf.

Feinde kompensieren unsere Hilflosigkeit. Wir zeigen uns stark, streng, sogar gewalttätig und verbergen dabei unser eigenes Gesicht, unsere Schwäche und Hilflosigkeit vor uns selbst wie auch vor anderen.

Heinrich Böll (1984) drückte dieses Sich-nicht-selbst-ins-Gesicht-sehen-Können so aus: »Ich muß aber versuchen, gar kein Gesicht mehr zu haben, wenn es mir gelingt, die nächsten zehn Jahre bei Glück und Seife zu überstehen.« Also nur ja kein Gesicht zeigen, das wahre Erfahrungen und Gefühle widerspiegelt.

Man wird sich erst dann ins eigene Gesicht sehen müssen, wenn die sorgfältig aufgebauten Schutzmechanismen zusammenbrechen: wenn die Strategie des Wegschauens nicht mehr funktioniert, wenn die uns aufgesetzten Rollen nicht mehr belohnt werden, weil der übergeordnete und stabiliserende soziale und wirtschaftliche Rahmen auseinanderzubrechen droht. Da uns aber die Konfrontation mit dem eigenen Opfersein unerträglich ist, werden wir unseren Haß immer nach außen, auf andere verlagern. Wir projizieren das verhaßte eigene Selbst auf einen äußeren Feind, um es/ihn endgültig zu vernichten. Dabei werden unsere Haßgefühle von falschen Propheten gebilligt und angeheizt.

Der von uns halluzinierte Feind ist allgegenwärtig, wir erleben das täglich in Form von Ausschreitungen der Fremdenhasser, von Kriegen auf dem Balkan, in Rußland, Südamerika, Afrika und Asien. Diese Gewalttätigkeit gegen andere kann die verschiedensten ideologischen Farben tragen und reicht von der Aggression gegen Schwächere – Arme, Kranke, Behinderte – über den Kampf für die »Rassenreinheit« zum »Heiligen« Kampf. Aber immer wurzelt der dahinterstehende Haß in einem Selbsthaß, in dem Haß auf das eigene Opfersein, das allerdings geleugnet werden muß.

Das Werden von Bewußtsein

Die Suche nach unserer Vergangenheit ist ein Teil des Wunsches, uns selbst zu erklären, Sinn für unser Sein zu finden. Diese Suche ist davon abhängig, wie wir uns selbst wahrnehmen, sehen und verstehen. Wenn unsere Suche jedoch von vornherein das Ziel hat, Feinde zu finden, um das eigene Opfersein nicht wahrhaben zu müssen, dann wird unsere Aufarbeitung der Vergangenheit unserem eingeschränkten Bewußtsein entsprechend verzerrt sein. Daß wir uns als zivilisiert, andere Völker jedoch als Primitive, Barbaren und Menschenfresser betrachten, ist nur ein Symptom unseres reduzierten Bewußtseins. Viele glauben sich jedoch der Aufgabe gewachsen, in ihrer Beurteilung der Vergangenheit sich und anderen gerecht zu werden.

Die erste Frage, die wir uns deshalb stellen müssen, ist die Frage nach der Art unseres Menschseins. Denn verstehen kann sich nur, wer das, was ihm selbst *selbstverständlich* geworden ist, hinterfragt und wer sich weder von sich selbst noch von seinen Mitmenschen entfremdet hat. Nur der wird in der Lage sein, sich und andere zu verstehen.

Wir müssen uns deshalb auch hier zuallererst mit der Entwicklung von Bewußtsein befassen. Die Schwierigkeit dabei ist eben die Selbstverständlichkeit von Bewußtsein. Wir haben Probleme, wenn wir selbst es in Frage stellen, und jeder andere, der das tut, wird automatisch zum Feind. Denn Feinde zu haben ist ein unausgesprochenes Bedürfnis dieses Bewußtseins.

Wie können wir uns richtig wahrnehmen und verstehen lernen? Sofort stellt sich uns ein erstes Hindernis in den Weg zur Erkenntnis unseres Selbst. Wir nehmen es zum Beispiel als gegeben an, daß einem Kind von Anfang an *Realität* beigebracht werden *muß*. Wir glauben, daß wir ohne dieses »konstruktive« Müssen, Teil unseres Lebens, »nur von Vergnügen zu Vergnügen flitzen« würden, wie Henri Bergson (1992) es formulierte. Aber auch hier haben wir es mit einem Feindbild zu tun, einem Feindbild nämlich, das auf der Annahme basiert, ein Kleinkind täte nichts anderes, als sich zu vergnügen. Und sofort fühlen wir uns berechtigt, sogleich und energisch dagegen einzuschreiten. Allerdings erkennen wir unsere Gegenmaßnahmen nicht als solche an. Wir glauben, daß Lernen ohne Zwang zu nichts führe, sind uns dieses Vorurteils allerdings nicht bewußt.

Wir haben die Vorstellung, daß ein Mensch so wenige Fehler wie möglich machen dürfe, um zu lernen. Doch diese irrige Annahme versperrt unseren Kindern die Möglichkeit, spielerisch zu lernen. Wenn ein Kind nicht auf Entdeckungsreise gehen darf, wird es auch seine Fähigkeit zur Wahrnehmung nicht entwickeln können (Heinrich Jacoby 1987).

Kinder werden also von Geburt an mit Verboten bombardiert. Und die Erwachsenen, die in ihrer eigenen Kindheit unter Verboten gelitten haben, empfinden jetzt Genugtuung dabei, die Verbote auszusprechen. Wir bestrafen unsere Kinder im Namen des kindlichen Wohls, ohne uns dies aber einzugestehen. Statt dessen empfinden wir uns als gute und fürsorgliche Eltern. Dem Kind »Realität« beizubringen, es zum Gehorsam zu zwingen bringt uns moralische Befriedigung.

Und so entwickelt sich früh, was Bergson weiter als »die Gewohnheit, uns unseren Eltern und anderen Autoritäten zu fügen« beschreibt. Denn das Kind erlebt das Bestraft-Werden immer als Folge eines eigenen schuldhaften Verhaltens. Als Erwachsene und selbst Eltern bestrafen wir dann zum einen das Kind in uns selbst und zum anderen unsere Kinder, die durch ihre Lebendigkeit die alte Schuld wiedererwecken. Wir geben weiter, was uns selbst angetan wurde, ohne uns jedoch dessen bewußt zu sein.

Sollten wir dennoch unser uns selbstverständlich gewordenes Selbst in diesem Zusammenhang einmal hinterfragen, werden wir uns sogleich selbst beruhigen, daß Erziehung eben so sei. Was also passiert dabei? Und was kann dabei schiefgehen?

Problematisch wird es überall dann, wenn Kinder nicht wegen ihrer selbst, sondern wegen der Leistungen geliebt werden, die sie erbringen und die auch ihre Eltern einmal erbringen mußten. Erikson (1958) schreibt dazu, daß ein Kind in einen verhängnisvollen Kampf um seine Identität getrieben werde, weil es vor einem Dilemma stehe: Es möchte von seinen Eltern um seiner selbst willen geliebt werden, die Eltern jedoch lieben und belohnen es nur für das, was es *tut* – und nicht für das, was es *ist*. Manchen wird diese Unterscheidung unverständlich sein. Das, was man tut, entspricht für viele Menschen dem, was man ist, denn so wurde man immer definiert, und so definiert man sich selbst seit jeher. Eltern, schreibt Erikson weiter, meinten, daß ihr Kind dazu da sei, sie zu rechtfertigen. Die zwar nicht verbalisierte, aber ganz klar implizite Forderung an das Kind laute: Welche Leistung hast du erbracht, was hast du für mich getan?

Hier werden drei miteinander untrennbar verbundene Gefühle auf den Weg gebracht. Erstens: die *Angst*, es nicht schaffen zu können. Zweitens: die (berechtigte) *Aggression* gegen die das Kind nicht anerkennenden Mächtigeren. Gleichzeitig macht diese Aggression dem Kind angst, weil die Eltern sie nicht zulassen. Drittens: *Gehorsamkeit*, die mittels Belohnung und Lob erzeugt wird, statt daß das Kind um seiner selbst willen geliebt wird. All dies verstärkt die Abhängigkeit des Kindes von seinen Eltern und sorgt dafür, daß Belohnung und Lob als Motivation, zu lernen, höher bewertet werden als echte Liebe.

Ein solcher Sozialisierungsprozeß scheint in allen sogenannten »Hochkulturen« gleich zu sein. Man lernt, daß man lernen muß, geliebt zu werden, daß Liebe kein Recht an sich ist. Sogar Psychoanalytiker (Eckstein und Motto 1969) haben diese Sicht untermauert in einem Werk, das den Titel »From learning to love to love of learning« (Vom Lernen zu lieben zur Liebe für das Lernen) trägt. Daß uns diese Haltung, die auch unsere Identität formt, aber von außen, von unserer Kultur aufgenötigt wird, wird in diesem Buch nicht bemerkt. Dies zeigt, nebenbei gesagt, wie stark auch jene in Unbewußtheit leben, die es sich zur Aufgabe gemacht haben, Menschen zur Bewußtheit zu bringen. Zugleich zeigt dies, wie sehr wir in dieser Selbstverständlichkeit von Identität befangen sind, wie wenig wir in der Lage sind, diese in Frage zu stellen.

Zusätzlich wirkt sich verheerend aus, daß Lernen auf Belohnung ausgerichtet ist und daß Belohnung zu einem Bedürfnis wird – daß wir davon abhängig werden. Wir entfremden uns dadurch von unserem eigenen Selbst, und dies muß sich zerstörerisch auswirken.

In Studien über das autonome Selbst an der City University of New York haben Helen Bluvol (1972) und Ann Roskam (1972) herausgefunden, daß bei Gymnasiasten, bei denen das Bedürfnis nach Bestätigung geradezu herangezüchtet worden war, die unbewußte Angst vor den eigenen Möglichkeiten am größten war. Damit verbunden war die Unfähigkeit, Autoritätsfiguren wie Eltern oder Lehrer differenziert zu sehen und sie als eigenständige Personen mit guten und schlechten Eigenschaften wahrzunehmen. Statt dessen wurden diese einfach stereotyp positiv eingestuft. Bezeichnend für diese Gruppe von Schülern war, daß sie sich als autonom empfanden, wenn sie andere zu Unterlegenen machten. Autonomie war also bei ihnen und für sie zu allem anderen als Autonomie geworden. Sie stellten nicht ihr Selbst, ihre eigenen Gefühle und Wahrnehmungen in den Mittelpunkt ihres Wollens, sondern suchten sich andere, gegen die sie kämpfen konnten – sie suchten sich Gegner. Im Namen ihrer Autonomie unterdrückten sie also andere, und sie bemerkten dabei nicht, daß das Motiv ihres Handelns ein umfassendes Bedürfnis nach Bestätigung durch Autoritätspersonen war. Die Angst, nicht zu genügen, zu versagen, den Wünschen der Eltern oder anderen Leitfiguren nicht zu entsprechen, hatten sie ins Unterbewußte verdrängt.

So verhält es sich auch mit unserer Vorstellung von Realität. Realitätssinn ist nicht die Wahrnehmung der Wirklichkeit, wie sie ist, sondern die Anpassung an die Verhaltensnormen einer Gesellschaft, die sich über das Wesen der Liebe selbst belügt und die diese Lüge zur Wahrheit erhoben hat. Menschen, die sich dagegen auflehnen, werden für psychisch krank gehalten.

Wir befinden uns in einem Teufelskreis: Menschen, deren Identität verformt ist, weil sie ihr Lebendigsein eingebüßt haben, können ihre Kinder auch nicht in der ihnen eigenen Lebendigkeit wahrnehmen und sie demzufolge auch nicht auf ihre Kinder zurückspiegeln. Doch ein Kind bedarf dieser Rückkoppelung – zuerst der Mutter, später des Vaters –, um sich selbst erleben und ein autonomes Selbst ausbilden zu können. Dieser Prozeß ist in wissenschaftlichen Studien schon oft beschrieben worden (u.a. bei Pawl 1995), ohne als solcher erkannt worden zu sein.

Es ist nicht einfach, den Prozeß der Entstehung eines autonomen Selbst zu beschreiben. Die Selbstfindung eines Kindes hat zunächst eine unmittelbare Verbindung zur Mutter und zum Vater als Voraussetzung. Ein Kind kommt zur Welt mit bestimmten Bedürfnissen und Reaktionsmöglichkeiten auf sich und seine Umwelt (Stern 1992, Dornes 1993, Gruen 1969, 1974, 1986, 1993). Diese Umwelt entsteht aus der Interaktion zwischen Eltern und Kind und ist geprägt von der Qualität der Stimuluswerte, die in diesem engen Beziehungsgefüge vorherrschen, das heißt der Anwesenheit von »sanften«, also relativ niedrigen Stimuluswerten. Sind die Reaktionen der Eltern adäquat, dann sind die Stimuluswerte relativ sanft, und der Säugling kann sich intensiv seiner Umwelt zuwenden. Gehen die Eltern dagegen nicht auf ihr Kind ein und formen sie es entlang ihren eigenen Bedürfnissen und Vorstellungen, ist die Umwelt des Säuglings geprägt von hohen Stimuluswerten, die von intensiven Gefühlen wie Ablehnung, Verzweiflung und Wut herrühren.

Schneirla (1959) zeigt in seinen Forschungsarbeiten, daß sich nur bei sanften Stimuluswerten die menschliche Fähigkeit zum Integrieren und Wachsen entwickelt. Eine Mutter, die ihr Kind vor Reizüberflutung schützt, fördert die Entwicklung seines Selbst wesentlich. Denn nur unter sanften Bedingungen vermag das Kind Verbindungen herzustellen zwischen relevanten Reizen und *der inneren Bereitschaft*, darauf zu reagieren. Auch Fullers (1967) Arbeit über Reizverminderung bezieht sich auf diese Interaktion: Er zeigte, daß Lernen nur dann möglich ist, wenn man sich in einer Lebenssituation, also einer Stimulussituation, auf deren wesentliche Elemente konzentrieren und andere Elemente ignorieren kann. Denn das ist das Essentielle beim Lernen des Eigenen. Dieses kommt nur zustande, wenn die innere Reaktionsbereitschaft den ihr entsprechenden auslösenden Stimulus findet. Hingegen kommt es nicht zustande, wenn die innere Reaktionsbereitschaft keinen entsprechenden auslösenden Reizstimulus finden kann.

Adäquates mütterliches Verhalten ermöglicht ein Lernen, das mit inneren Prozessen verbunden ist. Eine Mutter, die ihr Kind intuitiv vor Reizüberflutung schützt, legt in ihm den Grundstock, aus dem eigenen Selbst heraus zu lernen. Wenn die Mutter oder der Vater nicht dazu in der Lage sind, wird das Bewußtsein des Kindes entweder von der Erfahrung der Hilflosigkeit beherrscht, oder das Gefühl des Ausgeliefertseins wird verdrängt und von dem sich bildenden Selbst abgespalten. Wenn das geschieht und wenn die Umwelt daraufhin zu einer umfassenden Bedrohung für das Kind wird, dann kann das Kind nur noch mit Angst auf diese Umwelt reagieren.

Die Angst wiederum führt öfter dazu, daß die Erfahrung der Hilflosigkeit und das empathische Vermögen ausgeschaltet werden, da beides von der Umwelt geleugnet wird. Auf diese Weise werden ganze Teile des sich entwickelnden Menschseins vom Bewußtsein abgespalten. Um diese Spaltung dann aufrechtzuerhalten, müssen Hilflosigkeit, Schmerz und Mitgefühl zu Objekten des Hasses und der Ablehnung werden. Bei diesem Prozeß wird die innere Welt völlig ausgeschaltet. Bewußtsein wird dabei zu einem nach außen hin ausgerichteten »Realitätssinn«.

Piaget hat erkannt, daß ein Reiz nur dann wirklich von Bedeutung ist, wenn er einem inneren Schema entspricht (Flavell 1963). Davis (1957) hat den Vorgang, in dem eine Reaktion ihren Stimulus »sucht«, experimentell belegt. In einer von Reizüberflutung und Angst beherrschten Welt bleiben solche Vorgänge allerdings aus und machen ein inneres Lernen unmöglich. Denn eine solche Entwicklung mündet in ein Selbst, das völlig von geleugneter Angst, mithin Unterwerfung – oder, anders gesagt, Identifizierung mit dem und Idealisierung des Aggressors – bestimmt ist. Es entsteht das »falsche Selbst«, wie es R. D. Laing (1987) beschrieben hat.

Das Bewußtsein ist von der Art der Entwicklung des Selbst abhängig: Die existentielle Not unserer Einsamkeit

Seine ersten Erfahrungen über sich und die Welt erhält ein Kind über den taktilen, visuellen und kinästhetischen Kontakt mit seiner Mutter. Wenn ein Neugeborenes direkt nach seiner Geburt auf den Bauch der Mutter gelegt wird, wird es sich hochstemmen und ihr in die Augen schauen. Wird es jedoch zuvor erst gewaschen und entfällt diese allererste Kontaktaufnahme, dann entsteht eine Beziehung gleicher Qualität erst nach einem viel längeren Zeitraum (Welch 1994).

Das In-Kontakt-Treten des Säuglings mit seiner Umwelt geschieht unmittelbar mit und durch die Mutter. Erikson (1958) nannte diesen Vorgang »passive Aufnahmefähigkeit«, und er sah darin die früheste und zugleich am meisten vernachlässigte menschliche Erfahrung. Eriksons Begriff besagt, daß die Mutter das Setting ist (unter »Setting« versteht man das Umfeld, das Entwicklung benötigt), in dem ein Kind ein Gefühl dafür entwickelt, wer es ist, ein Gefühl für sein Selbst. Von grundlegender Bedeutung ist dabei auch, daß das Kind sich als jemand erlebt, der für diesen anderen Menschen Bedeutung hat. Denn ein Kind muß das Gefühl von Bedeutung haben, um überleben und weiterleben zu können. Seine Existenz hängt davon ab, wie es sich diese Bedeutung sichern kann.

So gesehen, entwickelt sich die kindliche Sinngebung des eigenen Lebens spiegelbildlich zur mütterlichen Sinngebung seines Lebens. Das Kind schließt den Sinn und die Bedeutung seines Lebens aus der Bedeutung, die es für seine Mutter hat. Deshalb hängen die Möglichkeit und die Art Entwicklung von der Bereitschaft der Eltern ab, ihm diese auch zuzugestehen. In jedem Fall ist der Weg der Selbstwerdung begleitet von Kummer, Angst und Gefahr. All dies muß durchlebt werden, und auch hier spielt die Bereitschaft der Mutter, später auch des Vaters, das Kind auf diesem Weg zu begleiten, eine große Rolle. Nur mit einer liebenden Begleitung kann ein Kind sich später auch von den Eltern trennen und sich zu einem autonomen Menschen entwickeln.

Hier das Beispiel eines Kindes, dessen Ringen um sein eigenständiges Selbst von Anfang an von seinen Eltern unterstützt wurde. Das Beispiel zeigt auch, wie ungleichförmig und von Rückschlägen geprägt diese Selbstwerdung ist, weil Kinder immer verschiedene Möglichkeiten ausprobieren. Die vierjährige Zoe fragt ihre Mutter, ob sie Angelika zum Spielen einladen dürfe. Ihre Mutter fragt: »Wer ist Angelika?« – »Du kennst sie.« – »Meinst du die Angelika aus der ›Sesamstraße‹?« – »Nein.« – »Im Kindergarten ist auch keine Angelika. Wen meinst du also?« – »Das solltest du wissen.« – »Zoe, ich kann keine Gedanken lesen. Als du ein Baby warst und geschrien hast, da wußte ich, daß ich dich wickeln oder füttern oder ins Bett legen muß. Aber jetzt denkst du dir was, und deine Gedanken kann ich leider nicht lesen.« Nach einer kurzen Pause erwidert Zoe: »Du meinst, wenn ich mich jetzt auf den Boden werfe und rumkreische wie ein Baby, dann wirst du wissen, wer Angelika ist?«

Hier ist die Komplexität des Selbstwerdungsprozesses erkennbar. Obwohl sich Zoe zu einem eigenständigen Menschen entwickelt, versucht sie, an ihrer früheren Verbundenheit mit ihrer »allwissenden« Mutter festzuhalten. Einerseits arbeitet sie an der Trennung von ihr, besteht aber andererseits zugleich auf der alten Verbundenheit, welche ja entstanden war aus dem Verständnis ihrer Mutter für ihre Bedürfnisse. Zoe muß jedoch etwas aufgeben – die Unmittelbarkeit der Verbundenheit mit ihrer Mutter –, um zu erfahren, daß sie zwar in gewisser Hinsicht allein ist, aufgrund dieses Alleinseins aber auch etwas empfangen und darüber hinaus auch etwas geben kann. Und all das ohne Angst.

In gewisser Weise erreicht man ein eigenes Selbst durch einen Prozeß, der immer wieder unterbrochen wird, um neue Integration zu ermöglichen. In diesem Sinn ist dieser Vorgang eine Abfolge von Stufen (»discontinuities«), das heißt von voneinander getrennten und in sich abgeschlossenen Entwicklungsperioden. Alle diese Perioden beinhalten das Ausprobieren des Alleinseins als zentrales Anliegen. Wenn das Alleinsein jedoch schon immer mit dem terrorisierenden Gefühl des Nichtseins verbunden war, weil die Mutter ihrem Kind weder ein Feedback gab noch ihm bei seinen ersten Schritten in die

Welt ein Gefühl von sicherem Geborgensein vermitteln konnte, dann wird, was Autonomie sein sollte, ein Zustand, der von Terror und Wut begleitet ist. Das macht Alleinsein unmöglich.

Eine Patientin war nicht in der Lage, das Bedürfnis ihres Sohnes, die Welt zu entdecken, zu tolerieren oder gar zu unterstützen. Diese Unfähigkeit führte zu einem Bruch in ihrer Beziehung, den das Kind nicht überwinden konnte. Der Junge wuchs in einer Atmosphäre von Streit und gegenseitiger Verachtung seiner Eltern auf, für seine Mutter war er jedoch zunächst das Objekt großer Liebe. Als er an seinem ersten Geburtstag vor allen Gästen plötzlich von seiner Mutter wegkrabbelte, begann diese ihn zu hassen. Danach reagierte die Patientin entweder überschwenglich liebevoll auf ihr Kind oder kalt und mit feindseliger Wut. Als er schließlich gänzlich abhängig von ihr wurde, haßte sie ihn deswegen, weil er nun ihr keine Freiheit mehr ließ. In seiner Pubertät wurde der Junge schizophren.

Im Fall einer anderen Patientin kam die Mutter ebenfalls nicht mit dem Streben ihrer Tochter nach Autonomie, die sich in wachsender Aufmerksamkeit und Verständigkeit zeigte, zurecht. Die Mutter konnte diese Entwicklung weder verstehen noch nachvollziehen, worauf die Tochter sich zunächst minderwertig, dann schuldig, deprimiert und leer fühlte. Zuvor hatte sich die Patientin als in den Augen ihrer Mutter wertvoll und liebenswert erlebt. Jetzt erlebte sie sich als jemand, der die Gefühle ihrer Mutter aufzehrte, sie aussog, und sie verurteilte sich dafür. Dann aber begann sie, ihre Mutter abzulehnen, fühlte sich jedoch gleichzeitig verlassen und hilflos. Hier entwickelte sich eine Art von Autonomie, in der Unabhängigkeit zugleich von verminderter Spontaneität und reduziertem Einfühlungsvermögen gekennzeichnet war. Auch das Empfinden von Mitgefühl und Schmerz war in dieser abwehrenden Autonomie nur schwach ausgebildet.

Erkennen wir die Dialektik des Autonomwerdens, dann vermögen wir auch zu sehen, wie dieser Prozeß zu einem Bewußtsein führen kann, das der Realität der Macht ergeben und deshalb zerstörerisch ist, ohne daß dies jedoch bewußt ist. Was Eltern an ihre Kinder weitergeben, ist eine sich selbst produzierende Realität, geschaffen von einer sich selbst produzierenden Lernweise, die das Empathische ausschaltet. Eltern sind nicht bereit, ihre Machtposition gegenüber ihren Kindern aufzugeben, da sie dieses Gefühl von Allmacht zur Kompensation ihres gestörten Selbstwertgefühls benötigen. Dieser Vorgang führt zu einer eigentlichen Fehlentwicklung im Menschsein. Wie schon im Vorwort gesagt, ist das Resultat ein Menschsein, gefangen in Emotionen, welche, losgelöst von ihren eigentlichen Ursprüngen, zu diskontinuierlichen Erfahrungen verkümmern.

Wenn ein Kind trotz allem an der Macht der Eltern rüttelt, wird es mit Liebesentzug bestraft. Also muß es sich unterordnen. Dadurch entsteht aber eine Grundspaltung, die kennzeichnend für unsere Kultur ist: einerseits der Wunsch nach Verbundenheit mit wahrhaft liebenden Eltern, andererseits der Haß auf sie. Diese widersprüchlichen Emotionen existieren nebeneinander, aber ohne ein Bewußtsein für dieses Nebeneinander.

Indem unsere Kultur Feindbilder erlaubt und fördert, lenkt sie von dieser Spaltung ab und erhält sie zugleich aufrecht. Das Potential für destruktive Wut bleibt bestehen. Das Schlimme daran ist, daß unsere Aggression in erster Linie mit unserer ambivalenten Gefühlswelt zu tun hat und dazu dient, dieses uns bestimmende Bewußtsein zu verteidigen. Und noch verheerender ist, daß keiner von uns davon frei ist, selbst wenn er sich dagegen auflehnt. Dieses Bewußtsein, das so stark von der Identifikation mit Autorität bestimmt ist, ist nicht leicht zu revidieren.

Der Geschlechterkampf als Ausdruck eines unzulänglichen Selbst

Niemand möchte wahrhaben, daß sein Selbst von Ängsten bestimmt und darauf ausgerichtet ist, ständig Feinde außerhalb zu suchen, um damit seine eigene Unzulänglichkeit zu vertuschen. Auch der Kampf der Geschlechter ist Ausdruck einer solchen verfälschten und verzerrten Aggression gegen andere.

Anstatt die eigentliche Ursache unseres Unbehagens, unsere Gefühle von Unzulänglichkeit, Hilflosigkeit, Leid, Verzweiflung und Angst, als Grund für unsere Aggression zu erkennen, projizieren wir dies auf die vermeintliche Rivalität von Mann und Frau. Wieder einmal gehen wir davon aus, daß für uns die Notwendigkeit besteht, uns zu wehren, und diesmal wehren wir uns gegen die Herrschaft des jeweils anderen Geschlechts.

Die Männer tarnen mit diesem Kampf der Geschlechter ihre Angst vor dem Lebendigen, dem Schmerz und dem Leid. Das Weibliche in ihnen, das mit dem Lebendigen verbunden ist, wird dadurch abgetan, verachtet. Ebenso lehnen Frauen, die sich mit dem Mythos, nur Männer hätten Kraft, Stärke und Macht, identifiziert haben, ihre eigene Weiblichkeit ab. Für manche von ihnen wird das dergestalt reduzierte Selbst des Mannes zum Ideal. Solche Frauen verherrlichen Macht und verachten – meist unter dem Banner der Gleichberechtigung – ihre Weiblichkeit.

Das Weibliche, das Frauen wie Männern eigen ist und das sie deshalb eigentlich vereint, wird im Kampf der Geschlechter zum Trennenden. Es wird mißbraucht, um die Spaltung in »männlich« und »weiblich« zu untermauern. Männer und Frauen kämpfen lieber gegeneinander, statt gemeinsam gegen das anzukämpfen, was sie wirklich zerstört.

Mit ihrer Verachtung der Weiblichkeit schränken sich Männer in ihrem Selbst ein. Außerdem wird jeder Mann, der das Mütterliche in sich hat, bei Männern und Frauen, die dieses reduzierte Bewußtsein haben, als Schwächling eingestuft. Diese Sichtweise und somit auch das reduzierte und verengte männliche Selbst wird jedoch weitergegeben und verfestigt sich.

Shakespeares »Hamlet« als Kommentar über das reduzierte Bewußtsein des Mannes

Daß dieses Problem auch in der Weltliteratur vorkommt, belegt der amerikanische Schriftsteller George Trow (1992) in seiner tiefgreifenden Deutung des Hamlet-Monologs »Sein oder Nichtsein«. Dieser Monolog gibt selbst Shakespeare-Kennern immer wieder Rätsel auf.

Dieser Monolog berührt uns seit Jahrhunderten, obwohl er sich direktem Verstehen offenbar verschließt. Also muß er uns so stark berühren, weil Shakespeare offenbar hier sehr stark mit Zweifeln, die in uns allen sind, verbunden war. Im Theater stellt Shakespeare unsere Konflikte dar, indem ein Schauspieler sie ausspricht. Dadurch können wir sie erleben, ohne daß wir uns ihnen selbst stellen müssen.

Trow schreibt, daß der Sinn von Hamlets Monolog genau den Vorgang beschreibe, bei dem eine sich entfaltende Welt mit einem verengenden, reduzierten Bewußtsein konfrontiert wird. Es geht genau um diese Widersprüchlichkeit des uns reduzierenden Bewußtseins mit unseren eigenen empathischen Möglichkeiten.

Shakespeare, so Trow, konfrontiert uns mit einem Dilemma von Hamlet: Auf der einen Seite steht das männliche Bewußtsein der Ehre, auf der anderen das erweiterte Bewußtsein, »in welchem Ehre nicht mehr geehrt wird«. Dieses erweiterte Bewußtsein entspricht dem lebensbejahenden weiblichen Bewußtsein.

Das Männliche, das reduzierte Bewußtsein, ist im Monolog das »Sein« – diese Alternative bedeutet, das Weibliche (im Monolog das »Nichtsein«) als Schwäche zu verwerfen.

Hier geht die Verwirrung bereits los: Eigentlich bedeutet (ich werde später noch einmal darauf hinweisen) »Sein« ja eher den umfassenderen Begriff – Shakespeare benutzt ihn hier eher in der Bedeutung »Mannsein«. Das »Nichtsein« dagegen ist das eigentlich umfassendere weibliche Prinzip des Denkens: Es bedeutet Einfühlungsvermögen und Menschlichkeit.

Im Drama wird von Hamlet eine sehr »männliche« Handlung von seinem Vater verlangt: Er soll seinen Onkel töten. Aber, so schreibt Trow, »Hamlet muß sich bewußt sein, daß die Rituale, die sein Vater zu befolgen fordert, sehr primitiv sind. Zudem weiß er, daß er selbst viel eher seinem Onkel gleicht als seinem Vater. Aber etwas in Hamlet sagt ihm zugleich, daß er dieses Ritual (der Rache) vollziehen muß.«

Bei Shakespeare:

Sein oder Nichtsein, das ist hier die Frage:
Ob's edler im Gemüt, die Pfeil und Schleudern
Des wütenden Geschicks erdulden oder,
Sich waffnend gegen eine See von Plagen,
Durch Widerstand sie enden? Sterben, schlafen –
Nichts weiter!

Trow schreibt dazu: »Eigentlich würde man nach der Fragestellung ›Sein oder Nichtsein‹ eine mehr oder minder rationale Debatte beider Alternativen erwarten – dies genau geschieht jedoch nicht. Tatsächlich entsteht eine Anordnung von Worten, die in Wahrheit nur ein Ziel zu haben scheinen: eine Erkenntnis zu vermeiden, vor der wir alle Angst haben. Dies ist die Erkenntnis des Defizits all der uns gemeinhin verborgenen Informationen, die wir benötigen würden, um mit uns selbst in volle Übereinstimmung zu gelangen.«

Wenn wir dieses Defizit durch den Begriff »reduziertes Bewußtsein« ersetzen, sehen wir sofort, daß die Analyse Trows direkt dem entspricht, was ich oben postuliert habe. Das Defizit beinhaltet auch alle Informationen darüber, was mit uns allen geschah, um das Bewußtsein zu verengen – damals, als wir uns dem Aggressor anpaßten, um zu überleben.

Im Schauspiel selbst treibt Shakespeare den Konflikt so weit, daß Hamlet schließlich verzweifelt und vom Sterben redet und – am Ende, etwas weniger verzweifelt – vom Schlafen. Dies drückt aus, welche Schmerzen uns die Konfrontation mit unserer tiefsitzenden Angst, der Erkenntnis unseres reduzierten Selbst, bereitet.

Während des Rests des Monologs quatscht Hamlet fast sinnlos vor sich hin, so Trow: »Dies ist jetzt seine Art, die tiefste Angst zu entmachten.«

Am Ende erkennt Hamlet sogar, daß er Quatsch redet, er sagt: »So macht das Gewissen Feiglinge aus uns allen«, er ist an dem Kern des Problems gescheitert.

Uns vermittelt der Monolog, daß man erst dann sprechen kann, wenn man sich dem Entsetzlichen stellt. Das ist der Kern von Trows Deutung von Hamlets Monolog.

Shakespeare kommentiert also im Grunde die Spaltung in unserem Bewußtsein, die das Empathische vom abstrakten männlichen Gedankengut trennt. Das Männliche ist das reduzierte Bewußtsein. Es blockiert unser Leben, indem es darauf besteht, daß das Weibliche Schwäche ist. Damit verwirft der Mann das erweiterte Bewußtsein, das auf Zuwendung und Einfühlen basiert, verunglimpft das, was ihn retten, ihn wieder zum Menschen machen könnte. Der Kampf der Geschlechter ist die Folge dieses männlichen Bewußtseins, nicht ein von Natur gegebener Zustand. Würde diese Spaltung überbrückt, so Trow, könnten wir wirklich sprechen lernen. Bis dahin aber können wir auch kaum Sprache wahrnehmen, die uns nicht reduzieren würde.

Dies verweist uns nach der Analyse von Shakespeares Schauspiel auf ein weiteres Problem: Sprache und Wahrnehmung sind eng verbunden. Sprache selbst erweitert oder reduziert. Sie ist wie ein Organ unserer Wahrnehmung, das unseren Realitätsbezug prägt.

Sprache, Bewußtsein und die linke und rechte Gehirnhemisphäre

Unsere sprachliche Kommunikation hat immer einen Kontext. Dieser Kontext ist zuallererst eine emotional geprägte Interaktion zwischen Mutter und Kind, die später durch das gesellschaftliche Netz ersetzt wird. Die meisten Theorien über Sprachentwicklung ziehen den emotionalen Aspekt gar nicht in Betracht. Sie gehen davon aus, daß Sprache realitätsbezogen ist und daß ihre Entwicklung von rationalen Prozessen gesteuert wird. Dadurch wird das Bewußtsein, das George Trow »Nicht-Sein« genannt hat, ausgeschaltet. So können wir nicht wahrnehmen, daß Sprache selbst ein Wahrnehmungsorgan ist und bei uns die männliche Ideologie vertritt.

Carol Gilligan weist in ihrem Buch »Die andere Stimme« (1988) darauf hin, daß unsere Sprache keine Entsprechung für die Strukturen des weiblichen Selbstgefühls hat. Daß auch die Entwicklung unserer Sprache sehr früh von unserem reduzierten Bewußtsein abhängig ist und wie subtil dies vor sich geht, lassen die Forschungen von Tomatis (1987) erahnen.

Unser Gehör ist schon im vierten Schwangerschaftsmonat funktionsfähig. Spätestens im letzten Drittel der Schwangerschaft hört das Kind die Stimme seiner Mutter (Locke 1994). DeCasper und seine Mitarbeiter (1980) fanden heraus, daß das Neugeborene schon in den ersten drei Tagen seines Lebens nicht nur die Stimme seiner Mutter von der anderer Menschen unterscheidet, sondern daß es auch versucht, sie durch Mundbewegungen beim Saugen zurückzuholen. Reagiert nun eine Mutter auf die Bedürfnisse ihres Kindes, wird es von Anfang an merken, daß es in einem Austausch zu seiner Welt steht, daß es etwas in Gang bringen, daß es lenken und mitbestimmen kann. Die Entwicklung seiner Sprache und seines Selbst vollzieht sich miteinander.

Töne, Rhythmen, die Emotionen seiner Mutter, ihre Erwartungen und korrespondierende Reaktionen bilden das Setting der Sprachentwicklung des in seinem Selbst sich entfaltenden Kindes. Wenn aber seine Umwelt, und das ist in erster Linie seine Mutter, nicht genügend auf das Kind eingeht, wird sich sein Bewußtsein verengen und seine

Sprachfähigkeit entsprechend eingeschränkt sein. Dies geschieht dann, wenn die Mutter das reduzierte männliche Bewußtsein übernommen hat und nur in diesem beengten Rahmen agieren kann. Auch neuere Forschungsergebnisse zeigen deutlich, daß ein Erlernen von Sprache eingebettet ist in die frühesten zwischenmenschlichen Erlebnisse des Kindes (Saffran, Aslin und Newport 1996, Bates und Elman 1996).

Wir wissen seit mehr als einem Jahrhundert, daß ein Erwachsener aphasisch wird, wenn seine linke Gehirnhälfte verletzt wurde. Aphasie heißt Verlust des Sprechvermögens, er wird also Wörter weder finden noch aussprechen können. Das Sprachzentrum des erwachsenen Menschen ist meist in der linken Gehirnhemisphäre angesiedelt. Bei Kleinkindern ist das noch nicht so. Die Asymmetrie tritt erst zwischen dem dritten und siebten Lebensjahr auf.

Die rechte Gehirnhälfte wird in der Forschung der letzten Jahrzehnte als zuständig für die Integration der Gefühlserlebnisse, die linke als zuständig für das logische Denken, den präzisen Ablauf von Bewegungen und auch die Ausschaltung des direkten Affekts betrachtet. Deshalb ist es auch nicht verwunderlich, daß wir auf der linken Seite unseres Gesichts, das neurologisch von der rechten Gehirnhälfte bedient wird, mehr Emotionen zeigen als auf der rechten (Locke 1994). Die Nerven, die diese Gesichtsmuskeln unter anderem kontrollieren, verlaufen von der rechten Gehirnhälfte zur linken Seite des Körpers, umgekehrt verlaufen die Nerven von der linken Gehirnhälfte zur rechten Seite des Körpers.

Wenn aber vor dem zweiten Lebensjahr die rechte Gehirnhemisphäre verletzt wird, dann verursacht dies größere Beeinträchtigungen im Sprachverständnis als Verletzungen der linken Gehirnhemisphäre. Dies ist zunächst ein überraschender Gegensatz zu dem, was beim Erwachsenen passiert: Es muß bedeuten, daß die allmähliche Differenzierung der beiden Hemisphären eher mit der fortschreitenden Entwicklung des Individuums zusammenhängt und nicht mit einem vorprogrammierten, immer gleich ablaufenden organischen Prozeß. Bei der Verlagerung unserer Gehirnaktivitäten in die linke beziehungsweise die rechte Hemisphäre muß also das vorherrschende reduzierende männliche Bewußtsein einen Einfluß ausüben.

Hier muß das in Gang kommen, von dem wir kein direktes Bewußtsein haben, das aber mit der Sprachentwicklung und mit der die Sprache formenden Bewußtseinsentwicklung synchron einhergeht. Ich glaube, daß es die Sprachentwicklung in unserer Kultur ist, die von Anfang an unseren Affekt von unserem Denken trennt. Doch diesen Vorgang herauszuarbeiten fällt nicht leicht. Ich will es dennoch versuchen.

Edward Sapir schrieb im Jahr 1929, daß Sprache nicht nur dazu diene, Erfahrungen zu kommunizieren, sondern auch dazu, Erfahrungen zu definieren (Hoijer 1954). Benjamin Lee Whorf (1958) hat die Sprache sogenannter »primitiver« Völker betrachtet und herausgefunden, daß primitive Sprachen Konzepte beinhalten, die unsere wissenschaftlichen Kategorisierungen der Welt bereichern könnten. So hat seine Analyse der Hopi-Sprache, also der Sprache amerikanischer Plains-Indianer, ergeben, daß diese Sprache keine Wörter oder grammatikalischen Konstrukte für »Zeit«, »Vergangenheit« und »Zukunft« hat, und zwar in dem Sinn, in dem *wir* diese als universelle Gegebenheiten annehmen. Trotzdem kann diese Sprache alle zu beobachtenden Phänomene berücksichtigen, allerdings auf einem pragmatischen und operativen Weg.

»Die Hopi verwenden ihre Begrifflichkeit von Zeit und Bewegung (...) in einem operativen Sinn (...), so daß das Element Zeit nicht getrennt wird vom Element Räumlichkeit und damit in den beobachteten Vorgang eingebunden ist (...) Sie wandeln stets unsere Begriffe von Dingen in Begriffe von Ereignissen um« (Hoijer 1954). Hier wird die Rolle eines sich entwickelnden Bewußtseins via Formung von Sprache deutlich. Anstatt sich – so wie wir das tun – sprachlich auf eine abstrakte Ebene zu begeben, auf der wir die Bewegung, das Dynamische eines Vorgangs auf Dinge reduzieren, drückt die Sprache der Hopi die Verbindung zu den Gefühlen aus, die sie in Zusammenhang mit einem bestimmten Ereignis erlebt haben. Ihre Sprache treibt sie nicht von ihren Gefühlen weg, im Gegensatz zu unserer Sprache, die alles verdinglicht.

Die Anthropologin Dorothy Lee sagt Ähnliches über die Trobriand-Inselbewohner im Pazifischen Ozean (1944). Sie beschreibt, wie in der Wintu-Gesellschaft die Ganzheit, nicht der Teil als Gegebenheit betrachtet wird. »Für die Wintu (...) ist die Substanz oder Qualität (eines Phänomens) ein Merkmal für seine Naturhaftigkeit; es ist permanent und nicht vom Menschen beeinflußt. Die Form der Dinge dagegen ist von Menschen aufgesetzt durch einen Akt des Willens (...) Das Partikulare (...) existiert im Bewußtsein des Sprechers, nicht in der Natur. Was für uns den Charakter von Klasse, von Pluralitäten, von Einzelheiten hat, ist für die Wintu eine Masse oder eine Qualität oder eine Eigenschaft.« Das Individuum ist für die Wintu ein differenzierter Teil der Gesellschaft, für uns hingegen besteht Gesellschaft aus einer Vielzahl von einzelnen, die undifferenziert eine gesellschaftliche Totalität, eine Einheit, bilden – und beide Betrachtungsweisen drücken sich im jeweiligen Sprachgebrauch aus.

Die geradlinige Kodifizierung der Realität in unserer Sprache trennt Dinge voneinander (Lynd 1958). Das Abgetrennte vermögen wir aber nicht mehr zu sehen und deshalb auch nicht auszudrücken, so daß Probleme auftreten, wenn wir Teile zu einem Ganzen integrieren wollen.

Schachtel (1959) zeigt in einer Studie über Kindheitsamnesie und Gedächtnis, wie sich dies auf unsere Sprache auswirkt. Frühe Kindheitserinnerungen werden vergessen, nicht weil sie mit sexuellen Wünschen verbunden waren und deswegen unterdrückt werden mußten, sondern weil der Sozialisierungsprozeß dem Kind eine Sprache gibt, die diese Erinnerungen nicht einbeziehen kann. Unsere Sprache hat keine Wörter für die Erlebnisse während unserer frühesten Kindheit. »Je mehr das Kind sozialisiert wird, desto weniger wird es ihm möglich, in jene umfassend gemachten Erlebnisse einzusteigen, die ihm früher offenstanden, da die herkömmlichen verbalen Kategorien nicht dafür geeignet sind.«

Man könnte deshalb konstatieren, daß während der Kindheitsamnesie jene Vorgänge aus unserem Blickfeld verschwinden, die eine Gesellschaft unterdrückt. Und dies sind nicht vermeintliche sexuelle Konflikte, sondern es ist etwas viel Grundsätzlicheres: Ein reduzierendes Bewußtsein versperrt uns die umfassende Wahrnehmung der Realität, und zugleich wird dieses Bewußtsein durch die Spaltung unserer Erlebnisse weitergegeben.

Der Gestaltpsychologe Martin Scheerer (1959) hat dies experimentell belegt. Unter Hypnose konnten Kindheitserinnerungen erst dann zurückgebracht werden, als die erlebten körperlichen Wahrnehmungen hervorgerufen wurden. Albert Einstein (1971) kommentierte diesen Prozeß ebenfalls, aber aus einer anderen Blickrichtung, als er nämlich über seine Sprachschwierigkeiten als Kind befragt wurde. Er sagte, daß er, weil er nicht habe sprechen und deshalb auch nicht mit der erwachsenen Welt habe kommunizieren können, an seinen eigenen kindlichen Wahrnehmungen habe festhalten können. Die Welt unbeeinflußt von der Logik der Erwachsenensprache mit seinen eigenen Augen sehen zu können, führte zur Formulierung der Relativitätstheorie.

Colin Wilson (1956) bestätigt in seiner Studie über den Outsider, den Künstler, was Schachtel und Einstein beschrieben haben. Indem der Künstler an seiner empathischen Wahrnehmung festhält, vermag er zu den verlorenen, ins Abseits geratenen, durch Abstraktionen verdrängten Erlebnissen und so zu sich selbst gefühlsmäßig vorzudringen. Da der Künstler aber zugleich unsere Sprache spricht, kann er uns auf sublime Weise zu dem zurückführen, was wir aus unserem Bewußtsein abgespalten haben, und uns so ein Gefühl von Ganzheit und Erfüllung geben, ohne dabei die negativen Gefühle zu berühren, welche die Spaltung begleitet haben. Man denke etwa nur daran, wie uns Hamlets »Sein oder Nichtsein« berührt.

Wir glauben im allgemeinen, daß Säuglinge die Bedeutung von Wörtern gar nicht erfassen können und daß es deshalb nicht möglich ist, die Wahrnehmungen während der frühesten Kindheit sprachlich auszudrücken. Tomatis hat demgegenüber herausgefunden, daß Sprache sich schon im Mutterleib formt. Kindertherapeuten wie Dolto (1988, 1989), Eliacheff (1994) und Stork (1994) stimmen darin überein, daß Kinder von Geburt an auf den Sinn der Worte von Erwachsenen reagieren können. Elisabeth Bates und ihre Mitarbeiter (zitiert bei Locke 1994) haben durch Experimente belegt, daß Säuglinge mit acht Monaten Wörter und Sätze verstehen, lange bevor sie selbst sprechen können und die Regeln und Abstraktionen der Sprache meistern.

In der entscheidenden Periode der Wahrnehmungsentwicklung organisiert sich das Gehirn entsprechend der Verteilung der Funktionen des abstrakten Denkens und der empathischen Wahrnehmung in eine linke und eine rechte Gehirnhemisphäre. Davidson und Fox (1989) haben nachgewiesen, daß schon im zehnten Lebensmonat das Gehirn sich so weit organisiert hat, daß Trauer und Freude verschieden verarbeitet werden. Zehn Monate alte Säuglinge zeigen deutlich unterschiedliche linke und rechte frontale Gehirnreaktionen, wenn sie mit einem traurigen beziehungsweise mit einem fröhlichen Gesichtsausdruck konfrontiert werden. Während sich die beiden Gehirnhälften bei der Stimulation von Trauer nicht in ihren Aktivitäten unterscheiden, ruft Freude eine größere linke Aktivität hervor. Kinästhetisch drückt sich Freude in vermehrter Muskelaktivität aus (beim Lachen werden die Arme nach außen bewegt, auf das die Freude auslösende Objekt zu, auch die Atmung wird tiefer), und dies wirkt als stärkere Mobilisierung zurück auf die linke Gehirnhälfte, die für die Kontrolle der Muskeln verantwortlich ist. Bei Trauer hingegen nehmen die körperlichen Bewegungen ab. Denn Trauer ist eher ein innerer Vorgang. In diesem Zeitraum nun beginnt die Spaltung in unserem Bewußtsein – sie wird noch dadurch verstärkt, daß das männliche Bewußtsein sich in nach außen gerichteten Körperbewegungen (dominieren, erobern) ausdrückt.

Zusätzlich verstärkt wird die Spaltung dadurch, daß das männliche Bewußtsein Leid und Schmerz negiert. Als Folge davon verlagern sich die Gehirnaktivitäten in die linke Hemisphäre, die dann auch unser Wahrnehmungsvermögen dominiert. Wir werden unsere gefühlsbetonten Wahrnehmungen ins Unterbewußte verdrängen, wenn sie als »weiblich« verunglimpft werden. Und mit der Zeit werden alle nach innen gerichteten Wahrnehmungen wie Mitgefühl und Trauer einen immer geringeren Stellenwert für uns haben. Wenn darüber hinaus das männliche Bewußtsein Angst, Terror, Verzweiflung und unerträgliche Hilflosigkeit im Kind erzeugt, dann verengt sich unter diesem Druck das Wahrnehmungspotential noch zusätzlich. Dann wird unsere Wahrnehmung immer mehr auf die linke Gehirnhemisphäre beschränkt sein, auf jenen Ort also, wo das Emotionale nicht vermittelt wird. Unser ehemals umfassendes Bewußtsein existiert dann zwar weiter, aber »im Untergrund« des Unterbewußten. Je mehr Druck auf einem Kind lastet, Angst und Terror wegzusperren, desto höher ist der Grad der Unterbewußtheit und desto weniger wird die rechte Gehirnhemisphäre mit ihren Wahrnehmungsmöglichkeiten ein Teil des Bewußtseins dieses Kindes sein.

Die fortschreitende Spaltung des Bewußtseins bringt nicht nur Änderungen in der Wahrnehmung mit sich – wir nehmen nur die Dinge wahr, die wir vom Abstrakten, nicht aber vom Empathischen her erfassen können –, sondern auch veränderte funktionelle Vorgänge, die wiederum strukturelle Veränderungen zeitigen. Menschen, die einen Gehirnschlag erlitten haben, vermitteln meist den Eindruck, als könne bei ihnen die linke Gehirnhemisphäre nicht verstehen, was die rechte wahrnimmt. Der Neuropsychologe Martin Keller (1990) vermutet in diesem Zusammenhang, daß das spontane Emotionale der rechten Hemisphäre nicht in das logische, mechanische Denkschema der linken paßt. Menschen mit einem Gehirnschlag können also das Emotionale nur im Rahmen des reduzierten Bewußtseins erfassen.

Deswegen ist auch Kellers Vermutung nachvollziehbar, daß umgekehrt ein Konflikt zwischen dem linken, verengenden und dem rechten, zur Erweiterung drängenden hemisphärischen Bewußtsein zu einem Gehirnschlag führen kann. Aus meinen eigenen Arbeiten über Schlaganfallpatienten (Gruen 1962, Ullman und Gruen 1961, Ullman et al. 1960) geht statistisch hervor, daß Menschen mit einer rigiden Einstellung zum Leben und Denken anfälliger sind für eine solche Funktionsstörung des Gehirns. Man könnte sagen, daß sich diese Menschen gegen das Integrierende der rechten Hemisphäre wehren. Sie verdrängen mit großem Aufwand das Empathische, also das Weibliche. Daß bei diesen Schlaganfallpatienten die rechte Gehirnhälfte betroffen ist, weil die hier angesiedelten emotionalen Wahrnehmungen sie am meisten quälen, mag deshalb nicht verwundern.

Um es nochmals hervorzuheben: Experimentelle Beobachtungen (Hecaen 1962, Keller 1995) belegen, daß die Wahrnehmungen der rechten Gehirnhälfte in Gesamtprozessen verlaufen; Details und einzelne Teile haben nur Bedeutung innerhalb eines sie umfassenden Kontexts. Die Wahrnehmungen der linken Gehirnhälfte dagegen beziehen sich auf einzelne Teile; deshalb sind sie eher analytisch in einem segmentierenden und schubladisierenden Sinn. Hier ist auch das gesellschaftlich genormte Verbale angesiedelt.

Sprache ist also nicht nur ein Mittel der Kommunikation, sondern auch ein Organ der Wahrnehmung. Als Wahrnehmungssystem kann Sprache entweder einengend oder erweiternd fungieren. Julian Jaynes (1976) macht uns in seinem höchst originellen Beitrag zum Thema Gehirnspaltung darauf aufmerksam, daß Metaphern, dichterische Sprachfiguren, eine Bewußtseinserweiterung bewirken. Wörter dagegen, die in unserem abstrakten männlichen Bewußtsein vorherrschen (zum Beispiel nationale Ehre, Reinheit des Bekenntnisses zu einer Ideologie), reduzieren unser Wahrnehmungspotential.

George Trows Analyse des Hamlet-Monologs (vgl. S. 44 ff.) verdeutlicht, wie eine Metapher – das Wort »Sein« – in eine negierende Instanz verwandelt werden kann. »Sein« im Sinne der linken Gehirnhemisphäre hat eine ganz konkrete Bedeutung, nämlich ein Sein gemäß dem männlichen Ehrenkodex. »Sein« bedeutet in diesem Zusammenhang, dem Heldentum und seinen Toten verpflichtet zu sein; das beinhaltet auch das Töten eines anderen Menschen. Indem das männliche Bewußtsein die Bedeutung des Wortes »Sein« für sich vereinnahmt hat – »sein« kommt ursprünglich aus dem Sanskrit und bedeutet »wachsen« –, wurde »Nicht-Sein« zur Metapher für das erweiterte Bewußtsein. So konnte der Dichter Shakespeare »Sein« und »Nicht-Sein« einander gegenüberstellen und die Bewußtseinsspaltung – die er intuitiv erfaßt hatte – beschreiben. Dadurch gelingt ihm, die Zuschauer mit ihrem eingeschränkten Bewußtsein zu konfrontieren und sie so zu einer Bewußtseinserweiterung hinzuführen. Das ist, was große Kunst vermag.

In den Anfängen der sogenannten Hochkulturen in Nordafrika, Asien und Europa vor etwa sechs- bis siebentausend Jahren hat wohl auch das reduzierende und reduzierte Bewußtsein seinen Ausgangsbereich. Es mag deshalb auch nicht erstaunen, daß es in dem vor mehr als zweitausend Jahren von Homer gestalteten Heldenepos »Ilias«, das als dichterisches Prunkstück unserer Zivilisation gilt, weder inneres Leben der Helden noch Innenschau dargestellt wird. Jaynes weist in seiner bereits erwähnten Studie darauf hin, daß die »Ilias«-Helden nicht aus innerer Verantwortung, sondern aus Gehorsam gegenüber den Göttern heraus handeln. Alles Empathische, alles nach innen Wirkende, also alle von der rechten Gehirnhemisphäre verarbeiteten Wahrnehmungen bleiben ausgeschaltet. »Der Ursprung der Taten (in der Ilias) liegt nicht in bewußten Plänen, Gründen oder Motiven, er liegt in den Taten und Reden der Götter. Als gegen Ende des Krieges Achilles Agamemnon daran erinnert, daß dieser ihn seiner Mätresse beraubt hat, erklärt der König aller Menschen: ›Das geschah nicht wegen mir, der Grund dafür war Zeus (...) Was konnte ich tun? Die Götter sind über uns erhaben.‹«

Diese Überlegungen sollen besagen, daß wirklich verantwortliches Handeln nur dann möglich ist, wenn Verstand und Gefühl – um es auf diesen einfachen Nenner zu bringen - zusammenwirken. Paul D. MacLean (1967), Neurologe an der amerikanischen Rockefeller University, hat in den vergangenen dreißig Jahren die Zusammenarbeit der verschiedenen Teile unseres Gehirns erforscht. Er betont, daß die empathischen Verdrahtungen während unserer Kindheit stimuliert werden müssen, weil sie sonst nie funktionieren. In einer späteren Veröffentlichung (1987) sagt er, daß diese empathischen Empfindungen eine Vorbedingung seien für ein Gefühl von persönlicher Identität. Eine solche Identität unterscheidet sich selbstverständlich grundlegend von einer Identität, die nur auf den Wahrnehmungen und Reaktionsmöglichkeiten der linken Gehirnhemisphäre basiert.

Auch Jaynes schreibt, daß Geisteswissenschaftler wie Martin Nilsson (1964) die zitierte »Ilias«-Passage dahingehend kommentieren, daß sie Agamemnons Verhalten als »entfremdet von seinem Ego« bezeichnen, daß die Helden der »Ilias« im Grunde »überhaupt kein Ego«, also keine eigentliche Identität hatten.

Es ist wohl in der Tat so – und alles Vorstehende bestärkt dies –, daß die Bevorzugung der linken Gehirnhemisphäre mit ihrem reduzierten und angepaßten Bewußtsein die Ausbildung einer umfassenden Identität verhindert; die Aktivitäten der rechten Gehirnhemisphäre jedoch vermögen unser Bewußtsein zu erweitern und unsere nur eingeschränkt ausgebildete Identität zu vervollständigen. Entsprechend tobt seit den Anfängen unserer Zivilisation der Streit zwischen jenen, die von einem reduzierten Bewußtsein geprägt sind, und jenen, die, von einem erweiterten Bewußtsein geprägt, versuchen, volle Menschlichkeit wiederherzustellen. Es ist ein immer wieder aufflackernder Kampf, nie völlig erstickt, aber auch nie völlig erfolgreich, da jedem von uns das Beengende innewohnt und dauernd zum Selbstverrat zwingt, weil wir uns mit den Tätern identifizieren und das Opfer in uns selbst zurückweisen.

Wie steuert nun der gesellschaftliche Kontext die Tätigkeiten beider Gehirnhälften und damit die Entwicklung unseres Selbst? Was passiert während unseres Sozialisationsprozesses mit unserem Bewußten und unserem Unbewußten?

In der linken Gehirnhemisphäre sind jene kognitiven Fähigkeiten lokalisiert, die in unserer Gesellschaft so sehr geschätzt werden. Dadurch werden wir immer stärker von unseren empathisch-kinästhetischen Wahrnehmungsfähigkeiten abgeschnitten; sie werden unserem Bewußtsein allmählich entzogen. Die Hauptarbeit übernimmt die linke Hemisphäre mit ihren analytischen und verbalen Tätigkeiten. Sie filtert unsere Wahrnehmungen entsprechend dem, was »offiziell« – gesellschaftlich – gebilligt ist. Wir sind also der Vorherrschaft des isolierenden statt des ganzheitlichen Denkens ausgeliefert. Denn es ist ja so, daß die rechte Hemisphäre die Bedeutung von Teilen nur innerhalb eines Kontextes sieht und verarbeitet, die linke oder dominante Hemisphäre dagegen sieht die Teile als losgelöst vom Kontext. Die Konzentration auf das abstrakte Denken in der linken Gehirnhemisphäre führt zu Verhaltensformen, die keinen Bezug auf den Lebenskontext nehmen.

Galin und Ornstein (1972) fanden experimentell heraus, daß bei

Versuchspersonen, die verbale und analytische Aufgaben lösen mußten, in der linken Gehirnhemisphäre eine starke Aktivität nachweisbar war (low voltage fast waves in den linken temporalen und Parietal-Lappen). Bei diesen Aufgaben mußten vorgegebene Formen in ihre Teile zerlegt und kategorisiert werden, es ging also um das Aufbrechen von Ganzheit. Die rechte Gehirnhemisphäre war während dieser Zeit nicht involviert, was anhand der langsamen Alpha-Wellen, die dort auftraten, nachgewiesen werden konnte. Als die Versuchspersonen daraufhin räumliche Tests vorgelegt bekamen, deren Lösung die Einordnung der Einzelteile in ihren Gesamtzusammenhang, also eine ganzheitliche, integrierende Betrachtungsweise voraussetzte, wechselte die starke Aktivität in die rechte Gehirnhemisphäre hinüber.

Wenn eine Gesellschaft die Funktionen der linken Gehirnhemisphäre belohnt, die der rechten aber abwertet, dann ist es die Gesellschaft, die das Unbewußte produziert. Dies steht in Widerspruch zu Freuds Annahme, daß die Verdrängung von Sexualität ausschlaggebend für die Bildung des Unbewußten sei. Dies mag ein Aspekt sein, aber es ist nicht der wesentliche. Das Unbewußte formt sich vielmehr dadurch, daß der Mensch die Erfahrungen, die ihm die rechte Gehirnhälfte vermittelt, verdrängt, weil sie seinen Selbstwert herabsetzen. Sie werden nicht belohnt, sondern abgewertet und bestraft.

Es sind fundamentale Erfahrungen, die verdrängt werden. Nämlich Terror und Angst, die in einem Kind emporsteigen, wenn es mit seiner Hilflosigkeit alleingelassen wird, wenn seine Gefühle nicht anerkannt werden, wenn es von einem »Nicht-Sein« bedroht ist. Wird dagegen ein Kind bei seinen Erfahrungen von seiner Mutter begleitet, und wird es in seinem Sein akzeptiert, dann wächst sich seine Hilflosigkeit nicht zu einer Bedrohung aus. In solch einer Mutter-Kind-Beziehung erfährt ein Kind, daß Hilflosigkeit überwunden werden kann, daß die Angst nur ein Vorstadium ist, das den Konflikt meistern hilft. Dies erzeugt ein Gefühl wahren Selbstwerts. Wenn aber der Erwachsene nicht auf sein Kind eingehen kann, weil er selbst das Empathische verdrängen mußte, dann wird die selbst erlebte Angst, die zu der Verdrängung führte, weitergegeben.

Unsere Aufwertung des analytischen, abstrakten, segmentierenden Denkens, die zu einer Dominanz der linken Gehirnhemisphäre führt und die mit einer Abwertung der empathischen Fähigkeiten der rechten Gehirnhemisphäre verbunden ist, zeigt sich auch, wenn wir unser räumliches Denken mit dem anderer Kulturen vergleichen. Wir orientieren uns egozentrisch, beurteilen rechts und links von der eigenen Position aus. Die Guugu-Yimithirr, ein Stamm der Ureinwohner Australiens, orientieren sich zwar auch nach Richtungsquadranten, die unserem Norden, Süden, Westen und Osten entsprechen, aber sie gehen immer von der Position des anderen aus. Diese Wahrnehmung beruht nicht auf kognitiven, abstrakten Vorgängen, sondern auf kinästhetischen, die die Position des anderen mittels Einfühlung, Empathie, beurteilen (Max-Planck-KG-Spiegel 1994).

Wir beurteilen von unserem isolierenden, vereinzelnden Denken aus, und nicht nach einer ganzheitlichen, totalen Betrachtungsweise, die den einzelnen immer auch in seinem Kontext wahrnimmt. Daß diese Diagnose nicht auf alle Menschen in gleicher Weise zutrifft und daß es bei manchen auch eine Öffnung hin zum Empathischen gibt, beweist etwa das Beispiel Einstein. Der Gestaltpsychologe Wertheimer (1945) wies darauf hin, daß das kreative Denken eines Albert Einstein nicht auf isolierenden Prozessen beruhte. Und die Nobelpreisträgerin Barbara McClintock, die das »Springen« genetischer Strukturen entdeckt hatte, beschrieb ihr Denken als ein »Einfühlen« (Keller 1983).

Da das Werden unseres Seins aber in erster Linie von unserem Erfolgreich-Sein bestimmt wird, bleiben wir weitgehend in den Denkmöglichkeiten der linken Gehirnhemisphäre gefangen. Das erweiternde Bewußtsein der rechten bleibt vorwiegend ausgegrenzt. Wir stehen in Abhängigkeit zur Dominanz der linken Gehirnhälfte, und selbst wenn wir uns dagegen auflehnen, weil wir ein Gefühl von Defizit haben, wird unser Tun dennoch davon regiert. Wir sind in unserem reduzierten Bewußtsein gefangen, wir sind gefangen, weil wir uns an einem Selbstwertgefühl festklammern, das unsere empathischen Fähigkeiten nicht zulassen kann. Auch die Rebellen sind darin gefangen, so daß sich unsere Gesellschaft trotz Aufruhr und Rebellion perpetuiert (Leonhard 1955).

Das Kennzeichen dieser Gesellschaft ist die Verneinung beziehungsweise das Ausschalten unseres Schmerzes. Die in unserer Kindheit erlebten Gefühle von Terror und Angst vor dem Schmerz werden über das gesellschaftliche System von Belohnung und Bestrafung verdrängt. Sie werden nicht nur verdrängt, sondern sie leiten eine *Umkehr* ein, die unser ganzes Leben verändert, ja verstümmelt: Die, die Angst und Terror auslösen, werden idealisiert! Mit dieser Identifikation mit dem Aggressor kommt ein Prozeß in Gang, der unser gesamtes Menschsein verzerrt (Ausführlicheres dazu in dem Kapitel »Die Identifikation mit dem Aggressor«, S. 85–103). Angst und Terror existieren zudem weiter, jedoch ohne ein Bewußtsein für ihre Ursprünge. Diese verzerrende Unsicherheit wird ihrerseits zu einer potentiellen Quelle von blinder Gewalt, von der unsere Gesellschaft immer wieder heimgesucht wird.

Die Spaltung unseres Bewußtseins durch die Dominanz der linken Gehirnhemisphäre spiegelt den einengenden männlichen Mythos von Stärke wider. Viele Menschen leisten diesem Druck Widerstand, mit unterschiedlichen Ergebnissen. Dementsprechend wird auch das Empathische, das in unserer Gesellschaft weitgehend »Frauensache« ist, unterschiedlich weitergegeben. In diesem Zusammenhang ist bezeichnend, daß bei Jungen die Fähigkeit, mittels des Tastsinns ihrer Finger zwischen verschiedenen Formen zu differenzieren, in der rechten Hand geringer ausgeprägt ist als in der linken. Bei Mädchen existiert dieser Unterschied nicht. Jungen sind früh dem Druck des Männlichseins ausgesetzt, was sich offenbar auf ihre kinästhetischen Wahrnehmungen auswirkt. Sie sind reduzierte Wahrnehmungen entsprechend der Dominanz der linken Gehirnhemisphäre (Witelson 1976).

Der entfremdete Körper

Moshé Feldenkrais (1949) hat die Verschiebung unseres Bewußtseins von einem erweiterten zu einem verengenden im Hinblick auf unsere Physis beschrieben.

Der Mensch, schreibt er, habe sich in seiner Körperhaltung und seinen Bewegungsabläufen einem Vorbild angepaßt, das aber den tatsächlichen Bedürfnissen seines Körpers nicht entspreche. Auch Nikolaas Tinbergen (1974) sprach in seiner Rede anläßlich der Verleihung des Nobelpreises 1973 davon, daß wir mit verkrampften Nackenmuskeln, hochgezogenen Schultern und angespannten Gesäßmuskeln umhergehen, weil wir feste Vorstellungen vom Sitzen, Stehen und Gehen haben und ihnen entsprechen wollen. Diese Vorstellungen haben jedoch wenig mit dem zu tun, was dem Körper wohl tut.

Diese Vorstellungen sind ein Teil des »Selbstverständlichen«, das jedoch nicht aus unserem Inneren kommt, sondern uns von außen auferlegt wird. Sie werden uns durch Vorbilder und Erziehung vermittelt, ohne daß uns dies jedoch bewußt ist. Und sie resultieren aus einem Gehorsam, den wir aber als solchen gar nicht erkennen, weil er uns so selbstverständlich geworden ist.

Unsere Vorstellungen werden uns vermittelt über Gefühle, die wir haben *sollten*. Diese Gefühlsrollen übernehmen wir und sehen sie als eigene Gefühle an. Wir glauben, wir selbst zu sein. In Wirklichkeit sind wir aber nur – wenn auch unbewußt – gehorsam. Der Zwang, sich unterzuordnen, wird schon beim Säugling von den Eltern gefördert, und das, obwohl sich das Kind entsprechend seinen Möglichkeiten (Dornes 1993) dagegen wehrt. Aber es hat am Ende keine andere Wahl, als den Widerstand aufzugeben, weil es ohne elterliche Zuwendung nicht (über-)leben kann. Der Terror und die Angst vor dem Verlassenwerden erzeugen den Zwang zum Gehorsam. Da jedoch weder Gehorsam noch Angst und Terror zugelassen werden dürfen, sinken sie ins Unbewußte ab. Unbewußter Gehorsam und unbewußte Angst werden so zu Bestandteilen unseres Selbst.

Unser Körper gehört uns also gar nicht mehr – gleichwohl glauben wir, ihn im Griff zu haben. Es mag schon stimmen, daß wir ihn im

Griff haben, aber nicht mittels des eigenen, sondern eines fremden Willens.

Unsere bewußten Vorstellungen von Körperhaltung und Bewegungsabläufen spiegeln einen Begriff, eine abstrakte Idee, nicht aber etwas Artgerechtes wider. Unsere Vorstellungen entsprechen der Idee von starker, beherrschender Männlichkeit. Sie sind eher auf Statik, Gleichgewicht ausgerichtet, was jedoch der dynamischen Eigenart unseres Körpers entgegensteht. Hat man ein harmonisches Körpergefühl, schreibt Tinbergen, dann ist der Übergang von einer Körperhaltung in die andere fließend, ob es nun Sitzen, Stehen oder Gehen ist. Sobald wir aber versuchen, unsere Bewegung bewußt zu machen, werden wir merken, daß wir uns zuerst innerlich darauf vorbereiten müssen, von einer Bewegung in die andere überzugehen. Wir müssen erst darüber nachdenken, was von uns erwartet wird, bevor wir uns weiterbewegen können. Auch in dem Verfügen über unseren Körper sind wir also nicht autonom, auch wenn wir uns das nicht eingestehen.

»Wer gut angepaßt ist«, schreibt Feldenkrais, »empfindet als richtig nur, wenn er ›richtig‹ verfährt.« Doch in dem, was wir als richtig empfinden, folgen wir einem uns auferlegten Bewußtsein. Und wie auch immer wir uns bewegen, die einen mehr, die anderen weniger körpergerecht: Wir haben dabei stets das Gefühl, es richtig zu machen. Und so laufen wir mit verkrampften Nackenmuskeln, hochgezogenen Schultern und angespannten Gesäßmuskeln umher und fühlen uns wohl dabei.

Um es nochmals hervorzuheben: Dem männlichen Verhaltenskodex entspricht eine Körperhaltung, die Kontrolle, Ehre und Herrschaft ausdrückt: Strammstehen, hochgezogene Schultern, angespannte Gesäßmuskeln – eine äußerst soldatische Haltung. »In unserer Erziehung wird das Gewicht auf Ergebnisse gelegt und nicht auf die Art, wie wir sie erreichen. Und dies sogar auf Kosten eines Kraftaufwands, der völlig unnötig ist«, schreibt Feldenkrais (1978).

Im letzten Jahrhundert formulierte Fechner ein Gesetz zur allgemeinen Wahrnehmung von Licht, Ton, Hitze, Schmerz, Geruch und Muskelarbeit (Boring 1969). Dieses Gesetz besagt, daß der kleinste Reizzuwachs, der einen wahrzunehmenden Empfindungszuwachs hervorruft, in einem gleichbleibenden Verhältnis zum Ausgangsreiz steht. Für den Muskelsinn bedeutet das – es handelt sich hierbei um das Weber-Fechner-Gesetz – : Je kleiner das Gewicht ist, das man in der Hand hält, desto kleiner muß der hinzu- oder weggenommene Teil sein, den man noch als Zuwachs oder Verminderung wahrnehmen kann. Damit wird der Mechanismus im propriozeptiven Wahrnehmungssystem beschrieben, der unsere Muskulatur bedient. Das bedeutet, daß Menschen mit »einem empfindlichen kinästhetischen Sinn (...) eine niedrige tonische Kontraktion aufweisen (und erst zufrieden sein werden), wenn sie die Handlungsweise finden, welche den kleinsten Kraftaufwand verlangt (...) Bei größerem Kraftaufwand kann man aber kleinere, feinere Unterschiede nicht erkennen, und es ist daher unmöglich, sich über einen bestimmten Grad hinaus zu verbessern« (Feldenkrais 1978). So (zum Beispiel bei starker körperlicher Anspannung) hört das Weber-Fechner-Gesetz auf zu wirken. Lob, Anerkennung und Bestätigung durch eine Autorität nehmen den Platz unserer eigenen Wahrnehmungen ein, und das hat Konsequenzen für die Entwicklung unserer Persönlichkeit. »Der gewohnheitsmäßige Verhaltensmodus wird als richtig empfunden, weil er wiederholt gutgeheißen wurde« (Feldenkrais 1978).

Feldenkrais legt den Finger darauf, daß unsere Körperhaltung eine Vernachlässigung unserer inneren Wahrnehmungen widerspiegelt. Zwar ist der Grad der Vernachlässigung individuell verschieden, aber der Tatsache selbst ist sich niemand bewußt. Das Antrainieren einer gängigen und gesellschaftlich gutgeheißenen Körperhaltung – die aus einer verengten Gefühlswelt entstanden ist und die eine verengte Gefühlswelt bedingt – verläuft unbewußt. Und das ist kennzeichnend für unsere Kultur.

Daß die Verarbeitung von propriozeptiven und kinästhetischen Wahrnehmungen kulturell bedingt ist, wird durch eine lange Reihe von Forschungen belegt. Amerikanische Gestaltpsychologen fanden in den vierziger Jahren heraus, daß kinästhetische Wahrnehmungen reduziert oder sogar ausgeschaltet werden können, ohne daß dies bewußt wird. Anlaß für ihre Untersuchung war die Frage, wie Kampfflugzeugpiloten visuelle und kinästhetische Wahrnehmungen verarbeiteten. Viele von ihnen waren mit ihren Maschinen auf der Erde zerschellt, weil sie glaubten, an Höhe zu gewinnen, obwohl ihre Höhenmesser einen Verlust an Höhe anzeigten.

1948 veröffentlichten Ash und Witkin eine Reihe von Experimenten, in denen visuelle und propriozeptive Wahrnehmungen gegeneinander ausgespielt wurden. Die visuell wahrgenommene Welt wurde der aus dem Körpergefühl gewonnenen Wahrnehmung der Welt gegenübergestellt. Hierbei mußte sich zum Beispiel eine Versuchsperson aus einer Sitzhaltung auf einem Stuhl in eine aufrechte Position bringen, wobei der sie umgebende Raum durch Schrägstellung nach links beziehungsweise nach rechts von der tatsächlichen Vertikalen abwich. Der Raum war also so manipuliert worden, daß die vertikale Achse nicht mehr erkennbar war. Manche Versuchspersonen lösten die Aufgabe, indem sie sich mit dem visuell dargebotenen Raum arrangierten. Mit ihrem Arrangement mußten sie jedoch ihr Körpergefühl negieren. Viele Versuchspersonen empfanden ihre Position sogar als objektiv vertikal.

Anhand der Reaktionen der Probanden war am Ende eine eindeutige Einteilung in visuell oder von ihrem Körpergefühl bestimmte Personen möglich. In einer Folgeuntersuchung betrachteten Witkin und seine Mitarbeiter (1954) Persönlichkeitsstrukturen und Lebensgeschichte ihrer Versuchspersonen, um nach den Gründen für diese so stark divergierenden Sinnesempfindungen zu fahnden. Auch diese Ergebnisse waren eindeutig: Die visuell Orientierten unterdrückten ihre eigenen Impulse, fühlten sich häufig minderwertig, verhielten sich passiv, hatten geringere introspektive Fähigkeiten und nahmen ihre eigenen Gefühle und Bedürfnisse weniger wahr. Generell hatten sie Schwierigkeiten, sich selbst zu akzeptieren. Max Hertzman, der diese Persönlichkeitsstudie entwickelt hatte, beschrieb diese Gruppe zusammenfassend so: »Wir können schlußfolgern, daß das vorgegebene visuelle Feld die Reaktion dieser Personen maßgeblich bestimmte (...) In Abwesenheit eines vom Selbst gesteuerten Aktivitätsmodus hatten sie keinen anderen Maßstab als das Visuelle, an dem sie sich orientieren konnten.«

Ich habe diese Experimente wiederholt, und zwar mit Balletttänzern, die in ihrem Beruf tätig waren und eine Ausbildung dafür absolviert hatten (Gruen 1955). Obwohl diese Versuchspersonen alle über langjährige Körpererfahrung und -beherrschung verfügten, reagierten auch sie im Versuch klar unterschiedlich. Maßgebend für die Lösung der Aufgabe waren nicht ihre Körpererfahrung oder ihre geschulte Kontrolle über den Körper, sondern die Art ihrer unbewußten Orientierung an der visuellen beziehungsweise körperbestimmten Wahrnehmung. Ihre Lösungen korrelierten mit den Befunden über ihre Persönlichkeitsstruktur und ihre lebensgeschichtliche Entwicklung und nicht mit ihren körperlichen Fähigkeiten und Fertigkeiten. Die bei allen ähnliche Körpererfahrung und -beherrschung hatte nichts mit der inneren Haltung zu tun, die sich auf die Art ihrer Wahrnehmung auswirkte.

Der Zusammenhang zwischen der Abhängigkeit vom Visuellen und der Persönlichkeitsentwicklung in unserer Kultur ist äußerst aufschlußreich für das Verständnis jenes Prozesses, der unsere empathische Fähigkeit verkümmern läßt. So waren die Personen, die im zwischenmenschlichen Bereich unabhängiger waren, sich auch ihrer körperlichen Wahrnehmungen bewußter. Sie waren mehr in Einklang mit sich selbst und standen deshalb in einem Konflikt zwischen ihren kinästhetisch, von ihrem Körpergefühl her, bedingten Wahrnehmungen und dem Druck des visuellen Feldes. Bei den vom Visuellen Abhängigen war dieser Konflikt nicht erkennbar. Sie fügten sich dem Druck zur Konformität. Daraus läßt sich ableiten, daß das Kinästhetische von großer Bedeutung ist für die Formung eines eigenen Selbst. Wenn dieses fehlt oder nur schwach ausgebildet ist, dann fehlt die Kraft zum Kampf gegen das Konformistische, und dann wird das Innere zugunsten des Äußeren vernachlässigt oder völlig ausgeschaltet.

Hertzman wies auf eine weitere Reaktionsweise hin, die die Experimente ergeben hatten. Es gab nämlich noch eine dritte Gruppe von Versuchspersonen, und die negierten das Visuelle völlig. Sie waren extrem auf ihren Körper bezogen und ließen das visuelle Feld vollkommen außer acht. Hertzman folgerte daraus, daß sie sich an ihr Körpergefühl klammerten, um einem Minderwertigkeitsgefühl, das sich in Persönlichkeitstests widerspiegelte, zu entkommen. Diese Personen lebten eine Form von Autonomie, die nicht auf der Integration von innerer und äußerer Welt basiert, sondern auf einer totalen Ausschaltung der äußeren Welt, weil diese in ihnen eine Minderung ihres Selbstwerts hervorruft. Sie versuchen, sich vom erwarteten gesellschaftlichen Verhaltenskodex abzugrenzen, weil dieser sie dazu bringt, sich zu schämen und als wertlos einzustufen. Das starke Festhalten am eigenen Körpergefühl führt bei diesen Menschen nicht zu einer mitfühlenden Öffnung anderen Menschen gegenüber, sondern zu einem Verschließen vor der äußeren Welt, die als eine stete Quelle der Gefahr betrachtet wird. Sie haben in der frühen Kindheit offenbar eine Form der Autonomie entwickelt, die nicht die Folge einer liebevollen Eltern-Kind-Beziehung ist, sondern die Folge einer Abgrenzung zu einem Muttererlebnis, das das Kind als schmachvoll und erniedrigend erlebte (Gruen 1993b).

Witkins Forschungen belegen ebenfalls die Hinwendung zur Konformität als Reaktion auf den gesellschaftlichen Druck. Das visuelle Feld übt seine größte Wirkung auf Kinder zwischen acht und zehn Jahren aus; sie sind in diesem Zeitraum am wenigsten auf ihren Körper bezogen. Mit Beginn der Pubertät wird das Kinästhetische wieder dominant, was sich dann erst mit dem siebzehnten Lebensjahr allmählich wieder ändert. Die hormonellen und persönlichkeitsstrukturellen Änderungen, die das sexuelle Reifen begleiten, führen zu einer verstärkten Wahrnehmung von Körperreizen, betonen also eher das Körperliche. Diese Zeit ist auch gekennzeichnet durch Rebellion gegen das Konformistische. Gegen Ende der Pubertät kommt es zu einer Wiederanpassung, und dann wird auch das Visuelle wieder dominant.

Ein weiteres Resultat dieser Experimente ist, daß es einen Unterschied zwischen den Geschlechtern gibt in der Verarbeitung von Gefühlen. Generell erwiesen sich die Frauen als abhängiger vom visuellen Feld als die Männer. Dieser Unterschied scheint jedoch eher das Resultat eines Tarnmanövers der Frauen zu sein und nicht auf ihrer grundsätzlichen Negierung innerer Wahrnehmungen zu fußen. Hertzman weist in seiner brillanten Analyse der Ergebnisse von Rorschachtests darauf hin, daß viele der Frauen von ihrer Persönlichkeitsstruktur her jenen Männern näher waren, die aus ihrem Körpergefühl heraus reagierten. Trotz ihrer scheinbaren Abhängigkeit vom Visuellen waren diese Frauen sehr wohl in der Lage, ihr eigenes Leben zu meistern.

Meine eigene Forschung (1957) bestätigte diese Resultate. Obwohl sich viele Frauen scheinbar stark den äußeren Eindrücken verschrieben hatten, ließen sie sich dennoch von ihren inneren Wahrnehmungen leiten (etwa drei Viertel der Frauen). Männer reagierten dagegen einförmiger und »konsistenter«. Dies läßt den Schluß zu, daß in unserer Gesellschaft gerade die Frauen auf zwei Ebenen leben müssen, da ihre tiefinnersten Erfahrungen dem widersprechen, was die äußere, »offizielle« gesellschaftliche Wirklichkeit von ihnen fordert. Um sich einen Freiraum zu verschaffen, müssen sie ihr wahres Selbst außer Reichweite halten und sich häufig als unlogisch, inkonsequent oder hysterisch abstempeln lassen. Auf diese Weise aber halten sie ihre Beziehung zu ihrer Gefühlswelt – überhaupt dem Mitgefühl – aufrecht und leisten somit nur eine Art Lippenbekenntnis zum gesellschaftlich sanktionierten, aber reduzierten männlichen Bewußtsein.

Angst und Identitätsverlust

Wir haben unser Mitgefühl verloren, weil wir auch den Bezug zu unserem eigenen seelischen Schmerz verloren haben. Wir können mit Schmerz nicht mehr adäquat umgehen, und das ist wohl auch der Grund dafür, daß in medizinischen Praxen häufig über Schmerzsymptome geklagt wird, die jedoch keine nachweisbare organische Ursache haben. Dies ist vor allem bei Kindern der Fall. Vermutlich verwandelt sich der seelische Schmerz des Kindes in einen körperlichen, weil dies für die Eltern annehmbarer ist. Seelische Schmerzen als solche zu erkennen würde für die Eltern ja bedeuten, ihre Beziehung zu ihrem Kind in Frage stellen zu müssen, was einer Minderung ihres Selbstwerts gleichkäme. Darüber hinaus erlaubt die Verlagerung des Schmerzes ins Körperliche den Eltern, ihr Kind zu bemitleiden. Das verschafft ihnen die Illusion, empathisch zu reagieren und auf das Kind einzugehen, ohne seinen wahren Seelenzustand wahrnehmen zu müssen.

Lyn S. Walker und ihre Mitarbeiter (1993) führten eine Studie mit 236 Familien durch, in denen Kinder mit Bauchschmerzen ohne organische Befunde lebten. Anlaß für diese Studie war, daß bis zu dreißig Prozent aller Kinder und Jugendlichen in den USA an dieser Art Schmerzen leiden. Walker fand heraus, daß ihre Schmerzpatienten größere emotionale Probleme hatten als Kinder ohne solche Schmerzsymptome. Sie litten an größerer Angst als die Kinder und Jugendlichen der Kontrollgruppe, sie waren zudem gehemmt und in ihrem Sozialverhalten überangepaßt. In ihren Familien wurde ihnen allerdings Mitleid für ihre Schmerzen entgegengebracht. Doch dieses Mitleid führt, wie Osborne (1989) in einer anderen Studie zeigt, dazu, daß Kinder allmählich verlernen, etwas für sich selbst zu tun.

Was hier vor sich geht, verläuft zwar im Verborgenen, aber ganz im Sinne der gesellschaftlichen Zielsetzung: Indem das Kind seinen seelischen Schmerz nicht ausdrücken darf, das Ausdrücken des somatischen Schmerzes dagegen genehmigt ist, wird es in seinem selbständigen Handeln eingeschränkt. Das Mitleid der Eltern treibt das Kind in eine Abhängigkeit hinein, obwohl diese glauben, nur das Beste für die Gesundheit ihres Kindes zu tun. Mit dem »falschen« Mitleid (nicht das Mitleid selbst, sondern das Objekt des Mitleids ist falsch) wird jedoch die Wahrnehmung der tatsächlichen emotionalen Vorgänge unterdrückt und ins Unbewußte abgeschoben, während die kognitiven Formeln der Eltern ihren Platz einnehmen. Wieder ein Sieg für das reduzierte Bewußtsein.

Ein solches Mitleid ist nur verkleidete Arroganz: Der Bemitleidete wird klein und schwach gemacht, damit sich der Bemitleidende um so stärker, großzügiger und erhabener fühlen kann. Dieses Mitleid gibt uns das Gefühl, richtig zu handeln, so daß wir uns dafür lieben können. Daß dies auf Kosten der Herabwürdigung des anderen geht, wird sowohl von dem Bemitleidenden als auch von dem Bemitleideten verneint.

Ludwig Greve erzählt in seiner Autobiographie »Wo gehöre ich hin« (1994) eine Kindheitserinnerung, die diesen Vorgang sehr genau beschreibt. Es geht darin um den Gebrauch des mitleidigen Ausdrucks »der Arme«. »Der N., das war ein armer Schlucker, dem Mutter und Tante so lange Mitgefühl gewährten, bis er sich in sein Schluckerdasein fügte; trat er aber zu anspruchsvoll auf, und das hing an Kleinigkeiten, so zeigte das Mitgefühl sehr schnell, was es wirklich war, nämlich Herablassung. Allemal schien es sich um so verwickelte Zustände zu handeln, daß die normalen Wörter nicht griffen.«

Mitleid ist Teil eines Machtspiels, das seinen wahren Wesenskern, die Erniedrigung, verhüllt. Kinder lernen, sich sehr früh einzuordnen, wie Walkers und Osbornes Studien belegen. Sie haben keine Wahl. Wie schnell daraus eine psychosomatische Erkrankung entstehen kann, illustriert die folgende Episode aus dem Leben einer jungen Patientin: Im Alter von vier Jahren besuchte sie zusammen mit ihren Eltern ein Restaurant. Zu dieser Zeit hatte sie schon elterliche Ablehnung ihrer Gefühlswelt und Bestrafung erlebt, wenn sie traurig war und sich verletzt fühlte. Im Restaurant trafen sie Bekannte, denen der Vater noch eine ganze Weile Gesellschaft leistete. »Ich ging auf ihn zu«, erzählte sie, »woraufhin er mich schroff abwies. Es tat schrecklich weh. Ich lief zu meiner Mutter, fühlte mich aber auch ihr ausgeliefert, weil ich ihr mein Herz nicht ausschütten durfte. Ich erinnere mich, daß ich in jenem Moment wie ein verwundetes Tier gebrüllt habe. Bald darauf bekam ich eine schrecklich schmerzhafte Mittelohrentzündung. Vater hat mich so brutal abgewiesen. Es macht mir angst, wenn ich den Zusammenhang jetzt erkenne.«

Wie kommt es, daß Menschen nicht mitfühlend sind? Wir teilen mit unserer Mutter von Geburt an – und vielleicht schon früher – über kinästhetische Muskelnervenbahnen Leid und Freude. Wenn wir in ihren Armen liegen, nehmen wir diese Emotionen ganz direkt wahr. Verstärkt werden diese Wahrnehmungen durch die visuelle Perzeption ihrer Gesichtszüge und Augen. Bald müssen wir jedoch umlernen, und dann sehen wir unsere Mutter und unseren Vater so, wie sie wahrgenommen werden wollen.

Wir lernen, uns gegen unser Einfühlungsvermögen zu wehren. Der Psychologe Pennebaker schildert in der »New York Times« (1993) folgende »Verschwörung des Schweigens« gegen das Mitgefühl: Nach dem Erdbeben in San Francisco im Oktober 1993 trugen Bewohner eines Vororts der Stadt T-Shirts mit der Aufschrift: »Danke, daß du deine Erdbebenerlebnisse für dich behältst!«

Aus der Not unserer abhängigen Lage heraus versuchen wir als Kinder, den Erwartungen der Erwachsenen zu entsprechen. Das macht uns abhängig von ihnen, wir sind auf sie angewiesen und später in ähnlicher Weise auf Überlieferungen, Regeln und Vorschriften, um vermeintlich zwischen Feind und Freund differenzieren zu können. Wir haben Schwierigkeiten, zwischen gut und böse zu unterscheiden, wir halten ehrliche Menschen für unehrlich, zerstörerische für friedfertig. Unsere Wahrnehmung anderer Menschen verläuft auf vorprogrammierten Bahnen, wir sind nicht offen und sehen sie deshalb nicht so, wie sie sind.

Dazu ein Beispiel: Am 27. April 1993 explodierte in London eine Tonne schwerer Sprengstoff und legte die »City«, den Stadtteil, in dem vor allem die Börsen- und Finanzwelt untergebracht ist, völlig lahm. Obwohl am Abend davor die Sicherheitsorgane des ganzen Landes eine Warnung erhalten hatten, daß ein Terrorkommando der IRA unterwegs sei, schöpften die Beamten, die die Bildschirme überwachten, keinen Verdacht, als ein Lieferwagen mit eingeschalteter Warnblinkanlage verbotenerweise im Parkgelände anhielt und zwei vermummte Gestalten – auf dem Videofilm aufgezeichnet – ausstiegen. Offiziell wurde dieses Debakel als Panne deklariert, und für die Zukunft wurde eine Verstärkung der bewaffneten Straßensperren vorgeschlagen. Daß die Sicherheitsbeamten aber nicht *wahrnehmen* konnten, was tatsächlich passierte, hat mit unserer Haltung gegenüber dem zu tun, was wir wahrnehmen. Wir erkennen weder Täter noch Opfer, wenn sie nicht vorprogrammierten Mustern entsprechen. Eine eingeschaltete Warnblinkanlage ist kein Bestandteil des vorprogrammierten Bildes eines Täters. Aber warum muß etwas vorprogrammiert sein, damit wir es erkennen? Der geschilderte Vorfall ist bezeichnend dafür, daß wir keinen Zugang mehr zu unserer spontanen Wahrnehmung haben, sondern daß unsere Wahrnehmung gefiltert ist entsprechend den Erwartungen, die Autoritäten an uns richten.

Dieses Beispiel illustriert die grundsätzliche Unfreiheit unseres Seins. Freilich sind wir nicht alle gleichermaßen unfrei. Aber in demselben Maß, in dem wir uns einst dem Willen und den Wünschen unserer Eltern unterordnen mußten, sehen wir nicht mehr mit unseren eigenen Augen. Insofern vermögen wir häufig geheuchelte Freundlichkeit nicht zu durchschauen. Ebensooft verdächtigen wir Menschen, die uns freundlich gesinnt sind, daß sie uns übers Ohr hauen wollen. Wenn wir ein echtes Lächeln von einem falschen unterscheiden könnten, würde uns das falsche nicht zum Verhängnis werden.

1862 fand der französische Neuroanatom Duchenne de Bologne (1990) heraus, daß sich bei der Empfindung von wahrer Freude unser zentraler Augenmuskel, orbicularis oculi lateralis, zusammenzieht. Wenn Freude dagegen nur geheuchelt oder simuliert wird, bleibt dieser Muskel unerregt. Unsere Unfähigkeit, das geheuchelte vom wahren Lächeln zu unterscheiden, muß mit unserer Unfähigkeit zur Wahrnehmung dieser Muskelkontraktion zu tun haben.

Um das, was dabei passiert, richtig einschätzen zu können, müssen wir den Blickkontakt zwischen Mutter und Kind, so wie er sich von der Geburt an allmählich entwickelt, genauer unter die Lupe nehmen. Klaus und Kennell (1970) beobachteten unmittelbar nach der Geburt des Kindes den, wie sie es nennen, »Tanz der Augen« zwischen Mutter und Kind, und zwar als einen Prozeß, der beide belebt. Kinder sehen und erleben sich von Anfang an in den Augen ihrer Mutter, diese sind wie »Tragflächen« für die sich anbahnende Mutter-Kind-Beziehung und für die Sicht des Kindes seiner selbst. Die Reaktionen der Mutter, etwa ihre Freude, sind Teil des ganzheitlichen Erlebens des Neugeborenen. Aronson und Rosenbloom (1971), Cramer (1989), Dornes (1993), Gruen (1986, 1993), Schneirla (1959) und Stern (1992) weisen in ihren Arbeiten ausführlich darauf hin. Aronsons und Rosenblooms Studie zeigt sehr eindrucksvoll, wie dreißig Tage alte Säuglinge mit Schmerz und Leid reagieren, wenn ihre einheitliche Perzeption der Mutter zerstört wird. Und zwölf Tage alte Säuglinge können auf den emotionalen Gesichtsausdruck Erwachsener bereits differenziert reagieren (Meltzoff 1977). Field, Woodson, Greenberg und Cohen (1982) fanden sogar heraus, daß die Fähigkeit, zwischen Freude, Trauer und Überraschung zu unterscheiden, schon innerhalb der ersten sechsunddreißig Stunden nach der Geburt vorhanden ist. Sie erläutern auch, wie dies über das propriozeptiv-kinästhetische Wahrnehmungssystem verläuft.

Wenn wir nun herausfinden wollen, warum wir ein falsches Lächeln nicht von einem echten unterscheiden können, dann müssen wir die Erwartungen, die ein Säugling an Mutter und Vater richtet, dazu in Betracht ziehen. Der Säugling muß sich die Reize und Reaktionen von seinen Eltern holen, die er für die Aufrechterhaltung seines Seins benötigt. Wenn seine Erwartung und sein Bedürfnis nach einer Reaktion der Eltern nicht erfüllt wird, reagiert er verzweifelt und kann sogar in Apathie versinken. (Ribble beschrieb schon 1943, daß Kinder ohne Wärme und Zärtlichkeit dahinsiechen.) Erwartungen sind von großer Bedeutung für unser emotionales Leben. Wenn Eltern jedoch auf die Erwartungen ihres Kindes nur mit geheuchelten Gefühlen reagieren, wenn das, was sie ihrem Kind zeigen und geben, nur einem selbstwertsteigernden Rollenverständnis als Eltern entspricht, dann muß ein Kind, um seinen lebensnotwendigen Kontakt zu Mutter und Vater aufrechtzuerhalten, auf das geheuchelte Gefühl so reagieren, als ob es ein echtes wäre.

Was passiert in der Entwicklung eines Säuglings, wenn seine Mutter nur mit geheuchelten Gefühlen auf ihn eingeht? Dies bei seiner Mutter wahrnehmen zu müssen, würde ihn doch nur in tiefstes Leid und unerträgliche Verzweiflung stürzen. Wie soll er mit seiner Angst fertigwerden, die aus einer inadäquaten Reaktion seiner Eltern entsteht? Um zu überleben, muß das Kind zu einer Perzeption kommen, die das Ausbleiben der Kontraktion des orbicularis oculi lateralis überbrückt. Wie anders kann das geschehen als durch die »Idealisierung« des Peinigers (à la Proust oder Ferenczi), durch die Verneinung des fehlenden Reizes oder, wie Silverberg (1947) es formulierte, durch die Umkehrung des Erlebten. Nur so können wir verstehen, warum so viele die Wahrheit in den Gesichtszügen anderer nicht sehen können. Wir lernen früh, mit Heuchelei zu leben, um zu *über*leben. Wir lernen, nicht zu sehen, um unsäglichen Schmerz überleben zu können.

Wenn wir aber aufgrund solcher prägender Erfahrungen wahre

Gefühle nicht mehr erkennen können, können wir einen Täter, der seine eigentlichen Absichten hinter einem freundlichen Lächeln verbirgt, ebenfalls nicht erkennen. Mit der Zeit bekommen wir es angesichts der Wahrheit mit der Angst zu tun. Denn die Wahrheit über andere Menschen zu erkennen versetzt uns in die Gefühle von Verzweiflung und Schuldbewußtsein zurück, die wir als Kinder erlebten. Schuldbewußtsein deshalb, weil wir uns die Schuld an der ungenügenden Liebe der Eltern gaben, um eine Erklärung für ihre Lieblosigkeit zu haben.

Wenn Kinder sich ihre Schuldgefühle nicht eingestehen und sich ihnen nicht aussetzen dürfen, werden sie gleichgültig. Sie fangen dann an, ihr Opfersein und damit ihre Vergangenheit zu leugnen. Ebenso leugnen wir die Gewalt, die uns angetan wurde, um die Welt – scheinbar – intakt zu halten. Auf diese Weise kommt die Trägheit des Herzens zustande, die Jakob Wassermann in seinem Roman »Kaspar Hauser« so zu Herzen gehend beschreibt. Statt Mitleid mit dem Opfer zu haben, fühlen wir uns von ihm geprellt. Eigenartigerweise aber stimmt dieses Gefühl, denn die uneingeschränkte Wahrnehmung des Opfers beraubt uns unserer halluzinierten Sicherheit.

Den Täter aber bewundern wir, lassen uns von seinem vermeintlichen Leid ergreifen. So bewegte Himmler die Herzen vieler, als er die Deutschen um Mitleid dafür bat, daß er und seine Schergen jüdische Frauen und Kinder ermordeten (Gruen 1989). Am Ende spüren wir dann weder Scham noch Schuld.

Was aber spüren die Täter? »Ich würde verrecken, wenn ich nicht zuschlagen könnte«, gesteht ein Skinhead (Tophinke 1989). »Ich habe getötet, weil ich ein Leben gebraucht habe«, sagt ein Mörder (Cox 1989). Da dieser Mann seinen eigenen Schmerz nicht wahrnehmen konnte, fühlte er sich sein Leben lang gelangweilt, leer, tot. Ähnlich erging es einem anderen Mörder (Cox und Gruen 1989): Weil er sich der tödlichen Absichten seiner eigenen Mutter nicht bewußt sein durfte, schob er seinen eigenen Schmerz vollkommen von sich weg. Dieser Mann erinnert sich, daß seine Mutter ihn als Dreijährigen mit kochendem Wasser übergoß. Den Schmerz, der ihm dabei zugefügt wurde, spürte er jedoch gar nicht mehr. Durch sein gefühlloses Ermorden anderer holte er ihn jedoch zurück – und er verneinte ihn jedesmal wieder.

Wenn das eigene Leiden völlig aus dem Leben eines Menschen verschwinden muß, weil es unmöglich war, damit fertigzuwerden, dann wird das Gefühl, das Leben anderer in Händen zu halten, zum Ersatz für die innere Leere. So wird Gewalttätigkeit zum Zweck des Lebens, wird zu etwas, das ein Gefühl des Lebendigseins erzeugt. Menschen, die jegliches Gefühl für sich selbst verloren haben, spüren sich nur, wenn sie etwas Lebendiges packen und zerschmettern können. Sie glauben, dem Leben Herr zu werden, indem sie anderes Leben in die Knie zwingen und auslöschen.

Wenn wir Hitlers Reden unter diesem Blickwinkel hören, werden wir die Beweggründe für sein grausames Handeln durchschauen. Und wir werden ebenfalls erkennen, warum sich so viele Menschen von ihm haben begeistern lassen: Von ihm erhielten sie die Erlaubnis, sich durch Gewalttätigkeit lebendig zu fühlen. Das erschreckend hohe Ausmaß der Menschen, die – von Hitler oder seinesgleichen angeheizt – andere Menschen quälen oder töten, spiegelt das Ausmaß an Gefühlsvernichtung wider, die Kinder in unserer Zivilisation in ihrer frühesten Beziehung zu ihren Eltern erfahren. Und zugleich ist es ein Spiegel für das erschreckend hohe Ausmaß an Verlust von Identität.

Dieser Identitätsverlust geht Hand in Hand mit unserer Verwechslung von Opfer und Täter einerseits und unserem Bestehen auf Bestrafung andererseits. Wenn wir in unseren Möglichkeiten, die eigene Identität zur Entfaltung zu bringen, beschnitten wurden, dann ist auch der Haß auf uns selbst groß, und er äußert sich etwa in unserer Neigung, andere unser eigenes Bestraftsein spüren zu lassen. So kommt es, daß wir, um Gewalt einzudämmen, Gegengewalt für eine geeignete Maßnahme halten. Überall wird diese Ansicht vertreten, obwohl Gewalt noch nie durch Strafe und Gegengewalt eingeschränkt werden konnte. Wir rationalisieren unsere Bereitschaft zu Gegengewalt, indem wir uns die Frage nach dem Menschsein so stellen, daß wir sie nur im Sinne der Rechtfertigung von Gewalt beantworten können. Aus diesem Grund belaufen sich etwa in den USA die jährlichen Kosten, die aus Kriminalität entstehen - einschließlich der Kosten für Gegenwehr und Bestrafung –, auf vierhundert Milliarden Dollar. Das ist mehr als der gesamte Verteidigungsetat der USA (T. A., 3. Januar 1994).

Ohne ein authentisches Gefühl für Identität sind wir auch nicht in der Lage, die Frage nach unserem Menschsein wahrhaft zu beantworten. Doch wie wir diese Frage beantworten, hat weitreichende Konsequenzen für uns. Die Spaltung unseres Bewußtseins in eine dominante linke Gehirnhemisphäre mit ihrem abstrakten, analytischen, isolierenden Denken und eine vernachlässigte rechte mit ihrem ganzheitlichen Denken und ihren emotionalen Wahrnehmungen hat unsere Beantwortung der Frage nach dem Menschsein schon vorgeformt. Wir sind nur sehr begrenzt in der Lage, zwischen Freund und Feind, zwischen Opfer und Täter zu unterscheiden. Aber ohne eine eigentliche Definition unseres Menschseins können wir nicht realistisch gegen Gewalttätigkeit und Kriminalität vorgehen. Indem wir darauf bestehen, uns als zivilisiert zu betrachten, bleibt unser Blickwinkel und bleiben wir in unserem Urteilsvermögen äußerst eingeschränkt.

Das Phänomen Gleichgültigkeit

Nicht alle von uns haben dieselben Schwierigkeiten, Opfer und Täter auseinanderzuhalten. Aber wir alle haben Grausamkeiten erlebt, ohne daß wir diese erkennen durften. Uns ist das Erleben des Opferseins gemeinsam, dies ist aber ein Zustand, in dem wir nicht sein durften. Es ist diese grundsätzliche Verleugung, die unseren »zivilisierten Kulturen« gemeinsam ist. Erst diese Verleugnung macht unsere Entfremdung von unserem Menschsein überhaupt erst möglich.

Wie viele von uns erinnern sich noch an den Völkermord in Ruanda im Jahr 1994? Wie viele von uns nahmen dagegen Stellung oder taten etwas dagegen? Die Deutschen sagten nach Kriegsende, wenn sie nach Auschwitz gefragt wurden, sie hätten nichts gewußt und deswegen nichts getan. Und wir, die wir von Ruanda wußten, die Greuel dort täglich im Fernsehen sahen, worüber haben wir gesprochen, und was haben wir getan? Rony Baumann, der frühere Präsident der »Ärzte ohne Grenzen«, schrieb in der »Woche« (vom 27.1.1995): »Seit am Ende des Zweiten Weltkrieges die Vernichtungslager entdeckt wurden, hat sich in der westlichen Welt eine Überzeugung festgesetzt, die sich bislang durch keine noch so anders gestaltete Wirklichkeit erschüttern ließ. Die Überzeugung lautet: Nur Geheimhaltung und Schweigen ermöglichten die Organisation und Durchführung der Endlösung (...) Unwissenheit, nicht Gleichgültigkeit sei Grund der Tatenlosigkeit gewesen (...) Die Tragödie (von Ruanda) räumt endgültig mit den letzten Illusionen der Nachkriegszeit auf – tatsächlich hätte auch Auschwitz vom Fernsehen direkt übertragen werden können.«

Wir wissen heute, daß auch die westlichen Politiker von Hitlers Endlösung Kenntnis hatten (Wyman 1986), aber nichts taten. Und die Politiker heute - und wir - tun immer noch nichts. Was geht in uns vor, was sind wir für Menschen, wenn wir gegenüber den Ereignissen in Ruanda, Jugoslawien, Rußland, gegenüber den Todesschwadronen in Südamerika und den Völkermorden des indonesischen und des chinesischen Regimes kalt bleiben? Selbstverständlich werden sich viele von uns gegen eine solche Einschätzung wehren. Sie ruft in uns Schuldgefühle hervor, bringt uns dazu, uns zu schämen. So weisen wir darauf hin, daß wir doch mit den Opfern fühlten, uns mit ihrem Leid identifizierten, uns der Opfer der Cholera-Epidemie in Ruanda annahmen. Und in der Tat sprach der Weltsicherheitsrat von einer »humanitären Krise«, aber der Völkermord wurde nicht beim Namen genannt. Wir verwechseln Sentimentalität mit Mitgefühl. Rony Baumann hat schon recht: Selbst das Wissen von Morden rührt Menschen, die schon immer gleichgültig waren, nicht.

Im »Wahnsinn der Normalität« (1989) habe ich bereits darauf hingewiesen, daß die Lügen über angebliche Greueltaten der Deutschen im Ersten Weltkrieg geglaubt wurden, nicht aber die Existenz von Leichenfabriken wie Auschwitz. In der Tat läßt uns Gewalt nicht kalt, aber das, was sie in uns hervorruft, ist Selbsthaß, und dieser führt dazu, daß wir unserer eigenen Gewalttätigkeit unter dem Deckmantel gerechten Handelns freien Lauf geben. Mitgefühl für Opfer bringen wir dagegen nicht auf. Im Gegenteil: Opfer bereiten uns Unbehagen, wir hassen sie sogar, weil wir das Opfer in uns selbst hassen müssen. Fritz von Reck-Malleczewen, Schriftsteller und bayerischer Monarchist, notierte am 1. Juni 1942 in sein erschütterndes Tagebuch (1971): »Heute mit H. über die menschliche Rohheit gesprochen. Er kommt eben von der Ostfront her und hat jenes Massaker erlebt, in dem man in K. 30 000 Juden abschlachtete. An einem einzigen Tage, in einer knappen Stunde, und da die Maschinengewehrmunition nicht ausreichte, nahm man Flammenwerfer zu Hilfe, und aus der ganzen Stadt, um dieses Spektakel anzusehen, drängten sich dienstfreie Mannschaften hinzu; junge Burschen von neunzehn, zwanzig, mit Milchgesichtern. O Schmach, o Leben ohne Ehre.«

Robert Neumann berichtet in »Ausflüchte unseres Gewissens« (1960) von einer Umfrage, die das Institut für Statistik und Demoskopie zu Adenauers Zeiten durchführte. Es ging um die Frage: Angenommen, eine neue nationalistische Partei versucht, an die Macht zu kommen – wie würden Sie sich verhalten? Das Ergebnis: Gut ein Viertel der Befragten würde alles tun, damit so etwas nicht mehr passiert; weitere sechsundzwanzig Prozent wären zwar dagegen, würden aber nichts tun; zwanzig Prozent wäre es egal; fünf Prozent sagten, sie würden es begrüßen, aber nichts dafür tun; drei Prozent würden eine neue Nazipartei aktiv unterstützen; die restlichen neunzehn Prozent waren unentschieden. »Wo ist unser Herz?« fragt Neumann. Die Trägheit des Gewissens, die Feigheit, die sich in dem Nicht-wissen-Wollen und in dem Es-ist-nicht-so-schlimm-

Gewesen offenbart, charakterisiert nach dieser Umfrage drei Viertel der Bevölkerung! Und das in einer Zeit, in der die Schrecken der Naziherrschaft erst fünfzehn Jahre zurücklagen. Offenbar vermögen wir nicht aus unserer Geschichte zu lernen. Sehr viel mehr scheint unser verdrängtes Opfersein unser Denken und Handeln zu bestimmen. Und so betrügen wir uns weiterhin selbst, schützen Sentimentalität vor und werden wütend, wenn jemand uns enttarnt, wie es der amerikanische Politikwissenschaftler Goldhagen vor kurzem in seinem Buch »Hitlers willige Vollstrecker« (1996) getan hat.

Gleichgültigkeit ist jedoch kein Phänomen, das sich auf Nazi-Deutschland beschränkt. Im New Yorker Stadtteil Queens schauten in einer Märznacht im Jahr 1964 mindestens achtunddreißig Menschen zu, wie eine Frau ermordet wurde. Obwohl der Mörder eine halbe Stunde für seine Tat brauchte, griff niemand ein oder holte die Polizei. Dieser Fall bildete den Hintergrund für ein Forschungsprojekt über »Zuschauerapathie«, das Latané und Darley (1969) durchführten und das 1968 mit dem bedeutenden Sozialpsychologischen Preis der Amerikanischen Gesellschaft für den Fortschritt der Wissenschaft (AAAS) ausgezeichnet wurde. (Ich habe dies ausführlich in meinem Buch »Der Verrat am Selbst« beschrieben: Gruen 1986, S. 55ff.)

Das Forschungsteam verneinte und verharmloste dieses grauenhafte Ereignis und war nicht der Meinung, daß Apathie, Gleichgültigkeit, Gefühllosigkeit, Entmenschlichung oder der Verlust von Anteilnahme am Mitmenschen dahintersteckten. Es stufte die Verweigerung der Hilfeleistung als moralisch selbstverständlich ein: »(...) angesichts einer Situation, aus der (für die umstehenden Personen) selbst kein Vorteil zu holen ist (...), wäre es wahrscheinlich überraschend, wenn überhaupt jemand eingreifen sollte (...) Es gibt nämlich wenig positive Belohnung für erfolgreiches Eingreifen bei einem Notfall.« Mitgefühl mit dem Opfer als wesentliches Kennzeichen unsers Menschseins wird dabei überhaupt nicht in Betracht gezogen, im Gegenteil erhält die Entfremdung des Menschen von sich und der Gemeinschaft auch noch den wissenschaftlichen Segen. Eine solche Haltung ist noch grausamer und tödlicher als die eines Himmler, der in seiner Rede über die Endlösung wenigstens noch Gewissensbisse hatte, denn sie rechtfertigt das Böse, treibt unsere Bewußtseinsspaltung, Entfremdung und Entmenschlichung weiter voran.

Gleichgültigkeit und Unmenschlichkeit herrschen überall auf der

Welt und werden auch allenthalben gerechtfertigt. Am 9. Dezember 1981 wurde in El Salvador während einer Anti-Guerilla-Kampagne des Atlaca-Bataillons der Armee unter dem Kommando von Oberstleutnant Domingo Monterossa das Dorf El Mozote samt seinen Einwohnern dem Erdboden gleichgemacht. Über 794 Menschen, darunter 131 Kinder unter zwölf Jahren, wurden vergewaltigt, auf Bajonette aufgespießt, zerstückelt und erschossen. Und dies alles unter dem ideologischen Deckmantel des Anti-Kommunismus. Einer der Überlebenden berichtet: »Ich war sieben Jahre alt und verstand gar nicht, was passierte, bis ich einen Soldaten sah, der ein – vielleicht dreijähriges – Kind, das er trug, in die Luft warf und dieses mit einem Bajonett durchstieß« (Danner 1993).

»Wenn wir sie jetzt nicht töten, werden sie aufwachsen und Guerillas werden. Wir müssen den Job jetzt tun«, sagte der Hauptmann des Bataillons, Salaazar. Die Vereinigten Staaten griffen El Salvador bei der Ausrottung der einheimischen Indianer mit Millionen von Dollar unter die Arme. Der damalige Präsident Ronald Reagan betrachtete dies als Unterstützung eines befreundeten Regimes in seinem Kampf gegen den Kommunismus. Um den Kongreß dazu zu bewegen, die Gelder zu bewilligen, mußte seine Administration bestätigen, daß El Salvador »eine wesentliche Anstrengung machte, international anerkannten Menschenrechten Folge zu leisten«. Insofern wurden die Reportagen über El Mozote als Lügen abgetan, und das von Regierungsbeamten, die zwar ihre Hände nicht selbst mit Blut befleckten, aber die Ausführung von Bluttaten möglich machten. Einer, der unmittelbar dazu beitrug, war Elliott Abrahams, Sekretär im State Department für Menschenrechte und zuständig für humanitäre Angelegenheiten.

In einem Interview sagte er: »Ich habe Leuten gesagt, daß ich es verstehen würde, daß man aus politischen oder wirtschaftlichen Gründen für einen Sieg der FMLN (die Guerillabewegung in El Salvador) sein kann – aber aufgrund von Menschenrechten? Das ist verrückt!« Was aber war mit den Menschenrechten der Einwohner von El Mozote, die weder selbst Guerillas waren noch die Guerillas unterstützten noch Regimegegner waren? Für die »Realpolitiker« in der Reagan-Administration, zuständig für humanitäre Angelegenheiten, war das humanitäre Anliegen – das, was mit den *Menschen* von El Mozote geschah – ohne wirkliche Bedeutung. Vielmehr war die *Frage* entscheidend, ob die salvadorianische Regierung sich »anstrenge«, international anerkannten Menschenrechten nachzukommen oder nicht. So drehte sich auch die Diskussion im Kongreß nicht um das sinnlose Morden der Armee, sondern um die Beurteilung der »Anstrengung«. Die Problematik wurde auf eine abstrakte Ebene verlagert, abgehoben von der Realität menschlichen Leidens, und das Morden konnte weitergehen.

Statt der Realität menschlichen Leidens gegenüberzutreten, wird Imagepflege betrieben, wobei nach außen hin scheinbare Gefühle demonstriert werden, die aber die tatsächlichen Gefühle verdrängt haben und verdrängen. Bei den scheinbaren Gefühlen dreht es sich allein um die Aufrechterhaltung eines Image. Die wahren Gefühle werden aber weder von den Beteiligten noch von den Zuschauern als solche wahrgenommen. Das Simulieren von Gefühlen verwirrt uns: Wenn uns Gefühle, die keine sind, als solche zur Schau gestellt werden, haben wir Schwierigkeiten, sie als Ausdruck von zuvor abgelaufenen abstrakten Denkprozessen zu identifizieren. Weil aber die, die das Denken in Gefühle uminterpretieren, selbst glauben, sie fühlten, tendieren auch wir dazu, ihnen das zu glauben - obwohl wir gewisse Vorbehalte und Zweifel haben.

Hier als weiteres Beispiel Briefe, die aus der Zeit der deutschen Besetzung Polens stammen. Geschrieben hat sie einer der Armeebürokraten, die die Krematorien füllten (Goettle 1992). Er war Mitglied der Organisation, die beim Leeren eines Gettos mit der »Materialerfassung und Buchführung« befaßt war. In einem Brief an seine Frau schreibt er:

»29. 11. 1942. Liebste Mutti! Hat mir mein Dorle wieder Kuchen geschickt. Er (...) hat nach Heimat geschmeckt (...) Demnächst gibt es wieder eine größere Aktion (Getto-Abtransport), und danach will ich gleich die versprochenen Ölsardinen, Butter, Schokolade und, wenn möglich, Wolle schicken. Wenn nicht, bekommst Du gut erhaltene Sachen (die von den Juden konfiszierten Sachen) zum Aufribbeln (...) Welch Reichtümer des ›auserwählten Volkes‹ sich hier angehäuft haben (...) Ich habe schon so zugenommen, daß ich beim Sitzen die Gürtelschnalle öffnen muß. Du siehst also, mein geliebtes Muttilein, ich bin gesund und munter. Küsse für mich meine beiden Kleinen, grüß die Omama, und für Dich soll's ein langer Kuß sein. Dein Dich liebender Vati.«

»Weihnachtsabend 1942. Meine innig geliebte Mutti! Hier habe ich Deine wunderbare Bescherung (...), die Du mir, mein liebstes Dorle, mit soviel Liebe zurechtgemacht und mir geschickt hast. Als ich die Päckchen öffnete und sah, mit welcher Sorgfalt und Liebe jedes einzelne Geschenk verpackt war, da wurde mir ganz weh ums Herz.«

In einem Brief vier Tage später: »Die Kinder hier haben so gar nichts von unseren deutschen Kindern. Sie sind schmutzig, betteln unentwegt, und das mit einem Gesichtsausdruck, der Mitleid erregen soll. ›Bitte Brot?‹ sagen sie (...) Daß die Kinderschuhe wahrscheinlich ein bißchen zu groß sein würden, das habe ich mir gleich gedacht. Aber sie können ja allmählich reinwachsen. Die für Hans sind ja noch vollkommen neu, und die für Gerlinde wurden auch kaum getragen (...) Küsse mir meine beiden Rangen.«

In einem Brief vom 19.1.1943: »Die Juden bestatten ihre Toten nicht, sondern werfen sie einfach auf die Straße. Kein Wunder, wenn Typhus und Ruhr grassieren werden! Wahrscheinlich ist das in Wahrheit ein ganz besonderer heimtückischer Anschlag auf uns Deutsche, denn jedes auch nur halbwegs zivilisierte Volk kümmert sich um seine Verstorbenen. Das ganze Brauchtum dieser Untermenschen ist nicht nur fremd, sondern auch Abscheu und Ekel erregend. Sobald sich mein Allgemeinbefinden wieder gebessert hat, werde ich mit größerer Härte bei der Sache sein. Es hat ja gar keinen Sinn, schonend vorzugehen (...), wozu macht man das schließlich hier alles, wenn nicht für das Wohl des Deutschen Volkes und die Zukunft unserer Kinder und Kindeskinder. Hänschen und Gerlinde sollen einmal genauso in der Welt herumkommen wie heute Vati. Nur daß dann Frieden sein wird und überall Ordnung und Sauberkeit herrschen. Deshalb, mein herzallerliebstes Muttilein, sei ruhig ein bißchen streng, damit sie einmal tüchtig und brauchbare Menschenkinder werden (...) Es umarmt und küßt euch Vati.«

Die Gefühle, die dieser Mann ausdrückt, scheinen von großer Innigkeit bestimmt zu sein. Und dennoch können es nicht Gefühle sein, die von Liebe oder Empathie herrühren. Der Leser ist, um den Titel des Buches von H. Cleckley (1964) zu paraphrasieren, mit einer überzeugenden Maske gefühlsmäßiger Normalität konfrontiert. Auch das Denken des Mannes scheint in ganz normalen Bahnen zu verlaufen. Und doch: Wenn wir lesen, mit welcher Selbstverständlichkeit er die Lebensmittel und Kleidung der todgeweihten Juden an seine Frau und seine Kinder weitergibt und mit welcher Verachtung er von den verhungernden Kindern und den bereits Verhungerten spricht, die er zudem als »Untermenschen« bezeichnet, dann ist offensichtlich, daß das Denken dieses Menschen zwar intakt sein mag, sein Fühlen dagegen keineswegs. Vielmehr ist das ein Automat, der eine menschliche Persönlichkeit nachahmt. Die Kopie eines vollkommen normal fühlenden Menschen ist so perfekt, daß wir die Widersprüche einfach übersehen, um nicht das Unmenschliche und Roboterhafte erkennen zu müssen.

Auch hier geht es um Imagepflege, um die Zurschaustellung von Gefühlen, um das Posieren. Menschen wie der Autor dieser Briefe ergeben sich der Pose des Normalen, um *normal* zu wirken. Auch er selbst glaubt zu fühlen. Doch mit wahrhaften Gefühlen, mit Gefühlen, die aus einem in seiner Fülle erlebten Leben herrühren, hat das nicht zu tun. Für Menschen wie ihn ist typisch, daß sie ständig nach Bestätigung verlangen, daß sie ihre Rolle auch richtig spielen. Der Autor der Briefe braucht die Bestätigung von »Mutti« wie auch von seinen Kollegen, und zwar dauernd. Er gehört zu all den »guten« Menschen, die das Böse erlauben und es perpetuieren. Als sie Menschen dem Tod auslieferten, waren sie »ganz normal« dabei.

Narzißmus und Identität

Narzißmus

In einer Gesellschaft wie der unseren werden wir dazu erzogen, uns »richtig« und »anständig« zu verhalten. Aber was letztlich zählt, ist nicht das Richtig-und-Anständig-*Sein*, sondern die Verhaltens*form*, die als Beweis dafür gilt, daß man es tatsächlich ist. Menschen, die nur der Form genügen wollen, posieren, sind Schauspieler, und sie stehen deshalb auch dauernd vor einem Publikum. Die Motivation für ihr Verhalten entstammt nicht etwa einem echten Gefühl, sondern ihrer Angst, nicht zu genügen, den geltenden Normen nicht zu entsprechen. Und am Ende gefallen sie sich sogar darin, daß sie die ihnen auferlegten Rollen »richtig« spielen, sie vollkommen verkörpern. Darin liegt das wahre Wesen des *Narzißmus*: sich selbst zu lieben für das »richtige« Auftreten, für die Erscheinung, die man vorzustellen hat. Daß dies nichts mit wirklichen Gefühlen zu tun hat, zeigt sich in der Geschwindigkeit, mit der solche Menschen ihre »Gefühle« umbauen, wenn plötzlich andere Normen gelten.

Viele aufschlußreiche Beispiele von Menschen, die ihre Gefühle schnell und flexibel umgestalten und den herrschenden Normen anpassen können, finden sich in der Nazizeit. Hier ist die Entstellung von Gefühlen unter dem Deckmantel einer Ideologie der Machbarkeit deutlich zu beobachten. Hitlers Rüstungsminister Albert Speer mag als Prototyp dafür gelten. Er vermochte, was heute jeder erfolgreiche Manager oder Politiker können muß: Er besaß Verbindlichkeit, er war dem überpersönlichen Ziel ergeben, aufgeschlossen, und er benutzte mit Spürsinn die untergründigen Aggressionen seiner Untergebenen, um sie für seine Absichten und Ziele einzusetzen. Und in all diesem mußte sich, wie es schon Mills (1956) formulierte, große Aufrichtigkeit widerspiegeln. Schließlich waren nicht nur Speers Mitarbeiter von ihm überzeugt, sondern auch seine früheren Gegner und nicht zuletzt er selbst. Dieser Mann, der keine menschlichen Regungen gegenüber seinen Sklavenarbeitern in der Kriegsindustrie zeigte, wurde nach dem Krieg von seinen ehemaligen Gegnern als umwerfend menschlich beschrieben (Gruen 1986). Er wußte immer nur zu gut, was »man« zu fühlen hat. Ihm war das gesamte Repertoire an Gefühlen, zutreffender: an Gefühlsposen, vertraut. Aber er besaß keine innere Identität, die wahre Gefühle ermöglicht (Sereny 1995). Doch das ist die eigentliche Lektion, die uns die Nazizeit lehrt: Wenn Lebenssinn sich allein durch Erfolg definiert, dann sind Menschen, die keine eigene Identität besitzen, sondern sie entsprechend den gesellschaftlichen Vorgaben auszufüllen und vorzuspielen vermögen, die wirklich Erfolgreichen. Wir sind für diese Lektion aber nur empfänglich, wenn wir Erfolg als einziges Kriterium unseres Menschseins in Frage stellen.

Ein anderer, der sich wie Albert Speer in Nazideutschland schon sehr früh profilierte, war Hans Frank. Bereits mit neununddreißig Jahren war er Generalgouverneur des Protektorats Polen. Er ist ein weiteres Beispiel für einen Menschen ohne Identität, der Gefühle zeigt, die keine sind. Während der Nürnberger Kriegsverbrecherprozesse sagte er: »Ich denke, es macht den Richtern wirklich Eindruck, wenn einer von uns ehrlich und offen ist (...), ich war wirklich erfreut darüber, wie meine Aufrichtigkeit sie beeindruckte« (Manvell 1967). Gustav Mark Gilbert (1948), der amerikanische Gerichtspsychologe in diesem Prozeß, beschrieb ihn dann auch als einen »Schauspieler seines Gewissens«, der weder Scham noch Trauer wirklich spürte, aber das überzeugend verkörperte, was ihm seine Vorstellung von Gewissen diktierte. Seine Zurschaustellung von Scham entsprach einer Theatralik, nicht der Wahrheit. Höchst aufschlußreich dafür waren seine andauernden Gefühlsumschwünge, die ja charakteristisch für Gefühlsposen sind. Als im Gerichtssaal ein Film von Hitler gezeigt wurde, erklärte Frank: »Ich wurde für einen Moment (...) wieder hingeschnappt. Ich bin nun mal so ein empfänglicher Mensch.« Und dann sagte er etwas, das das Aufgeben der eigenen Identität in der Idealisierung des Aggressors zum Ausdruck bringt: »Für einen Moment ist man betrunken (...), aber das geht vorbei, dann öffnet man seine Hand, und sie ist leer – vollkommen leer.« Die Idealisierung gibt vermeintliche Kraft, weil Identität aufgegeben wurde.

Als Generalgouverneur hatte Frank in Krakau eine Rede gehalten, in der er gesagt hatte: »Meine Herren, ich muß Sie bitten, sich von irgendwelchen Gefühlen des Mitleids freizumachen. Wir müssen die Juden vernichten, wo immer sie zu finden sind und wo immer es möglich ist.« Als Frank im Gerichtssaal befragt wurde, wie er so etwas habe sagen können, antwortete er: »Ich weiß es nicht, ich kann es selber kaum verstehen« (Manvell 1967). Er sagte wohl die Wahrheit, denn ein Mensch ohne Identität beziehungsweise mit einer Identität, die auf einem »richtigen« und »anständigen« Verhalten gegenüber den gängigen Normen beruht, ersetzt in dem Moment sein altes Selbst durch ein neues, in dem eine andere Autorität seinen Gehorsam fordert. Jetzt verkörperten die Siegermächte diese Autorität. Und Frank hatte ein neues Selbst, konnte das alte nicht mehr begreifen, sich in seinem früheren Gesicht nicht mehr sehen.

Frank konnte sich – wie er es ja selbst ausgedrückt hat – momentelang leer fühlen. Aber diese Leere wurde sofort mit neuen Identifikationen ausgefüllt, die dann seine neue Identität ausmachten. Menschen mit schnell wechselnden, chamäleonartigen Identitäten haben kein Empfinden für wahren Schmerz und wahres Leid. Und ihre Identitäten sind nicht mehr als äußere Hüllen.

Identität

Angesichts solcher Beispiele von Menschen, die keine eigene Identität beziehungsweise eine Vielzahl von übergestülpten Identitäten haben, erscheint es notwendig, den Begriff »Identität« einmal genau zu überdenken. Wenn man Identität als eine grundlegende Konstellation aus einmaligen Persönlichkeitsmerkmalen definiert, dann ist das, was unsere Gesellschaft produziert, etwas ganz anderes: ein Raster von Verhaltensformen, die auf einer Identifikation mit angstauslösenden Autoriätsfiguren basieren. Allein Angst und Verzweiflung hindern ein Kind daran, sich auf sein eigenes Selbst und seine Möglichkeiten zu besinnen. Liegen aber solche Hindernisse auf seinem Weg, dann bewirken sie ganz existentiell einen Verrat am eigenen Selbst. An die Stelle eigener Wahrnehmungen tritt dann eine Entfremdung vom Selbst, die suggeriert, die Erwartungen der Autorität seien die eigenen. Diese Übernahme von Erwartungen erzeugt Aggression gegen die eigenen, unerfüllten Erwartungen, Haß auf andere Opfer und ein Gefühl von Leere im Selbst. Und es ist genau dieser Haß, der das Leben in unserer Zivilisation kennzeichnet.

Die Behauptung, unsere Zivilisation erzeuge Identität, stimmt nur dann, wenn wir die übergestülpte Identität auch als Identität gelten lassen. Im Hintergrund bleibt aber immer das eigene Opfersein. Wenn einem Menschen verwehrt ist, den Ursprung und den Grund seines Opferseins zu erkennen, dann wird die Suche nach einem Feind, auf den der aufgestaute Haß abgewälzt werden kann, zum Ziel seines Lebens. Und das jedesmal dann, wenn äußere Umstände wie Statusverlust oder wirtschaftliche Not den Blick auf sowie das Gefühl für das innere Opfersein freilegen. Daraufhin entsteht ein Teufelskreis von Gewalt. Selbstmitleid fungiert dabei als Tarnung der eigenen Gewalttätigkeit. In Wirklichkeit fördert Selbstmitleid Gewalt und drängt das, was vom Gewissen noch übriggeblieben ist, zurück.

Der Motor der Gewalttätigkeit ist der Haß auf das eigene Opfersein. Je freier Menschen von Schuldgefühlen sind, das heißt je erfolgreicher sie sie unterdrücken können, desto eher werden sie von anderen zu deren Führern auserkoren. Oberstleutnant Monterossa, der das Dorf El Mozote in El Salvador dem Erdboden gleichmachte, war ein solcher Führer. Von seiner Abstammung her ein Indio, gehörte er eigentlich zu den von der Militärherrschaft jahrhundertelang Unterdrückten. Er besuchte die Gerado Barrios, die Militärakademie El Salvadors, und absolvierte seine Ausbildung als Viertbester seiner Klasse, der insgesamt neunzehn Soldaten angehörten. Anders als seine weißen Mitschüler war er von kleiner Statur und hatte das Gesicht eines salvadorianischen Bauern. Aber mehr noch als seine Mitschüler, die alle spanischer Abstammung waren, haßte er die Rebellen. Für ihn war deren Führer, Villalobos, ein Spiegel seines verstoßenen Selbst, des Selbst, das er haßte. Er spürte, »daß er das Alter Ego des Guerillas war« (Danner 1993), und deshalb mußte er ihn töten. – Ebenso mußte auch Klaus Barbie, Gestapochef von Lyon, den französischen Restistance-Kämpfer Jean Moulin töten. – In dem Rebellen Villalobos sah Monterossa den von ihm abgetrennten Teil seines Selbst, sein potentielles eigenes rebellisches Wesen, das er aber hassen gelernt hatte und das er deshalb in und mit dem anderen töten mußte.

Ein weiteres kommt hinzu, das Führernaturen charakterisiert: Monterossa war vollends mit dem bösen Vater identifiziert, vor dem er gleichzeitig die Mutter rettet. Aus diesem Grund hielt er sein Unterdrücken anderer für vollauf gerechtfertigt. Monterossa sah sich als ein wahrer Vater, der nur das Beste für seine »Kinder« wollte, während er sie gleichzeitig ermordete. Den Indios verkündete er: »Wir sind eure wahren Brüder. Wir hätscheln nicht die Reichen. Seht ihr irgendwelche Reichen unter uns? Wir geben unser Blut der Erde« – hier treibt er das Selbstmitleid des »Heldentums« auf die Spitze – »ihr aber müßt sie fruchtbar machen.« Hören wir hier nicht die Worte eines Hitler oder seinesgleichen? Ist er nicht der gestrenge Hirte, der sich anmaßt, seine Schafe in den Tod zu treiben, um sich für sein eigenes Opfersein zu rächen?

Menschen wie Oberst Monterossa, die morden und vergewaltigen, die Fremde hassen und Schwache ausliefern, haben sich, als sie noch klein und hilflos waren, die Verachtung ihrer Unterdrücker als eigene Haltung einverleibt. Dieser Identifikation mit dem Unterdrücker und der Frage, wie es dazu kommt, werden wir uns im folgenden widmen. Während dieses Prozesses vollzieht sich jene Abtrennung vom Mitgefühl, die Gefühle wie Entsetzen und Empörung ausschließlich als »störende« angesichts der Opfer zuläßt. Hier stoßen wir auch wieder auf das Selbstmitleid, jene verfälschte Form des Mitgefühls.

Die Identifikation mit dem Aggressor: Die Grundlage unserer Zivilisation

Die frühe Erfahrung der Hilflosigkeit führt zur Entdeckung des Todes

Die Anteilnahmslosigkeit und die allgemeine Verrohung der Menschen, die Gewalttätigkeit unter Kindern, die herabgesetzte Schwelle ihrer Scham und Angst werden gemeinhin als Krise der traditionellen Institutionen wie Elternhaus, Schule, Politik und Kirche angesehen, denen man vorwirft, keine Grenzen mehr zu setzen. »Kinder brauchen Grenzen, um eine stabile Identität zu entwickeln«, hören wir allenthalben.

Es stimmt schon, daß Kinder Grenzen benötigen, aber wo genau liegen diese? Es gibt Grenzen, die es Kindern leichter machen, ihren eigenen Weg zu finden: wenn sie etwa von ihren Eltern vor einer Überstimulation der auf sie einströmenden Reize geschützt werden. Es gibt aber auch Grenzen, die Kinder in ihrer Entwicklung einengen, weil sie die kindlichen Eigenwahrnehmungen und -reaktionen übergehen. Diese Art von Grenzen zu setzen wird jedoch allgemein als nötig erachtet. Unter diesem Diktat vollzieht sich allerdings eine Anpassung der Kinder an Regeln, die nicht ihrem Wohl, sondern einem falschen Selbstwert ihrer Eltern dienen.

Die französische Kindertherapeutin Françoise Dolto (1988) hat die Hilflosigkeit, die bei einem Säugling entsteht, wenn seine Erwartungen und Reaktionen außer acht gelassen werden, als die »Entdeckung des Todes« beschrieben. Wenn die Eltern des Kindes nicht adäquat auf seine Bedürfnisse eingehen, wenn sie seine Gefühlswelt übergehen, wenn es kein Echo von ihnen erhält, dann resultiert daraus beim Kind Apathie. Sie kann im Extremfall zum Tod führen, wie dies Ribble (1943) zeigte, häufiger führt sie aber zu einer Wachstumshemmung. Eleanor Shaheen vom Pädiatrischen Institut der University of Pennsylvania (1968) hat dies als »failure to thrive«, als ein fehlendes Gedeihen, bezeichnet. Kinder hören auf, sich zu entwickeln, ohne daß organische Gründe dafür vorliegen. Der Grund liegt in der Nicht-Anerkennung des Kindes.

Dem Kind in seinen Bedürfnissen nicht entgegenzukommen, auch wenn die Eltern sich ihm verpflichtet fühlen und glauben, alles zu seinem Wohlergehen zu tun, ist eine Art von Gewalttätigkeit. Sie wirkt sich zwar nicht so direkt traumatisierend aus wie körperliche Bestrafung, ist aber genauso fatal. Die Folgen, die sie zeitigt, etwa die Wachstumsstörungen, werden auch als »Shaheen-Syndrom« bezeichnet. Solange Eltern ihre Mißachtung der kindlichen Bedürfnisse für Liebe halten und darin keine Grenzverletzungen erkennen, solange werden sie sich nicht im klaren darüber sein, welchen Schaden sie eigentlich anrichten. Ein alltägliches Beispiel: Ein Säugling schreit, weil er ein Bedürfnis nach körperlichem Kontakt hat. Die Eltern versuchen, ihn mit einem Schnuller oder einem Spielzeug abzulenken. Doch obwohl sie glauben, das Richtige zu tun, entsprechen sie mit ihrem Tun eher ihren eigenen Bedürfnissen als denen des Kindes.

Die hieraus resultierende Hilflosigkeit des Kindes läßt seine Muskeln erschlaffen, bringt seine Affekte zum Erlöschen. Um seine Beziehung zu den Eltern aufrechtzuerhalten, versucht das Kind, ihre Erwartungen zu erraten und ihnen zu entsprechen. Es wird alles tun, um seine beängstigende Hilflosigkeit nicht wieder aufkommen zu lassen.

Eine Patientin bemerkte angesichts einer zweiwöchigen Unterbrechung ihrer Therapie wegen eines Urlaubs beunruhigt: »Ich will nicht, daß schwierige Dinge während der Ferien auftreten.« Sie wollte damit mitteilen, daß sie während dieser Sitzung keine Gefühle aufkommen lassen wollte. Auf meine Nachfrage hin erklärte sie mir: »Als ich klein war, habe ich kaum geschrien, mich kaum bewegt, ich lag ganz ruhig da, war aber immer wach. Wenn man nach der Mutter ruft und nichts passiert, dann steigt eine schreckliche Angst hoch. Wenn man dagegen nichts erwartet und demzufolge auch nichts kommt, dann kann man genausogut schön ruhig bleiben. Wenn ich meine Gefühle unter Kontrolle halten muß, liege ich einfach ruhig da – das kommt mir sehr ökonomisch vor. Ich erinnere mich daran, daß unsere Mutter sich ziemlich hilflos anstellte, als meine Schwester und ich schwimmen lernen wollten. Ich war damals sieben oder acht Jahre alt. Ich versuchte, ihr zu sagen, wie sie uns im Wasser halten sollte. Sie machte es immer falsch, griff uns an der Taille und hielt nicht unseren Kopf. Ich ärgerte mich über sie und gab es schließlich auf. Meine Mutter sagt, ich sei als Baby kräftig gewesen. Auf den Fotos aus dieser Zeit sehe ich auch so aus. Sie sagt auch, ich hätte immer gut getrunken. Ich weiß aber, daß sie mich während des Stillens oft einfach zur Seite legte. Mir ist unverständlich, daß ich so problemlos gewesen sein soll. Später aß ich immer ganz schnell. Zwei Minuten saß ich am Tisch, und schon war ich fertig. Vom schnellen Essen bekam ich zwar Bauchschmerzen, aber ich wollte nicht länger am Tisch sitzen bleiben. Ich hatte immer das Gefühl, auf mich selbst aufpassen zu müssen, und traute mich deshalb nicht einzuschlafen, aus Angst, ich würde dann nicht mehr aufwachen.«

Da die Mutter sich einen Jungen gewünscht hatte, wollte sie ihre Tochter in den ersten drei Tagen nach der Geburt überhaupt nicht sehen. Sie lehnte das Mädchen völlig ab. Die Patientin überlebte, weil sie eine hingebungsvolle Säuglingsschwester hatte und weil sie sich, wie sie wörtlich sagte, selbst »krampfhaft wach hielt«. So hielt sie ihre Trauer fern, ließ sie nicht an sich heran und überlebte, indem sie »auf Sparflamme« lebte. »Würde ich entspannt daliegen, würde ich sehr traurig werden.« Aus diesem Grund durfte sie sogar schon vor den Ferien keine Gefühle aufkommen lassen.

Daß wir generell mit Hilflosigkeit nicht umgehen können, zeugt dafür, daß wir sie alle mehr oder weniger als etwas Traumatisches erlebt haben. Wir können sie häufig nicht mal mehr beim Namen nennen. Als Erwachsene können wir Hilflosigkeit dann erst recht nicht verarbeiten. Die Neurologen Cannon (1942) und Richter (1965), die beide das Sterben als eine Reaktion auf Hilflosigkeit erforschten, berichten von dem Entsetzen und der Panik, die sie begleiten. Wenn Eltern die Hilflosigkeit ihrer Kinder nicht akzeptieren und wenn diese nicht beim Namen genannt werden darf, tritt der Tod ein. Wenn Eltern mit Hilflosigkeit nicht umgehen können, wenn sie sie sogar bestrafen, dann bewirkt Hilflossein ein Absterben der Gefühle und sogar den Tod.

Grenzen setzen und verletzen

Hilfreiche und sinnvolle Grenzen zu etablieren setzt ein Mitschwingen mit dem Kind in seinen Affekten und Wahrnehmungen voraus. Aarne Siirala (1964a) brachte es auf folgenden Nenner: »Das Wachstum jedes Kindes wird gestört, wenn es nicht wie ein Entdecker leben kann.« Für den Erziehenden stellt sich also die Frage: Kann ich die Entdeckungslust des Kindes genießen, sie miterleben und unterstützen? Grenzen setzen bedeutet hier, das Kind in seinem Wunsch, Neues innerhalb und außerhalb seiner selbst zu entdecken, zu unterstützen, indem man es davor schützt, von einer Reizflut überwältigt zu werden. Denn gerade ein Zuviel an Reizen verhindert Lernen. Fuller (1967) zeigte experimentell, daß ein Lebewesen nichts lernen kann, wenn es ihm unmöglich wird, sich in einer Reizsituation auf wichtige Bestandteile dieser Situation zu konzentrieren, indem es andere Elemente ignoriert. Um ein eigenes Lernen des Kindes zu ermöglichen, muß die Mutter es intuitiv vor Reizüberflutung schützen. Das Kind wird ebenfalls mithelfen, denn es lernt schnell, sobald es den entscheidenden Anstoß bekommen hat, die unwesentlichen Reize auszuschalten.

Unsere allgemein verbreitete Selbstüberschätzung jedoch, derzufolge wir schon im voraus zu wissen glauben, was für ein Kind wichtig ist, führt nicht zu Grenzsetzungen, die auf die inneren Möglichkeiten des Kindes abgestimmt sind, sondern zu einer fatalen Grenzüberschreitung. Findet sich das Kind in den Reaktionen der Eltern nicht gespiegelt, fehlt eine elterliche Resonanz, ein Echo, auf seine Erwartungen und Bedürfnisse, dann kippt die Sicherheit des Aufgehobenseins weg, und traumatisierende Hilflosigkeit entsteht.

Wenn wir nun danach fragen, was die seelischen Grenzen eines Kindes sind, dann ist diese Fragestellung schon falsch. Seine Grenzen sind nämlich dynamisch, also ständig im Wandel. Deswegen kann die Frage nach den Grenzen auch nicht auf begrenzende Weise gestellt werden. Dennoch hat man Versuche unternommen, Grenzen zu definieren, etwa so: »Grenzen, das meint zuerst nur, daß an einer bestimmten Stelle das Eigene, Verfügbare aufhört und etwas anderes, etwas Fremdes und Unverfügbares beginnt« (Diekmann 1995). Dieser Satz ist richtig und trotzdem falsch. Er geht davon aus, daß das »Verfügbare« etwas Begrenztes, handfest Existierendes ist. Doch für ein Kleinkind ist dasVerfügbare dynamisch, immer im Wandel und deshalb auch keine starre Größe. Es ist vielmehr abhängig von dem aktuellen *Sein* des Kindes und den Möglichkeiten seines *Werdens* in den Augen seiner Eltern. Nehmen die Eltern das Verfügbare als a priori Begrenztes an und reagieren sie entsprechend, dann mißachten sie die Dynamik in den Möglichkeiten des Kindes. Denn das Kind mag bereits auf der Suche sein, mag in seiner Entdeckungslust schon viel weiter sein, mag auf Reize warten, die ihm seine Eltern noch vorenthalten, da sie von der Begrenztheit des Verfügbaren ausgehen. Davis zeigte im Jahre 1957, daß es die Reaktion ist, die sich ihren Stimulus aussucht. Diese Arbeit bestätigt und erweitert Piagets Vorschlag, daß ein Stimulus seine Bedeutung erst erhält, wenn er dem Schema eines inneren Prozesses entspricht (Flavell 1963).

Genau darum geht es auch beim Grenzen-Setzen: Das Verfügbare ist nicht etwas Statisches, sondern etwas Dynamisches, dessen Umsetzung zu etwas Eigenem davon abhängt, wie gut sich ein Kind im Spiegel der Augen der Mutter – und später in denen des Vaters – sehen kann. Das Verfügbare ist etwas Immanentes, Schwebendes, Undefinierbares, dennoch etwas Vorhandenes, wenn auch ohne Bewußtsein dafür und ohne eigene Grenzen, eine Größe, die stetem Wandel unterliegt. Das Verfügbare ist als Möglichkeit präsent, umhegt von all den Nicht-Resonanzen, die es wie ein Verbot treffen und es manchmal für immer mit dem Nicht-Erlebten, nur potentiell Lebendigen, behaften. Wenn Eltern die Lebendigkeit und die Neugierde in ihrem Kind erkennen und fördern, dann geben sie ihm den Anstoß für sein Werden. Dann vermitteln sie ihm Grenzen, die das Kind zur vollen Entfaltung seines Lebens bringen.

Lernen

Die Anlagen für das eigene Selbst entstehen bereits während der Schwangerschaft im Mutterleib. Die innere Welt der Erwartungen, von diffusen wie auch präzisen Wahrnehmungen und Rhythmen gesteuert, existiert im Zusammenhang mit der Bereitschaft des Säuglings, sich den ihn umgebenden Reizen zuzuwenden. (Eine ausführliche und präzise Beschreibung dieser Prozesse ist in Dores Beckords 1987 erschienenem Aufsatz »Pränatale Psychologie und Schwangerenberatung« zu finden.) Auf der Basis dieser Zuwendung verläuft unsere Entwicklung, und nicht – wie wir immer glauben – auf der Basis eines Kampfes ums Überleben. Diese Bereitschaft zur Zuwendung wird von Anbeginn des Lebens ermöglicht durch die Fähigkeit aller Lebewesen, sich sanften Reizen zuzuwenden.

Sanftheit soll hier nicht als Schwäche mißverstanden werden. Dennoch ist dieses Mißverständnis, das auf einem Mißverständnis der Lehre Darwins fußt, in unserer Gesellschaft wie auch in der biologischen Wissenschaft weit verbreitet. Es entlarvt aber vielmehr das Denken als ein faschistisches. Schneirla, der in seinem wissenschaftlichen Hauptwerk (1959) diese sanften Reize und ihre Bedeutung für die Evolution und Phylogenese analysiert hat, schreibt: »(...) die große Popularität und auch wissenschaftliche Prominenz, die den destruktiven Aspekten der Evolution zugesprochen werden, haben die Bedeutung der Kooperation getrübt, die diese in der Phylogenese in Wirklichkeit hat.« Unser gängiges Bewußtsein hingegen sieht in dem Überleben, das heißt in der Fähigkeit, andere in einem vermeintlichen Überlebenswettkampf zu zerstören, einen Ausdruck von »Stärke«. Es sind jedoch die sanften Reize und die Zuwendung zu ihnen, und nicht das Abwenden von störenden Reizen, welche die Evolution des Lebens geprägt haben.

Dem gesellschaftlichen Konsens zufolge ist jedoch die Entwicklung eines Kindes, die Entstehung seines Selbst, von der Abwehr gefährlicher Reize geprägt. Das Erlernen von Wirklichkeit wird deshalb im Kontext dieser Abwehr gesehen, und so glauben wir, unseren Kindern zu helfen, wenn wir ihnen so früh wie möglich beibringen, Gefahren zu erkennen und sich dann so früh wie möglich entweder auf Rückzugsmöglichkeiten oder den Angriff vorzubereiten. Verkompliziert wird dies zusätzlich durch unsere generelle Identifikation mit dem Aggressor, welche zu einer Umkehr der aktuellen Reizlage führt: Wir wenden uns nämlich sehr früh zerstörerischen Reizen zu, weil wir sie für positive (sanfte) halten, und wenden uns von sanften ab, weil wir sie als gefährlich einstufen. Dadurch wird jedoch das negative zu einem positiven Prinzip der Entwicklung erhoben, auf Kosten auch des Kreativen.

Zum Beispiel unser Begriff von Lernen: Allgemein anerkanntes Lernziel ist allein der Umgang mit der Wirklichkeit, lernenswert ist nur das, was als Wirklichkeit gilt, so daß Lernen an sich und Wirklichkeit zu einem einheitlichen Ziel verschmelzen. Ein Teil dieser Wirklichkeit ist jedoch die Idealiserung der Mächtigen, so daß jede Regung, mit den eigenen Augen zu sehen, von vornherein als Versagen abgetan wird. Lernen bedeute üblicherweise, schreibt Heinrich Jacoby (1987), der unseren Begriff von Lernen kritisch ins Visier genommen hat, »möglichst schnell zum Ziel zu gelangen, möglichst wenig Fehler zu machen beziehungsweise die ›richtigen‹ Antworten zur Verfügung zu haben.« Doch Lernen sollte das gerade nicht sein, Lernen sollte vielmehr mit der Bereitschaft zu tun haben, sich den sanften Reizen – im Sinne Schneirlas – zuzuwenden. Jacoby charakterisiert dieses Lernen als »Erarbeiten«, als Aufarbeiten durch eigenes

Erfahren und Entdecken. Dadurch lernt ein Kind nicht nur zu erkennen, was richtig ist, sondern vor allem auch, wie das Richtige zustandekommt und warum gerade dieses das Richtige ist.

Unserer gängigen Vorstellung zufolge sollen Kinder die Wirklichkeit »erlernen«, ohne sie jedoch zuvor selbst entdeckt zu haben. Ein solches Lernen ist ein erzwungenes, ein Lernen, das auf intensiven Reizen basiert, die sich durch die Umkehr ein positives Vorzeichen angeeignet haben. Lernen heißt hier, den Gehorsam gegenüber der Autorität zu zementieren, wobei Kreativität verlorengeht – was wiederum Erstaunen darüber erweckt, daß Kinder in ihrem Denken steril werden. An die Stelle von Kreativität tritt vorprogrammiertes Denken. Hier stülpen wir dem Kind jene Grenzen über, die sein eigenes Sein völlig außer acht lassen und sogar auslöschen.

Heutzutage vollzieht sich diese Grenzüberschreitung – denn die Programmierung beinhaltet eine Grenzüberschreitung – auf verschleiertere, subtilere Art: Nicht der erzwungene Gehorsam, die Bestrafung der alten Schule, soll Lernen bewirken, sondern es soll sich über Belohnung vollziehen. Belohnung als Erziehungsmittel läßt uns nämlich die Illusion aufrechterhalten, das Kind könne sich frei entscheiden, könne seinen eigenen Weg finden. Doch die Entdeckung und Entfaltung seines Selbst wird dadurch keineswegs erleichtert. Nur die Erziehenden fühlen sich besser, da sie glauben, mit dem Prinzip Belohnung seien alle Entscheidungen dem freien Willen des Kindes überlassen, es werde nicht von ihnen genötigt, beherrscht. Doch das Prinzip Belohnung ist nichts anderes als eine raffinierte Verhüllung des Drucks zum Erfolg. Und durch diesen Erfolgsdruck wird das Selbst vorprogrammiert.

All dies geht, wie gesagt, äußerst subtil vor sich. Ein Vergleich mit einer anderen Kultur mag dies veranschaulichen. Eibl-Eibesfeldt (1993), Verhaltensforscher am Max-Planck-Institut für Völkerkunde, beschreibt folgende Situation zwischen einer Eipo-Mutter in West-Neuguinea und ihren beiden kleinen Kindern, einem Jungen und einem Mädchen. Der Junge ißt ein Tarostück, das Mädchen greift danach, woraufhin beide zu schreien anfangen. Die Mutter kommt herbei, und beide Kinder lächeln sie an. Der Junge reicht ihr von sich aus das Tarostück, sie bricht es in zwei Teile und gibt beide dem Jungen zurück. Er bemerkt erstaunt, daß er jetzt zwei Stücke hat, und nachdem er beide einen Moment lang betrachtet hat, gibt er eines seiner Schwester.

Wie würden wir uns als Eltern in einer ähnlichen Situation verhalten? Kämen wir uns nicht vorbildlich vor, wenn wir das Stückchen Brot brechen und an die Kinder verteilen würden, um ihnen auf diese Weise das Teilen beizubringen? Wer von uns hätte das dem Kind überlassen? Wir trauen einem Kind von zwei oder drei Jahren gar nicht zu, daß es so etwas begreift oder sogar selbst tut. So handeln wir lieber entsprechend den Vorurteilen, die in unserer Gesellschaft herrschen, und schränken damit unsere Wirklichkeit ein. Und die derart verformte »Wirklichkeit« der menschlichen »Natur« wird dadurch permanent weitergegeben.

Wir mißachten die Möglichkeiten des Kindes, weil wir sie gar nicht erst erkennen, und wir mißachten ebenfalls seine wirklichen Grenzen. Sie hören damit auf zu existieren, und das Kind verliert den Bezug zu den sanften Reizen. Anstatt aus sich heraus Verhalten initiieren zu können, ordnet sich das Kind dem Willen der Autorität unter. Doch seine Unterordnung wird zugleich zu einer Quelle unerkannter und deshalb unbeherrschbarer und unlenkbarer Aggression. Denn jede Lenkung von außen bewirkt eine Unterdrückung der eigenen inneren Möglichkeiten, die Umwelt zu bewegen. Dadurch wird Hilflosigkeit zu einem unerträglichen Zustand, der dann allein durch Verdrängung vom Bewußtsein ferngehalten werden kann. Zusammen mit der Hilflosigkeit entsteht Aggression, die, da man sich ihres Ursprungs nicht mehr bewußt ist, für gewöhnlich nach außen verlagert wird. So werden Kinder aus Selbstschutz heraus gefühllos oder gewalttätig oder auch beides.

Grenzverletzungen: Fallgeschichten

Ein Patient berichtet von einer Frau, die mit Stolz davon spricht, wie sie ihrer Tochter beibrachte, nicht mit Feuer zu spielen: Sie verbrannte die Hand ihrer Tochter an einer Kerze.

Ein anderer Patient erzählt, daß er seiner Mutter nie sagen konnte, wenn ihm etwas weh tat, da sie selbst dauernd über Schmerzen klagte. Bis heute kann er das Gefühl von Schmerz nicht äußern. Wenn er als Kind die Aufmerksamkeit seiner Mutter auf sich lenken wollte, mußte er simulieren und zu so etwas Drastischem wie Stolpern oder Fallen greifen. Durch das Verhalten seiner Mutter verlernte er mit der Zeit das Fühlen und hielt Gefühle an sich im Grunde für Betrug.

Wenn ihm aber jemand Gefühle entgegenbrachte, bedeutete das für ihn, daß diese Person auf ihn hereingefallen und deshalb verachtenswert sei.

Wenn Kinder sich ihre Grenzen selbst setzen wollen und sie sagen: »So weit und nicht weiter!«, erklärt man ihnen, das sei egoistisch. Aus diesem Grund werden Kinder unauffällig. Eine Studentin erzählte mir, daß ein Psychiater im Rahmen eines Vortrags an einer psychiatrischen Klinik einen Patienten vorgestellt und davon gesprochen habe, wie unauffällig dessen Kindheit gewesen sei. Die Studentin sagte, daß sie, als sie dies gehört habe, fast vor Wut geplatzt sei, weil aus der Geschichte heraus klar war, daß die Hilflosigkeit des Patienten in seiner Kindheit nicht als solche erkannt worden war, ebensowenig wie heute. Da seine Eltern mit ihm als Kind so »verständnisvoll« umgegangen waren, konnte er nie wütend werden. Deshalb dachten alle, seine Kindheit sei unauffällig gewesen. Menschen erkennen ihre Grenzüberschreitungen nicht, wenn sie selbst mit »Verständnis« behandelt wurden, vielmehr diesem »Verständnis« ausgeliefert waren. Die Unauffälligkeit des Patienten war das Resultat einer nach innen gerichteten Aggression, die dazu diente, die Grenzüberschreitungen seiner Eltern vor sich selbst zu verbergen. Er durfte sie nicht wahrnehmen, also richtete sich seine Aggression gegen sich selbst.

Grenzen werden dann verletzt, wenn Kinder davon abgehalten werden, mit Hilfe ihrer eigenen Wahrnehmungen ihr Sein selbst zu formen. Wenn es so weit gekommen ist, daß wir mit einem Kind streiten müssen, dann können wir sicher sein, daß wir diesen Machtkampf schon viel früher eingeleitet haben, indem wir nämlich das Kind in seinem Sein nicht verstanden haben. Grenzverletzungen beantwortet das Kind nämlich mit Aggression. Wenn ihm jedoch mittels Bestrafung oder Belohnung verboten wird, zu protestieren, lernt das Kind nur eines: Ich darf Grenzverletzungen nicht wahrnehmen, und ich darf mich von Grenzüberschreitungen nicht verletzt fühlen. Sobald sich ein Kind diese Haltung zu eigen gemacht hat, hat es die Grundlektion, die ihm unsere Gesellschaft beibringt, bereits gelernt. Hier beginnt nun die gesellschaftlich gezüchtete Verdrehung von Opfersein und Heldentum. Wenn sich Kinder verletzt fühlen, bedroht dies den Selbstwert vieler Eltern, weil sie sich in ihrer Qualität als Eltern in Frage gestellt fühlen. Also dürfen Kinder ihre Verletzungen und Ängste weder spüren noch äußern, da dies ihre Beziehung zu ihren Eltern gefährdet.

Eine Patientin erzählt von einer anderen Form von Grenzverletzung: »Ich habe immer Angst, ich könnte mich anpassen. Mein Denken soll absolut unbeeinflußt sein vom Denken anderer. Deshalb habe ich letztlich auch ein gestörtes Verhältnis zum Lesen. Es ist wie eine Abwehr.« Diese Patientin war in einer engen, vom Puritanismus geprägten Welt aufgewachsen. Jeder ihrer Schritte war von Mutter und Vater kontrolliert worden. Deshalb hatte sie nie die Möglichkeit gehabt, anderen gegenüber ihre eigenen Grenzen zu setzen, sondern konnte nur die ihr aufgenötigten Grenzen anderer akzeptieren. Sie wehrte sich zwar dagegen, aber ihr Protest war auf Nebengleisen steckengeblieben, nämlich dort, wo ihre Aggression sich gegen ihr Selbst und ihre eigenen Möglichkeiten, etwa das Lesen, richtete.

Folgendes Beispiel zeigt ein Kind, das die Möglichkeit hatte, seine eigenen Grenzen selbst zu erarbeiten und zu bestimmen: Zoe lernte mit achtzehn Monaten das Wort »Stop«. Bald darauf verwendete sie es gegenüber ihren Eltern und ihren Spielgefährten, um die körperliche Distanz auszuloten, die sie zu den anderen jeweils einnehmen wollte. Während sie beim Spielen ein anderes Kind eng an ihrer Seite duldete, rief sie, nachdem sich dieses Kind außerhalb des Spiels begeben hatte und wieder auf sie zukam, schon bei einer Entfernung von zwei Metern »Stop«. Dasselbe tat sie mit ihren Eltern und anderen Erwachsenen, wobei sie dauernd die Distanz änderte. Dieses Ausloten dauerte einige Wochen, in denen sie ihre eigenen Grenzen bezüglich körperlicher Nähe erarbeitete und auch immer sicherer darin wurde, welche Distanz für sie die richtige war.

Im allgemeinen erlauben wir Kindern so etwas gar nicht. Wir glauben, unsere Kinder zum Leben in der Gemeinschaft zu erziehen, wenn wir ihnen *unsere* Grenzen aufnötigen. Dadurch unterbinden wir aber von vornherein die Möglichkeiten des Kindes, aus sich heraus einen Sinn für Gemeinschaft zu entwickeln, einen Sinn, der auf erlebten und nicht auf vorgeschriebenen Grenzen beruht. Die oben erwähnte Patientin weiß nie, ob die Nähe zu einem anderen Menschen ihrem tatsächlichen Bedürfnis nach Nähe entspricht oder ob hinter dieser Nähe die Furcht steckt, nicht gehorsam zu sein. Ihre spezielle Situation veranschaulicht darüber hinaus das generelle Problem, wie wir mit der Nähe eines anderen Menschen umgehen können, inwieweit wir sie ertragen oder auch nicht ertragen können.

Aufgrund der tagtäglichen Verletzungen ihrer Grenzen sind Kinder ständig Gewalt und Angst ausgesetzt. Doch beides wird nicht wahrgenommen, weder vom elterlichen »Aggressor« noch vom Kind. Durch dieses Nicht-Wahrnehmen wird aber das Eigene im Kind zurückgedrängt, und die Angst, die nicht wahrgenommen werden darf, wird zur Quelle eines entsetzlichen Terrors. Das Kind wird einerseits mit seiner Angst alleingelassen, weil seine Eltern sie nicht erkennen, nicht erkennen dürfen, weil dies ihre Rolle als gute Eltern in Frage stellen würde, und andererseits zerstört diese Angst die Beziehung des Kindes zu seinen Eltern, indem sie vom Erlebten isoliert und abgekapselt wird. Echte Geborgenheit entsteht nur in einer reziproken Beziehung, in der beide Partner auf erlebte Gefühle und Bedürfnisse des jeweils anderen eingehen. Sobald das Angstgefühl verneint und ausgeklammert werden muß, um eine Bindung aufrechtzuerhalten, verlagert sich die »Beziehung« des Kindes auf den Versuch, den Erwartungen der Eltern zu entsprechen, indem es das Eigene verdrängt. Der Terror, keine Verbindung mehr zu den Eltern zu haben, ist zu groß, als daß es eine andere Lösung für das Kind gäbe. (Es gibt radikale Lösungsversuche: zu sterben oder Schizophrenie oder Autismus.) Ein Kind muß sich unbedingt vor dem Abbruch der Verbindung zu den Eltern schützen, damit es seelisch überleben kann.

Monika Nienstedt und Arnim Westermann (1994) schreiben über die Bedrohung des elterlichen Selbstwertgefühls und seine Folgen für das Kind: »Vielen Eltern fällt es leicht, das zufrieden strahlende, sie narzißtisch bestätigende Kind anzunehmen. Aber das schreiende, unzufriedene Kind zu ertragen, sich seinem Unglück, seinem Schmerz einzufühlen, sich die zuweilen hoch ambivalenten Gefühle gegenüber dem Kind einzugestehen und sich der oftmals unzureichenden Liebe, der eigenen, unzulänglichen Fähigkeit, die Bedürfnisse des Kindes zu verstehen und zu befriedigen, bewußt zu sein, sich so auch als Quelle für die Klagen des Kindes anzuerkennen, das heißt sich in das Kind wirklich einzufühlen und seine Wahrnehmungen und Gefühle als berechtigt zu bestätigen, das setzt den Selbstwert vieler Eltern zu sehr herab. Und dann bekämpfen oder ignorieren sie die Wahrnehmungen und Gefühle des Kindes, statt mit ihnen mitzuschwingen und das Kind, auch wenn es unglücklich, enttäuscht und wütend ist, mit seinem Unglück zu halten. Und dann fühlt sich ein Kind gerade mit diesen Gefühlen und Affekten nicht angenommen und geliebt.« Das ist exakt das Setting für die täglichen Verletzungen der Grenzen eines Kindes. Der Kern des Problems ist jedoch weniger die Grenzverletzung als solche, sondern sind vielmehr die Angst und der Schmerz, die aus dieser Verneinung des Kindes resultieren.

Eine Patientin beschreibt die Haltung, die ihre Mutter ihr gegenüber tagtäglich einnahm: »Sie ließ mich dauernd wissen: ›Du schaffst es nicht.‹ Dadurch überschritt sie ständig meine Grenzen. Ich hatte das Gefühl, daß es ihr lieber wäre, wenn ich kraftlos oder tot wäre. Wenn ich sterben würde. Das erinnert mich an den Traum einer Bekannten, in dem ihre Kinder von ihr wegliefen und über eine Brücke gingen. Sie deutete diesen Traum so, daß sie ihre Kinder ihren Weg gehen lassen müsse. In dem Traum wollten ihre Kinder auch über das Geländer der Brücke springen. Das meinte sie ebenso respektieren zu müssen, auch wenn sie dabei von der Brücke fielen. So sah ich auch die Sache zwischen meiner Mutter und mir. Selbst wenn ich mich von ihr, die meinen Tod wünschte, losriß, würde ich dennoch sterben. So hielt ich an ihr fest, an einem Menschen, der meine Kraft leugnete und meine Grenzen verletzte.«

Wenn Angst in Geborgenheit umkippt

Wenn ein Kind von einem Erwachsenen, der es eigentlich schützen sollte, physisch und/oder psychisch überwältigt wird und wenn es bei niemand anderem Zuflucht findet, dann wird es von einer immensen Angst heimgesucht. Um dieser enormen und lähmenden Angst zu entkommen, kann es entweder sterben wollen - was manche Kinder auch tun (Gruen 1993) –, eine Psychose entwickeln (Gruen und Prekop 1986) oder eine außerordentliche Überlebensstrategie verfolgen. Um die Angst und den mit ihr verbundenen Schmerz fernzuhalten, beginnt ein Kind, seinen Unterdrücker, den Aggressor, zu idealisieren, ihn zum Objekt seiner Identifikation zu machen.

Wie dies vor sich geht, sei anhand der Schilderung einer Patientin illustriert, deren Mutter unberechenbar war. Sie hatte sogar einmal mit einem Messer nach ihrer Tochter geworfen. Nachdem die Patientin in einer Sitzung von diesem Vorfall und ähnlichen Erlebnissen erzählt hatte, sagte sie in der darauffolgenden Sitzung: »Als ich von der Sitzung wegging, überkam mich eine große Sehnsucht nach meiner Mutter. Aber gleichzeitig fühlte ich einen leeren Raum um mich. Meine Schultern waren verspannt. Plötzlich schrie ich innerlich nach

Mama. Mir war, als wäre ich in einem schwarzen Energiefeld, das alles Lebendige von mir abzog. Das hat mit meiner Mutter zu tun. Zugleich aber hatte ich das Gefühl, daß mir nichts passieren würde, wenn ich bei ihr wäre. Nachdem ich innerlich nach ihr geschrien hatte, fühlte ich mich wieder von dieser schwarzen Dunkelheit umgeben, und sie wurde zu einem Stück Geborgenheit.«

Die Patientin erlebte genau jenen Moment wieder, in dem der überwältigende Terror umgewandelt wird in Geborgenheit. Die Angst eines Kindes kann also, wenn Hilflosigkeit und Ausgeliefertsein sie unerträglich machen, ins Gegenteil umkippen, nämlich in Geborgenheit.

Sandor Ferenczi hat dieses Umkippen von Angst in Geborgenheit bereits im Jahr 1932 beschrieben, und er hat gezeigt, daß dieser Vorgang in einem gesellschaftlichen Umfeld verankert ist, das Erwachsenen erlaubt, die Abhängigkeit ihrer Kinder zur Steigerung des eigenen Selbstwerts zu mißbrauchen. »Kinder fühlen sich körperlich und moralisch hilflos, ihre Persönlichkeit ist zu wenig konsolidiert, um auch nur in Gedanken protestieren zu können, die überwältigende Kraft und Autorität des Erwachsenen macht sie stumm, ja beraubt sie oft der Sinne. Doch dieselbe Angst, wenn sie einen Höhepunkt erreicht, zwingt sie automatisch, sich dem Willen des Angreifers unterzuordnen, jede seiner Wunscherregungen zu erraten und zu befolgen, sich selber ganz zu vergessen, sich mit dem Angreifer vollauf zu identifizieren« (1984).

Diese Identifikation führt dazu, daß das Opfer sich mit dem Täter verbündet. Der Täter strahlt in den Augen des Opfers Geborgenheit aus. Seine Gefühle von Schmerz empfindet das Opfer dann als Schwäche und lehnt sie ab, erkennt sie jedoch in anderen Opfern wieder, die allerdings als Feinde wahrgenommen werden. Wir benötigen also Feinde, weil Feindbilder unsere Persönlichkeitsstruktur, die auf einer Idealisierung des Aggressors und einer Identifikation mit dem Aggressor beruht, aufrechterhalten. Eine so entstandene Identität braucht Feinde, um existieren zu können, sie kann ohne sie gar nicht existieren.

Wenn ein Kind diese Überlebensstrategie nicht einschlagen kann, wird es krank oder apathisch. Da sich seine Aggression nicht nach außen richten kann, sondern nur gegen sich selbst, entstehen Depression und eine Erstarrung jeder Beziehung zur Außenwelt. Françoise Dolto (1989) schreibt darüber: »Damit wird ein Zustand wie der des

Autismus erzeugt. Er ist ein reaktiver Anpassungsprozeß an eine Belastung, die die Identifikation des Kindes tangiert, ein traumatisierender Zustand, der das Baby die affektive, symbolische Beziehung zu seiner Mutter verlieren läßt oder deren sensorische Etablierung verhindert. Dieser Zustand wird im allgemeinen im Alter zwischen vier und zehn Monaten induziert.« Die erfahrene Kindertherapeutin bestätigt damit auch, wie früh im Leben eines Menschen die Richtung seines Fluchtwegs aus dem Terror festgelegt wird.

Wenn Aggression sich gegen das Selbst richtet

Ein anderer möglicher »Ausweg« aus der Angst führt in die Richtung des Sterbens. In meiner Studie über den Plötzlichen Kindstod im Jahre 1988 (1993a) habe ich mich ausführlich damit befaßt. Joachim Stork (1994) hat einen solchen Kampf um Leben und Tod bei einem sechs Monate alten Säugling festgehalten – am Ende überlebte das Kind. Aber fünf Monate lang konnte es einzig und allein deshalb am Leben erhalten werden, weil ein Monitor durch Alarmsignale rechtzeitig anzeigte, wenn Atmung oder Herzaktivität des Säuglings auszufallen drohten. Storks Beobachtungen sind derart aufschlußreich, daß ich sie hier zusammenfassend wiedergebe.

Caesare wurde nach seiner Geburt wegen stöhnender Atmung und einer Kohlendioxid-Retention im Alter von zwei Wochen mit einem Überwachungsmonitor (EKG-Atemmonitor) verbunden. Während des zweiten und dritten Monats zu Hause traten acht Anfälle von Atempausen und Bradykardien ein. Im Alter von drei Monaten und drei Tagen wurde das Kind gründlich untersucht, ohne daß irgendwelche organische Befunde festgestellt werden konnten. Bis Stork im sechsten Lebensmonat des Kindes mit der Psychotherapie begann, waren zwölf weitere Anfälle aufgetreten. Hier die Beobachtungen Storks bei der ersten Sitzung mit der Mutter, dem Vater und dem Kind.

Die Mutter spricht darüber, wie grausam die Anfälle ihres Sohnes für sie seien, über ihr Befremden und Entsetzen und den Widerwillen, den sie verspürte, wenn sie ihr Kind im Krankenhaus ansah. Und dann sagt sie dies: »Ich habe mir so sehr einen blonden und blauäugigen Jungen gewünscht. Auch meine Mutter hat immer gesagt, es sei die Regel, daß die Buben ganz nach der Mutter geraten.« – »Ich höre eine schreckliche Mitteilung«, schreibt Stork, »die zu der Art und Weise paßt, wie sie mir ihr Kind auf ihren Knien präsentiert. Sie hält es auf dem äußersten Ende ihrer Knie, es kann sich nicht mit dem Rücken an seine Mutter lehnen und wird von ihr in dieser unsicheren Position nur notdürftig mit der linken Hand gehalten. Sie sagt dann: ›Sehen Sie, dieses Kind auf meinen Knien ist nicht das, welches ich mir gewünscht habe und welches mir versprochen wurde.‹«

Stork fährt fort: »Ich unterbreche die Mutter, um mich dem Baby zuzuwenden. Ich nehme bei dem Kind einen zögernden Blick voller Ängstlichkeit wahr, der kurz den Vater streift. Ich sage, daß er mich mit seinen heruntergezogenen Mundwinkeln wie ein erschreckender und auch wie ein Erschrecken erregender chinesischer Dämon ansieht. Ich mache zum anderen die wackelige Position auf den Knien der Mutter zum Thema, von denen er leicht herunterfallen könnte. Auch erzähle ich ihm von seinen ängstlich dreinschauenden Augen und dunklen Haaren, die sich seine Mutter anders gewünscht habe, und daß es für die Mutter arg sei, daß er nicht so aussehe, wie sich die Mutter ihn vorgestellt habe. Die Mutter spricht darauf von Vorstellungen und Befürchtungen: ›Wie er geschlafen hat, habe ich ihn schon in einem Sarg gesehen und ihm gesagt, er habe schön in seinem Sarg ausgesehen.‹«

Nach dieser ersten Sitzung, in der die Wahrheit über die erlebten Gefühle ausgesprochen worden war, ändert sich Caesares Symptomatik. Seine Schlafstörungen bessern sich, und die Anfälle von Apnoe und Bradykardie bleiben – mit einer Ausnahme nach der dreizehnten Sitzung von insgesamt zweiunddreißig – aus. Nach der dreizehnten Sitzung gab es wieder zwei Alarmsignale, aber die Atmung fiel nicht mehr aus. Caesare brauchte nicht mehr reanimiert zu werden. Professor Stork war über Ostern abwesend, und die Mutter reagierte mit Angst und Wut auf die zwei ausgefallenen Sitzungen. Sie fühlte sich alleingelassen. Stork versuchte ihr daraufhin klarzumachen, wie tiefgreifend Caesare sich mit ihren Ängsten identifizierte. Zu seinem Erstaunen antwortete die Mutter, daß sie die Notwendigkeit verspüre, sich mit ihrem Sohn eins zu fühlen, und daß sie große Anstrengungen unternehme, eine solche Einheit herzustellen. Über diese Aussage erschrickt die Mutter selbst, weil sie eine plötzliche Erkenntnis beinhaltet, sie zeigt sich aber zugleich erleichtert, da sie die Zusammenhänge besser versteht.

Nach der dreißigsten Sitzung wird der Monitor abgeschaltet. Caesare ist vierzehneinhalb Monate alt. Seine Atemkapazität hatte sich schon in den ersten Wochen um fünfzig Prozent verbessert, und er war nicht mehr dem Tode geweiht.

Aus Caesares Geschichte ist ersichtlich, daß die fehlende Anerkennung der Emotionen und Wahrnehmungen eines Kindes, die einer Verletzung seiner Grenzen entspricht, einer Verleugnung seines Seins gleichkommt. Sie stellt nicht nur das Selbst des Kindes in den Hintergrund, sondern erstickt auch die bei ihm aufkommenden aggressiven Reaktionen auf diese Grenzverletzungen. Die Aggression hat sich in diesem Fall nach innen gewendet. Die erste therapeutische Sitzung führte dann nachweislich zu einer Entspannung innerhalb der Familie, weshalb Caesare auch zum ersten Mal seine Wut nach außen lenken konnte. Zu Beginn der zweiten Sitzung habe die Mutter, so Stork, erzählt: »(...) gestern habe Caesare ganz widerlich zu schreien angefangen, nicht wie sonst mit Tränen, sondern mit starker Wut. So etwas war bei ihm noch nie vorgekommen (...). Auch in der Nacht sei das klägliche Weinen im Schlaf nicht mehr aufgetreten, sondern er sei verschiedene Male kurz aufgeschreckt, habe geschrien und sich wieder beruhigen lassen.« Der unmittelbare Ausdruck seiner aggressiven Gefühle führte dazu, daß seine Mutter anfing, seine Existenz anzuerkennen. In ihren Augen, sagte sie, sei er »größer« und »wichtiger« geworden.

Überlebensstrategien gegen die Nicht-Anerkennung

Die Idealisierung des Aggressors und die Identifikation mit ihm ist *eine* Strategie, der Hilflosigkeit, Hoffnungslosigkeit und dem Terror des Nicht-Anerkannt-Werdens zu entfliehen. Das Sterben-Wollen und im Extremfall der Tod ist eine andere. Der amerikanische Neurologe Walter B. Cannon (1942) hat in seinen bahnbrechenden Forschungen den »Voodo-Tod« auf Hilflosigkeit zurückgeführt. Curt Richter (1965), der ebenfalls unerklärliche Todesfälle bei Menschen und Tieren untersucht hat, fand heraus, daß norwegische Ratten, die sich aus schwierigen Situationen weder durch Kampf noch durch Flucht retten konnten, »buchstäblich ihr Leben aufgaben«.

William James (1950) schrieb in seinem psychologischen Klassiker aus dem Jahr 1905, daß die Nicht-Anerkennung eines Menschen einer Nicht-Existenz gleichkomme. Ein solches Erlebnis kann mit einem extremen Trauma verglichen werden, einer unmenschlichen Bestrafung, derzufolge ein Mensch aufhört, sich selbst wahrzunehmen, und in eine ohnmächtige Verzweiflung gerät. Genau das ist es aber, was Kinder erleben, wenn Bezugspersonen, die eine zentrale Rolle in ihrem Leben spielen, nicht auf ihr Sein eingehen. Die daraus resultierende Hoffnungslosigkeit kann tödliche Folgen haben.

Dolto (1988) schreibt, daß »das Begehren, durch Blick und Gehör mit den anderen zu kommunizieren, noch essentieller ist als der Nahrungstrieb; und daß der Schlaf, der nach einer Zeit ängstlicher Schlaflosigkeit wiederkehrt, die Übersetzung einer Fluchtbewegung nach innen ist, die dann eintritt, wenn von den psychischen oder substantiellen Beziehungen zur Außenwelt nichts mehr erwartet wird. Wenn nämlich mit dieser allzu lange kein belebender Austausch zustandekommt, gibt das Kind seine Suche nach der äußeren Welt auf, versinkt in einen physiologischen Schlaf, der in den Tod übergehen kann.« Ähnliches habe ich in »Der frühe Abschied« (1993a) beschrieben. Das Säuglingssterben in Ruanda macht aus den Beschreibungen solcher Vorgänge tagtäglich traurige Wirklichkeit. Säuglinge, die plötzlich ihre Eltern verlieren, deren emotional stimulierende Rolle dann niemand anderer übernimmt, stellen ihre Erwartungen an Reziprozität ein und sterben. Margaret Ribble stellte bereits in den vierziger Jahren die Notwendigkeit dieses belebenden Austauschs fest.

Denselben Prozeß – allerdings mit weniger traumatischen Folgen – schildert der Bericht von M. Lewis (1992). Darin beschreibt er ein dreieinhalbjähriges Mädchen, Rebecca, dessen Flucht vor dem Aggressor ein Rückzug in Schuldgefühle ist. Sich schuldig zu fühlen ist die Strategie dieses Mädchens, mit seiner Hilflosigkeit fertigzuwerden. Seine Schuldgefühle ermöglichen ein Überleben, weil sie die tödliche emotionale Isolation des Kindes durchbrechen und einen Austausch mit der Umwelt herbeiführen. Rebeccas Mutter wird in diesem Bericht als eine uneinfühlsame Frau vorgestellt, die nicht zusammen mit ihrer Tochter, sondern gegen sie arbeitet.

In Lewis' Forschungsprojekt soll Rebecca mit einer Puppe spielen, die jedoch so präpariert ist, daß sie während des Spiels allmählich auseinanderfällt. Zu Beginn gibt die Mutter Rebecca die Puppe. Nach etwa drei Minuten fällt ein Bein der Puppe ab. Weil Rebecca mit hochgezogenen Schultern zusammengesunken auf ihrem Stuhl sitzt, fragt die Mutter: »Was ist denn los?« Rebecca sieht ihre Mutter nicht an. Nach einer Weile setzt sie die Puppe zusammen mit dem abgefallenen

Bein zurück ins Regal und sitzt dann bewegungslos vor den anderen Spielsachen, ziellos in die Ferne schauend. Der Experimentator folgert daraus: »Sie denkt, sie habe die Puppe kaputt gemacht, ohne daß jemand was gesagt hat, und zieht sich deprimiert zurück. Als die Mutter fragt, was los ist, antwortet Rebecca nicht. Das Kind ist schon im voraus bereit, sich schuldig zu fühlen.« Mit ihren Schuldgefühlen füllt sie also die Leere, die dadurch entstand, daß ihre Mutter nicht auf sie reagiert, nicht auf sie eingehen kann, sondern nur forschende Fragen stellt. Durch Schuldigsein hält sich dieses Mädchen am Leben.

Eine andere, wohl verbreitetere Reaktion auf die Hilflosigkeit zeigt der Psychoanalytiker W. V. Silberberg (1947) anhand seiner Interpretation von Rilkes Prosagedicht »Die Weise von Liebe und Tod des Cornets Christoph Rilke«. Das Empfinden von unausweichlicher Hilflosigkeit führt hier dazu, die Welt, die sie hervorruft, zu verneinen und sie sich zugleich durch Idealisierung einzuverleiben. Idealisierung dient zur Existenzsicherung, wenn auch nur in der Phantasie oder als Halluzination.

Anstatt sich abzugrenzen und sich der Todesangst auszusetzen, vereint sich der Held in Rilkes Gedicht mit dem Feind. So erlebt er, von Feinden umzingelt, das Niederprasseln ihrer blitzenden Säbel als einen lachenden Brunnen, dessen Wasser auf ihn niederrieselt. Silverberg interpretiert dies so, daß Rilke in ein Bild faßt, wie ein Mensch seine Existenz durch eine allumfassende und verwandelnde Psyche bestätigt. Rilke hält in diesem Bild jenen Moment fest, in dem ein Mensch seine Peiniger und Bedroher in ihr Gegenteil verwandelt. Wirklichkeit läßt er in ihr Gegenteil umkippen, um dem Opfer seelisches Überleben zu erlauben, indem er seinem Bedroher beitritt. Damit hat der Dichter jenem Prozeß poetischen Ausdruck verliehen, bei dem das eigene Opfersein und dadurch auch das eigene Selbst verschwindet.

In dem Maß, in dem wir alle die Nicht-Anerkennung unseres Seins erlebt haben, haben wir auch das Verschwinden des eigenen Selbst erlebt. Die Zahl derer, die zu Opfern geworden sind, zeigt sich an der Zahl derer, die sich durch das Opfersein anderer belästigt fühlen – weil Opfersein an sich uns beschämt. Unsere Scham beginnt dort, wo diejenigen, die uns zu Opfern machten, unser Opfersein leugneten. Diese Verleugnung ist ein Teil jenes Prozesses, in dessen Verlauf wir auf die Seite des Aggressors überwechseln. Und diese Scham – oder auch Schuld wie im Fall Rebeccas – wird zusammen mit dem Opfersein von einer Generation zur nächsten unbewußt weitergegeben. Damit wird Macht als Grundprinzip unseres Seins dauerhaft etabliert.

Moralität und Menschsein

Die Unerträglichkeit von Schuld

Gewissen und Schuld werden als moralische Grundlagen unseres gesellschaftlichen Zusammenlebens angesehen. Ohne sie, so glauben wir, funktioniert Gemeinschaft nicht. Auch Sigmund Freud war der Ansicht, daß zivilisiertes Leben seine Wurzel in Gewissen und Schuld habe. Das Tabu des Vatermordes spielte für ihn in diesem Zusammenhang eine primäre Rolle (Freud 1955). Der Trieb zum Vatermord, so Freuds Annahme, entspringe den ödipalen Grundlagen der Beziehung des Sohnes zu seiner Mutter. So gesehen basiert jede Gesellschaft auf Gesetzen und Vorschriften, die diesen vermeintlichen Trieb zum Vatermord unter Kontrolle halten. Das Lustprinzip, das in Widerspruch zu diesen Gesetzen und Vorschriften stehe, müsse deshalb durch das väterliche Tabu ersetzt werden. Nur dies diene der Wirklichkeit. Und so glauben wir, daß elterliche Autorität unabdingbar ist für das Heranreifen zum Menschsein. Aus dieser Sicht besteht Moralität aus Regeln und Strafen, die das Kollektiv beschützen sollen. Und so schrieb Freud: »Der Mensch muß lernen, nicht einfach zu töten, weil er jemanden nicht gern hat. So fängt Moralität an.«

Bestrafung durch Schmerz ist dabei der Motor, Moralität aufrechtzuerhalten. Das, was den Menschen aber zusätzlich ausmacht, seine Fähigkeit zur Empathie, zum Erleben des Schmerzes anderer Lebewesen, wird dabei völlig außer acht gelassen. Im Gegenteil: Die eigenen Wahrnehmungsfähigkeiten eines heranwachsenden Menschen werden a priori als destruktiv erklärt, und deshalb wird auch jede Äußerung von Aggression als triebhaft und böse eingestuft. Deswegen glaubt man, Sozialisation müsse auf Repression beruhen. So ist der Mensch aber für immer dazu verurteilt, gegen die Ketten zu kämpfen, die ihn zivilisieren sollen – im Grunde ein hoffnungsloser Vorgang, pessimistisch und der Aufrechterhaltung von Autorität und ihren Interessen gewidmet.

Diese Art zu denken ist ein Denken, das vom Empathischen abgespalten ist. Um diese Behauptung zu belegen, soll hier ein Exkurs in die Anthropologie des Primitiven folgen – ein Exkurs deshalb, um den Blick auf uns und unsere Gesellschaft aus entsprechender Distanz zu werfen. Dieser Blick soll zeigen, daß Zivilisation auch ohne Schuld möglich ist. Zum sogenannten »Primitiven« sei noch angemerkt, daß wir primitive Völker als primitiv einstufen, weil wir uns dadurch profilieren wollen, aus der herablassenden Haltung der sogenannten »Hochkulturen« heraus.

»Unsere Idee der primitiven Gesellschaft«, schreibt Stanley Diamond (1976) in seiner kritischen Betrachtung unserer Zivilisation, »als einer Gesellschaft, die sich im Zustand dynamischen Gleichgewichts befindet und Ausdruck des Rhythmus' von Natur und Mensch ist, ist ein logisches Wunschbild zivilisierter Gesellschaften und steht im Widerspruch zum derzeitigen Zustand der Zivilisation. Es deckt sich aber auch mit der tatsächlichen historischen Verfassung primitiver Gesellschaften. Die Sehnsucht nach einer primitiven Daseinsform ist kein bloßes Hirngespinst oder eine sentimentale Anwandlung, sie stimmt überein mit grundlegenden menschlichen Bedürfnissen, deren Erfüllung die Bedingung dafür ist, daß wir überleben können.«

Der Schrei nach Erlösung vom bloßen Konsumzwang und Erwerbsstreben beinhaltet eine »treffende Annahme über primitive Gesellschaften, nämlich daß durch Raub erworbenes Eigentum und die Produktion zum Zwecke des Profits in diesen Gesellschaften nicht existiert (...) Die Suche nach dem Primitiven ist daher so alt wie die Zivilisation selbst, ist von der Vision der Zivilisation untrennbar. Kein Prophet und Philosoph von Rang hat die Imperative seiner Version einer höheren Zivilisation formuliert, ohne bestimmte Konstanten der menschlichen Natur und Elemente einer primitiven Lebensweise vorauszusetzen, ohne sich also, kurz gesagt, auf die Anthropologie einzulassen. Ein Utopia, das ohne diese zwei Säulen auskommen will – ohne das Bewußtsein der menschlichen Natur und das Bewußtsein der Vergangenheit *vor* der Zivilisation –, wird zum Alptraum. Denn dabei muß dann davon ausgegangen werden, daß die Menschheit unendlich anpassungsfähig und daher nicht in der Lage ist, die Geschichte zu verstehen oder sich selbst zu verbessern (...)

Die zeitgenössische Zivilisation entwickelt sich überall zur Kollektivierung, ob nun auf ›öffentlicher‹ oder ›privater‹ Grundlage; und diese ist nicht das Schreckensbild eines einzelnen Systems. Daher schmieden die Staaten von heute entweder die Geschichte oder lassen sie außer acht; sie erzeugen politische Mythen, die die offizielle Version über die menschliche Natur und eine unvermeidliche Vergangenheit verbreiten, die die Gegenwart voll und ganz rechtfertigt. Die Fähigkeit, primitive Mythen zu erzeugen, die die Ambivalenz des Menschen und den unaufhörlichen Kampf um eine gemeinsame Identität des Menschen aufdecken, verkümmert wie ein Muskel, der nicht benutzt wird.«

Weiter schreibt Diamond: »Die Idee des Primitiven ist so alt wie die Zivilisation, weil die Zivilisation sie in ihrer Suche nach der menschlichen Identität selber schafft.« Dies bedeutet, daß die Idee des Primitiven wesentliches Element jedes Aktes historischen Verstehens ist. »Entscheidend ist, daß die absolute Vorbedingung eines geschichtlichen Bewußtseins in einer unnachsichtigen Erforschung des Selbst liegt (...) Die begriffliche Erfassung einer anderen Kultur (...) ist das Ergebnis einer Interaktion des Selbst-Bewußtseins mit den Artefakten aus anderer Zeit und anderen Orten (...) Die Idee des Primitiven ist daher ein Konstrukt. Damit wird lediglich anerkannt, daß alles historische Denken ›konstruierend‹ ist, wodurch das historische Wissen aber nicht rein subjektiv wird. Vielmehr wird von der Annahme ausgegangen, daß die Menschen als Angehörige derselben Gattung in der Lage sind, die innere Natur der Handlungen anderer Menschen zu verstehen. Das historische Wissen ist daher eine Form der *Kommunikation*, die analog dem unmittelbaren Austausch zwischen lebenden Menschen ist.«

Der Vergleich mit dem Primitiven dient also der Analyse unseres Kulturapparates in dem Bemühen, das gesellschaftliche und individuelle Bewußtsein zu verstehen, das dieser sowohl erzeugt als auch widerspiegelt. »Andernfalls ist die Untersuchung des Menschen nicht die Untersuchung des Menschen, sondern die Untersuchung sozialer, ideologischer, ökonomischer oder technischer Formen, also eine Art Physik der Kultur. Der Zweck liegt jedoch nicht in der Methode, sondern in dem Bemühen, diejenigen zu verstehen, die sich kraft dessen unterscheiden, was sie geschaffen haben, indem wir darauf so reagieren, wie wir dies unserem Wissen nach in ihrer Lage tun würden.«

Dabei dürfen wir allerdings nicht aus den Augen verlieren, daß unser Bemühen zu verstehen um so schwieriger wird, je mehr sich unsere Zivilisation ausdehnt. Je mehr Lebensbereiche von der Zivilisation erfaßt sind, desto größer muß die Professionalisierung unserer Bemühungen sein. Dabei verschwindet jedoch das Dringliche unserer zentralen Probleme aus dem Blickfeld, wird sogar verleugnet, weil der Versuch einer Antwort auf die immer dringender werdenden Probleme Risiken mit sich bringt. So verwandeln sich Anthropologie, Soziologie und andere Wissenschaften in beschränkte Disziplinen mit mechanistischen Methoden und trivialen Zielen. Deshalb bemerkt Diamond, daß es sogar passieren kann, »daß das zentrale Problem – welchen Teil unseres Menschseins wir verloren haben, wie und warum wir ihn verloren haben, wie und in welcher Form wir ihn wiedergewinnen können – aufhört, für die Anthropologie (z. B.) überhaupt interessant zu sein. Vielleicht werden bedeutsame Aussagen über den Menschen nicht mehr von Anthropologen gemacht werden, genausowenig, wie die meisten Soziologen noch irgend etwas Aufregendes über die Gesellschaft oder die Politikwissenschaftler über die Politik, die Ökonomen über die Ökonomie usw. sagen können, eben deswegen, weil diese Arbeitsgebiete als Abbilder der umfassenden Arbeitsteilung in unserer Kultur und deren zunehmender analytischer (d. h. systematisierender) Einstellungen sich immer weiter auseinanderentwickelt haben. Der Mensch jedoch läßt sich nicht ad infinitum aufteilen; (...) untersucht werden muß der gesamte Organismus.«

Um diesem Anliegen auszuweichen, sehen wir die Primitiven als Menschen ohne wahre Identität, lediglich von einer sie bestimmenden Gemeinschaft geprägt, die ihre Individualität verkümmern läßt. Das Gegenteil ist jedoch der Fall, wie im folgenden gezeigt werden soll. Nämlich wir sind diejenigen, die in ihrem Sein eingeengt und unfrei sind, wir glauben jedoch, daß das, was uns formt, »Zivilisierte« aus uns macht.

Gene Weltfish (1965), Anthropologin und Schülerin von Franz Boas, beobachtete über dreißig Jahre lang die amerikanischen Pawnee-Indianer. Hier ihr zusammenfassender Bericht: »Weder persönliche Beziehungen noch die Personen innerhalb einer Gemeinschaft waren durch festgelegte Familienstrukturen eingeengt. Die individuelle Persönlichkeit wurde nicht beschnitten, um sie Sippenstrukturen anzupassen, sondern umgekehrt. Die Sippenstruktur wurde genutzt, um die invididuelle Persönlichkeit zur Entfaltung zu bringen. Die gesellschaftliche Struktur der Pawnee war weder in einem Gesetzbuch zu finden, noch hatte sie den Status einer Doktrin, noch existierte eine Kommandostruktur, um sie zu erzwingen. Die Sittenstrukturen waren weder eingefroren noch den Menschen einfach auferlegt. Sie wurden von ihnen implizit getragen, um ihnen zu dienen, wenn sie diese für richtig hielten. Da existierte keine eingebaute Schuld, die als Stellvertreter für einen Mächtigen wirken konnte und ihr Leben einengte. Sie wirkten in jeder persönlichen Beziehung kreativ.

Ihre Welt war roh und ihr Leben hart, aber es war auch freier als unseres. Keine religiöse oder übernatürliche Billigung erzwang die sozialen Formen. Die einzige mögliche Strafe für das Überschreiten der Sippenformen war die entgegenwirkende öffentliche Meinung. Diese war ein wichtiges Abschreckungsmittel, aber es hatte eine ganz andere Qualität als religiöse, militärische oder politische Sanktionen. Dies geschah innerhalb des Netzes der lebenden Gemeinschaft, nicht in einem spezialisierten Sektor, und es war deswegen für jede Person möglich, im Fortgang des täglichen Lebens damit umzugehen. Das Leben der Pawnee war keine Utopie. Die Zeit und der Ort, wo es existierte, erlaubten keine solche Hoffnung (die Pawnee wurden von dem weißen Mann zurückgedrängt und ermordet). Aber in seinem Freisein von Herrschaft hatte es etwas, das wir gebrauchen könnten, aber von dem wir nicht wissen, wie wir es annehmen sollen« (Übersetzung von A. G.).

Bei uns ist das anders. Wir sind voller Schuldgefühle, die für uns schwierig und inakzeptabel sind. In unserem Erleben ist Schuld verbunden mit Schlecht-Sein, Weniger-Sein, mit anderen Worten: mit einem defizitären Selbstwert. Aus diesem Grund wird Schuld verleugnet. Um dem quälenden Schuldgefühl zu entkommen, werden Menschen bei uns angriffig und sogar gewalttätig. Ein Beispiel: Auf einer Skipiste wartet eine Schlange von Menschen auf die Bergbahn. Einige versuchen, sich vorzudrängen. Ein Wartender sagt laut und deutlich: »He, wir warten schon eine halbe Stunde. Schließt euch gefälligst am Ende der Schlange an!« Einer der Angesprochenen erwidert darauf: »Du dummes Vieh, du Idiot, halt 's Maul!« Aus seiner aggressiven Reaktion zu schließen, mußte dieser Mann Schuldgefühle haben, konnte sich ihnen aber nicht stellen. Die ausgelösten Schuldgefühle wurden sofort zurückgewiesen und nach außen projiziert.

Das Widersprüchliche daran ist aber, daß zugleich mit dem Zurückweisen von Schuld, dem Sich-nicht-schuldig-Fühlen, eine latente Bereitschaft existiert, sich doch schuldig zu fühlen. Wie läßt sich sonst die Aggressivität erklären, mit der dieser Mann auf Schuldzuweisung reagiert? Wenn aber Schuldig-Sein bedeuten sollte, daß man die Auswirkungen erkennt, die das eigene Tun auf einen anderen hat, warum wird das dann als so schwierig empfunden? Daß dem tatsächlich so ist, heißt aber, daß diese Art von Schuldgefühlen es unmöglich machen, Verantwortung für das eigene Tun zu übernehmen. Wenn Schuldig-Sein mit Wertlos-Sein gleichgesetzt ist, dann wird verantwortungsvolles Handeln zum Problem.

Sich schuldig zu fühlen kann viele Ursachen haben. Zum Beispiel: Ein Säugling schläft nicht ein. Seine Eltern werden wütend, weil sie sein nicht-konformes Verhalten als Kritik an ihrem Selbstbild, gute Eltern zu sein, auffassen. Von seiner Weigerung einzuschlafen fühlen sie sich bestraft und gepeinigt. Aus so einer Situation entsteht dann die Schuld, die die Beziehung zwischen Eltern und Kindern so belastet. Weil Autoritätspersonen wie der Arzt, die eigene Mutter, Verwandte, Lehrer, Wissenschaftler uns gesagt haben, daß ein Kind schlafen muß, glauben wir uns berechtigt, nicht auf unser Kind einzugehen, wenn es nicht schlafen will und schreit.

McKenna und seine Kollegen an der Universität von Kalifornien (1990a, b, c) haben dagegen herausgefunden – was alle sogenannten »Primitiven« schon lange wissen –, daß Säuglinge und Kleinkinder weder tief noch lange schlafen. Kinder haben in ihrem ersten Lebensjahr ein ständiges Bedürfnis nach körperlichem Kontakt. Doch wir bestehen darauf, daß unser Kind so früh wie möglich allein schläft, und das möglichst tief und lange. Wenn dem dann so ist, fühlen wir uns als gute Eltern bestätigt und sind stolz. Und in der Tat schlafen daraufhin die Kinder tiefer und länger, was jedoch dem sich langsam entwickelnden und verletzlichen zentralen Nervensystem keine Gelegenheit bietet, die Atmung und das Erwachen aus dem Schlaf adäquat auszubilden. Dadurch erhöht sich u. a. die Gefahr des Plötzlichen Kindstods.

Das Schlafverhalten des Kindes kann zu einem Kampf zwischen Eltern und Kind führen und eine Ursache von Schuld- und Minderwertigkeitsgefühlen sein.

Psychotherapeutische Erkenntnisse beleuchten den Zusammenhang zwischen elterlicher Bestrafung und den Schuldgefühlen des Kindes, obwohl es keine logische Verbindung zwischen beiden Aspekten gibt. Am klarsten ist dieser Zusammenhang ersichtlich bei Fällen von äußerster Hilflosigkeit wie beim sexuellen Mißbrauch. Eine Patientin, die von ihrem Vater als Dreijährige mißbraucht wurde, gab sich die Schuld daran. Sie hatte das Gefühl, böse und dreckig zu sein, nicht der Vater.

»Manchmal, wenn ich frühmorgens aufwachte, hörte ich Vaters vertrautes Pfeifen aus dem Garten und freute mich riesig. Ich hüpfte aus dem Bett und rannte los, um den Tag mit ihm zu verbringen. Seine Hände waren warm, und das tröstete mich und gab mir die Hoffnung, daß das andere, das ich sonst noch wahrnahm, irgendwann aufhören würde. Dieses andere, zum Beispiel, daß seine schönen warmen Hände immer ein wenig zu fest zupackten und sich manchmal an meinen Geschlechtsteilen vergriffen, daß seine Vergnügtheit auch sehr schnell in Wut übergehen konnte oder in Schadenfreude, gab mir immer das Gefühl, etwas falsch gemacht zu haben. Und so hoffte ich, es würde eines Tages aufhören und das Gute würde in ihm hervorkommen. Ich glaubte wirklich wie besessen daran. Ich hatte ja gelernt, daß alles, was nicht so gut war, ausschließlich dazu da war, um zu lernen, es zu ertragen. Aber mit dieser Vorstellung und diesen Gefühlen lag ich falsch – nicht Vater oder Mutter.«

Schuld hat hier zwei Funktionen: Sie erhält die Bindung zu den Eltern aufrecht – eine notwendige Bindung für ein hilfloses Kind –, und sie gibt Hoffnung, daß eine Besserung aus eigener Kraft herbeigeführt werden kann. Schuld ist in diesem Fall eine eigenartige Erlösung aus der unerträglichen Lage des Ausgeliefertseins, der totalen Abhängigkeit. Schuld, die einerseits das Gefühl von Wertlosigkeit mit sich bringt, wird andererseits zur Rettung. Schuld kann, auch wenn sie sich mittels Projektionen durch Aggressivität entlädt, die Kraft sein, die unser Sein zusammenhält.

Wenn ein Kind wie im oben geschilderten Fall von einem Erwachsenen überrumpelt wird, der Erwachsene aber so tut, als seien seine Handlung und deren Wahrnehmung durch das Kind nicht existent, dann fällt das Kind einer ungeheuren Hilflosigkeit anheim. Die Nicht-Anerkennung durch den Erwachsenen verursacht, wie William James das schon sah und ausdrückte, ein Gefühl der Nicht-Existenz beim Kind. Die daraus entstehende Leere muß das Kind füllen. Die mißbrauchte Patientin spürte bei ihrem Vater dessen verleugnete und ins Unbewußte abgeschobene Schuld und übernahm sie. So wurde die uneingestandene Schuld des Täters zu der des Opfers. Ein Kleinkind nimmt alles ganz direkt wahr. Wenn Mutter oder Vater seine Wahrnehmung verneinen, dann muß es den Grund für diese Wahrnehmung in sich selbst suchen.

Die uneingestandene Schuld des Aggressors zur eigenen zu machen, charakterisiert weitgehend den Sozialisierungsprozeß in unserer Gesellschaft. Diese Schuldübernahme führt zu der unbewußten Bereitschaft, sich schuldig zu fühlen, auch wenn diese Schuld nichts mit jener Schuld zu tun hat, die wir meinen, wenn wir das Wort »Schuld« als Bezeichnung für moralisches Verhalten verwenden. Die Kluft zwischen dem kognitiven Gebrauch des Wortes »Schuld« und seinen implizierten Aspekten zieht uns noch tiefer in unser Schuldgefühl hinein, weil wir die wahren Hintergründe nicht durchschauen. Da die Bereitschaft, sich schuldig zu fühlen, nicht kompensiert wird durch die Fähigkeit, Schuldgefühle auszuhalten, entstehen Wut, Aggressivität und Gewalttätigkeit. Schuld setzt unseren Selbstwert herab, sie wird als Mittel benutzt, uns gefügig zu machen. Und wir lassen uns gefügig machen durch eine Schuld, die nicht einmal unsere eigene Schuld ist.

Schuld und Scham

Wahre Schuld ist etwas ganz anderes. In Jakob Wassermanns Roman »Der Fall Maurizius« (1928) gibt eine Figur, Ghisel, eine Definition von wahrer Schuld: »Ich meine nämlich, Gut und Böse entscheiden sich nicht im Verkehr der Menschen untereinander, sondern ausschließlich im Umgang des Menschen mit sich selbst.« Wirkliche Schuld ist nicht die Übernahme der Schuld anderer, sondern das Empfinden von eigener Schuld, und sie äußert sich in einem Schamgefühl uns selbst gegenüber. Nur sie zeitigt Verantwortung für uns selbst und unsere Mitmenschen. Voraussetzungen für unser Eingeständnis von eigener Schuld sind ein Gefühl von Zulänglichkeit und die Fähigkeit, sich selbst als wertvoll zu erleben. Aber diese Fähigkeit ist bei uns so angeschlagen, daß das, was als Selbstwert gilt, allzu oft nur eine grandiose Übertrumpfung eines eigentlichen Minderwertigkeitsgefühls ist.

Die Hilflosigkeit, der wir so früh ausgesetzt sind, macht uns aufnahmebereit für die wirkliche Schuld der Aggressoren. Gleichzeitig verursacht diese Hilflosigkeit, indem sie eine Verleugnung unserer eigenen Bedürfnisse und Wahrnehmungen bewirkt, ein Gefühl von Minderwertigkeit. Schuldgefühle, die von der Übernahme der Schuld des Aggressors herrühren, erhöhen zwar die Bereitschaft, sich schuldig zu fühlen, führen aber gleichzeitig dazu, daß Schuld immer abgewälzt wird. Solche Schuldgefühle erzeugen Minderwertigkeitsgefühle, sind unerträglich und bewirken nur, daß man sich ihrer schleunigst entledigen will. Daraus entsteht das ständige Abwälzen-Wollen von Schuld auf andere.

Als Adolf Eichmann 1962 in Israel wegen der von ihm organisierten Judenvernichtung im Dritten Reich vor Gericht stand, leugnete er nicht, daß diese Massenvernichtung böse und grausam gewesen sei. Seine Beteiligung sah er jedoch nur als Pflichterfüllung eines gehorsamen Beamten. Verantwortung für sein Handeln übernahm er nicht. »Er habe seine Pflicht getan (...), er habe nur Befehlen gehorcht«, schreibt Hannah Arendt (1963), »er beteuerte, sein Leben lang den Moralvorstellungen Kants gefolgt zu sein und vor allem im Sinne des Kantischen Pflichtbegriffs gehandelt zu haben (...) Und zu jedermanns Überraschung konnte Eichmann eine ziemlich genaue Definition des Kategorischen Imperativs vortragen (...) Weiter erklärte er, daß er in dem Augenblick, als er mit den Maßnahmen zur ›Endlösung‹ beauftragt wurde, aufgehört habe, nach Kantischen Prinzipien zu leben, er habe das gewußt und habe sich mit dem Gedanken getröstet, nicht länger ›Herr über mich selbst‹ gewesen zu sein.«

Von Kants Gedanken war hier wenig übriggeblieben. Vielmehr identifizierte Eichmann den eigenen Willen mit dem Geist des Gesetzes und sich selbst mit dem Inhaber der Macht, Hitler. Ein Eigenes, das sich in der Verantwortung sich selbst gegenüber äußert, war in dieser Persönlichkeit nicht vorhanden. Dieses Fehlen von Eigenem und der Mangel an Verantwortung wurden von der Maske des Pflichtbewußtseins überdeckt. Was, so fragt man sich, war mit Eichmanns Gewissen? Was hat Pflicht mit Gewissen zu tun? Ein Gewissen, geformt nach eigenen Überzeugungen, geprägt von einer Verantwortung sich selbst gegenüber als einem zur Empathie fähigen Menschen, existierte bei Eichmann nicht.

Die Psychoanalyse kann in diesem Fall keine schlüssigen Erklärungen geben, weil sie nicht genug differenziert. Sie betrachtet Gewissensbildung aus einem rein theoretischen Blickwinkel, wobei sie den Prozeß selbst außer acht läßt. Gewissen im Sinne der Psychoanalyse ist das Resultat von Erziehung, in der Tabus und Verbote eine Rolle spielen. Übergangen wird dabei jedoch die Rolle der Empathie, dieses grundlegende Einvernehmen zwischen Mutter und Kind, so wie es Erikson beschrieben hat. Problematischer bei der psychoanalytischen Sicht von Gewissen ist jedoch, daß sie den Prozeß selbst, also das, was uns und unser Gewissen formt, unberücksichtigt läßt: die

Identifizierung mit dem Aggressor. Unter diesen Gegebenheiten nämlich bildet sich kein echtes, eigenes Gewissen, sondern kommt nur eine Anpassung an eine Autorität, ein Sich-durch-ihre-Augen-Sehen zustande.

Dolto (1988) beschrieb diesen Vorgang sehr konkret: »Wenn das Kind mit Hilfe von Bestimmungswörtern wie ›gut‹ und ›böse‹, ›artig‹ oder ›unartig‹ moralische Urteile über seine Handlungen auszudrücken beginnt, sind diese Urteile stets mit einer offenen oder verschlossenen Mimik, einem Gesichtsausdruck der Zustimmung oder Ablehnung beziehungsweise Empörung verbunden. Das legt den Schluß nahe, daß das Kind zum einen über den Begriff einer Wahlfreiheit verfügt, es glaubt zu wissen, daß es möglich gewesen wäre, etwas nicht zu tun, und daß es sich andererseits um eine Bestätigung des von ihm gefällten Urteils durch einen anderen bemüht. Dieser andere kann ein Älterer oder Erwachsener sein, vorzugsweise ein Elternteil, den es liebt, weil sein Wohlergehen von ihm abhängt (...) Wirkt der Erwachsene ›zufrieden‹ oder ›unzufrieden‹? Darauf kommt es an. Wenn der Erwachsene zufrieden ist, ist das gut, und das Kind fühlt sich artig, wenn nicht, ist das böse, und es fühlt sich unartig.«

Dolto illustriert diese Ausführungen mit einem Experiment, das mit knapp Einjährigen durchgeführt wurde. Dabei ging es darum herauszufinden, wann diese Kinder Nahrung, die ihnen noch unbekannt war, annahmen oder ablehnten.

»Beobachtungen zufolge weigerten sich Kinder, von der neuen Speise auch nur zu kosten, wenn die Person, die sie ihnen vorsetzte, dieses Gericht nicht mochte, selbst wenn diese zuvor ihren Widerwillen durch nichts verriet. Es handelt sich also um eine unbewußt suggerierte Phobie. Die Erfahrung hat dann gezeigt, daß diese Phobie keine Spur hinterläßt, wenn das Kind die Speise von einer Person vorgesetzt bekam, der dieses Gericht schmeckte.«

Aus diesem Experiment ist ersichtlich, wie früh Identifizierungsprozesse ablaufen. Und hier zeigt sich ebenfalls, was passiert, wenn Eltern ihr Kind zur Bestätigung ihres Seins benötigen. Eltern lassen es nicht zu, daß ihr Kind sich aus sich selbst heraus entwickelt. So kommt Gewissen ohne Bezug auf die Möglichkeit verantwortlichen Handelns zustande. Die grundlegende Spaltung zwischen Sein und Schein hat hier ihren Ursprung. Hier beginnt ein Menschsein, das nur Attrappe ist und nicht wirkliches Wesen. Bei einem Menschen, dessen Entwicklung sich auf der Basis dieser Spaltung vollzieht und sie dabei vorantreibt, zählt das Image, nicht das innere Erleben, zählt die Pose, nicht das Sein.

Die Scham, die ihren Ursprung im Mitgefühl und im Einfühlungsvermögen hat, bekundet, was wir als Menschen sein können und wie wir mit uns und vor uns selbst dastehen. Indem Primo Levi (1992) davon sprach, daß er selbst sich dafür schäme, daß es Menschen waren, die Auschwitz erdacht und errichtet hatten, drückte er mitfühlende Verbundenheit mit der Menschheit aus. Eine Scham, die nichts anderes ist als Artigkeit und Geradestehen vor einer Autorität, zeigt noch einmal das Beispiel Eichmann: »Als Eichmann der Aufzählung der ungeheuerlichen Verbrechen zuhörte, die man ihm zur Last legte, zuckte er mit keiner Wimper (...) Als aber der Präsident des Gerichtshofes ihn daran erinnerte, daß er aufzustehen habe, wenn er mit ihm rede, überschlug er sich förmlich in Entschuldigungen, geriet ins Stottern und wurde schamrot« (Gruneberger 1994). Sein äußeres Verhalten der Autorität gegenüber trieb Eichmann dazu, sich zu schämen – dies war sein einziger wirklicher moralischer Beweggrund. Einem Moralverhalten solcher Art geht es nicht um das *Wesen*, sondern um die *Pose* des Gutseins. Jedoch ist die Pose für Menschen wie Eichmann zur Wirklichkeit ihres Menschseins geworden. Und dieses Menschsein hat nichts mehr mit ihrem eigenen, inneren Selbst zu tun.

Dieses Menschsein jedoch ist das in unserer zivilisierten Gesellschaft vorherrschende – im Gegensatz zu den sogenannten »primitiven« Völkern. Es entsteht durch Verletzung der Grenzen unserer Kinder. In ihrer Hilflosigkeit und Verzweiflung wenden Kinder sich dem Posieren zu. Gegenüber der Gewalt, die dabei beteiligt ist, und dem Schmerz, der daraus resultiert, sind wir verschlossen, weil unser Gewissen nicht auf wahrem Mitgefühl beruht, sondern auf dessen Attrappe: scheinbarer Menschlichkeit. Sobald wir dies durchschauen, vermögen wir uns auch gegen jene zur Wehr zu setzen, deren Mitgefühl Attrappe ist. Und wir sind dadurch auch in der Lage, einen Heilungsprozeß in Gang zu bringen: bei denen, die Menschlichkeit vorspiegeln, sowie bei denen, die mit einer Flucht in (psychische) Krankheit versuchen, gegen verzerrtes Menschsein anzukämpfen.

Eine schizophrene Patientin brachte das einmal exakt auf den Punkt: »Im Warenhaus kann man Puppen und Menschen nicht unterscheiden. Wenn ich aber die Puppen anspreche, werde ich für verrückt erklärt.« Sie hat nicht nur erkannt, wie ähnlich wir den Attrappen geworden sind, sondern auch, wie Menschen sich dagegen sträuben, die eigentliche Krankheit, nämlich das Gleichsetzen der Pose mit dem Wesen des Menschen, zu durchschauen.

Noch einmal zu Pflicht und Verantwortung: Ein Menschsein, das die Pose zum Sein erhebt, verwechselt Pflicht mit Verantwortung. Pflichterfüllung hat dann mehr mit dem Bild von Gehorsam zu tun, das wir den Eltern oder anderen Autoritätspersonen vermitteln wollen. Darin werden wir mit Bestätigung belohnt, und damit wird das Ausfüllen von Rollen zum Ziel des Lebens. Bei einem Menschsein, das die Pose zum Sein erhebt, bedeutet Schuld, wertlos zu sein, weil man sich nicht »richtig« verhalten hat. Um nicht schuldig gesprochen zu werden, bedarf es ständigen »korrekten« Verhaltens. Dieses tritt, weil es ebenfalls mit Bestätigung belohnt wird, an die Stelle verantwortungsvollen Verhaltens. »Korrektes« Verhalten gibt Verantwortung vor, obwohl es von wirklicher Verantwortung weit entfernt ist.

Ganz anders dagegen das Schuldgefühl, das in Abraham Lincolns Worten anklang, als er auf sein Wirken als Präsident angesprochen wurde. Es entsprang wahrer Verantwortung: »Ich hoffe, daß meine Führung aller Angelegenheiten so ist, daß mir am Ende, wenn ich meine Macht niederlege und ich keinen Freund mehr auf Erden habe, ein Freund übrigbleibt und dieser Freund ganz tief in meinem Inneren sitzt« (Sandburg 1968).

Das Gewissen und das Über-Ich

Das Gewissen oder das Über-Ich – in der Terminologie der Psychoanalyse – können unterschiedliche Ausprägungsformen haben. Je nachdem, wie die Entwicklung verlaufen ist, stehen an deren Ende entweder wahre Verantwortung oder deren Attrappe, scheinbares Pflichtbewußtsein. Verbote führen nicht zu wahrer Moralität, sondern zu einem scheinbaren Gewissen: Sobald die Entwicklung völlig von der Identifikation mit dem Aggressor bestimmt ist, wird Mitgefühl unterdrückt und demzufolge wahre Verantwortung verunmöglicht. Eine Entwicklung dagegen, die das Empathische zuläßt und einbezieht, zeitigt wahre Verantwortung und echtes Schuldgefühl. Dazu ein Beispiel: Die Anthropologin Donner (1983) beschreibt das Verhalten einer Iticcoteri-Indianerin, die in ihrer Wut einer Rivalin einen schmerzhaften Stoß zugefügt hatte. Als sie aber entdeckte, wie schwer sie sie verletzt hatte, tat sie sofort alles, um ihren Schmerz zu lindern. In diesem Moment verwandelte sich das Bild ihres Gegenübers von Feind zu Mitmensch. Ihr Schuldgefühl war von wahrer Verantwortung, nicht von einem Gefühl der Wertlosigkeit getragen – ihrem Schuldgefühl wohnte Mitgefühl inne.

Die andere Ausprägungsform von Schuld, die durch die Abwertung des Selbst zustandekam, ist mit einem Gefühl der Wertlosigkeit belegt. Verhaltensnormen nicht zu entsprechen führt zu einem Schuldgefühl, bei dem man sich als wertlos empfindet. Wenn ein anderer dann auch noch zu Selbstkritik aufruft, wird diese Aufforderung sofort als Bedrohung angesehen. Eine Bedrohung mit Recht, denn kritische Selbstbetrachtung würde das Leid und die Ängste, die zu der Identifikation mit dem Aggressor führten, wieder wachrufen. Auch würde man die Pose, die doch ein Gefühl von Selbstwert schafft, als Pose entlarven. Und das geht im allgemeinen über die Kraft eines Menschen.

Man trachtet nach Anerkennung für »richtiges« Verhalten und für die »richtigen« zur Schau gestellten Gefühle. Dabei ist völlig unwichtig, was man wirklich fühlt. Viel wichtiger ist, daß man sich nicht schuldig und wertlos fühlen muß. So lernt man, Aufrichtigkeit vorzutäuschen. Doch im Untergrund lauert das Gefühl von Wertlosigkeit, und das führt zu einem steten Selbsttäuschungsmanöver. Die wirklichen Gefühle werden immer unwesentlicher, während man die Pose für das einzig wahre Gefühl hält. Doch dieser Betrug und diese Lüge sich selbst und anderen gegenüber verstärken die latente Verachtung sich selbst gegenüber, die allerdings auf andere projiziert wird. All dies verdoppelt die Anstrengung, es »richtig« zu machen – auch wenn man spürt, daß es das Falsche ist. Der Soziologe C. Wright Mills (1956) charakterisierte den Menschen, der dabei entsteht, als »die tatkräftige Persönlichkeit (...) Man gibt sich charmant, lächelt oft, zeigt sich als guter Zuhörer, unterhält sich über die Interessen des anderen und bringt ihn dazu, sich wichtig zu fühlen. Und all dies wird mit großer Aufrichtigkeit getan.«

Bei persönlichen Beziehungen, schreibt er weiter, gehe es allein um Werbung. Man ziele auf Anerkennung ab, die »Beziehung« selbst sei im Grunde genommen nur ein Manöver. So blieben wahre Gefühle auf der Strecke, ein echtes Selbst werde geopfert. Und das alles nur um des Erfolgs willen. »Man muß dauernd andere – und auch sich selbst – davon überzeugen, daß man das Gegenteil dessen ist, was man wirklich ist.«

Wenn die Pose an die Stelle wahrer zwischenmenschlicher Beziehung tritt, geht echte Nähe verloren. Wenn desgleichen das Gewissen zur Pose wird, gibt es auch keinen Zugang mehr zu wahrer Schuld und Verantwortung. Man erfüllt dann Pflichten, ohne dabei ein Verantwortungsgefühl zu haben. Man kann dann, ohne innerlich zusammenzuzucken, andere Menschen wie heiße Kartoffeln fallenlassen. Man verliert die Verbundenheit mit dem Mitmenschen, doch das im Hintergrund lauernde Gefühl von Schuld und Wertlosigkeit geht nicht verloren. Die Furcht, nicht zu genügen, wird zu einem immer präsenten Alptraum.

Wahres Gewissen und wahre Schuld zeigen sich demgegenüber darin, daß ein Mensch leidet, weil er einem anderen Schmerz zugefügt hat. Sein Leiden führt zu verantwortlichem Handeln. Alles andere ist Selbstdarstellung. Ein drastisches Beispiel: Eltern geben sich die Schuld für den Verlust ihres Kindes, das ohne ersichtlichen Grund gestorben ist. Sie fühlen sich schuldig, weil sie glauben, als Eltern »versagt« zu haben, ungenügend gewesen zu sein. Sie werden nicht von Trauer um das Kind bewegt, sondern von Wut, der uneingestandenen Wut über die Angst, ungenügend gewesen zu sein.

Im folgenden einige Fallgeschichten, die Menschen zeigen, die trotz gegenteiliger Einwirkung an ihrer von Empathie getragenen Schuld festhielten.

Wie Kinder Schuld übernehmen: Fallgeschichten

Ein vierunddreißigjähriger Mann kam in die Therapie, weil er seine Gefühle nicht mehr zeigen konnte, sich dauernd schuldig fühlte und weil er glaubte, sein Kopf sei leer, obwohl er viel nachdachte. Er erzählte von seiner Kindheit: »Wenn ich meiner Mutter gegenüber aggressiv war, wurde ich unsicher. Sie hatte mir nämlich damit gedroht, daß ich in ein Erziehungsheim käme, wenn ich mich nicht anständig benähme. Das gab mir das dauernde Gefühl, etwas falsch gemacht zu haben. Denn was die Eltern sagten, mußte doch richtig sein. Als Kind hat man doch noch keine eigenen Maßstäbe für ›richtig‹ oder ›falsch‹. Und meine Mutter machte mich glauben, sie habe mir immer das Beste gegeben. Doch eine richtige Freundschaft, wie ich sie mit meiner Tochter zu haben versuche, hat uns beide nie verbunden.

Ich fühlte mich ständig ohnmächtig, weil ich nicht so sein konnte, wie ich sein wollte. Ich wollte so gerne vor mich hin träumen, aber sie verlangte dauernd irgend etwas von mir, und so konnte ich nicht für mich sein. So stellte sich ein Gefühl der Leere ein, und diese Leere spüre ich heute noch, wenn jemand etwas von mir verlangt.

Aber ich hatte vorbildliche Eltern. Im Sommer gingen sie mit mir wandern und schwimmen. Viele Kinder hätten keine solchen Eltern, sagten meine Eltern. Meine Mutter saß neben mir, wenn ich Hausaufgaben machte. Sie saß da und wartete, und ich konnte mich deshalb überhaupt nicht konzentrieren. Das hätte ich aber früher nie zu denken gewagt. Denn Mutter hatte immer recht. Sie war das Maß aller Dinge. Mit ihren Reaktionen entschied sie über »richtig« und »falsch«. Es macht mir angst, darüber zu sprechen – ich zittere sogar. Meine Mutter wartete immer auf eine Antwort, und ich mußte auch immer eine parat haben. Sie wurde böse, wenn ich nicht wie aus der Pistole geschossen antwortete. Nur wenn ich das tat, war es meistens falsch. Denn ich durfte ja nicht anderer Meinung sein. Und es wäre mir auch gar nicht eingefallen, anderer Meinung zu sein.

Meine Mutter sagte mir einmal, ich sei nicht geplant gewesen. Das bedeutete für mich, daß meine Geschwister mir gegenüber ein Vorrecht hatten und mehr wert waren. Gestern war Mutters Geburtstag, und ich kam als erster. Sie fragte mich, ob ich nicht gleich essen wolle, damit später mehr Platz für die anderen sei. Meine Geschwister wurden mit großem Hallo begrüßt, und ich hatte das Gefühl, daß ich für meine Mutter nur zufällig da und eigentlich überflüssig war. Ich sollte Ihnen das eigentlich gar nicht erzählen, sondern zu meiner Familie halten. Aber da werde ich nur geduldet. Ich muß immer etwas tun, damit ich anerkannt werde.

Meine Mutter glaubt zwar, sie sei die Beste, aber das ist sie gar nicht. Gestern traf ich unsere ehemalige Nachbarin. Sie erzählte mir, daß meine Schwester als Baby einmal fast erstickt wäre, weil meine Mutter einen Regenmantel über sie gelegt hatte. Sie erzählte mir auch, daß meine Mutter stolz darauf gewesen sei, daß sie mir mit drei oder vier Monaten den Hintern versohlte. Mir wird heiß und kalt, wenn ich darüber spreche. Ich kann meiner Mutter nicht in die Augen schauen. Wenn sie etwas erzählt, schalte ich ab, tue aber so, als hörte ich zu. Für das, was ich zu sagen habe, interessiert sie sich überhaupt nicht.

Meine Eltern diktierten mir immer ihren Willen. Meine Mutter begründete das damit, daß sie mir nur helfen wollten, aber im Grunde ging es darum, mir vorzuschreiben, was ich zu tun habe. Ich mag das nicht, aber ich habe dann das Gefühl, das Richtige zu tun. In meiner Kindheit haben meine Eltern ein Sparbuch für mich angelegt. Vor kurzem bat ich meine Mutter darum, aber sie wollte es mir nur geben, wenn ich ihr sagte, wofür ich das Geld verwenden wolle – und ich bin vierunddreißig!«

Ein andermal sagte der Patient zu Beginn der Sitzung: »Sie erinnern mich an meine Mutter. Sie sitzen da und warten darauf, daß ich etwas sage. Ich fühle mich dann dazu gezwungen, etwas zu sagen. Aber sobald das von mir erwartet wird, fühle ich mich leer und kann überhaupt nichts sagen.« In dieser Sitzung erlebte er wieder, wie es ihm damals ergangen war. Der einzige Widerstand, zu dem er hatte greifen können, war das Versagen. Der einzige Schutz, der ihm seiner bestimmenden Mutter gegenüber verblieben war, war die Leere. Später sagte er, daß er, obwohl er das letzte Mal beim Weggehen gezittert habe, ein gutes Gefühl gehabt habe. »Ich merke allmählich, daß ich gar nicht so leer bin. Ich sehe und höre allerlei. Aus dieser Leere dringen Geräusche zu mir, und ich versuche, sie zu verstehen. Ich merkte damals, daß meine Mutter mich durch diese Leere hindurch nicht erreichen konnte. Das war mir eine Genugtuung. Aber das behielt ich streng für mich, sonst hätte sie mich geohrfeigt.« Plötzlich fiel es ihm schwer zu atmen. Aber seine Atemnot war ein Vorzeichen der Aggressivität, die nun in ihm hochstieg und die er sich früher weder eingestehen noch sie ausleben durfte, und sie war auch ein Vorzeichen seiner überwältigenden Angst.

Trotz seines lieblosen, strengen und maßregelnden Elternhauses verlor dieser Mann sein Einfühlungsvermögen und seine Menschlichkeit nie. Er erinnerte sich daran, mit siebzehn einen Film, »Gesichter des Todes«, gesehen zu haben. In diesem Film war es darum gegangen, wie Tiere geschlachtet werden. Für ihn war er fast unerträglich grausam gewesen. »In unserer Clique wurde jedoch jeder hoch geachtet, der diesen Film durchhielt. Der galt als stark. Ich könnte ihn mir nicht ein zweites Mal anschauen. Er war einfach grausam.«

Auch unter dem nicht unerheblichen Druck der Gesellschaft konnte das Mitgefühl dieses Mannes nicht zerstört werden. Hier wird, nebenbei bemerkt, sehr deutlich, wie gesellschaftliches Unter-Druck-Setzen funktioniert und wie Verhalten der Lenkung von außen unterworfen wird.

Ein weiteres Beispiel: Eine vierzigjährige Frau verachtete ihren Mann wegen seines Schamgefühls. »Ein Erwachsener sollte sich nicht schämen, das ist albern. Wenn Erwachsene wissen, was sie tun, kommen sie auch nicht in die Lage, sich zu schämen. Sich zu schämen ist Schwäche. Für mich ist Scham gleichbedeutend mit Schuld. Mir ist noch im Ohr, wie meine Eltern mir immer vorhielten: ›Du hast Schuld, schäme dich!‹ Sie sagten dies in einem anklagenden Ton. Es war schrecklich für mich, daß sie so enttäuscht von mir waren.«

Die Art von Scham, von der die Patientin spricht, entspringt nicht einem inneren Mitfühlen, sondern ist Ausdruck einer Orientierung nach außen: sich in den Augen eines anderen bestätigt und bewertet zu fühlen. In ihrer Kindheit hatte der Patientin große Angst gemacht, den Vorstellungen der Eltern nicht zu genügen und deshalb wertlos zu sein. Deswegen scheut sie davor zurück, in Situationen zu geraten, in denen sie sich schämen müßte. Folglich versucht sie, immer perfekt zu sein. Das aber hat ihr Leben zur Hölle gemacht. So wagt sie oftmals gar nicht, sich frei zu bewegen, am Leben teilzunehmen, sie selbst zu sein, aus Angst, ungenügend zu sein. Denn ungenügend zu sein hieße, sich schämen zu müssen.

Sie erzählt: »An einem Sonntag – ich war damals ungefähr zwölf Jahre alt – wollte ich meinen Blazer nicht anziehen, weil er mir zu eng war. Zur Strafe erhielt ich kein Frühstück. Anschließend gingen wir in die Kirche, und da verprügelte mich mein Vater vor allen Leuten. Ich schämte mich, weil jetzt alle sehen konnten, daß ich böse gewesen war.« Danach lief sie von zu Hause weg und blieb eine Woche lang bei einer Freundin. »Die Eltern meiner Freundin verständigten meine Eltern und erklärten ihnen, sie würden mich eine Woche lang bei sich behalten. Ich schämte mich, weil ich dachte, meine Eltern würden sich in dieser Zeit Sorgen um mich machen. Also ging ich, als ich nach Hause zurückkam, auf meinen Vater zu, der gerade im Garten arbeitete, und entschuldigte mich. Er aber wandte sich ab, und ich kam mir so dumm und verstoßen vor. Danach schwor ich mir, nie mehr in eine Situation zu geraten, in der ich mich schämen oder entschuldigen müßte. Deshalb halte ich auch das Schamgefühl meines Mannes für albern.«

Ich fragte die Patientin, ob es nicht möglich sei, daß sich ihr Vater deshalb von ihr abgewandt habe, weil sie mit Hilfe der Eltern ihrer Freundin seiner Autorität entkommen sei: »Vielleicht bestrafte er Sie mit Verachtung, weil Sie ihn in eine Lage gebracht hatten, in der er sich anderen gegenüber nett verhalten mußte, um nicht von ihnen kritisiert zu werden. Vielleicht war er angesichts des Verhaltens anderer nicht mehr so sehr davon überzeugt, daß er sich richtig verhalten hatte. Aber er mußte das Image des netten Vaters diesen anderen gegenüber aufrechterhalten, um nicht in einem schlechten Licht zu erscheinen.« Daraufhin wurde der Patientin klar, daß ihr Vater nicht so sehr über ihr Verhalten wütend gewesen war, sondern darüber, daß er den Eltern der Freundin gegenüber sein Gesicht als guter Vater verloren hatte, weil sie eindeutig Partei für seine Tochter ergriffen hatten. Und er war wütend, weil er dadurch auch Macht über seine Tochter verloren hatte.

»Oh, mein Gott, was ich in all diesen Jahren durchlebte, war davon bestimmt, daß man mir kein Schamgefühl ansehen sollte. Dabei war es die verrückte Scham meines Vaters, seine nicht eingestandene Schuld, als das gesehen zu werden, was er wirklich war. Er übte seine Macht an uns Unterlegenen – meinen Geschwistern, mir, meiner Mutter – aus, um sich selbst als den Mächtigen zu bestätigen. Und ich fühlte mich schwach – das kommt mir jetzt –, weil ich ihm seine Scham wegnahm, sein Opfer wurde, damit er sich stark fühlen konnte. Und ich wollte nicht, daß man mir die Scham ansieht! Ich fühlte mich wie mein Hund, der sich unter dem Tisch versteckt in dem Glauben, man sehe nicht, daß er sich schuldig fühlt, weil er was Verbotenes gegessen hat. Jetzt sehe ich, warum ich mich immer verstecke – nur dann nicht, wenn ich im voraus sicher sein kann, daß ich gut dastehen werde. Es war im Grunde gar nicht Schamgefühl, um das es hier ging. Vielmehr ging es um eine Abwertung meiner Person seitens meines Vaters und auch meiner Mutter. Ich bin wertlos, deswegen darf ich niemandem begegnen. Deshalb weiche ich auch allem aus. Jetzt verstehe ich auch, warum ich einmal ›Nestbeschmutzer‹ genannt wurde. Ich hatte die Meinung vertreten, daß wir in der Schweiz mit unseren Waffengeschäften mit dem Irak auf Kosten anderer Profite machen würden. Die, die mich so nannten, waren Leute mit einem unendlich geringen Selbstbewußtsein. – Oh! Plötzlich ist da so ein Schmerz in meinem Nacken, so wie damals, als ich klein war und Vater mir ins Genick schlug, weil ich ungehorsam gewesen war. Ich spüre eine so ungeheure Angst auf mich zukommen in diesem Augenblick.« Es ist richtig: Sich der eigenen Vergangenheit zu stellen und die Wahrheit darüber aufzudecken macht ungeheuer angst.

Anhand dieser beiden Fallgeschichten wird der Prozeß offensichtlich, während dessen Kinder Gefühle ihrer Eltern übernehmen, die diese selbst verleugneten. Die Kinder nehmen das Schamgefühl ihrer Eltern und das Gefühl von Wertlosigkeit, das dahintersteckt, wahr, können diese Gefühle aber nicht dort verorten, wo sie herkommen, nämlich bei den Eltern. Folglich übernehmen Kinder diese Gefühle als ihre eigenen. Und schon sind sie einem unserer Gesellschaft innewohnenden Grundmechanismus zum Opfer gefallen: der Weitergabe von falscher Scham und Schuld. Dabei werden sie in Fesseln gelegt, von denen sie sich nur unter größter Anstrengung – wenn überhaupt je – befreien können. Sie geraten in die Leibeigenschaft von Scham und Schuld.

Dieser Prozeß der Übernahme von verleugneten Gefühlen anderer läßt sich in der therapeutischen Situation gut beobachten. Während der Supervision berichten Therapeuten oftmals von Gefühlen, die sie einerseits als ihre eigenen, aber ebenso als fremde erleben. Bei näherer Analyse dieses Phänomens stellt sich meist heraus, daß es sich bei diesen Gefühlen um verneinte und unterdrückte Gefühle von Patienten handelt. Diese Erkenntnis kann der betreffende Therapeut dann aber nutzen, um seinen Patienten zu diesen verdrängten Gefühlen zurückzuführen.

Für ein Kind ist eine solche Distanzierung schlichtweg unmöglich. Schließlich müßte es nicht nur in Distanz zu sich selbst treten, sondern auch zu seinen Eltern – und das ohne Hilfe von außen. Und so wird ihm seine Fähigkeit zu empathischer Wahrnehmung zum Verhängnis. Denn damit seine Wahrnehmung von emotionaler Spannung – welche daraus entsteht, daß sich seine Eltern zwar schuldig fühlen, diese Schuld aber von sich weisen – Sinn macht, begreift es die Schuld der anderen als seine eigene. Es kann und darf die Verneinung der Eltern nicht durchschauen. Mit ihrer Verleugnung und Weitergabe von Schuld haben aber die Eltern die Grenzen des Kindes überschritten, und das bedingt Aggressionen beim Kind, die allerdings von den Eltern wiederum nicht geduldet werden. Demzufolge erlebt das Kind seine berechtigten Aggressionen als den inneren Feind und fühlt sich noch mehr schuldig. So schließt sich der Teufelskreis, in dem Schuld und Aggression zum Antrieb unseres Seins werden.

Dieses Phänomen findet sich bei so vielen Menschen. Eine Patientin, die von ihrem Vater sexuell mißbraucht wurde, empfand immer sich selbst als schmutzig und schuldig. Sie sagte: »Bis zu Vaters Tod glaubte ich, daß eines Tages das Gute in ihm zum Vorschein kommen werde. Es ist bezeichnend, daß ich kurz nach seinem Tod Leonard kennenlernte. Bei ihm fühlte ich mich so sicher. Er war schön, so dunkelhaarig und dunkeläugig wie Vater. Er ertrug Nähe nicht. Aber die Probleme, die er hatte, ließen mich hoffen, daß eines Tages alles besser würde. Zu hoffen und in der Zwischenzeit alles zu ertragen war mir vertraut. Mit der Zeit wurde aber alles schlimmer, und ich warf mir vor, daß ich nur nicht genug aushalten könne. Er verlangte von mir, für ›gute Stimmung‹ zu sorgen, damit er sich besser fühle. Und ich war der festen Meinung, daß ich, wenn mir das nicht gelänge, nicht lebensfähig sei. Ich fürchte diesen Schmerz, den ich mir selber angetan habe, noch immer.«

Wir fühlen uns schuldig, und das macht uns bereit, immer weiter als Opfer zu agieren. Es dem anderen recht zu machen wird so zu einem permanenten Versuch, den eigenen herabgesetzten Selbstwert zu retten. Es erscheint paradox, aber im Opfersein fühlen wir uns lebendig. Das ist eine Art Eigenliebe, ein Narzißmus, der uns das Weiterleben ermöglicht. Die Opferrolle kann zu zweierlei führen: zum Protest und zur Rebellion oder zur Negierung der Empathie und zum Faschismus. Auf jeden Fall fühlen wir uns durch die Herabsetzung unseres Selbstwerts und unser Opfersein berechtigt, Aggression nach außen zu richten und andere zu Opfern zu machen.

Die Bereitschaft, schuldig zu agieren, den Täter als Erlöser zu sehen, weil er uns erlaubt, andere zu Opfern zu machen, ist Kennzeichen unserer Gesellschaft. Wenn wir einen offenen Blick auf unsere Geschichte werfen, ist Gewalt der Faden, der sie zusammenhält, und Heldentum ihre Tarnung.

Opfersein und Schuldgefühle

Opfersein heißt, sich schuldig zu fühlen, weil das Opfer in einem selbst verachtet werden muß. Unter dem Druck dieser Schuldgefühle kann man Menschen etwa dazu treiben, zu Werkzeugen des Grauens zu werden. Ein erschütterndes Beispiel für eine solche Manipulation dokumentiert der Film »Geraubte Kindheit«, den Johannes Gulde und Stephanie Landgraf drehten und den ich zu Beginn des Buches bereits erwähnt habe. In diesem authentischen Film geht es um zehnjährige Kinder, die von der Renamo gekidnappt, vergewaltigt und danach dazu gebracht wurden, wie Roboter andere Menschen zu ermorden. Die Angst und Verletzlichkeit von Kindern wird hier auf extreme Weise ausgebeutet: Sie werden dazu gezwungen, ihren Selbstwert in einen absoluten Gehorsam ihren Unterdrückern gegenüber umzubauen.

Angst und das Gefühl von Wertlosigkeit zementieren so ein Verhalten, das von erbarmungsloser Gewalttätigkeit bestimmt ist. Bei einem solchen manipulativen Eingriff in die kindliche Seele wird das Kind jedes Bewußtseins seiner Verletzlichkeit und seines Mitgefühls beraubt. Übrig bleibt die Bereitschaft, sich schuldig zu fühlen, die zu dem bedingungslosen Gehorsam gegenüber dem Aggressor und Peiniger führt und zu weiteren Schuldgefühlen, wenn man dessen Forderungen nicht entspricht. Diese Schuldgefühle machen jeglichen verbleibenden menschlichen Selbstwert zunichte, löschen ihn aus und generieren ein Menschsein, das das Gegenteil dessen ist, was Menschsein bedeutet. Durch Demütigung werden Menschen produziert, die sich durch ihre Unmenschlichkeit stark fühlen.

Hierzu ein weiteres Beispiel: Ein Ausbilder der berüchtigten Nationalgarde des ehemaligen nicaraguanischen Diktators Somoza beschrieb die »Spezialausbildung« so: »Damit einer gehorchen lernt, bringen wir ihn dazu, demütigende Dinge zu tun, zum Beispiel sich hinzustellen und auf Befehl wie ein Schaf zu blöken (...), daß ihm die ganze Truppe in den Arsch tritt (...), bis er begriffen hat, daß er keine Fragen zu stellen hat« (Kaltenegger 1982). Und einer der durch derart brutale Demütigungen Gedrillten sagt: »Ich bin klein und mager. Bevor ich zur Nationalgarde ging, hatte ich vor allem und jedem Angst. Heute habe ich keine Angst. Das ist das Wichtigste. Das nenne ich einen Mann.«

Hier zeigt sich das Potential, das in jeder Unterwerfung unter Gehorsam liegt: zu lernen, das Opfer in sich selbst außerhalb der Grenzen des eigenen Selbst zu suchen, um es zu bestrafen. Dann fühlt man sich wertvoll und stark. Das ist der Werdegang innerhalb jeder gewalttätigen Gruppierung. Und in diesem Werdegang sind sie alle vereint: die Fremdenhasser ebenso wie jene, die Konterrevolutionäre suchen, um sie auszurotten (Huynh 1994). Und es sind auch immer die Schwächsten, die sie an das eigene verleugnete Selbst erinnern und die sie deshalb demütigen und niedermachen müssen. Das befreit von der Schuld, Opfer zu sein, und fördert zugleich einen Selbst«wert« auf Kosten anderer.

Ideologische Parolen können Menschen in die Lage der Kinder von Moçambique oder der Nationalgardisten von Nicaragua bringen. Die Ideologie »heiligt« dann meist den Mord. Aber Mord ist Mord. Die Ideologie verschleiert nur seine Motive und rechtfertigt die Täter. Aber auch ein Mörder bleibt ein Mörder, egal, unter welchen Vorzeichen er seine Tat begeht. *Er tötet, um einem herabgesetzten Selbstwert zu entrinnen, sich der Tatsache seines verlorengegangenen Selbst nicht stellen zu müssen.*

Der amerikanische Kritiker, Biograph und Autor Abrahm Yarmolinsky, der über dreißig Jahre lang Chef der Slavonischen Abteilung der New York Public Library war, legte mit seinem Buch »Road to Revolution« (1962) eine Studie über russische Terroristen im letzten Jahrhundert vor. Darin macht er sichtbar, wie diese sich zunächst einer abstrakten Ideologie unterwarfen, um dann durch Terror die Leere eines verletzten und abhanden gekommenen Selbst zu füllen. Und obwohl sie gegen Ungerechtigkeit ankämpfen wollten, ging es dabei nie um die Wiedergewinnung ihres verlorenen Selbst. Sie fühlten sich lebendig, wenn sie mit dem Leben anderer Menschen spielten. Das Gefühl von Omnipotenz, das ihnen der Terrorismus gab, ließ sie die Schwäche aus dem eigenen Opfersein verneinen.

Doch hinter der nach außen getragenen Rebellion gegen die Mächtigen und deren Ungerechtigkeit steckte eine starke Identifikation mit der Macht, und das ist das eigentlich Schreckliche und Deprimierende. Erich Fromm sprach davon, daß der Revolutionär sein Bündnis mit der Autorität und den dazugehörigen Wunsch, andere zu beherrschen, überwinden muß, um wirklich zum Erneuerer zu werden. Paolo Freire (1971) sah es noch genauer: »Da die Unterdrückten das Bild des Unterdrückers internalisiert und seine Richtlinien akzeptiert haben, fürchten sie sich vor der Freiheit. Freiheit würde verlangen, daß sie dieses Bild aus sich vertreiben und es durch Autonomie und Verantwortung ersetzen.« Das ist aber das Problem. Die Identifikation mit dem Aggressor verhindert die Entfaltung eines eigenen Selbst und in diesem Zuge auch Autonomie und Verantwortung. Die Ideologie, unter deren Banner man kämpft, verschleiert die tiefe Unterwerfung unter die Macht.

Auf viele Rebellen trifft diese Diagnose zu. Wenn die Identifikation mit dem Aggressor ein eigenes Selbst verhindert, tritt menschliche Leere an seine Stelle, welche dann mit totaler Hingabe an eine über allem Menschlichen stehende abstrakte Ideologie gefüllt wird. Jeglicher verbliebene Rest des Menschseins wird dadurch verworfen; statt dessen werden abstrakte Größen, zum Beispiel die »Partei«, zu übermenschlichen Größen gemacht, denen man sich ergibt, ohne zu merken, daß gerade dieses Sich-Ergeben die Verbindung zu der verneinten, aber insgeheim gesuchten Übermacht aus frühester Kindheit ist, nämlich die überwältigende Mutter beziehungsweise der überwältigende Vater. Der Terrorismus ist somit ein Umweg, sich jener Macht zu unterwerfen, die ursprünglich bekämpft werden sollte.

Yarmolinsky belegt dies mit dem Beispiel Tikhomirovs, Anführer der Gruppe von Rebellen, die Zar Alexander II. ermordeten, der den Thronfolger um Erbarmen bat und zu einem einflußreichen reaktionären Journalisten wurde. Der Unterdrückte tritt dem alten Unterdrücker oder seinem Repräsentanten bei und wird selbst zum Feind, den man haßte. Auf der Ebene der Kindheit gesehen heißt das: Die Eltern werden nicht entthront, vielmehr identifiziert sich der Rebell mit ihnen, er wird wie sie selbst.

Alexander Solschenizyn zeigt in seiner Lenin-Biographie (1975) Lenin als jemanden, der Menschen seinen Zielen zu unterwerfen wußte, wobei sein Verhalten den frühen elterlichen Mißbrauch der Kinder für ihre eigenen Zwecke widerspiegelt. »Nur diejenigen blieben an seiner Seite, die begriffen, um was es bei der Arbeit in der Partei ging (...)« – diejenigen also, die sich selbst dieser abstrakten Macht unterworfen hatten. »Wenn aber eine dringende Aufgabe erledigt war (...), dann standen die Mitarbeiter da wie nicht mehr gültige Wegweiser (...) Sie blieben zurück, wurden umgerissen oder vergessen (...), manchmal tauchten sie an einer Biegung des Weges plötzlich wieder vor ihm auf, diesmal als Feinde (...), und Lenin hatte sie (doch) mit seinem Feuer, seiner Leidenschaft erfüllt, hatte ihnen die unerläßliche Notwendigkeit der Sache eingehämmert – jedem einzelnen, als sei er der Auserwählte, der wichtigste Mensch auf der Welt –, und eine Stunde später war er schon vergessen, als hätte es ihn nie gegeben.«

Ronald Sampson (1966) zeigt in seiner Studie »Die Psychologie der Macht« anhand mehrerer Fallbeispiele, wie das elterliche Ausnutzen von Kindern zu Rebellion und gleichzeitig zu einer Leibeigenschaft des Unterdrückers führt. So untersuchte er die Rolle ehrgeiziger Mütter im Leben großer Künstler. Und er fand heraus, daß die Unterdrückung der Frau in unserer von Männern dominierten Welt dazu führe, daß die Frauen ihre Kinder benutzten, um ihrem an seiner Entfaltung gehinderten Ehrgeiz dennoch Raum zu geben. Die Kinder, besonders die Söhne, waren durch die Verstrickung der Mütter mit ihnen an sie gebunden. Ihre spätere Rebellion verhüllte nur diese tieferliegende Leibeigenschaft. Auf der Oberfläche lehnten diese Kinder zwar ihre Mütter und Väter ab und kämpften für Erneuerung, aber bei allen blieb die unbewußte Unterwerfung bestehen.

Selbstverständlich bewunderte Lenin Macht, zum Beispiel die Mächtigkeit des kaiserlichen Deutschland. Er bewunderte die oberste Heeresleitung, er fand die Überrumpelung des neutralen Belgien kühn. Er identifizierte sich mit ihr, obwohl sie für seine Feinde stritt.

Das wesentliche Unterscheidungsmerkmal von linken und rechten Rebellen liegt im Erkennen von Ungerechtigkeit seitens der linken Rebellen. Beiden gleich ist der Trieb nach Rache und Bestrafung. Ebenso bleibt für beide der eigentliche Feind – die Eltern, die sie unterdrückten – außer Sicht und wird von beiden auf vermeintliche Feinde – Klassenfeinde, Juden, Ausländer usw. – verlagert. Die Notwendigkeit, Opfer zu finden und zu bestrafen, lenkt von ihrem Selbstbetrug ab. »Wer straft«, sagt der Gefängniswärter Klakusch, der Held in Jakob Wassermanns »Fall Maurizius« (1928), »der lügt sich seine Sünden weg.« Und auch in den Beschreibungen der revolutionären Kader im heutigen Nord-Vietnam (Huynh 1994) und in China (Zhisai 1994) stoßen wir auf dasselbe: Immer wieder geht es um die Identifikation mit dem Aggressor, nicht um die Bildung der eigenen Identität.

Bommi Baumann (1976), selbst einmal Mitglied der deutschen Terroristenszene, erkannte diesen Zusammenhang. Er schrieb, daß jeglicher Terrorismus eine Flucht vor der Liebe sei.

Menschen richten ihr Leben und ihre Beziehungen zu ihren Mitmenschen entweder auf der Basis der Liebe oder auf der Basis der Macht ein (Sampson 1966). Im Grunde genommen gäben alle – auch der Terrorist und der Revolutionär – am liebsten der Liebe den Vorzug. Doch die Schuldigsprechung in ihrer Kindheit hindert sie daran. Also unterwerfen sie sich einer Ideologie, welche an die Stelle der unerreichbaren Mutter tritt und welche die Einsicht darüber verwehrt, daß man nur ein Ziel verfolgt: auf Mutters Schoß zu sitzen. Ohne diese Einsicht bleibt aber auch die Identifikation mit dem Täter von damals unerkannt. Gewalt wird dann zum Ersatz für die verlorene Möglichkeit einer eigenen Identität, die auf Liebe und Entgegenkommen beruht.

Der Verstoß gegen die Liebe ist das grundsätzliche Verbrechen

Bestrafung

Wir suchen nicht nur Opfer, wir benötigen sie, um bestrafen zu können. Der allenthalben zu vernehmende Ruf nach Bestrafung läßt vermuten, daß Strafe Selbstzweck ist, daß es dabei weder um die Tat noch den Täter an sich geht. Wenn einer bestraft wird, fühlen wir uns erleichtert und wollen die Gründe dafür eigentlich gar nicht wissen. Bestrafung als solche scheint Erleichterung zu verschaffen. Umberto Ecos Meisterwerk »Der Name der Rose« schildert, wie sehr Bestrafung um ihrer selbst willen ein Eigenleben entwickelt hat. Dabei geht es gar nicht um Gerechtigkeit, sondern darum, jemanden als Opfer abzustempeln, um ihn dann schuldig sprechen und am Ende bestrafen zu können. Der Inquisitor Bernardo Gui findet »Schuldige«, die er exemplarisch bestraft, um alle anderen Beteiligten von der Allgegenwart der Schuld zu befreien. Ebenso scheinen die Menschen in unserer Gesellschaft sich dauernd schuldig zu fühlen, weil sie sich wertlos fühlen. Also suchen sie sich Opfer, um sie zu bestrafen. Das verschafft Erlösung.

Doch weder wahre Schuld noch echtes Gewissen bringen solche Gefühle und Handlungen hervor, sondern die Last unseres Sozialisierungsprozesses, in welchem uns Schuldigsein an unserer angeblichen Wertlosigkeit eingeimpft wird. Der Begriff des Über-Ich verwirrt hier nicht nur, er macht auch den Zugang zu den eigentlichen Quellen unseres Unbehagens unmöglich. Freuds Blindheit für die Lage der Frau ließ die Krankheit unseres Herzens, die Ungleichheit zwischen Mann und Frau, unerforscht. So blieben der Machtwille und der Trieb nach Status weitgehend ohne Kritik. »Ein Mensch wird als psychoanalytisch geheilt angesehen, auch wenn er sich im Tiefsten immer noch danach sehnt, sich über seine Mitmenschen zu stellen, ein Tatbestand, der in unserer Kultur als ein natürlicher betrachtet wird«, schreibt Sampson (1966).

So versuchen wir dauernd, andere zu bestrafen, um uns selbst zu erlösen. Ein vergeblicher Prozeß, denn man gelangt nicht zur wahren

Liebe seiner selbst oder anderer, solange man sich für wertlos hält. Und jemanden zu bestrafen gibt einem dann ein gebilligtes und geheiligtes Motiv dafür, die angestaute Wut und Aggression von sich abzustreifen. Der Ruf nach Bestrafung dreht sich nie um Gerechtigkeit, sondern um die Möglichkeit, angestaute Gewalt ausdrücken zu können. Der Ruf nach Gerechtigkeit dient einer abstrakten Idee, die die Ungerechtigkeit, die einem angetan wurde, weitergibt. »Gerechtigkeit und Liebe waren ursprünglich Schwestern«, schreibt Jakob Wassermann, »in unserer Zivilisation sind es nicht einmal mehr weitschichtige Verwandte.«

Es ist die Art von Schuld, die wir züchten, das Sich-schuldig-Fühlen an der uns anerzogenen Wertlosigkeit, die zu diesem Trieb nach Bestrafung führt. Die Anthropologin Eleanor Burke Leacock (1981) berichtet, daß einige Montagnais-Indianer in dem Moment, als sie zum Christentum bekehrt wurden – dies geschah im 17. Jahrhundert –, Opfer zu suchen begannen, um diese bestrafen zu können. Diese Bekehrung hatte wenig mit der Lehre Christi zu tun, die die Lehre des Herzens ist. Jesus sprach zu den Schwachen und Leidenden und glaubte, daß ihnen zu helfen wichtiger sei, als sich an die Regeln des Gesetzes zu halten (Kahler 1953). Er wollte, daß Menschen Verantwortung für sich selbst übernehmen. Damit weckte er Hoffnung und stärkte das Bewußtsein für die innere Gefühlswahrheit. Dagegen zielten die Bekehrungen des Christentums, das sich nach Jesu Tod herausbildete, auf Unterwerfung unter abstrakte moralische Prinzipien ab (Pagels 1981).

Leacock zitiert Pater Le Jeune, der folgende Worte eines bekehrten Montagnais-Indianers an seine Frau wiedergibt: »Wäre ich nicht ein Christ, würde ich dir sagen, daß du dir einen anderen Ehemann suchen solltest, wenn du mich nicht mehr liebst (...) Da ich aber Gott versprochen habe, dich nicht zu verlassen, bis der Tod uns scheidet, kann ich so nicht mit dir reden, obwohl du mich gekränkt hast.« Dieser Mann will seine Frau verlassen, das ist die Wirklichkeit seines Erlebens, aber wichtiger als dieses wird mit einemmal der Gehorsam gegenüber einem abstrakten Verhaltensprinzip. Der Zwang zur Unterwerfung wird zu einem Prinzip und zu einem Genuß. Sich als gut und gläubig zu sehen, sich auch in dieser Weise vor einer Autorität zu präsentieren wird zum Ziel der »Selbstfindung«. Das Bestrafen wird dann zum Ersatz der Lebendigkeit, die man nicht mehr erleben und ertragen kann.

Le Jeune gibt auch folgenden Dialog eines anderen Indianers mit seiner Frau wieder: »Wenn du an Gott glauben wirst, werde ich dich über alles in der Welt lieben (...) Ich werde dich mehr als mich selbst lieben.« Daraufhin kniff er sich in seinen Arm und fuhr fort: »Siehst du dieses Fleisch? Ich liebe es nicht; es ist Gott, den ich liebe, und jene, die an ihn glauben. Wenn du nicht gewillt bist, ihm zu gehorchen, mußt du von mir weggehen, denn ich kann jene nicht lieben, die Gott nicht lieben.« Seine Frau antwortete: »Siehst du nicht, daß wir alle sterben, seit sie uns befahlen, zu Gott zu beten? Wo sind deine Verwandten? Wo sind meine? Die meisten von ihnen sind tot. Das ist nicht die Zeit, um an etwas zu glauben.«

Le Jeune berichtet von einem weiteren Indianer, der »mehr vom Beten hielt als vom Leben selbst und der lieber sterben wollte, als es aufzugeben«. Er berichtet weiter, daß Kinder riefen: »Wir bestrafen die Ungehorsamen!« Ebenso, daß die Männer anfingen, den Frauen Vorschriften zu machen: »Ihr Frauen seid es, die den Teufel unter uns bringen, weil ihr frei sein wollt. Doch ihr müßt euren Ehemännern gehorsam sein, und wenn ihr es nicht seid, werdet ihr nichts zu essen bekommen.« Die Frauen waren es jedoch nicht gewohnt, von den Männern dominiert zu werden.

Die Diskrepanz zwischen jenen Montagnais-Indianern, die bekehrt worden waren, und jenen, die sich selbst und ihren traditionellen Lebensweisen treu geblieben waren, zeigt sich in ergreifender Klarheit an einem Ereignis, das Le Jeune ausführlich beschreibt. Während die Bekehrten sagten: »Man hat uns beigebracht, daß Gott die Gehorsamen liebt; wir sehen, wie Frauen Gehorsam ausüben, sie haben einen so großen Respekt vor dieser Tugend, daß jede, die versagt, bestraft wird: Eltern züchtigen ihre Kinder und Herrscher ihre Diener«, konnten die anderen Gewalttätigkeit nicht ertragen.

Dazu schildert Le Jeune einen Vorfall, bei dem ein französischer Trommler, kaum zwölf Jahre alt, einen Indianer mit einem Trommelstock verletzt hatte. Daraufhin wollten die Franzosen den Jungen vor den Indianern auspeitschen lassen. Aber die Montagnais baten darum, daß dem Jungen verziehen werde, da er doch noch ein Kind sei, das nicht gewußt habe, was es tue. Aber die Weißen ließen sich davon nicht beirren. Da zog sich einer der Indianer aus, warf seine Kleider über den kleinen Franzosen und schrie: »Peitsche mich aus, aber nicht ihn!« Er hatte die Mentalität der »Zivilisierten« verstanden. Es wurde ein Opfer benötigt, wobei es jedoch keine Rolle spielte, wer für die begangene Tat bestraft wurde.

Auch in unserer Zeit und unserer Kultur sind Opfer austauschbar. Hauptsache, es findet sich eins, dem man die Schuld für die eigene Unzulänglichkeit geben und es anschließend bestrafen kann.

Es stellt sich jedoch die Frage, warum viele der Indianer innerhalb der zehn Jahre, die auf ihre Bekehrung folgten, begannen, ihre Frauen und Kinder zu bestrafen und zu peinigen. Offenbar wurde bei ihnen der Prozeß ihrer Identitätsbildung auf der Basis empathischer Wahrnehmungen unterbrochen. Dies jedoch nicht aufgrund der missionarischen Aktivitäten einiger Jesuitenpater, sondern weil die nun benachbarten weißen Siedler veränderte wirtschaftliche Bedingungen schufen, welche die ehemals übliche Basis von Kooperation und Respekt vor der individuellen Autonomie untergruben. Als die Indianer in den Tauschhandel der Europäer mit Pelzen einzusteigen begannen, bei dem Pelze für die Händler gehortet wurden, widersprach das ihrer traditionellen Auffassung von totalem Teilen untereinander. Dabei bröckelten traditionell etablierte Werte, und das war der Anfang vom Ende ihrer Kultur. Die wenigen, die sich noch daran orientierten, wurden einfach überrollt (Murphy und Steward 1955).

Was aber war die Schuld, die bei diesen »Primitiven« auftrat? Warum diese Identifizierung mit den Jesuiten und ihrer Lehre? Viele ließen sich nicht bekehren; und bei denen, die sich bekehren ließen, muß es sich um jene gehandelt haben, deren Identität am wenigsten durch innere empathische Vorgänge gefestigt war. Aber gerade weil sie ihren traditionellen Verhaltens- und Handlungsweisen noch nahe waren, trat wohl zusätzlich eine andere Art von Schuld auf. Der finnische Psychoanalytiker Martti Siirala (1983) nennt sie die »Schuld vor dem ungelebten Leben«. Wir fühlen uns schuldig, meint er, weil wir unser Potential im Leben nicht ausschöpfen, uns nicht so sehr zu den Menschen entwickeln, die wir eigentlich sein könnten. Vielleicht war es diese Art von Schuld, die die Faszination dieser Indianer für Bestrafung erweckte. Meerwein (1959) erweitert diese Sicht, indem er darauf hinweist, daß wir, wenn wir deprimiert sind, verzweifelt versuchen, mittels Bestrafung unserer Schuld zu entkommen. Bestrafung befreit uns dann von der eigenen, gegen uns selbst gerichteten Aggression.

Im Akt des Bestrafens erhält man die Bestätigung, daß man gehorsam ist. Und gehorsam zu sein heißt, wertvoll zu sein. »Man kann wenigstens die Idee aufrechterhalten«, schreibt Siirala, »daß man, wenn man nicht gegen das Gesetz verstoßen hat, unschuldig ist und ein Anrecht auf Liebe hat.« Es ist genau dieses Anrecht auf Liebe und seine meist ungenügende Befriedigung während der Kindheit, die Menschen zum Gehorsam zwingt. »Jeder, dem sein Recht auf Liebe verneint wird, ist verkrüppelt und in den Wurzeln seines Wesens durchkreuzt«, schrieb Henry Miller (1988) in seinem Kommentar zu Jakob Wassermanns »Fall Maurizius«.

Immer wieder werden wir auf die Situation des Kindes verwiesen. Immer wieder müssen wir darauf zurückkommen und erkennen, wie sehr sie für die Art des Menschseins in unserer Kultur verantwortlich ist. Kindheit in unserer Gesellschaft ist meist von Angst und Terror durchdrungen. Doch wir verneinen dies in unserer Idealisierung der Eltern als liebende. Daß die Kindheit für viele Menschen traumatisch verläuft, ist schon öfter vermutet worden: Rank (1988) dachte, es sei das Trauma der Geburt, Melanie Klein (1975) nahm eine böse Mutter an, Rheingold (1964, 1967) sah sogar das Todbringende in Müttern, da sie selbst Angst vor ihren eigenen Müttern haben. Was wohl alle diese Pioniere vereint, ist das Augenmerk auf jene frühkindliche Entwicklung, die Traumatisierung mit sich bringt. Und es ist die Idealisierung der Macht, die dies fördert, die Menschen vom Empathischen trennt und dadurch eine Spaltung des Bewußtseins bewirkt. Das führt dann zu Aggression, Gewalt und Morden.

Scham

Was ist Scham? Das berühmte amerikanische Webster's Dictionary definiert Scham als ein schmerzhaftes Gefühl, hervorgerufen durch bewußtgewordene Schuld. Dies scheint zu sagen, daß Scham ein Resultat eingestandener Schuld ist. Es gibt aber noch eine andere Art von Scham, eine, die nichts mit Schuld zu tun hat. Als Primo Levi schrieb, daß er sich schäme, daß es Menschen waren, die Auschwitz erdacht und errichtet hatten, ging es ihm um die schmerzhafte Erkenntnis, daß, weil Menschen so ausarten können, unsere gemeinsame Identität als Menschen in Frage zu stellen ist. Wir schämen uns dann dafür, daß jemand als Mensch so unwürdig sein kann. Die Scham, die dieser Mensch nicht fühlt, wird dann zu unserer eigenen. Eine so gefühlte Scham entspringt einer Verantwortung sich selbst gegenüber, nicht einer Identifikation mit dem Aggressor. Sie rührt aus der Erkenntnis unserer Gemeinsamkeit mit dem Täter, und dies ist einerseits so schmerzlich und niederdrückend. Andererseits schlägt sie aber eine Brücke zum anderen.

Eine Scham, wie sie Primo Levi spürte, bewirkt Bewußtwerdung. Dabei wird man zum Beobachter seiner selbst und seines eigenen Tuns, mit der Folge, daß man das eigene Verhalten beziehungsweise das eigene Tun verändern kann. Doch es ist auch diese Art von Scham, die unsere Gesellschaft mehr oder weniger zu verhindern trachtet. Dazu ein Beispiel:

Eine Patientin berichtet, daß sie es sich nicht erlaube, sich ihren Gefühlen hinzugeben. Sie verbiete sich selbst zu trauern, denn dann sei sie anderen keine Hilfe. Sie erinnert sich, daß sie als kleines Mädchen einmal blutüberströmt nach Hause gekommen sei. Ihre Mutter habe kühl und sachlich reagiert, die Wunde gesäubert und sie verbunden. Der Vater dagegen habe getobt. Daraufhin habe ihre Mutter ihr eingeschärft, daß sie nicht weinen, keine Gefühle zeigen dürfe, weil sie sonst nicht tun könne, was getan werden müsse. Seither schiebt sie ihren Schmerz, ihr Verletztsein, ihre Trauer immer mit aller Kraft beiseite, denn sie will »effektiv« bleiben. »Nur so kann man stark sein und stark bleiben«, sagt sie.

Ihr war stets verschleiert geblieben, daß ihr Vater Angst vor Gefühlen hatte. Deswegen war er über ihren Unfall so wütend geworden. Er hatte ihr keine Hilfe leisten können, weil er sich dagegen wehren mußte, daß die für ihn unerträglichen Gefühle von Leid und Schmerz in ihm aufstiegen. Die Mutter unterstützte ihn in seiner Verneinung des Schmerzes und stellte sie als Stärke hin. Seine Unfähigkeit, sich Leid und Schmerz zu stellen, deutete sie um als gerechtfertigte Wut über die Verletzung der Tochter. Doch diese entwickelte ein Schuldgefühl, weil sie dem Diktat zur Gefühllosigkeit nicht folgen konnte. Später tat sie es dann doch, indem sie es sich versagte, um den Tod eines geliebten Neffen zu trauern. Sie schämte sich für ihre Schwäche, Gefühle zu haben. Ihre Scham entsprang dem Schuldgefühl, das ihr eingepflanzt worden war.

Eine Scham, wie sie diese Patientin verspürte, kann zu gewaltsamem und grausamem Verhalten führen. Aleksandar Tišma (1993) beschreibt diesen Prozeß in seinem Buch »Die Schule der Gottlosigkeit«, und zwar mit klinischer Genauigkeit. Dulics, ein Mitglied der Geheimpolizei auf dem heutigen Balkan, »haßte Schwäche, gerade weil er sie auch in sich selber spürte, aber als etwas, was er überwunden hatte. Er hatte sie dem eigenen Ansehen und dem Ansehen seiner Familie zuliebe überwunden (...) Der Junge (den er verhören wollte) war schön, noch immer, obwohl die Schwellungen (vom Verhör am Vortag) sein Gesicht entstellten (...) Aber selbst so bewahrte er seinen seidigen Glanz, seinen fast blonden Braunton wie auch den Bart, dessen gebogene Stoppeln einen goldenen Kranz um das Gesicht bildeten; die Lippen, wenn auch geschwollen und die untere geplatzt, beschrieben einen eigenwilligen Bogen, und das eine offene Auge war vom matten Taubenblau eines seltsamen Steins. Diese Schönheit hatte etwas Mädchenhaftes, und Dulics erinnerte sich, daß er, als er, Ostoyin, zum ersten Verhör gekommen war, noch sauber, ordentlich, mit lockig in die Stirn fallendem Haar, mit den vollen, geschwungenen Lippen (...), den Eindruck einer verführerischen Sanftheit gewonnen hatte wie bei einer Begegnung mit einer Frau (...), und das verursachte ihm Ekel vor dem Jungen und veranlaßte ihn zugleich, sich dem Haß, der ihn überwältigte, völlig hinzugeben. ›Du Hund‹, sagte er und packte Ostoyin bei den Aufschlägen seiner Jacke und stieß ihn mit Schultern und Nacken unter dem ganzen Gewicht des eigenen Körpers gegen die Wand, zerrte ihn zurück und schleuderte ihn wieder an die Wand, wieder und wieder, mit dem Kopf voran, und zischte dabei: ›Du Hund! Du Hund!‹ Bis er fühlte, daß er keinen Widerstand mehr fand (...), daß der ganze verhaßte Körper langsam an der Wand herabsank, in der Mitte einknickte und zur Seite fiel, während sich das eine lebende Auge in demselben Moment schloß, als die Lippen auseinanderklafften und die vom Blut geröteten Zähne freilegten.«

Dies ist genau jene Scham, die dadurch entsteht, daß man sich seiner menschlichen Gefühle wegen schämt, die als Schwäche abgetan wurden. Das gleiche drückt sich auch in Dulics' homosexuellen Ängsten aus, die von einer Verachtung des Weiblichen herrühren, die eigentlich Furcht vor dem Weiblichen ist. Dulics ist der Prototyp eines Folterers, eines Menschen, der andere foltern muß, um sein eigenes Selbst aufrechtzuerhalten: Dies gelingt ihm, indem er seine eigene Schwäche auf jene abwälzt, die ihm ausgeliefert sind. Unsere Gesellschaften institutionalisieren solches Verhalten, indem sie Folter als Instrument der Staatsmacht legitimieren. Und selbstverständlich werden durch Folter jene Geständnisse erpreßt, die zur Aufrechterhaltung dieses Gefüges notwendig sind. Folter wird dadurch zu einer Selbsterhaltungsmaßnahme eines Gesellschaftssystems, das sich in Wahrheit immer nur selbst belügt und seine Lüge mittels entsprechender Maßnahmen perpetuiert.

Diese so verbreitete Scham bedingt eine allgemeine Gleichgültigkeit, mit deren Hilfe man der Scham entkommen will, die aber das Böse möglich macht. Diese Gleichgültigkeit läßt die Folter zu, die dann nicht mehr als ein Verstoß gegen das Menschliche betrachtet und geahndet wird.

Der österreichische Dichter Peter Turrini (1986) weist in einem Gedicht auf diese verbreitete Scham und ihren Ursprung hin:

Ist diese Müdigkeit,
die mich plötzlich überfällt,
der Mantel über alle Tränen
meiner Kindheit?

Ist diese Gleichgültigkeit,
die ich spüre,
wenn andere leiden,
die Angst, zu ihnen zu gehören?

Ich halte mich
mit aller Gewalt gegen mich selbst
aufrecht.

Als Jugendlicher
stemmte ich manchmal
einen Sessel
mit den Zähnen hoch,
in der Hoffnung,
daß meine Schwächen
von so viel Stärke
widerlegt werden.

Heute stemme ich
mangels guter Zähne
keine Sessel mehr.
Die Art aber,
Stärke zu zeigen,

damit die Schwäche
übersehen wird,
ist geblieben.
Wie lange noch
werde ich alles hinunterschlucken
und so tun,
als sei nichts gewesen?

Wie lange noch
werde ich auf alle eingehen
und mich selbst
mit freundlicher Miene vergessen?

Wie lange
kann ein Mensch
sich selber nicht lieben?

Es ist so schwer
die Wahrheit zu sagen,
wenn man gelernt hat,
mit der Freundlichkeit
zu überleben.

Doch auch die andere, die wahre Scham gibt es. Es wird sie solange geben, solange es Menschen gibt, und sie war sogar im Nazi-Deutschland zu finden, wie folgendes Zitat aus Bar-Ons »Last des Schweigens« (1993) verdeutlicht.

»Es war im Herbst 1938. André war zwölf Jahre alt und lebte mit seinen Eltern in einer Kleinstadt in Norddeutschland. Eines Abends kam er von einem Jugendgruppentreffen (der Hitlerjugend) nach Hause. ›Papa‹, sagte er zu seinem Vater, ›beim Treffen wurde uns gesagt, daß wir morgen Steine auf jüdische Läden schmeißen sollen. Soll ich da mitmachen?‹ Sein Vater sah ihn nachdenklich an. ›Ja, was glaubst du denn?‹ – ›Ich weiß es nicht. Ich habe eigentlich nichts gegen die Juden – ich kenne sie ja kaum. Aber alle werden Steine werfen. Was soll ich denn nun tun?‹

Die Unterhaltung ging mit Fragen und Gegenfragen weiter. ›Ich hab‹ verstanden‹, sagte André. ›Du willst, daß ich die Entscheidung selber treffe. Ich will spazieren gehen, und wenn ich zurückkomme, will ich dir sagen, wofür ich mich entschieden habe.‹ Nach kurzer Zeit kehrte André zurück und ging zum Tisch, an dem seine Eltern saßen. ›Ich habe mich entschieden, aber meine Entscheidung hat auch etwas mit euch zu tun.‹ – ›Was ist es denn?‹ – ›Ich habe mich entschlossen, keine Steine auf die jüdischen Läden zu werfen, aber morgen werden alle sagen, André, der Sohn von X, hat nicht mitgemacht, er wollte keine Steine schmeißen! Und dann werden sie etwas gegen dich unternehmen. Was wirst du dann tun?‹

Der Seufzer seines Vaters drückte Erleichterung, aber auch einen Funken Stolz aus. ›Während du spazieren warst, haben deine Mutter und ich darüber gesprochen. Wir haben uns folgendes überlegt. Mit deiner Entscheidung, Steine zu werfen, würden wir leben müssen, denn immerhin haben wir dich ja gebeten zu entscheiden, was du tun willst. Aber falls du entscheiden solltest, keine Steine zu werfen, würden wir Deutschland sofort verlassen.‹ Und das taten sie auch.«

Scham und Selbstverrat: Fallgeschichten

Ein Beispiel, wie Scham durch die Identifikation mit dem Aggressor ausgelöscht wird: Eine beruflich wie auch politisch engagierte Frau ließ eine Therapiesitzung ausfallen. Sie vergaß den Termin vollkommen und erinnerte sich erst am nächsten Tag daran. In der vorhergehenden Sitzung hatte sie zum ersten Mal ihre Wut und ihr Entsetzen über ihren Vorgesetzten in der Firma, in der sie als Architektin arbeitete, ausgedrückt, einen Mann, der sie und andere dauernd entwürdigte und herablassend mit jedem umging. Nach der ausgefallenen Sitzung versuchte sie ihr Vergessen zu verstehen, fand aber keinen Grund außer dem, daß sie auf Wohnungssuche war. »Ich suche ein Zuhause und vergesse in diesem Rausch alles.« Ich fragte sie, ob sie sich an die letzte Sitzung erinnere. »Ja, Sie haben auf die losgehauen, die mir weh getan haben – aber ich kann das nicht ertragen.« Ich hatte ihre aufwallende Selbstbehauptung gegenüber ihrem sie demütigenden Vorgesetzten unterstützt. »Dieser Mann tut mir so leid, er isoliert sich doch von allen. Ein so starkes Mitleid steigt in mir auf. Ich spüre schon lange den Impuls, auf ihn zuzugehen und ihm zu sagen: ›Es geht dir doch nicht gut.‹ Hinter der Fassade seines Machtmißbrauchs sitzt doch jemand, der sehr bedürftig ist.«

Ich erwiderte: »Sie kommen hierher und glauben, daß ich etwas von Ihnen möchte, weil ich Sie darin unterstütze, wenn Sie sich gegen diesen Mann wenden. Sie tun so, als ob Sie in der Mitte seien, Sie glauben, es entweder ihm oder mir recht machen zu müssen, sich ihm oder mir unterwerfen zu müssen, aber Sie haben selbst keine eigene Position. Dieser Konflikt scheint für Sie so unlösbar zu sein, daß Sie ihn zu lösen glaubten, indem Sie den Termin bei mir aus Ihrem Bewußtsein löschten.«

Nach einer Pause erzählte sie: »Ich kenne das, es ist was Uraltes, so hin und her gerissen zu werden zwischen Parteien. Ich weiß, wie es ist, meinem Vater den Rücken zu streicheln. (Dieser scheinbar unpassende Satz belegt ihre Identifikation mit einem brutalen Vater.) Hinter unserem Haus war ein anderes Haus, in dem eine alte Oma und ein Mädchen lebten. Eine herrliche Familie. Das Mädchen hieß Susan. In unserer Nachbarschaft gab es auch noch eine Familie Doring mit einer Tochter. Sie zog mich immer in ihre Streitereien mit Susan hinein. Sie wollte, daß ich Partei ergreife. Susan lag mir näher. Sie war ehrlich, so wie ihre Oma, und warm. Die andere, sie hieß Anita, war schöner, und ihre Familie war reicher. Meine Eltern verstanden sich gut mit ihr. Die Jungs waren auch alle hinter Anita her. Sie war der Star, hübsch und verwöhnt. Susans Haus war nicht so toll. Und ich verriet Susan, gab Anita recht. Ich war zwölf Jahre alt. Ich schämte mich so, daß ich Susan an Anita verraten hatte, indem ich Anita recht gab. Ich konnte es Susan nie sagen. Ich hatte nicht die Kraft und den Mut, Anita zu sagen, ich fände Susan nett. Ich kam mir schäbig vor, gerade weil Susan nicht so glänzend war, nicht so schön, nicht so gute Kleider hatte. Sie hatte kein Boot wie Anitas Eltern.«

Und dann sagte sie im Hinblick auf ihren Vorgesetzten: »Ich muß dem armen Schwein zur Seite stehen - er stellt sich doch in die Ecke.«

Hier erkennen wir die Scham der Patientin über ihren Verrat, doch gleichzeitig hat sie sich auf die Seite der Mächtigen geschlagen. Auf der Seite der Mächtigen zu stehen ist zum Motor ihres Seins geworden und verhindert berechtigte Aggression und Selbstbehauptung. Statt dessen macht sie sich auf vielen Ebenen ihres Lebens etwas vor, nämlich daß alles heil und gut ist, wo dies eben nicht so ist. Ihre durchaus vorhandene Scham wird weggewischt durch die Identifikation mit dem Aggressor. Die Patientin liebte ihre Eltern sehr und idealisierte sie: ihren unberechenbaren Vater und ihre Mutter, die sehr destruktiv im Umgang mit der Familie war, sich aber als liebend gab und sich auch so sah. Die Patientin mußte ihren eigenen Schmerz, die

Ablehnung durch die Mutter und die Demütigung durch ihren gewalttätigen Vater, sehr früh verdrängen. Und obwohl sie für Gerechtigkeit kämpfen möchte und dies auf politischer Ebene häufig auch tut, wird sie immer wieder von einer tiefen Verdrehung bewegt. Sie idealisiert die Macht und verdeckt die Wahrheit durch ein Mitleid, das aus dem Täter ein Opfer macht.

Was sind dann wahre Gefühle unter den Bedingungen einer solchen Entwicklung? In der Entwicklung eines Patienten zeigte sich, daß in dem Maß, in dem Menschen von der Identifikation mit dem Aggressor bestimmt sind, Gefühle nicht Ausdruck wahrer Bedürfnisse nach Zuwendung, Wärme und Zärtlichkeit sind, sondern einer Angstbindung, die zu zur Schau gestellten Gefühlen führt. Dieser Mann verließ sich sozusagen und lebte unbefriedigende Beziehungen so, als ob sie befriedigend wären. Er konnte einen Menschen, der ihn wegen seiner Intelligenz und Initiative schätzte, nicht ertragen. Sein niedriger Selbstwert ließ nicht zu, daß er die Wertschätzung eines anderen annehmen konnte.

Die Gefühle, die zugelassen werden und in deren Spiegelbild sich solch ein Mensch sieht, sind schon vereinbar mit dem, was die Gesellschaft als »guten Menschen« bezeichnet. Aber sein aktuelles Verhalten wird bestimmt von der Anpassung an die Erwartungen der Täter. Die Gefühlswelt solcher Personen hat dann nichts mit jenen Gefühlen zu tun, von denen wir glauben, sie würden uns alle bewegen und würden aus dem Empathischen stammen. Natürlich kommen Menschen in die Therapie, weil ihnen diese Entwicklung auch Schmerzen verursacht. Manche kommen dann in der Hoffnung, besser angepaßt zu werden und den Schmerz nicht mehr spüren zu müssen. Andere dagegen machen Gebrauch von ihrem Leid, um sich und ihre Welt neu definieren zu können.

Folgendes Fallbeispiel (Nienstedt 1988) schildert eine Form der Anpassung, die oft als »braves Leben« bezeichnet wird. Desgleichen veranschaulicht es den Terror, den diese Form der Anpassung hervorrufen kann. Die zwölfjährige Nora lebte bis zu ihrem achten Lebensjahr in ihrer Ursprungsfamilie. »Vom Vater wurde (Nora) sexuell mißbraucht und geprügelt, und bei ihrer Mutter, selbst kindlich-abhängig, stets leidend und klagend und von ihrem Mann erheblich bedroht und geprügelt, fand sie keinen Schutz. Nora ist ein Kind, das eine glatte, freundlich lächelnde Fassade zeigt. Sie neigt außerordentlich stark zur Überanpassung, zu Willfährigkeit und Gehorsam.

Sie hat kaum eigene Interessen. Eigene Wünsche und Bedürfnisse scheint sie nicht zu haben. Sie macht vielmehr die Wünsche anderer zu ihren eigenen. Es fehlt ihr jede kritische Distanz und Fähigkeit zur Abgrenzung. Konflikte kann sie überhaupt nicht ertragen. Sie fühlt sich gleich schuldig und ist außerordentlich bemüht, alles wieder in Ordnung zu bringen und für das Wohlergehen aller zu sorgen. Dieses Kind hat sich vollständig mit der Mutter als Opfer väterlicher Aggression und mit dem Vater als Aggressor, der das Recht hat, sie als Mädchen (wie die Mutter als Frau) sexuell auszubeuten und zu bedrohen und vollständig und willkürlich über sie zu verfügen, identifiziert. Und nicht nur durch die Identifikation mit dem Vater als Aggressor und die daraus resultierende Übernahme von Schuld und Verantwortung, sondern verstärkt auch noch durch die Identifikation mit der Mutter als Opfer, durch den von ihr ausgeübten ›Terrorismus des Leidens‹, wird das Kind gezwungen, jede Art von Unordnung in der Familie zu schlichten, sozusagen die Last aller anderen auf ihre zarten Schultern zu bürden.«

An diesem Fall beeindruckt das Fehlen jeglicher eigenen Aggression. Bei diesem Mädchen ist die Identifikation mit dem Aggressor zugleich begleitet von der Identifikation mit dessen Opfer. Es macht das eigene Leid zum Objekt des Seins, wodurch Aggression nach innen, nicht nach außen getragen wird. Seine aggressiven Affekte kann es also auf keine andere Weise als gegen sich selbst ausdrücken.

Die Situation dieses Mädchens unterscheidet sich grundlegend von der Situation derer, die gelernt haben, ihrem Schmerz durch nach außen gerichtete Aggression zu entkommen. Doch gerade die Verbundenheit mit dem Schmerz ist das Entscheidende. Solange sie existiert, gelingen sowohl eine Therapie als auch die Rückeroberung des eigenen Selbst. In diesem Sinn ist Psychotherapie eine Wiederholung des Erlebten, aber unter anderen Vorzeichen. So wird es möglich nachzuholen, wie es hätte sein sollen.

Die Art und Weise, wie der Schmerz des erlebten Traumas verarbeitet werden kann, bestimmt, ob man zu eigener Kraft gelangt, und damit im Grunde auch den Erfolg einer Therapie. Sich dem eigenen Schmerz zu stellen bewirkt das Erwachen der eigenen Kräfte. Tolstois »Der Tod des Iwan Iljitsch« (1960) veranschaulicht, wie dies in einer Beziehung zustandekommen kann, vorausgesetzt, ein empathisches Entgegenkommen und Begleiten kann erlebt werden.

Der tödlich erkrankte Iwan erfährt die Empathie eines einfachen, aus seinem Herzen heraus lebenden Menschen, und da er sich für dessen empathisches Entgegenkommen und Begleiten geöffnet hat, kann er sich selbst auch wieder auf sein Herz besinnen. Daraufhin vermag er den Schmerz seiner Familie zu erleben, und er gelangt, sein wütendes Selbstmitleid hinter sich lassend, zu der Erkenntnis seines vergangenen Verhaltens und Tuns. Aus dieser Klarheit erhält er die Kraft, sich seiner Frau und seiner Familie wieder anzunähern.

Das folgende Fallbeispiel veranschaulicht das Ringen um solchen Schmerz. Eine vierundvierzigjährige Frau, im sozialen Bereich tätig, kam in die Therapie, weil sie sich innerlich zerrissen fühlte. Sie meinte damit, sie könne nicht mehr alles »auf ein Konto« bringen. Sie wußte manchmal auch nicht mehr, wer sie war.

Sie haßte Opfer, vor allem wenn es Frauen waren, und bewunderte die Täter. »Sie sind ehrlicher«, sagte sie. Sie erzählte von einem Vorfall, bei dem sie als Vierzehnjährige einmal mit anderen Kindern auf einer Wiese mit einem Ball spielte. Ein Hund aus der Nachbarschaft gesellte sich zu ihnen. Als der Ball auf die Straße rollte, rannte der Hund hinterher und wurde von einem Auto überfahren. Alle weinten und trauerten um ihn – nur sie nicht. Der Tod des Hundes machte ihr nichts aus. »Ich bin wütend auf Opfer«, erklärte sie dazu, »wütend, daß Leute Opfer sind. Sie begeben sich in die Opferrolle, sie wehren sich nicht. Sie sind selber daran schuld, daß sie Opfer werden. Der Täter ist mir sympathischer. Vom Kopf her weiß ich zwar, daß der Täter zerstörerisch ist, aber vom Gefühl her kann ich das nicht nachvollziehen.«

»Meine Vergangenheit ist erledigt«, sagte sie ein andermal, »weg, nicht mehr da. Ich vergesse, lebe eher für morgen als für gestern. Was mir Mühe macht, ist meine Einsamkeit. Bin ich Opfer oder Täter? Wenn es eine Wiedergeburt gibt, fühle ich mich als Täter. Mir fällt es leichter, mich mit Tätern zu identifizieren als mit Opfern. Als Achtjährige hatte ich einen Traum: Ich stehe auf einem Berg, neben mir die Foltermaschine, die ich gebaut habe. Reihenweise stürzen Menschen in die Tiefe, einer nach dem anderen, von meiner Maschine umgebracht. Vor kurzem hatte ich einen ähnlichen Traum. Ich bin entweder die, die kastriert, oder eine Versagerin. Etwas habe ich nicht richtig gemacht. Ich kann es nicht ertragen, Mitleid zu erwecken. Damit löse ich in anderen Hilflosigkeit aus.« Diese Frau identifiziert sich mit dem Täter, um der eigenen, abgelehnten Hilflosigkeit zu entkommen.

Die Patientin hatte eine Mutter, die ihr dauernd vorhielt, schuld an ihren Schmerzen während der Schwangerschaft und bei der Geburt zu sein. »Mutter lud alles Böse auf mich, sagte, ich sei ein böses Kind, ich sei schuld, daß sie bei meiner Geburt so habe leiden müssen. Als Mutter davon sprach, brach sie in Tränen aus.« Das Resultat dieser Erfahrungen war, daß die Patientin alle Bedürfnisse nach Zuwendung abwehren mußte. Die Verletzung war zu groß, als daß sie Gefühle hätte zulassen können.

Als sie zu ihrer ersten Sitzung nach der ersten Sommerpause kam, drückte sie zum ersten Mal ihre vergrabenen Bedürfnisse nach Zuwendung aus, indem sie andeutete, die Sitzungen vermißt zu haben. Aber sobald sie dies geäußert hatte, vermeinte sie, den Boden unter den Füßen zu verlieren. »Ich habe das Gefühl, ich ertrinke«, sagte sie. Sie fühlte sich ausgeliefert, weil der Wunsch nach Zuwendung in ihr hochgestiegen war. Dabei merkte sie allerdings, daß sie bislang Bedürnisse unterdrückt hatte, um sie der Mutter nicht preiszugeben. Den mütterlichen Schuldspruch hatte sie sich einverleibt: »Ich bin nicht liebenswert, ich zerstöre andere mit meinen Wünschen.« Sie hatte sich völlig mit der mütterlichen Sichtweise ihrer selbst identifiziert und haßte sich deshalb selbst beziehungsweise übertrug ihren Haß auf andere Opfer. Ihr Ziel war es, andere zu überleben. »Wenn ich überlebe, kann mir nichts passieren.« – »Was sind Gefühle überhaupt?« fragte sie ein andermal, als sie sich gegen mein Mitgefühl wehren mußte.

Der Mythos von der absoluten Elternliebe

Daß die Ablehnung, die diese Patientin bei ihrer Mutter erlebt hat, einer generellen Haltung entspricht, wollen viele nicht wahrhaben. Sie sehen elterliche Ablehnung eher als Ausnahme, widerspräche sie doch dem in unserer Gesellschaft weitverbreiteten Mythos von der unbedingten Elternliebe. Die Aufrechterhaltung dieses Mythos fördert die Identifikation mit dem Aggressor und dient seinem Machterhalt. Schon allein die Tatsache, daß dieser Mythos existiert, beweist das. Doch eine solche Feststellung trifft allenthalben auf Entrüstung und Zurückweisung. Das ändert sich auch nicht, wenn wissenschaftliche Beweise erbracht werden.

Thomas und Chess (1968) wiesen in ihrer Längsschnittstudie, bei der sie über einen Zeitraum von zwanzig Jahren 136 Kinder und ihre

Eltern beobachteten, nach, daß sechzehn Prozent der Eltern kalt, ablehnend, intolerant oder überbehütend waren. (Überbehüten ist nur eine sehr viel verdecktere Art, nicht auf ein Kind einzugehen.) Des weiteren belegen die Forschungsarbeiten von Cameron (1978) und Gruen (1980), daß die Art und Weise der Ablehung abhängig ist von der Bewertung des Geschlechts des Kindes. Bei Jungen ist die Ablehnung im allgemeinen verborgener als bei Mädchen. Die Ablehnung der Mütter ihren Söhnen gegenüber wird mit derem zunehmendem Alter offener. Bei Mädchen zeigt sich die offene Ablehnung der Mutter dagegen schon früher.

Die absolute Zahl der Kindsablehnungen ist in unserer Gesellschaft wahrscheinlich sehr hoch. Rottmanns (1974) Erhebungen unter hundert-einundvierzig Müttern in Österreich ergaben, daß siebenundsechzig Prozent offen ablehnend waren. Sie waren alle kühl und ambivalent ihren Kindern gegenüber. In den USA werden jährlich mindestens eine Million Kinder mißbraucht oder vernachlässigt, so die amtlichen Zahlen des amerikanischen Gesundheitsministeriums vom April 1997. Die Dunkelziffer sei womöglich doppelt so hoch, mutmaßte die »Neue Zürcher Zeitung« (am 12. 4. 97). Soweit die offensichtlichen Gegebenheiten. Es geht uns hier aber um die ursächlichen Probleme, darum, was dies alles über unser Menschsein aussagt (siehe auch Amendt 1992).

Die zentrale Problematik ist unsere generelle Ablehnung des Lebendigen in unseren Kindern, ohne daß uns dies bewußt ist und ohne daß wir die Auswirkungen auf unser gesellschaftliches Sein erkennen können.

Ablehnungen bewirken beim Kind Grenzüberschreitungen in seiner Gefühlswelt. Da aber Kinder auf die daraus resultierende Hilflosigkeit mit Anpassung reagieren, um zu überleben, wird es uns allen unmöglich, zwischen Kindern zu unterscheiden, deren Gefühlswelt eine echte ist, und jenen, die gelernt haben, Gefühle zu inszenieren. Die Gefühlspose führt uns im allgemeinen hinters Licht. Das Kind muß seine eigenen Grenzen, seine eigene Gefühlswelt verlassen, weil es sonst die Bindung zu den Eltern nicht herstellen kann.

Hier und da gelingt es Menschen, die Lüge, die uns als Leben dargestellt wird, zu durchschauen. Das hilft uns allen. Ludwig Greve (1994) ist so einer, dem es gelungen ist. In seinem autobiographischen Bericht heißt es: »Was meine Mutter, wenn Besuch kam, aufführte, war in meinen Augen (...) allzu routiniert. Nein, um in dem Schwindel zurechtzukommen, der sich so undurchdringlich als *Leben* gab, mußte man selber pausenlos schwindeln; auch das ist gewissermaßen ein Schwindel, denn es setzt etwas Wahres voraus, einen Kern, der war wohl bei meiner Geburt vergessen worden. Mir blieb also nichts übrig, als jeden Morgen, den *Gott* gab (...), mich von neuem zu erfinden, mit Haut und Haar sozusagen, damit es bis zum Abend vorhielt (...); bloße Schwindeleien, das machte die Sache so schwierig, reichten nicht aus, zumal sie bei uns von höchster Stelle, meinem Vater, bis hinunter zur Küche verpönt waren.« Die Lügen mußten echt wirken!

Hier ein anderes Beispiel einer Frau, die ihrer Schuldgefühle wegen dieses schreckliche Spiel, das uns als Wirklichkeit präsentiert wird, bis ins Erwachsenenalter nicht durchschauen konnte. Diese Patientin hatte Eltern, für die der Sinn des Lebens in ihrer hohen gesellschaftlichen Stellung bestand. Dieses Lebensziel zu verfolgen, erzogen sie auch allen ihren Kindern an. In diesem Schema hatte Angst keinen Platz, obwohl gerade die Mutter eine stete Quelle tödlicher Gefahren war. So pflegte sie – auch wenn sie ihre Kinder bei sich hatte – mit hoher Geschwindigkeit Auto zu fahren, sie baute Unfälle und entkam dem Tod häufig nur haarscharf. Dabei durfte sich aber keiner beklagen oder ängstlich sein. Alle mußten immer still und brav sein, denn dadurch sollten sie der Welt verkünden: »Bei uns ist alles prima.«

Bis zu ihrem zwölften Lebensjahr zeichnete sich das Diktat der elterlichen Erziehung auf dem Gesicht der Patientin ab: Ihr Gesichtsausdruck war wie eine Maske. Als sie noch als Jugendliche auf einem Faschingsfest nun wirklich eine Maske trug, merkte sie plötzlich, daß sie unter der Maske lieb lächelte. Dies war der Beginn einer wirklichen Rebellion.

Jahrelang – zum Teil mit Hilfe von Psychotherapie – rang sie darum, ein eigenes Selbst aufzubauen. Dies wurde erschwert durch ihr Abgespaltensein von dem Leid und der Trauer in ihrer Kindheit. Immer wieder tauchte der Terror einer Depression auf, in die sie hineingerissen zu werden glaubte, um dann zu sterben. Dies entsprach dem Sterben, dem sie entronnen war, indem sie sich mit einer kalten, lieblosen, aber durch ihr abenteuerliches Verhalten »aufregenden« Mutter identifizierte. Sich ihrem Schmerz von damals zu stellen und sich von dem »Aufregenden« ihrer Mutter zu distanzieren und es schließlich aufzugeben war ihr fast unmöglich, dann darin bestand ihr »Leben«. Erfolg und Tüchtigkeit, immer in Bewegung zu sein erlaubten ihr, diesem Schmerz auszuweichen. Die richtige Pose innezuhaben, das war das Wichtige. Sie trat ihrer Mutter bei, nicht durch deren autoritäres Gehabe, sondern indem diese das Verhalten ihrer Tochter durch Belohnung und »Lob« formte.

Christopher Lasch (1986) kommentiert in seinem Buch »Das Zeitalter des Narzißmus« diesen Vorgang genau. Statt durch Autorität wird das Kind durch »Verständnis« in die von den Eltern gewünschte Richtung gebracht. Diese Art von Grenzüberschreitung führt ebenfalls dazu, daß ein Kind das Eigene aufgibt. Nur: Was hier zusätzlich geschieht, ist, daß es noch schwieriger wird für ein Kind, die Wahrheit über seine Eltern zu erkennen. Solche Kinder können sich dann nur noch wehren, indem sie ihr Mitgefühl völlig abschneiden und alles ins abstrakte Denken verlagern. (Ich habe dies anhand von Paulas Geschichte ausführlicher im »Wahnsinn der Normalität« beschrieben: Gruen 1989, S. 118ff.)

Opfersein als Tarnung des Sterbens

Daß Menschen in ihrer frühesten Kindheit zu Opfern gemacht werden, kommt dem Erleben des Sterbens gleich. Das Idealisieren des Peinigers ist für Kinder ein Weg in ihrer Entwicklung, die überwältigende Angst auszulöschen. Häufig wird dieser Mechanismus begleitet von einem Verlegen des eigentlichen Schmerzes des Opfererlebnisses auf eine andere Ebene des Leidens, so daß sowohl das eigentliche Erleben als auch der es begleitende Terror unzugänglich gemacht werden. Das Verhalten, das daraus resultiert, sieht wie ein Opfersein aus, aber auf masochistischer Basis. Das will sagen, daß Menschen immer wieder Situationen entstehen lassen, in denen sie sich verletzt, verlassen, gedemütigt, mißbraucht fühlen, sogar von Partnern, Freunden oder Therapeuten. Da sich diese Verhaltensmuster dauernd wiederholen, spricht man von »Wiederholungszwängen«.

Damit wird leider – auch in Psychotherapien – oft verdunkelt, daß durch diesen offensichtlichen Wiederholungszwang der ursprüngliche Schmerz und Terror vermieden werden. Man bleibt in einem Gefühl des Opferseins gefangen. Durch dessen Gegenwärtigkeit entkommt man aber dem ursprünglichen Schmerz und dem schrecklichen, unerträglichen Erleben des Sterbens. Diese Widersprüchlichkeit ist nicht offensichtlich, wie es folgendes Beispiel veranschaulicht.

Eine Patientin, die im Bereich der Heilpädagogik tätig ist, erklärte, sie müsse einige Termine bei mir absagen, da sie einen Workshop über Identitätsbildung besuchen werde. Sie wollte diesen zusammen mit einem Professor an der Universität besuchen, den sie sehr bewunderte. »Ich habe Angst«, sagte sie, »daß ich, wenn ich da hingehe, bei Ihnen aufhören werde. Ich will das aber nicht.« – »Warum Angst?« fragte ich, und sie antwortete: »Weil ich das Gefühl habe, daß da hinzugehen etwas mit Feindschaft Ihnen gegenüber zu tun hat, und das ist nicht vereinbar mit der Therapie.«

Damit meine Antwort darauf verständlich wird, möchte ich zunächst den Lebenshintergrund dieser Patientin kurz schildern. Sie lebte immer in der Hoffnung, von einem »Mächtigen« auserwählt zu werden. Lange Zeit war dies ihre geheime Phantasie, die ursprünglich auf ihren Vater bezogen war. Doch von ihm »gewählt« zu werden hätte ihr Verhältnis zu ihrer Mutter gefährdet. Sobald sie auch nur annähernd versuchte, Gemeinsamkeiten mit ihm zu entdecken und aufzubauen, ließ ihre Mutter sie mit Verachtung wissen, wie sehr sie ihrem Vater gleiche. Ihr Vater dagegen ließ sie, im Gegensatz zu seinen Versprechungen, immer wieder fallen, gerade auch dann, wenn sie sich ihm anvertrauen wollte. Wenn sie etwas für sich selbst tun wollte, wurde sie von einem Elternteil beschuldigt, für den anderen Elternteil Partei zu ergreifen. So wurde ihr eigenständiges und verantwortungsvolles Verhalten nie gewürdigt. Statt dessen entstand bei ihr die immer überwältigender werdende Hoffnung: Wähle mich, und ich gehöre dir.

So entwickelte sich eine Opferrolle, die die Nicht-Liebe beider Eltern, die das eigentlich Verletzende für sie war, beiseiteschob und die darin bestand, sich immer wieder vergeblich zur »Wahl« zu stellen. Vergeblich deshalb, weil sie Männer und auch Frauen, die auf sie eingingen, verachtete und ablehnte, entsprechend ihrem niedrigen Selbstwertgefühl, dessen sie sich jedoch nicht bewußt war. Dagegen blieb sie bei Männern, die nicht auf sie eingingen und die sie ausnutzten, um sich ihnen zur Wahl zu stellen. Sie mußte es vermeiden, wirklich akzeptiert zu werden, denn das hätte sie dem Terror der Ablehnung und Verurteilung durch ihre Mutter noch einmal ausgesetzt. So lief sie vor jedem weg, der ihr entgegenkam, und fühlte sich ständig allein.

Ich verstand ihre Äußerung, der Therapie fernzubleiben, eventuell sogar die Therapie abzubrechen, als ihren unbewußten Versuch, mich dazu zu bringen, sie zu »wählen«. Mir war klar, daß nicht darauf einzugehen für die Patientin bedeuten würde, von mir im Stich gelassen zu werden. Deshalb sagte ich: »Oh, wie zu Hause, Mutti oder Papi sollen Sie doch endlich wählen, damit Sie nicht bei dem zu bleiben brauchen, was Sie selbst wollen.« Der letzte Teil meiner Antwort sollte ihr einen Ausweg aus dem »Gewählt-Werden« aufzeigen, der im Beziehen einer eigenen Position liegt. Doch ihre spontane Reaktion darauf war: »Jetzt bin ich allein. Ich fühle mich von Ihnen im Stich gelassen.«

Die Patientin war enttäuscht, weil ich – quasi der eine Elternteil – sie nicht gewählt hatte. Hätte ich es getan, hätte sie mir vorgeworfen, ich würde sie von ihrem Professor fernhalten – sozusagen der andere Elternteil.

An dem Verhalten der Patientin zeigt sich als erstes, daß sie dadurch, daß sie sich außer Reichweite hält, trotz ihres leidvollen Opferseins das Gefühl hat, ihr Leben im Griff zu haben. Indem sie allein bleibt, kann ihr niemand etwas anhaben. Daß sie Männern nachläuft, die nicht auf sie eingehen oder sie ausnutzen, bringt für sie eine Pseudo-Autonomie mit sich, mittels derer sie die ursprüngliche Hilflosigkeit ihrer Kindheit von sich fernhält. Gleichzeitig vermittelt ihr ihre Aufopferung für diese Männer ein Gefühl von Nähe.

Da der Patientin bei früheren Therapien der Vorwurf gemacht worden war, beziehungslos zu sein, kam das ursprüngliche Trauma einer ablehnenden Mutter und eines sie verletzenden Vaters darin nicht zur Sprache. In dieser Sitzung aber, in der sie sich mit dem Gefühl, von mir im Stich gelassen zu werden, auseinandersetzen mußte, konnte sie auf ihre eigentlichen Verletzungen, die sich für sie wie Sterben anfühlten, zurückkommen. In dieser Sitzung stellte sich ebenfalls heraus, daß sie, um »frei« zu bleiben und sich auf keinen festlegen zu müssen, zuvor zwei Therapeuten parallel aufgesucht hatte, die nichts voneinander wußten. Indem sie dafür gesorgt hatte, sich nie auf nur eine Beziehung festlegen zu müssen – wie im Fall ihrer beiden Therapeuten –, vermied sie die schwer verträgliche Hilflosigkeit ihrer Kindheit und fühlte sich zugleich als Herrin über ihr Leben. »Die Therapeuten waren für mich austauschbar. Ich hatte panische Angst davor, wirkliche Hilfe anzunehmen.«

Es war die Hilfe ihrer Mutter, die sie eigentlich bedrohte. »Mutter hatte solche Macht über mich. Es fühlte sich an, als wollte sie mir alles Eigene nehmen. Heute noch versucht sie es.« Indem sie von anderen »gewählt« werden wollte, stellte sie sich für immer außerhalb der Reichweite ihrer Mutter. Denn eigenständig zu werden hätte sie der Mutter, die keine Eigenständigkeit duldete, nur ausgeliefert. Am Ende dieser Sitzung sprach die Patientin zum ersten Mal davon, was sie in Wirklichkeit hätte werden wollen, nämlich Malerin. »Weil in meinen früheren Therapien immer wieder Thema war, daß ich doch Beziehungen aufnehmen sollte, brachte man mich immer wieder in die im Grunde terrorisierende Lage meiner Kindheit.«

Diese Patientin wiederholte ihr Opfersein, indem sie immer wieder von dem idealisierten Täter, der Mutter beziehungsweise dem Vater, oder dessen Stellvertretern »gewählt« werden wollte. Daß ihr aufopferndes Verhalten dieses »Erwählt-Werden« nicht herbeiführte, bestätigte ihr nur, daß sich nichts ändern konnte. Mit diesem »Ersatzleiden« konnte sie dem ursprünglichen Gefühl des Sterbens ausweichen. Es ist diese unerträgliche Hilflosigkeit, dieses Sterben der eigenen Möglichkeiten, dem sich Menschen nicht wieder aussetzen wollen, weil sie sich dann in die ausweglose Hilflosigkeit ihrer frühen Kindheit zurückversetzt fühlen würden. Das hat etwas mit der allgemeinen Unfähigkeit zu tun, sich der Lüge über die Liebe zu stellen. Die Flucht nach vorne, sogar in eine vergebliche Wiederholung von selbst verursachten Opferrollen hinein dient der Verneinung einer bereits erlebten Erfahrung des Todes.

Folgendes Beispiel führt noch einen Schritt näher an den Terror des frühen Sterben-Müssens heran. Die Patientin, um die es hier geht, war in ihrem Leben dem Suizid schon häufig nahe. Sie erkennt ihren Schmerz, kann ihn aber noch nicht ertragen, da ihre Identität noch nicht eigenständig ist. Sie hat Schwierigkeiten, jene Distanz zu ihrem Vater, aber vor allem zu ihrer Mutter zu entwickeln, die ihre eigene Identität festigen würde. Aber diese Distanz kann, wie Westermann (1994) es klar zum Ausdruck bringt, erst geschaffen werden, wenn berechtigte Aggression zum Ausdruck kommen kann. Die Patientin, siebenundzwanzig Jahre alt, ist im medizinischen Bereich tätig. Ich zitiere aus einer Sitzung zu Beginn der Therapie:

»Eigentlich weiß ich ganz genau, was für mich als Kind am schlimmsten war. Ich möchte noch mal versuchen, es zu erklären, denn ich bin nicht ganz sicher, ob es beim letzten Mal rübergekommen ist. Wenn meiner Mutter in den Sinn kam, wir Kinder hätten was gegen sie ausgeheckt, dann quetschte sie uns aus. Und zwar dermaßen, daß meine Schwester und ich uns hinterher immer wie ausgepreßte Zitronen fühlten. Ich hatte dann wirklich den Eindruck, daß von mir – von dem, was mich ausmacht – rein gar nichts übriggeblieben war. Als hätte sie mich völlig ausgeleert – als wäre nichts Eigenes mehr vorhanden. Sie führte regelrechte Verhöre durch, wobei sie uns einzeln ›vernahm‹. Dabei sparte sie nicht mit Kommentaren, was sie etwa von mir hielt. Von Menschen, die nur logen und nicht zu ihrer Mutter standen. Ich konnte den Haß und die Verachtung spüren, die sie mir gegenüber empfand.

Ich war immer vollkommen verzweifelt, weil ich nicht wußte, was sie eigentlich von mir hören wollte. Sie brachte mich dazu, ihr einfach bis ins Kleinste all das zu erzählen, von dem ich auch nur vermutete, sie wolle es hören. So hatte ich immer das Gefühl, jemanden verraten zu haben, auch mich selbst. Manchmal frage ich mich, wie ich das fünfzehn Jahre habe aushalten können. Als Kind habe ich mir so oft gewünscht, daß das alles nur ein böser Traum wäre; daß ich am Morgen erwachen würde und daß dann alles vorbei wäre. Diese Verzweiflung – ich spüre sie heute noch so intensiv wie damals –, dieses Sich-Hingeben an ein unvermeidliches Schicksal. Diese Ohnmacht, diese Hilflosigkeit. Manche sagen, daß die Zeit alle Wunden heile. Doch jetzt bin ich schon zwölf Jahre von zu Hause fort, und der Schmerz ist immer noch da. Ich habe sogar den Eindruck, die Intensität ist auch gleich geblieben.

Und ich merke immer wieder, daß ich vor diesem Schmerz Angst habe. Ich habe solche Angst, ihn zuzulassen. Ich habe Angst, mich zu fühlen wie damals als Kind, so klein, so hilflos, so verletzt, voll Trauer, voll Wut, voll Haß. Wenn ich ihn zuließe, würde ich die Kontrolle über mich, über meine Gefühle verlieren. Wenn ich den Schmerz fühlen würde, würde ich nur heulen. In Ihrer Gegenwart darüber zu weinen wäre mir noch peinlicher als sonst. Ich weiß, es würde schrecklich weh tun. Nur der Gedanke daran bringt mich jetzt schon zum Weinen. Bestimmte Dinge aus meiner Vergangenheit schmerzen mich so, daß ich nicht darüber sprechen kann. Da ist einfach Sprachlosigkeit. Bei so viel Schmerz haben Worte einfach keinen Platz. Ich scheine dann nur noch aus Schmerz zu bestehen.

Was bringt es, den Schmerz noch einmal zu fühlen? Er könnte mich überschwemmen. Ich habe mich mal gefragt, was übrigbleiben würde, wenn ich all den Schmerz rausließe, der in mir ist. Wie wird man den Schmerz los, wie kann ich ihn loswerden? Wenn ich als Kind hingefallen bin und mir weh getan habe, gab es keinen Trost. Im Gegenteil, ich durfte nicht weinen und wurde obendrein gerügt, weil meine Hose schmutzig geworden oder kaputt gegangen war. Daß ich mich verletzt hatte, war ohne Bedeutung. Ich blieb mit meinem Schmerz allein. Meist gab es sogar noch eine Tracht Prügel, entweder weil ich nicht aufhörte zu weinen oder weil etwas kaputt gegangen war. So wurde ich noch zusätzlich bestraft.

Ich wollte immer, daß meine Mutter mich liebt. Ich schaffte es nie. Heute habe ich manchmal den Eindruck, daß ich immer noch darauf warte, daß sie mich liebt, obwohl ich ganz genau weiß, daß das nie so sein wird. Es ist schwer für mich, mit dieser Wahrheit leben zu müssen: Meine Mutter liebt mich nicht, hat es nie getan und wird es auch in Zukunft nicht tun.«

Zehn Monate später hat sie einen Traum: »Meine Mutter wohnt bei mir. Ich weiß nicht, warum. Aus irgendeinem Grund muß ich meine Wohnung verlassen. Ich möchte sie dort aber nicht allein lassen. Ich habe Angst, daß sie herumschnüffelt. Ich verstecke deshalb meine Briefe und alle meine Tagebuchaufzeichnungen. Ich habe große Angst, daß sie darin liest.«

Ein Schnitt, unmittelbar darauf diese Traumszene: »Plötzlich läuft meine Mutter mit einer Pistole hinter mir her. Ich weiß, sie will mich töten. Ich laufe davon, aber sie ist immer knapp hinter mir. Dies alles spielt sich auf der Straße ab, in der ich als Kind lebte.«

Dann diese Traumszene: »Im OP des Krankenhauses X. Meine Mutter will sich umbringen. Alle Umstehenden sind einverstanden. Sie hängt sich ein Elektrokabel um den Hals und schaltet ein Gerät ein. Plötzlich bin ich selbst meine Mutter. Ich spüre den Stromschlag, meine Zunge wird trocken und schwillt an. Meine Kiefermuskulatur ist total verkrampft. Ich warte auf den schmerz- und todbringenden Stromschlag.«

Wieder ein Schnitt: »Ich fühle mich krank und erschöpft. Ich weiß, ich muß zur Arbeit ins Krankenhaus. Ich bin spät dran und nehme deshalb die Straßenbahn. Aber ich weiß plötzlich nicht mehr, wo ich aussteigen muß. Als ich den Fahrer frage, sind wir schon vorbeigefahren.«

Die Identifikation mit ihrer Mutter steht der Patientin bei der Entwicklung ihrer eigenen Identität noch heute im Weg. So versucht sie immer noch – trotz vieler Einsichten –, ihre Wünsche nach besseren Eltern an unbefriedigenden Objekten festzumachen. Dies wird sich erst mit einer aggressiven Distanzierung von ihren Identifikationen ändern. Jedoch das Ausmaß der Angst und der Trauer, die erlebt werden müssen, damit sie erfahren kann, daß sie diesmal nicht sterben wird, sind noch zu groß. Erst wenn sie jene Distanz zu ihren Bedrohern schaffen kann, mit Hilfe derer sie sich ihre eigenen Grenzen bestätigen und sichern kann, wird dies möglich werden. Und sie traut sich immer noch nicht, mir zu erlauben, sie auf diesem Weg zu begleiten. Es wäre die Begleitung, die sie als Kind hätte haben sollen, um die Hilflosigkeit überwinden zu können. Es ist die fundamentalste Aufgabe jeder Therapie, dem Patienten durch Begleitung zu ermöglichen, seinen Terror als überwindbar zu erleben. Sonst bleibt er Opfer, um damit das endgültige Sterben von damals zu tarnen und fernzuhalten.

Beziehung und Bindung sind nicht dasselbe

Die zuletzt erwähnte Patientin erkennt ihren Haß und dessen Ursprung in der Verbindung zu ihrer Mutter. Sie wird aber weder mit dem Haß noch mit der Bindung zu ihrer Mutter fertig. Sie fühlt sich schuldig und kann sich nicht von dieser destruktiven Mutter lösen. Vielen, die durch Grenzüberschreitungen verletzt wurden, ergeht es so: Sie können sich nicht von der Person, die ihr wachsendes Selbst verwundete und an seiner Entfaltung hinderte, trennen. Im folgenden möchte ich zeigen, daß man sich so lange nicht von seinen Eltern trennen kann, solange der Wunsch nach einer besseren Mutter beziehungsweise einem besseren Vater die Bindung zu den aktuellen Eltern aufrechterhält. Das passiert immer dann, wenn keine alternativen Quellen echter Liebe erschlossen werden können

Wir nennen jegliches Bindungsverhalten eine »Beziehung«. Und wir gehen ganz selbstverständlich davon aus, daß wir in einer »Beziehung« zu unseren Eltern heranwachsen. Folglich sehen wir auch unsere Kindheitserlebnisse im Licht dieser Annahme. Aber trifft sie auch wirklich zu? Was müssen wir mit dem Wort und dem Begriff »Beziehung« eigentlich verbinden? »Beziehung« ist eine Interaktion, die von einem Austausch gekennzeichnet ist, wobei Austausch eine Wechselwirkung zwischen Individuen bedeutet, die eigene Grenzen haben, die gegenseitig respektiert werden.

Ist nun das, was wir unter »Beziehung« verstehen, immer auch eine Beziehung? Dann muß sie den Austausch beinhalten. Oder verwechseln wir »Beziehung« mit »Bindung«? Beide Begriffe sind keineswegs synonym, wenn sie auch miteinander zusammenhängen. »Bindung« meint gegenseitig abhängiges Verhalten. Ein Säugling ist an seine Mutter – beziehungsweise eine Bezugsperson – gebunden zur Befriedigung seiner (über)lebensnotwendigen Bedürfnisse. Ob sich aus dieser Bindung eine Beziehung entwickelt, hängt davon ab, ob der Erwachsene bereit ist, das Kind als eine eigenständige, mit ihm kommunizierende Person wahrzunehmen. Die Arbeiten von Cramer (1989), Lebovici (1990) und Stern (1992) beschreiben diesen Vorgang der Beziehungsentwicklung – dagegen beharren die älteren, meist psychoanalytisch ausgerichteten Arbeiten auf der

Exklusivität eines Bindungsverhaltens, das sie aber »Beziehung« nennen.

Das Phänomen der Grenzüberschreitungen und seiner Auswirkungen auf das Eltern-Kind-Verhältnis bleibt, weil von Beziehung statt von Bindung ausgegangen wird, vollkommen unberücksichtigt. Die Terrorisierung des Kindes und was diese für seine Möglichkeit, eine wirkliche Beziehung aufzubauen, bedeutet, wird unter dieser falschen Voraussetzung gar nicht erst in Betracht gezogen. Alice Millers (1979) großes Verdienst ist es, dies bekämpft zu haben. Dennoch erkennt das psychoanalytische Establishment nur zögernd, wenn überhaupt, daß eine Bindung, die auf Angst basiert, die Entwicklung eines autonomen Selbst verhindert. Bei einem Buch wie »Die neuen Narzißmustheorien« (Modena 1981) bemerken wir, daß sogar Psychoanalytiker eine tiefsitzende Scheu haben, die konformistische Vorstellung, daß alle Eltern gut seien und wir deswegen immer von einer Beziehung ausgehen können, in Frage zu stellen.

Austausch ist der Sinn einer Beziehung. Eine Beziehung kann nur zustandekommen, wenn Eltern das lebendige Wesen in ihrem Kind um seiner selbst willen schätzen, und nicht, wenn das Kind sie in ihrem Wert als Eltern bestätigen soll. Was häufig als Austausch angesehen wird, ist in Wahrheit ein Spiel, in dem Opfer und Unterdrücker vorgegebene Rollen spielen. Der Stärkere zwingt dem Schwächeren sein Wesen auf, und der Unterdrückte muß sich zu alledem noch dankbar zeigen. Seine Dankbarkeit täuscht alle, und zudem tarnt sie die Angst, die das Opfer dazu bringt, in diesem schrecklichen Spiel mitzumachen. Wir leugnen die Angst-Bindung und nennen sie statt dessen Beziehung. Damit machen wir uns alle blind, um nicht die Zivilisation und ihre Sichtweisen anzuprangern.

In dem Maß, in dem Eltern hierbei mitmachen, in demselben Maß erleben wir Angst. Aber diese Angst kann nicht wahrgenommen werden, weil sie nicht wahrgenommen werden darf. Dadurch würde nämlich die Lüge um die Liebe entlarvt werden. Dazu ein Beispiel: Ein amerikanischer Freund wird während seiner Gastprofessur an einer deutschen Universität von einem Kollegen zum Abendessen eingeladen. Das Abendessen findet bei den Eltern des deutschen Kollegen statt, dessen Vater emeritierter Professor ist. Dort vollzieht sich eine erstaunliche Verwandlung mit dem Einladenden: »Er war plötzlich nicht mehr der erwachsene Gelehrte, den ich kannte, sondern ein kleiner, gehorsamer Bub, der nur sprach, wenn sein Vater es genehmigte.« Es kommt uns niemals in den Sinn, Mythen über unsere Eltern in Frage zu stellen. Desgleichen ist aus den weiter oben zitierten Studien von Roskam und Bluvol ersichtlich, daß angepaßte und erfolgreiche Studenten kein realistisches, sondern nur ein idealisierendes Bild von ihren Eltern haben.

Häufig sind Eltern wie Kinder in der Gestalt von Erwachsenen, unfähig, den Bedürfnissen ihrer Kinder zu begegnen, weil ihre Eltern es wiederum versäumten, ihren Bedürfnissen als Kindern zu begegnen. Ob daraus beim Kind eine Angstbindung entsteht und wie stark diese ist, hängt davon ab, ob das Kind alternativ dazu eine Beziehung erlebt, die auf Liebe und Verständnis gründet. Letztere relativiert die Abhängigkeit des Kindes von seinen Eltern und damit auch die Angst.

Von welch unvermuteter Seite manchmal Hilfe naht, veranschaulicht noch einmal die aufschlußreiche Biographie von Ludwig Greve (1994). Greve ist als Vierjähriger mit Mutter und neugeborener Schwester auf den Straßen von Berlin unterwegs. »Auf der Straße, im Sonnenschein, schrie das Baby, bis die Mama die Kontenance verlor und es ihrerseits anschrie. Ich fühlte mich zum Ritter aufgerufen und ging, vier Jahre groß, mit Fäusten auf sie los. Einmal genügte, sie scheute wohl das Aufsehen, ließ von meiner Schwester ab und schob den Wagen, vor sich hinsehend, die Masurenallee hinunter, daß ich kaum Schritt halten konnte. Am Reichskanzlerplatz meditierte ein älterer Schupo, die Hände auf dem Rücken, am Rande des Bürgersteigs, auf den steuerte sie zu. ›Herr Wachtmeister, sehen Sie sich diesen Lümmel an: Er hat die Hand gegen seine Mutter erhoben. Was für eine Strafe hat er verdient?‹ – ›Erhoben‹, das sagte sie wörtlich. Und der Wachtmeister: ›Sie dumme Frau, Sie‹, herrschte er die Dame im Schneiderkostüm an, ›was machen Sie dem Jungen Angst vor uns? Wenn er mal Hilfe braucht, an wen soll er sich dann wenden?‹ Er zwinkerte mir merklich zu. ›Nehmen Sie Ihre Kinder und gehen Sie nach Hause.‹«

Andere zu Unterlegenen zu machen war – gemäß der Studie von Roskam und Bluvol – das, was den konformistischen Studenten ein Gefühl von »Autonomie« gab. Genau wie ihre Eltern erleben sich Kinder erst dann als wertvoll, wenn sie andere – etwa wiederum ihre Kinder – zu Unterlegenen machen. Der Wachtmeister in Greves Geschichte durchkreuzte diese Absicht von Ludwigs Mutter. Erlebnisse wie dieses können für ein Kind wichtig sein bei seinem Ablösungsprozeß von dem Erwachsenen, von dem es abhängig ist. Doch dort, wo Kinder sich nicht aus der Angstbindung lösen können, klammern sie sich an die Hoffnung, daß es besser werden könnte. So, wie die Patientin, die an ihre Mutter gebunden blieb, es zum Ausdruck brachte: »Ich warte immer noch drauf, daß sie mich liebt.«

Diese Hoffnung führt zu einer eigenartigen Spaltung: Neben der in Wirklichkeit angsterregenden Mutter, dem angsterregenden Vater entsteht im Kind eine Phantasie einer Mutter beziehungsweise eines Vaters, die/der seine wirklichen Bedürfnisse akzeptiert und erfüllt. Diese beiden Personen existieren nebeneinander, ohne daß es beim Kind ein Bewußtsein für den Widerspruch zwischen beiden gibt. Durch diese spaltende Phantasie bleiben Kinder – und später Erwachsene – für immer mit der unterdrückenden und ablehnenden Seite ihrer Mutter beziehungsweise ihres Vaters verbunden. Aber ebenso schützt dieses Phantasieren das Kind vor der Depression und dem Terror, den die Erkenntnis der Wahrheit auslösen könnte.

Aber aufgrund der Spaltung bleibt diese Hoffnung an die unbefriedigenden Eltern gebunden. Aus diesem Grund bestehen Menschen darauf, daß die verletzenden Eltern es sind, die sie anerkennen und bestätigen sollen, ohne zu erkennen, daß sie die Fähigkeit dazu nicht haben. Deswegen kann sich auch die Patientin nicht wirklich von ihrer Mutter trennen und ihre berechtigten aggressiven Gefühle gegenüber der Mutter nur als Vorwurf ausdrücken, in der Absicht, sie zu ändern. Weil aggressive Gefühle nicht ausgedrückt werden können ohne den Wunsch, die Eltern zu ändern, kann Aggression als solche nicht ausgedrückt werden. Mit anderen Worten: Der Ausdruck von Aggression ist behindert, weil man Aggression nur ausdrücken kann, wenn sie etwas bewirkt. Alles andere wird als Niederlage empfunden, als ein Sich-Begeben in die Macht des anderen.

Diese Empfindung stellt sich aber nur da ein, wo der Ausdruck von Aggression – seitens der Eltern – schon immer mit einem Machtspiel gegenüber dem Kind assoziiert ist. So wird es unmöglich, einfach aggressive Gefühle auszudrücken, es sei denn, man hat die Macht, den anderen zu ändern. So kommt es dazu, daß wir alle zum Vorwurf greifen, um durch Schuldzuweisung den anderen zu bewegen. Dann ersetzt Schuld den Ausdruck von Aggression und leugnet diese Aggression zugleich. Das Ergebnis ist ein bei allen Beteiligten vorherrschendes Gefühl, Opfer zu sein.

Solche »Aggression« bringt nur dann »Erlösung«, wenn sie etwas bewirkt, etwa, den anderen zu ändern. Deshalb ist durch diese Art von »Aggression« keine wahre Distanzierung zu verletzenden Eltern möglich. Die Abhängigkeit bleibt weiterhin bestehen, trotz scheinbarer Rebellion. Der Haß auf die schlechte Mutter existierte in der oben erwähnten Patientin. Sie drückte ihn auch aus, aber nur mit dem Ziel, die Mutter zu ändern. Deswegen bleibt sie an die Mutter gebunden. Sie ist nicht in der Lage zu erkennen, daß sie tief in ihrem Inneren etwas von der Mutter möchte, diese aber unfähig ist, es ihr zu geben. Doch wenn man nichts bewirken kann, entsteht das Gefühl absoluter Ohnmacht. Solche »aggressiven« Gefühle auszudrücken befreit in diesem Fall nicht – denn man glaubt, man muß den anderen ändern können. Spaltung und Bindung erhalten die Illusion aufrecht, daß man die eigene Lage einmal ändern kann, ohne das Familienmuster aufzugeben.

Der Rebell und der Angepaßte

Bei diesem Vorgang passiert noch etwas anderes. Da unser rationales Denken weitgehend von unserem affektiven Erleben abgespalten ist, kann sich ein Kind bewußt von seinen Eltern trennen, jedoch seine tiefere Abhängigkeit von ihrer Anerkennung und Bestätigung kann von dieser Trennung nicht berührt werden. Ein Kind, Jugendlicher oder Erwachsener kann sich bewußt gegen seine Eltern auflehnen, unbewußt verbirgt sich hinter seiner Auflehnung die Angst vor der verleugneten Abhängigkeit. Hinter dieser Angst steckt die noch tiefere Angst vor den eigenen, unerfüllt gebliebenen Bedürfnissen nach Zuwendung, die das Kind so abhängig von den Eltern machten.

Die »Beziehung« zu den Eltern kann also auf der Oberflächenebene abgebrochen werden, ohne daß die darunterliegende Angstbindung unterbrochen wird. Da die Angstbindung nie eine wahre Beziehung entstehen ließ, kann auch der Verlust der Eltern nicht erlebt werden. Ein Verlust kann erst erlebt werden, wenn eine Trennung möglich ist. Daß jedoch eine Trennung möglich ist, setzt wiederum die Existenz einer Beziehung voraus, das heißt also die wahre Anerkennung des anderen als Menschen mit allen seinen Stärken und Schwächen. Dies ist aber in einer Angstbindung, in der die Eltern als bedrohliche Mächte erlebt werden, nicht möglich.

Hier liegt also das Problem des Rebellen wie auch des Angepaßten als desjenigen, der nie rebellierte, weil er sich von vornherein auf die Seite seiner Unterdrücker schlug und sich aus seiner Hilflosigkeit heraus mit ihnen identifizierte.

Der Rebell, der sich innerlich nicht von seinen Eltern trennen konnte, kann nicht mit ihnen abschließen, kann den Verlust der Eltern nicht erleben und auch nicht verarbeiten und bleibt deshalb weiterhin mit ihnen verhaftet. Sich tatsächlich trennen zu können, setzt Trauerarbeit voraus, die den Rebellen zu seiner Menschlichkeit zurückführen würde. Dazu bräuchte er allerdings Kraft, die viele leider nicht aufbringen. Deshalb ziehen sie ein Leben vor, das der Abstraktheit einer Ideologie gewidmet ist, die vorgeblich dem Menschlichen, in Wirklichkeit aber dem Unmenschlichen dient.

Der völlig Angepaßte und Konforme lebt dagegen in einer anderen Art von Spaltung. Bei ihm ist der Ansatz zu einer eigenen Identität völlig ausgelöscht. Er kann nur bestehen durch die »Identität«, die er aus seiner Identifizierung mit dem Aggressor erhält. Solche Menschen können nie wirklich trauern, da sie nie einen Menschen in seiner Individualität erleben konnten und so nie den Verlust eines Menschen erleben können (siehe auch Nienstedt und Westermann 1990). Was er statt dessen erlebt – wenn etwa ein idealisierter Elternteil oder eine diesem vergleichbare Autoritätsperson verschwindet, stirbt oder ihn enttäuscht –, ist eine Art von Amputation. Der Verlust verringert das, was ein solcher Mensch als sein Selbst erlebt, nämlich die Identifikation mit dem Aggressor.

Der ehemalige amerikanische Präsident Ronald Reagan berichtet in seiner Autobiographie (1982) davon, eine solche Amputation erlebt zu haben. Er durchschaute seine Identifikation als ein Rollenspiel, das andere erdacht hatten, und fühlte sich deswegen wie ein Halbautomat: »Jetzt war ich zu einem Halbautomaten geworden, der eine Rolle ›gestaltete‹, die ein anderer erdacht hatte (...) Das (war) der Grund, weshalb ich mich auf die Suche nach dem Rest von mir (machte).« Aber seine Suche führte ihn nicht zu seinem eigenen Selbst, sondern dazu, der inneren Angst durch eine Projektion habhaft zu werden. Und so begann er einen halluzinatorischen Kampf gegen vermeintliche Kommunisten in der amerikanischen Filmindustrie. Den wahren Feind, die Angstbindung zu seinen Eltern, vermochte er nicht zu erkennen, statt dessen projizierte er seine Feindseligkeit auf die Kommunisten – wirkliche oder vermeintliche Rebellen. Mit ihrer Bestrafung brachte er sich selbst in Sicherheit, denn sie hatten sein rebellisches Wesen, das er zu hassen gelernt hatte, herausgefordert.

Diese innere Verzerrung kommt folgendermaßen zustande: Vor die real erlebten schlechten Seiten der Eltern muß das Bild von den guten Eltern geschoben werden. Die Vision von der wirklich guten Mutter und dem wirklich guten Vater, von denen das Kind geträumt hat, ist verbunden mit der Erinnerung an die Verzweiflung und wird dadurch als Bedrohung der psychischen Existenz empfunden. Diese Ambivalenz ist unerträglich. So hält das Kind mit Inbrunst an dem von den Eltern geschaffenen Mythos von der absoluten Elternliebe fest. Aber die Zeitbombe der inneren Malaise tickt weiter, und die Wut auf das eigene, verworfene und in der Verbindung mit solchen Eltern als bedrohlich erlebte Selbst verlangt nach einem Ventil. Also revoltiert dieser Mensch, nicht gegen die Autorität per se, sondern gegen jene, die als »schwach« empfunden werden. Diese Revolte erlaubt die Freisetzung des Hasses auf sich selbst, denn die Zerstörung des Schwachen kann als gute Tat ausgegeben werden, ohne daß jedoch die alldem zugrundeliegende Lüge über die »guten« Eltern davon berührt wird. Daß der äußere Feind in den gewalttätigen Auseinandersetzungen in der Regel ein Mann ist, verleiht der unterschwelligen ödipalen Verteidigung der Mutter gegen den Vater zusätzlich symbolischen Ausdruck.

Interessanterweise erlaubt der äußere Feind diese zusätzliche Verdrehung der eigentlichen Situation. Dieser äußere Feind verkörpert den schlechten Vater, den die Mutter insgeheim als überlegen, mächtig, übermenschlich und böse erlebt und deshalb gehaßt und gefürchtet hat. Der reale Vater war wohl böse und autoritär, aber eigentlich war er schwach, wie Pilgrim (1986) dies in seiner Studie über Männer wie Hitler, Stalin und Napoleon belegt. Aber als guter Vater gilt nicht der, der zur Erkenntnis der Wahrheit verhilft, sondern der, der den inneren Konflikt erspart, der autoritär und gewaltig ist und der den Retterphantasien der Mutter entsprach. Und so »revoltieren« die extrem rechten Rebellen *für* den wahrhaft autoritären Vater, der Destruktivität erlaubt und vom Kampf mit dem eigenen Gewissen befreit. In diesem Fall ist der als gut erlebte Vater in Wahrheit der böse Vater, der den Rest dessen, was bei der Mutter einmal als gut erlebt wurde, vernichtet und dadurch die ersehnte, aber gefürchtete Liebe zerstört.

Man könnte den Unterschied zwischen den linken und den rechten Rebellen auf folgenden Nenner bringen: Der linke Rebell fürchtet die Liebe, weil er sonst zugeben müßte, daß er in seinen Forderungen nach Gerechtigkeit die Liebe seiner Mutter sucht. Der rechte Rebell dagegen haßt die Liebe, weil er sonst zugeben müßte, daß er von seiner Mutter nie um seiner selbst willen, sondern nur als ein gegen den Vater eingesetztes Instrument geliebt wurde. Der linke Rebell glaubt, auf die Liebe verzichten zu können, der rechte glaubt, daß diese ihm zuteil wurde. Zu dem Unterschied in ihren politischen Einstellungen führt, daß der linke Rebell auf den Versprechungen der als gut erlebten Mutter besteht, während der rechte auf der Anerkennung durch die schlechte Mutter beharrt. Beide übersehen allerdings, daß sie die Mutter und den Vater sowohl als schlecht als auch als gut erlebt haben. Beide sind verletzt worden, und beide wehren sich gegen die Hilflosigkeit und die Verzweiflung, indem sie ihre Gefühle für Liebe aufgeben. Der rechte Rebell aber leugnet seinen Gefühlsverlust, indem er das Schlechte zum Guten erklärt.

Noch einmal: Bindung und Beziehung sind nicht selbstverständliche, miteinander verflochtene Vorgänge. Wenn sich eine Bindung nie zu einer Beziehung wandelte, wird der Verlust des Gegenübers nie als Verlust, sondern als Amputation erlebt. Der Abbruch einer Verbindung heißt nicht notwendigerweise auch Aufbrechen der unbewußten Bindung. Solange diese unbewußte Bindung weiterbesteht, war die Verbindung nie eine wahre Beziehung. Ersichtlich ist dies – wie in Reagans Fall – im Erleben des Verlusts als Amputation. Anstatt des wahren Abbruchs einer Beziehung kommt in solch einem Fall ein unbewußter Verlust zustande, den man jedoch nicht der weiterbestehenden Bindung zuschreibt. Nienstedt und Westermann (1990) beschreiben dies sehr eindeutig in ihrer Studie über traumatisierte Kinder. Sie schreiben, daß dann Wut und Zorn demjenigen gegenüber ausgelöst werden, den man verloren hat: »Dann liegen Liebe und Haß unversöhnlich nebeneinander.« Man kann dann sagen, daß *die Liebe hier im Haß* ist.

Diese Überlegungen zwingen zu einer Schlußfolgerung: Man kann von Beziehung und folglich auch vom Verlust einer Beziehung erst dann sprechen, wenn ein Mensch sich so entwickeln konnte, daß er der ihn bemutternden Person als Ebenbürtiger gegenübertreten konnte. Erst wenn der Verlust der Verlust eines wirklichen Liebesobjekts ist, zu dem eine Beziehung zustandegekommen war, kann Trauerarbeit stattfinden. Dagegen kann Trauerarbeit nicht stattfinden, wenn »Beziehung« sich aus einer Identifikation mit dem Aggressor ableitete. – Übertragen auf die Politik bedeutet dies, daß Nationen und Völker nicht über den Verlust ihres Gewissens trauern können, wenn ihr Sozialisierungsprozeß auf Anpassung und nicht auf einer autonomen Entwicklung basierte. – Nienstedt und Westermann folgern daraus, daß das Wahrnehmen und das schmerzliche Akzeptieren eines Verlustes und die daraus folgende schrittweise Lösung aus der Bindung an ein Objekt nur zustandekommen können, wenn die unrealistischen Hoffnungen auf Wiedervereinigung mit einem unerreichbar gebliebenen Objekt nicht unterstützt und verstärkt werden. Doch das ist es, was eine Identifizierung mit dem Aggressor verunmöglicht.

»Die Fähigkeit, mit Verlusten fertigzuwerden, oder die ›Unfähigkeit zu trauern‹ hängen also ab von der Art, wie das Kind geliebt wurde. Wenn es in erster Linie als Mittel geliebt wurde, das nur dazu diente, das eigene schwache Selbstwertgefühl aufzuwerten, indem es die Ideale der Eltern erfüllen soll, oder wenn es dazu diente, der Mutter soziale Anerkennung zu verschaffen, um ihr Sicherheit in einer sozial anerkannten Rolle zu geben, wird Ablösungsarbeit verhindert.« Die einzige Art von Trauer, die dann stattfinden kann, ist eine verfälschte, nämlich Selbstmitleid. Man fühlt sich als Opfer, weil man ja amputiert wurde. Um aus dieser Verwirrung auszusteigen, muß man erkennen können, was man als Kind tun mußte, um eine fürchterliche Angst zu überleben. Hier aber greift das Schuldgefühl ein, mit dem ein Kind seine Angst zu bewältigen versuchte und auch überwand. Mitscherlich (1983) beschreibt dies so: »In der Ohnmacht seiner Lage empfindet (...) das Kind (seine Angst als seine Bestrafung und) als überwältigendes Erlebnis seiner Schande, seiner Schuld, die ihm die Liebe und den Schutz der Eltern geraubt hat.«

Ein derart gepeinigtes Kind weiß nicht mehr, wer es selbst ist, weil es nie es selbst sein durfte, sondern nur das, was andere von ihm erwarteten. Nur wenn es sich mit dem Aggressor identifiziert und es die Schuld auf sich nimmt, kann es noch auf Besserung seiner verzweifelten Lage hoffen. Um diese Problematik in einer Psychotherapie aufzuarbeiten, muß diese alte Angst – der Terror, den ein Kind als

Vernichtung seiner selbst erlebte – erneut durchlebt werden. Dies ist harte Arbeit sowohl für den Patienten als auch für den Therapeuten. Ralph Greenson schrieb über die Gefahren, denen der Therapeut dabei ausgesetzt ist: »Wenn der Therapeut nicht mit seinen eigenen tieferen Erlebnissen im reinen ist, wird er sich wahrscheinlich gegen potentielle persönliche Turbulenzen wehren, indem er eine forsche exekutive Haltung einnimmt – er wirkt dadurch aber kontraproduktiv zur Therapie (countertherapeutic)« (Cox 1982). Dadurch wird aber die therapeutische Arbeit zunichte gemacht. Viele Therapeuten kollaborieren mit dem terrorisierten Kind in ihren Patienten. Dadurch stehen beide aber weiterhin auf der Seite ihrer eigenen Unterdrücker.

Die Geschichte eines meiner Patienten (Gruen 1969) spiegelt dies wider. Als dieser Patient als Vierunddreißigjähriger zu mir kam, hatte er schon eine Analyse hinter sich. Er fühlte sich aber weiterhin leer. Sehr schnell stellte sich heraus, daß die Entfaltung seines Selbst dadurch verhindert worden war, daß er eigene Interessen und Bedürfnisse aufgeben mußte, um sich die Zuwendung und Liebe seiner Mutter zu sichern. Solange er mit seinem Verhalten ihren Vorstellungen von einer gleichsam göttlichen Einheit zwischen Mutter und Sohn entsprach, erhielt er Liebe. Wenn er seinen eigenen Interessen und Entdeckungen nachging, zog sie sich zurück, wurde kalt und deprimiert. Seine aggressiven Reaktionen ihr gegenüber stellte er sehr früh ein, da sie darauf mit Entfernung, das heißt Kälte und wütender Depression reagierte. So war jegliche aggressive Regung in ihm alsbald von einer Furcht vor sich selbst begleitet. Er verwandte all seine Sensibilität darauf, jeden ihrer Wünsche zu erahnen und anschließend zu erfüllen, bevor seine Mutter diesen überhaupt aussprechen konnte. Indem er auf diese Weise innerhalb seines eigenen Systems blieb – er gab sich nur so, wie sie ihn wollte –, blieb er außerhalb ihrer Reichweite. Bei der Analyse seiner Übertragungsreaktionen konnte er deshalb sagen: »Sie können mich nicht berühren, wenn ich so bin, wie sie es wünschen.« Indem er seine eigenen Handlungen nie preisgab, sondern sich nur gemäß den Erwartungen anderer zeigte, fühlte er sich unverwundbar und unberührbar.

Seine Identifikationen dienten demselben Zweck. Da er sich mit der Optik seiner Mutter und seines Vaters identifizierte, waren seine eigenen Gefühle nie involviert. So erlebte er zum Beispiel die Angst seiner Mutter und die seines Vaters, aber nie seine eigene. Er sah den

Vater als monströses, wütendes Biest, aber nicht als einen Menschen, der sich für ihn engagierte. Indem er gegenüber seinem Vater aus einer depersonalisierten Ecke heraus agierte, war er nie er selbst. Die »Analyse« seines Ödipuskomplexes während der ersten Analyse, der er sich unterzogen hatte, geschah aber so, als ob sein eigenes Selbst existiere. Dadurch blieb aber seine persönliche Insubstantialität verschleiert, ebenso wie die verkrüppelte Entwicklung seines Selbst.

Selbstverständlich machte der Patient auch dabei mit. Während der ersten Analyse interpretierte der Analytiker einen Traum, in dem die Gefühle des Patienten über den Verrat seiner Mutter emporstiegen – diese hatte sich in der Tat von ihm entfernt, als er sie als Säugling am meisten benötigte –, als ödipalen Kommentar über seinen Vater. In dessen Interpretation war es nicht die Mutter, die ihn verlassen hatte, sondern des Vaters Macht, die dies herbeigeführt hatte. Und der Patient ließ ihn gewähren, weil der Analytiker ihn dadurch nicht berühren konnte: »Wie Mutter damals verstand auch er mich nicht. Aber seine Liebe – wie die der Mutter – glaubte ich im Griff zu haben, wenn ich mich ihm fügte.« Erst als er seine Wut auf seine Mutter und seine ihn überwältigende Angst, von ihr getrennt und allein zu sein, erleben konnte, begann er, der Welt eigeninitiativ gegenüberzutreten.

Ideale und Idealisierungen und deren politische Konsequenzen

Was sind Ideale in einer Welt, in der Ideale durch das Idealisieren von Unterdrückern zustandekommen? Wir glauben uns auf der Suche nach dem Guten, sind aber an das Böse gebunden, weil es uns dazu brachte, uns selbst abzulehnen. Solange wir aber dieses Opfer in uns verneinen müssen, um ein positives Bild des Unterdrückers zu bewahren, werden wir vergeblich dem Guten in der Form des Bösen hinterherjagen. Ideale können nicht verwirklicht werden, solange wir uns dem in unserer Vergangenheit erlebten Terror und dem Schmerz nicht stellen. Der alltägliche Weg, auf dem wir diese unmögliche Vergangenheit ständig wiederholen, ist unsere Jagd nach Liebe. Wir haben eine Vorstellung von der idealen Frau beziehungsweise dem idealen Mann, suchen sie aber in Formen, die einen ganz anderen Bezug haben.

Ein Kollege, klinischer Psychologe, hatte als Offizier der amerikanischen Armee in Südkorea gedient. Er kam mit einer koreanischen Frau zurück. In dem Krankenhaus, wo wir beide arbeiteten, hatte er mir und den Kollegen oft von seiner Mutter erzählt, die er wegen ihrer bevormundenden und besitzergreifenden Art haßte. Als er uns Kollegen alle einmal zu sich nach Hause einlud, waren wir wie vor den Kopf geschlagen: Seine Frau war in ihrer Art ganz offensichtlich genau so wie seine narzißtische und bevormundende Mutter. Bloß sah sie ganz anders aus als seine italienische Mutter. Da sie asiatische Gesichtszüge hatte, konnte er lieben, was er bewußt so haßte. Die tiefere, unbewußte Idealisierung kreiste um die als schlecht erlebte Mutter.

Ein Patient ging eine Bindung mit einer schönen, vital wirkenden Frau ein. Ihre Lebendigkeit drückte sich – wie bei seinem Vater, der ihn verachtete – in dauernden Aktivitäten aus. Aber wie auch bei seinem Vater war ihr dauerndes In-Bewegung-Sein in Wirklichkeit eine Flucht vor tieferen Gefühlen. Er heiratete diese Frau. Man könnte sagen, er heiratete seinen Vater, den er bewußt haßte.

Wenn dann die Wirklichkeit zum Vorschein kommt – vielleicht erst nach Jahren des Zusammenlebens –, fühlen wir uns enttäuscht. Dann meinen wir, der andere habe uns enttäuscht, und wir suchen weiter, wie zuvor, den oder die Falsche. Aber das, was bei uns und mit uns passiert, hat auch politische Konsequenzen.

Denn wir werden jenem Politiker oder Führer, der unsere unbewußten Bindungen anspricht, folgen. Dessen Idealisierung beruht – genau wie bei unserer vergeblichen Jagd nach Liebe – auf der Idealisierung der früheren Unterdrücker in Gestalt der Eltern, bei denen das Kind die Erfahrung gemacht hat, daß sich in dem Moment größter Gefährdung durch sie plötzlich ein Gefühl von Geborgenheit einstellt – ein Umkippen von Terror in Geborgenheit oder, wie Silverberg (1952) es beschrieb, ein Versuch, Bedrohung in eine allumfassende und aufrechterhaltende Psyche umzuwandeln. Hier liegen denn auch die Wurzeln unserer sich immer wiederholenden selbstzerstörerischen politischen Verhaltensweisen. Wir fallen auf jene herein, die uns Versprechungen machen, diese aber nicht einhalten. Und wir wiederholen durch sie die Erfahrung der in der frühen Kindheit erlebten Gewalt, die uns als Liebe verkauft wurde. Sie sprechen von Liebe und Achtung, von Verantwortung und Ehre, aber was uns unbewußt zu ihnen hinzieht, ist die Verachtung für uns, die aus ihrem herabgezogenen Mundwinkel spricht. Es ist die gleiche Verachtung für uns, die wir bei unseren Eltern erlebten und die uns unsere von ihnen aufgezwungene Verachtung für uns selbst bestätigt.

Dem, der uns wirklich schätzt, trauen wir nicht, denn wir halten uns tief in unserem Inneren für wertlos. Ebenso laufen wir jenen Männern und Frauen nach, die leer und kalt sind, in dem Glauben, daß nur sie uns die Liebe geben können, die wir benötigen. Kommt uns jemand entgegen, empfinden wir Langeweile oder Mißtrauen. Denn wer sollte oder könnte uns wirklich lieben? Gehorsam bleiben wir dem Haß unserer Eltern auf ihr eigenes verschmähtes Selbst, den sie in uns fortpflanzten, treu. Und so folgen wir immer wieder jenen, die uns für die Aufrechterhaltung ihrer Lüge mißbrauchen, ihrer Lüge, daß sie das lieben, was sie eigentlich verachten.

Wir sollten uns die Mühe machen, uns genauer anzusehen, wie Ideale entstehen. Das Bedürfnis nach Erlösung kommt nämlich aus derselben Ecke wie die Notwendigkeit zur Idealisierung. Da wir uns nicht selbst lieben durften – denn uns selbst zu gefallen hätte unsere Eltern in ihrem Selbstwert bedroht –, sind wir immer auf der Suche nach Göttern, die uns Erlösung bringen. Shmuel, der kluge Beobachter und geborene Philosoph in Barbara Myerhoffs (1978) soziokultureller Studie über Senioren in Kalifornien, faßte diese Suche nach den falschen Göttern mit Humor und Mitgefühl zusammen: »Wann immer Menschen sich an jemanden wenden, um erlöst zu werden, kommen sie ins Unglück – egal, ob sie sich zu Gott oder zu Fremden mit welligem Haar oder blauen Augen wenden, es kommt immer auf dasselbe heraus. Wenn du dich in dem Traum eines anderen verfängst, mußt du mit Konsequenzen rechnen.«

Hier stoßen wir auf einen wunden Punkt. Wir müssen einen anderen idealisieren, weil wir keine Verantwortung für uns selbst übernehmen durften. Nur ein Mensch mit einem eigenen Selbst kann Verantwortung übernehmen. Wenn unsere Identität jedoch nurmehr aus Identifikationen besteht, müssen wir den Gott suchen, der uns – so, wie wir das gewohnt sind – vom Falschen erlöst, so daß wir uns weiterhin auf die Suche nach dem idealisierten Guten begeben können. Dieses idealisierte Gute ergibt sich jedoch aus dem erlebten Bösen. Nach diesem eingefahrenen Mechanismus wiederholen ganze Nationen unbewußt ihre Geschichte, ohne aus ihr zu lernen. Unser Idealisieren macht uns glauben, daß wir uns aus freiem Willen der Herrschaft des Guten unterwerfen, aber eigentlich geraten wir immer mehr in die Gefangenschaft unserer zerstörerischen Vergangenheit.

Idealisieren hat mit der Hoffnung zu tun, von denen gerettet zu werden, die uns unser Leid zufügten. Ideale haben dagegen mit dem Bedürfnis zu tun, uns zu verbessern – den Schlüssel hierzu trägt jeder Mensch in sich selbst. Dazu, was Ideale sind und wie sie sich vom Idealisieren unterscheiden, ein Beispiel.

In ihrer anthropologischen Studie über die amerikanischen Pawnee-Indianer schreibt Gene Weltfish (1965) über die Art und Weise ihres persönlichen Strebens: Das Streben des Pawnee sei immer ein im eigenen Selbst wurzelndes, ein an der eigenen Person bemessenes, und es ergebe sich nicht aus der Konkurrenz mit anderen. Es geht also nicht wie bei uns darum, einen anderen übertreffen zu müssen, um sich selbst wertvoll fühlen zu können. Der Maßstab des Pawnee ist die eigene Leistung, und sein Ziel besteht darin, darüber hinauszukommen. Die Zielsetzung des Pawnee, so Weltfish weiter, sei eine persönliche, eine private und eine geheime Angelegenheit, geheim, weil sie nur mit der eigenen Person zu tun habe. Voraussetzung dafür ist allerdings, allein sein zu können, was so lange nicht möglich ist, solange man sich nicht aus der Bindung zu den Eltern lösen kann.

Im Fall der Pawnee-Indianer ist das Ideal unabhängig vom Idealisieren anderer. Daraus läßt sich ableiten, daß ein Pawnee nicht an einen anderen Menschen gebunden war, der ihn zum Leiden gebracht hatte. Das unterscheidet ihre Zivilisation von unserer grundlegend. Bei vielen von uns – das lehrt uns unsere politische Geschichte – ist die Bindung zu jenen, die uns zum Leiden brachten, nicht aufgebrochen und immer noch unbewußt vorhanden.

Ideale sind wichtig für unseren Selbstwert und unsere Suche nach dem Sinn des Lebens. Wenn sie aber in die Entwicklung eines Selbst eingebettet sind, die zur Selbstaufgabe führt, dann wird dies eine Entwicklung sein, in der die Idealisierung des Täters das Zentrale ist. Sie bringt jene heiligen Ideale mit sich, in deren Namen Menschen sich gegenseitig zerstören. Und diese Gewalttätigkeit wird dann noch als Teil einer vorwärtsschreitenden Entwicklung gesehen.

Der Glaube an den Forschritt ist selbst ein Ideal, das seine Beziehung zum Bösen verhüllt. Dieses »Ideal« macht es fast unmöglich, zu erkennen, wenn Fortschritt Gewalt und Zerstörung zeitigt. Fortschritt als »Ideal« auszugeben ist einer der Wege, die dahintersteckende zerstörerische Absicht zu verschleiern. Fortschritt dient der Pose der Menschlichkeit so überzeugend, daß wir nicht einmal mehr die Brutalität und die Grauen von Kriegen sehen. Wir glauben, in einem Zeitalter zu leben, in dem die »Mächte des Bösen«, verkörpert durch den Kommunismus, durch die »Mächte des Guten«, verkörpert durch den Kapitalismus, besiegt worden sind. Daß beide gleichermaßen destruktiv sind oder waren, wird dabei verdrängt. Einzig richtig ist, daß immer wieder ein Ringen um Hoffnung aufflackert, daß dieser Kampf aber jedesmal von denen, denen es um Macht und Gewalt geht, übernommen wird.

Jesus leitete eine Revolte des Herzens und des Mitgefühls ein. Das Einfühlen in den Schmerz und das Leid macht das Böse unmöglich. Wenn aber Schmerz vom Bewußtsein ausgeschlossen ist, dann wird dieser Schmerz zum Fundament einer Rache am Schmerz selbst, die ihren Ausdruck in der Zerstörung von Mensch und Natur findet. Darin liegt der Urgrund unserer Krankheit, und nicht in den wirtschaftlichen, politischen und religiösen Ideologien, die wir zum Vorwand unserer gegenseitigen Zerstörung nehmen. Die Verneinung des wahren Schmerzes in unserer Kindheit führt zu einer sich wiederholenden Tautologie unseres Denkens, zu der Vorstellung, daß es nur um bessere Denkmodelle gehe, das heißt um besseres soziologisches oder wirtschaftliches Denken, damit wir auf einem fortschrittlichen Kurs bleiben. Das jedoch schreibt nurmehr die Unterdrückung unseres Mitgefühls fort und verhindert damit die Besinnung auf unser Menschsein, weil das Ziel der Gewalt in unserem Leben weiterhin verneint wird.

Karl Marx

Anhand des Denkens von Karl Marx möchte ich veranschaulichen, daß sich trotz wandelnder Herrschaftsformen nichts an der Tatsache geändert hat, daß Gewalt der Motor unseres Lebens ist.

Marx war von der Ungerechtigkeit der Unterdrückung des Menschen, von seinem Leiden bewegt. Den Ursprung dieser Unterdrückung sah er im Kapitalismus. In seinen Augen war dieser der Feind, doch dabei verkannte er die tieferen Wurzeln, die in der Ideologie der männlichen Macht liegen. Diese zu erkennen hätte für Marx erfordert, seine eigene Verwicklung in diese Machtideologie zu durchschauen.

Der englische Politikwissenschaftler, Philosoph, Friedenskämpfer und Tolstoi-Kenner Ronald Sampson brachte dies in seinem Vorwort von Tolstois »What then must we do?« (1991) auf einen Nenner, in dem er sich bewundernd und kritisch mit Marx auseinandersetzt. Mit großer Brillanz und Klarheit habe Marx sein Konzept vom Mehrwert entwickelt und damit sehr genau gezeigt, daß sich die aufgrund von Erniedrigung und körperlicher Zerstörung unerträgliche Lage der meisten Menschen nicht zufällig ergeben habe, sondern Resultat eines ökonomischen Systems sei, in dem die Produktionsmittel von einer winzigen Klasse von Priviligierten besessen wurden, die den Mehrwert der Arbeiter enteigneten. Den Drang nach Kontrolle, Reichtum und Größe selbst habe er allerdings nie in Frage gestellt. Im Gegenteil, Macht und Eroberung seien sein Ziel gewesen, wenn auch diesmal für die Arbeiterklasse. Aus diesem Grund, folgert Sampson, habe Marx aber völlig unkritisch die Rolle der Maschine als Erzeuger des Reichtums akzeptiert. Deswegen habe er sich auch auf das Problem des Konsums konzentriert, es maximiert, damit der Arbeiter nicht mehr seines Mehrwerts beraubt werde.

Das aber ist der Haken. »*Indem die Produktion zum übergeordneten Ziel wurde, glich Marx' ideologisches System dem kapitalistischen. Unbegrenztes Wachsen und Erweiterung der Produktion wurden zum Ideal.*« Sampson deutet darauf hin, daß die Frage, welches System beziehungsweise welche Ideologie besser sei, sich darauf reduziere, wer dieses übergeordnete Wachstum besser erreichen könne. Und da sei das kapitalistische überlegen, da es sich nicht mit Lippenbekenntnissen über das Wohl der Arbeiter aufhalte. Die kommunistischen Führer, in ihrem Charakter eng verwandt mit den kapitalistischen Führern, müßten nämlich im Gegensatz zu diesen an dem Lippenbekenntnis festhalten. Gemeinsam sei beiden Systemen jedoch die notwendige Ausweitung der Produktion. Für beide sei dies das Leitmotiv. Hat man jedoch den Menschen – und nur ihn und sein Wohlergehen – im Auge, dann käme ihm gerade eine Begrenzung der Produktion am meisten entgegen. Dies vertreten auch die Publikationen des Club of Rome und besonders D. H. Meadows, D. L. Meadows und J. Randers in »Die neuen Grenzen des Wachstums« (1992).

»Jene, die sich darauf konzentrieren, Produktivität um jeden Preis zu maximieren«, schreibt Sampson, »haben aufgehört, den Menschen in seiner Ganzheit zu sehen und als ein Wesen, dessen Hauptanliegen der Sinn des Lebens ist. Statt dessen haben sie ihn auf den Status eines unerläßlichen Produktionsteils reduziert« (alle Sampson-Zitate übersetzt von A. G.). Sobald Marx dem Wachstum der Produktion den Vorrang gab, verlor er den Zugang zu seinem Herzen.

Erich Fromm (1989) sprach diesen Punkt auch in der Analyse von Marx' Werdegang an. Um mit uns selbst umgehen zu können, um an die Wurzeln unserer Krankheit zu gelangen, müssen wir sehen, was unser Machtbegehren unseren Kindern antut, und erkennen, was uns selbst als Kindern angetan wurde und wie daraus der Prozeß der Identifikation mit dem Aggressor in Gang kommt, der diese Krankheit verewigt.

Unsere Kinder und die Umkehr: Wahrheit wird böse und die Lüge gut

Selbstverständlich haben wir Schwierigkeiten damit, zu sehen, was wir unseren Kindern antun. Wir wollen und können es nicht sehen. Für uns steht doch fest, daß unsere Kinder es so gut wie noch nie haben. So heißt es allenthalben. In den reichen Staaten haben sie jedenfalls Spielplätze, Kindergärten, Schulen, speziell ausgebildete Lehrer, Ferien, Filme, Konzerte und eine Menge anderer Möglichkeiten, sich zu zerstreuen. Trotzdem haben unsere Kinder, so hat es Neil Postman formuliert, keine Kindheit. Wir sind perplex angesichts der gewalttätigen Ausschreitungen der Jugendlichen, etwa bei Fußballspielen, auf der ganzen Welt. Wir schütteln den Kopf, wenn wir hören, daß scheinbar gehorsame Kinder ihre Eltern ermordet haben (Gruen 1989), daß die Selbstmordrate bei Kindern steigt, daß Gewalt in den Schulen eskaliert. Da wir nicht erleben und einsehen wollen, was wir unseren Kindern antun, können wir ihre Rebellion nicht verstehen. Sie ist uns heute unverständlicher denn je, denn sie ist eine Rebellion, die ohne Herz geführt wird.

Unserer mangelnden Einsicht und unseres Unverständnisses sind wir uns auch deshalb nicht bewußt, weil wir alles zu kennen glauben, werden wir doch von den Medien über alles informiert. Doch, so drückte es der Physiker Otto Hahn aus, jeder Oberstudienrat sage, er wisse es schon, aber erkennen tue er nichts. Unser Wissen führt uns weg von dem Schmerz, den unsere Kinder erlitten haben. Insofern kann die Wissenschaft auch nicht helfen, denn auch sie schaltet den Schmerz und dessen Erkenntnis aus.

Wir sind voller Wut, verneinen das aber, denn es paßt nicht in das Bild, das wir von uns selbst gezeichnet haben. Aber wir zeigen uns betroffen und verständnislos, wenn Kinder diese Wut ausdrücken. Und so stehen Seite an Seite mit den stillen, traurigen Bildern von dem ermordeten zweijährigen James Bulger in Glasgow die bewegten Bilder von aufgebrachten Erwachsenen, die die »Mörderkinder« am liebsten auf der Stelle lynchen möchten. Inwiefern unterscheiden sie sich von diesen »Mördern«?

Der Krieg, den diese Kinder führen, ist der Krieg, den wir, die

Erwachsenen, angezettelt haben. Wir lieben unsere Kinder, sagen wir. Aber die Welt, die wir kreieren, ist kinderfeindlich. Kinder können nicht mehr auf der Straße spielen, ohne sich Gefahren auszusetzen. Wo sind die Orte, die ein Kind entdecken kann, um seiner Phantasie freien Lauf zu lassen? Der Städteplaner Helmut Holzapfel (1997) macht darauf aufmerksam, daß wir den Lebensraum unserer Kinder täglich eindämmen, weil wir dem Auto höhere Priorität einräumen. Ein Kind darf nichts mehr ausprobieren, darf nicht mehr verändern, neu beginnen. Sein inneres Leben verkümmert, weil es sich nur noch nach außen hin orientieren, sich in vorgegebenen Bereichen bewegen darf. Die Bedürfnisse der Kinder werden auf Bedürfnisse nach Konsumwaren, nach dem Käuflichen umgepolt. Daraus ergibt sich ganz logisch, daß man, wenn man das Geld für diese künstlich gezüchteten Statussymbole nicht hat, sie jedoch als die alleinseligmachenden Güter gelten, jederzeit dazu bereit ist, dafür zu stehlen oder zu morden. Wenn ein Kind auf diese Weise von sich selbst entfremdet ist, dann mag es nicht verwundern, daß es auch kein Mitgefühl für andere hat. Der andere wird dann genau so wahrgenommen, wie man sich selbst wahrnimmt, als Maschine und Roboter, von Bedürfnissen gelenkt, die sich am Output der Fabriken orientieren. Gefühllosigkeit und als Folge davon kalte Gewalttätigkeit werden so charakteristisch für die Kinder unserer Zeit.

Das ist der Kern des Selbstzerstörerischen in unserer Gesellschaft. Wenn wir nicht erkennen können oder wollen, was wir unseren Kindern antun, werden wir zu Beihelfern derer, die tatsächlich auf das Böse ausgerichtet sind. Wie sehr sich aber Menschen gegen diese Erkenntnis wehren, soll folgende Situation veranschaulichen.

Bei einer Gedenkfeier für Anne Frank (Gruen 1994) sprach ich davon, daß wir alle einmal – in unserer Kindheit – Opfer gewesen seien, und zitierte die russische Dichterin und Menschenrechtsaktivistin Irina Ratusschinskaya mit ihrer eigenen Kindheitsgeschichte, in der sie von Janusz Korczak, dem Kämpfer für die Rechte der Kinder, erzählt. Sie nimmt Bezug auf Korczak, wenn sie schreibt, daß sie als Siebenjährige bereits viele Bücher gelesen habe und ihre eigenen Vorstellungen davon hatte, was gute und was schlechte Bücher seien. Weiter schreibt sie: »Es war mir absolut klar, daß die Erwachsenen in zwei Gruppen eingeteilt waren. Die erste bestand aus wirklichen Menschen, geboren von Müttern, die selbst einmal kleine Kinder waren. Die andere Gruppe wurde irgendwie in einer Fabrik produziert und konnte sich nicht mit Kindern verständigen, weil sie selber nie klein gewesen waren« (Ratusschinskaya 1993).

Bei diesem Zitat versteiften sich meine Zuhörer sichtbar, es war, als ob Ratusschinskayas Worte sie einfroren. Eindeutig mußten sie sich gegen das Zitierte wehren, das etwas aus ihrer Kindheit, etwas in ihren Herzen anrührte, das sie offenbar abstellen mußten. Als dann der nächste Redner Ratusschinskayas Beobachtungen aus der Kindperspektive mit der Begründung zurückwies, daß das, was Kinder zu grausamen oder zu guten Menschen werden lasse, nichts mit frühkindlichen Erlebnissen zu tun habe, sondern mit wirtschaftlichen und politischen Gegebenheiten, wandte sich die Menge der Zuhörer mit Empörung gegen mich. In diesem Moment wurde ich zu dem Opfer, das sie alle selbst einmal waren, jedoch leugnen mußten, eben weil sie aus Gehorsam ihren verletzenden Eltern gegenüber den Mythos von ihrer Güte aufrechterhalten mußten. So werden wir zu Schafen, die es den wahrhaft Bösen ermöglichen, uns zu beherrschen. Wir stellen uns auf ihre Seite, um das Opfer in uns zum Schweigen zu bringen. Und die, die ihm wieder zur Sprache verhelfen wollen, werden als Verräter eingestuft, damit um jeden Preis die Illusion einer heilen Welt aufrechterhalten wird.

Das Ignorieren der Grenzen des Kindes, die Nicht-Anerkennung seines Seins rufen bei dem Kind Angst und Terror hervor. Die, die ihm das antun, sind dagegen der festen Überzeugung, daß sich aus der Begegnung zwischen ihnen und dem Kind ständig mehr zwischenmenschliche Nähe entwickelt. Statt Nähe entsteht aber Abhängigkeit, weil Angst diese hervorruft. Das Kind muß dann alles tun, um diese Angst zu beseitigen. Ein vergebliches Unterfangen, weshalb es für immer an Autoritätsfiguren gebunden und auf diese fixiert bleibt.

Später wird sich manchmal ein Kind gleichwohl von der elterlichen Autorität abwenden können, was dann als Ablösung gesehen wird. Doch dieser Prozeß beinhaltet nie die Ablösung aus der Abhängigkeit, sondern ist die Zuwendung hin zu neuen Autoritätsobjekten. Es werden hierbei also nur die Objekte der Abhängigkeit vertauscht, die Abhängigkeit als solche bleibt bestehen. Ablösung würde Trauerverarbeitung erfordern. Diese kann aber nur stattfinden, wenn zuvor eine echte Beziehung existiert hat, und nicht eine auf Angst basierende Bindung.

Menschen, die von Angstbindungen gefesselt sind, leben in dem Glauben, sie seien offen für Liebe. Solche Menschen können nur ihr eigenes Spiegelbild im anderen suchen, um endlich sich selbst dafür lieben zu können, daß sie nie wirklich geliebt wurden. Dies führt dann zu der unablässigen Suche nach der idealen Partnerin, dem idealen Partner. In diesem Sinne läßt D. H. Lawrence in seinem Roman »Regenbogen« (1949) Winnifred Inger über die Männer sagen: »(Sie) kommen nicht zu einem und lieben einen, sie kommen zu einer Vorstellung und sagen ›du bist meine Vorstellung‹, so lieben sie sich selbst.«

Auch in der Politik basiert Erfolg auf der Manipulation solcher Vorstellungen. Hinter der Suche nach dem idealen Liebesobjekt liegt der vergrabene Haß auf das, was als »Liebe« erlebt wurde, nämlich die eigentliche Angstbindung. Gleichzeitig ist jeder Mensch, dessen Entwicklung auf einer Angstbindung fußt, von dem Wunsch beseelt, von dem, der ihn zum Leiden brachte, erlöst zu werden. Die politische Konsequenz ist, daß jene politischen Führer, die ihren Haß auf Feindbilder richten, ihren Anhängern die Erlaubnis geben, diesen an anderen Opfern auszuleben. Das bringt dem von Selbsthaß Erfüllten Erlösung. Die Hoffnung auf Erlösung liegt dann nicht auf jenen Politikern, die noch ehrlich sind, sondern auf jenen, die die Menschen verachten.

Wenn wir erkennen, daß Kälte in Liebe verkehrt werden kann, dann können wir uns auch der Angst stellen, die uns einmal in ihrem Griff hielt und die unser Bedürfnis nach Liebe in die Bewunderung von Gewalt und Gewalttätigkeit umkippen ließ. Natürlich haben wir dies nicht alle in demselben Ausmaß erlebt. Darin liegt auch unsere Hoffnung für unsere Gesellschaft und die Politik.

Erich Fromms Untersuchungen zum Gesellschaftscharakter (1989), mit denen ich mich schon in »Falsche Götter« befaßte, lassen Rückschlüsse darauf zu, wie verbreitet Nicht-Liebe und die dahinterstehende Angst ist. In einer empirischen Untersuchung fand er heraus, daß fünf Prozent der Befragten als dominant-*destruktiv* eingestuft werden müssen. Diese Gruppe betrachtete das Leben als einen Dschungel, wo man andere unterdrücken und klein halten muß, um nicht selbst überrollt zu werden. Trotz ihrer ausbeuterischen Gesinnung glaubten sich die Angehörigen dieser Gruppe aber von positiven gesellschaftlichen Werten geleitet. Insgesamt (eingeschlossen dieser dominant-destruktiven) sechzehn Prozent waren dominant-*autoritär*. Diese Zahl läßt uns die Anzahl derer erahnen, die keine Liebe erfahren haben. Und sie entspricht wirklich politischen Tatsachen. In

Zeiten politischer Umbrüche und Krisen erhalten die Rechtsradikalen in den westlichen Industriestaaten regelmäßig zwischen acht und achtzehn Prozent der Stimmen der Bevölkerung: je stärker der Zerfall autoritärer Strukturen und je schwieriger die wirtschaftliche Lage, desto höher ihr Stimmenanteil. Die Führer der Rechtsradikalen stammen aus der zwei bis fünf Prozent starken Gruppe, die Fromm als dominant-*destruktiv* klassifizierte. Für sie sind Feindbilder unabdingbar für die Aufrechterhaltung ihres Seins. Deshalb müssen sie alles tun, um an die Macht zu gelangen, um ihre Sicht, daß sie und alle Menschen bedroht sind, zu bestätigen. Nur so können sie mit der Lüge, daß Schmerz verneint werden kann, weiterleben.

Die gesamte Gruppe der sechzehn Prozent, die Fromm als dominant-autoritär einstufte, benötigt wohl die Autorität der dominant-destruktiven fünf Prozent, um sich von ihren unterschwelligen Schuldgefühlen zu befreien. Diese fünf Prozent, wie dies neben mir auch Pilgrim (1986) annimmt, haben meist eine Mutter erlebt, die ihre Kinder für ihren eigenen Ehrgeiz mißbrauchte und sie dadurch einem Größenwahn aussetzte, der keine Schuld zuließ. Diese zwei miteinander symbiotisch verflochtenen Gruppen haben gemeinsam unsere Gesellschaften auf ihrem zerstörerischen Kurs gehalten.

Einen anderen Weg der Verdeutlichung dieser These bietet die Statistik. Die sechzehn Prozent der dominant-autoritären Gruppe (und unter ihnen die dominant-destruktiven zwei bis fünf Prozent) entsprechen in etwa Bereichen der Gaußschen Normalverteilung. Beide Gruppen zusammengenommen (in der Graphik auf S. 175 schraffiert) lassen dabei ermessen, wie hoch der Anteil derer ist, die die Erfahrung von Nicht-Liebe gemacht haben.

Empirische Befunde vieler Charakteristika von Lebewesen zeigen, daß deren Eigenschaften gemäß der Gaußschen Normalverteilung eingeteilt werden können. Wenn unseren klinischen Erfahrungen zufolge sich der Erfahrungsbereich »Liebe und Zuwendung während der Kindheit« als ein Kontinuum verstehen läßt, an dessen einem Ende die Erfahrung von Nicht-Liebe steht und an dessen anderem das Für-sich-selbst-Geliebtwerden, dann dürfen wir annehmen, daß die Ergebnisse von Fromms Erhebungen der statistischen Verteilung gemäß der Gaußschen Normalverteilung mehr oder weniger entsprechen.

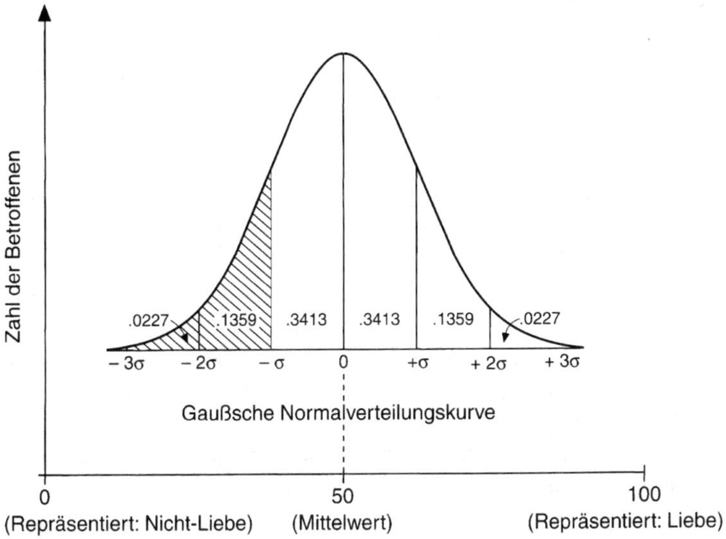

Abb.: Verteilung der Erfahrung von Nicht-Liebe und Liebe gemäß einer hypothetischen Gaußschen Normalverteilung

Die Einteilungen innerhalb der Normalverteilungskurve zeigen jeweils drei Standardabweichungen vom Mittelwert (50). Auf den jeweils ersten Bereich – links und rechts unmittelbar an die Mittelachse anschließend – entfallen 34 Prozent jeglicher gemessener Charakteristik, auf den jeweils zweiten knapp 14 Prozent und den jeweils dritten – also den Bereich mit der äußersten Entfernung von der Mittelachse – um die 2 Prozent. Fromms Ergebnisse (5 Prozent dominant-destruktiv und die verbleibenden 11 Prozent dominant-autoritär) kommen den Bereichen der 3. und 2. Standardabweichung (im Bild schraffiert) sehr nahe.

Ich meine, daß diese Interpretation der Gaußschen Normalverteilung uns ein Bild davon vermitteln kann, wie die Erfahrung von Nicht-Liebe und Liebe innerhalb unserer Gesellschaft verteilt ist und wie hoch der Anteil derer ist, die die Erfahrung von Nicht-Liebe gemacht haben, was ja wiederum politische Auswirkungen hat: Haß, paranoide Angst und die Bereitschaft, das eigene Opfersein zu projizieren. Es ist interessant, daß Christian Eggers, der viel mit den gewalttätigsten unter den rechtsextremen Jugendlichen in Deutschland zu tun hat, die Nicht-Liebe ebenfalls als Basis einer Entwicklung sieht, die von Nicht-Identität gekennzeichnet ist. Er nennt diesen Zustand »Selbstlosigkeit« (Eggers 1996).

Daß es jedoch auch Menschen gibt, die viel stärker von Liebeserfahrungen als von Haßerfahrungen geprägt sind (entsprechend der rechten Hälfte der Gaußschen Normalverteilungskurve), belegen Daten über seelische Belastbarkeit: Etwa zwei Drittel der amerikanischen Vietnam-Veteranen zeigten nach ihrer Heimkehr Symptome einer posttraumatischen Belastungsstörung (Keane, in: Herman 1993; über die politisch-gesellschaftlichen Aspekte dieser »Störung« habe ich in »Falsche Götter« berichtet: Gruen 1993). Am stärksten betroffen waren diejenigen, die sich wie Rambos impulsiv und isoliert in gewalttätige Aktionen gestürzt hatten, also alles Menschen, die nicht von Liebe, sondern »männlichen« Ideologien geformt waren. Mantel (1979) bestätigt dies in seiner Studie über die Green Berets, eine Spezialtruppe im Vietnam-Krieg, die in ihrer Kindheit durch Gehorsam und Autoritätshörigkeit geformt worden waren. Dagegen brachen Männer, die ihre Ängste akzeptierten, moralische Erwartungen an sich selbst richteten, starkes Mitleid für andere empfanden und die weder von Haß noch von Rachegefühlen dem Feind gegenüber geleitet waren, nicht zusammen (Hendin und Haas 1984). Diese Männer beteiligten sich auch nicht an den Vergewaltigungen, Folterungen und Morden an Zivilisten und an Kriegsgefangenen oder an der Verstümmelung von Leichen. Diese stärker Belastbaren machten etwa zwanzig Prozent der Soldaten aus, die traumatischen Erlebnissen ausgesetzt waren.

Eine Studie über die Kindheit einer Bevölkerungsgruppe, die ebenfalls hohen seelischen Belastungen ausgesetzt war (Werner 1989), ergab, daß zehn Prozent keine Störungen entwickelten. Wie bei den Vietnam-Soldaten, die nicht zusammenbrachen, zeigten diese zehn Prozent eine innere Sicherheit, die auf erlebtem Mitgefühl während ihrer Kindheit beruhte. Dies entspricht den beiden äußeren rechten Bereichen ($+2\,\sigma$ und $+3\sigma$) in der Normalverteilungskurve und damit jenen, die während ihrer Kindheit mehr als ein Mittelmaß an Liebe erfuhren. An diese Menschen knüpft sich unsere Hoffnung, daß nicht alle in demselben Ausmaß in ihrem Menschsein geschwächt und aus diesem Grund auch gar nicht bereit sind, das eigene Opfersein auf andere zu projizieren.

Im Kampf gegen das Ausarten der Nicht-Liebe ist die wirtschaftliche Sicherheit des einzelnen ein wichtiger Faktor, der dafür sorgt, daß das im Unterbewußtsein ruhende Opfersein nicht wachgerufen wird. Dies betrifft besonders diejenigen, die (unterhalb des Mittelwerts unserer Verteilung) wenig oder gar nicht von Liebe geformt wurden. Deshalb sollte sich die bürgerliche Welt besinnen und ihren Drang nach Profit als Gefahr erkennen, die den latenten Haß jener Menschen, die von der Erfahrung der Nicht-Liebe geprägt sind, wecken könnte. Aber das ist schwierig, denn jene, die sich im Wettbewerb am erfolgreichsten beteiligen, sind häufig gerade die, die am meisten von sich selbst und ihren Mitmenschen entfremdet sind.

Unser Wirschaftssystem unterstützt diesen Prozeß heute mehr denn je, indem es den Trieb nach Größe zu einem übergeordneten Ziel gemacht hat. Indem diesem Trieb ein alles übersteigender moralischer Wert zugesprochen wird, erkennt der einzelne weder seine eigenen Bedürfnisse nach persönlicher Nähe noch die der Gemeinschaft. Dieser Prozeß hat sich jetzt durch die Globalisierung der marktwirtschaftlichen Unternehmungen dermaßen verschärft, daß unsere sozialen und persönlichen Zusammenhänge immer mehr der Gefahr einer fast totalen Zerstörung ausgesetzt sind.

Ignacio Ramonet (1997) hat diesen Tatbestand klar analysiert: Die totalitären Regime, in denen »der politische Machtapparat uneingeschränkt sämtliche Vorgänge der von ihm beherrschten Gesellschaft bestimmte«, werden zur Jahrtausendwende abgelöst von den globalitären Regimen. »Sie gründen sich auf die Dogmen der Globalisierung und des Einheitsdenkens und erklären jede andere Wirtschaftspolitik für unzulässig. Die sozialen Rechte der Bürger werden dem Prinzip des freien Wettbewerbs untergeordnet und alle Bereiche des gesellschaftlichen Lebens der Willkür der Finanzmärkte ausgeliefert.« Die freie Zirkulation von Kapital und Waren macht diese Globalisierung aus. Von den Politikern wird nun eine Anpassung der nationalen Gesellschaften an diese Globalisierung gefordert.

»Genau darin besteht die Logik der globalitären Regime. Im Laufe der letzten zwanzig Jahre haben die politisch Verantwortlichen zunehmend Monetarismus, Deregulierung, freien Warenaustausch, ungehinderten Kapitalfluß und massive Privatisierungen gefördert und damit die Verlagerung der Entscheidungskompetenz in Sachen Investitionen, Beschäftigung, Gesundheitswesen, Kultur und Umweltschutz vom öffentlichen auf den privaten Sektor zugelassen.

Deshalb sind von den zweihundert größten Ökonomien der Welt mehr als die Hälfte nicht mehr Staaten, sondern Unternehmen.«

»Ökonomische Globalisierung und Kapitalkonzentration zerstören im Süden wie im Norden den sozialen Zusammenhalt. Wo sie in Erscheinung treten, verstärken sie die wirtschaftliche Ungleichheit, die in dem Maße zunimmt, wie sich die Vorherrschaft der Märkte ungehindert ausbreitet.« Diese aus der Globalisierung resultierende Zerstörung der sozialen Zusammenhänge wirkt deshalb so tödlich, weil die Akteure dieses Prozesses, die Wirtschaftsführer, selbst ihren eigenen Zusammenhalt verloren haben, so daß sie gar nicht in der Lage sind, die Auswirkungen ihres zerstörerischen Handelns auf ihre eigenen Bedürfnisse beziehungsweise auf die ihrer Mitmenschen zu erkennen. Das vor allem deshalb, weil sie diejenigen sind, die am meisten von Ersatzbedürfnissen (wie von C. W. Mills beschrieben) geformt sind und sich völlig dem System angepaßt haben.

Die Geschichte unserer Zivilisation ist deshalb in Wahrheit ein andauernder Kampf zwischen den Kräften, die der Liebe und dem Lebendigen verpflichtet sind, und denen, die dem Gegenteil dienen.

Die Wissenschaft und das Primitive

Das Primitive

Leben ist Bewegung, gekennzeichnet von regelmäßigen, aufeinanderfolgenden Abläufen. Wir aber haben die Fähigkeit verloren, dieses Leben in seiner Gestaltung und in seinen Abläufen zu erkennen. Wir wissen viel, aber, wie Otto Hahn es sagte, wir erkennen nichts. Unser Zeitsinn scheint uns verlorengegangen zu sein. Zwar haben wir Uhren, um die Zeit zu messen, aber wir scheinen unsere Vergangenheit nicht einschätzen zu können. Das Angebot von Ursache und Effekt in der Biochemie und der Genetik haben uns auf ein Denkmodell verpflichtet, das den vielfältigen Geschehnissen um das Menschwerden und das Menschsein nicht angemessen zu sein scheint.

Ein Beispiel: Forschungen auf dem Gebiet der Depression und Schizophrenie haben Gehirnstrukturen, Gene und Neurotransmitter zu direkten Verursachern dieser Syndrome erklärt (Cohen 1992, Crow 1987, Holden 1991, Roberts 1991). In ähnlicher Weise werden die neuronalen Verdrahtungen, die sich beim Erleben von Angst im Gehirn beobachten lassen, mit dem Erleben von Angst selbst gleichgesetzt. Der Grund dafür liegt darin, daß wir das Verstehen und das Erleben von Angst gleichsetzen mit der Fähigkeit der Kontrolle des Ausdrucks von Angst. Dadurch geht aber der Zugang zum Erleben von Angst verloren, und damit bleiben all jene Erlebnisse außer Betracht, die zu diesem Erleben führen.

Diese Art des abstrakten Denkens kann die Aktualität des Lebens nicht erfassen, weil sie auf Kontrolle und nicht auf das Verstehen unserer Gefühle ausgerichtet ist. Solange aber Kontrolle mit Verstehen gleichgesetzt wird, werden wir die Entwicklung wie auch die gegenwärtige Bewegung unserer Gefühle nicht erkennen können. Erleben hat seine eigene Gültigkeit. Die Gegebenheiten des Lebens kann eine Wissenschaft, deren Ziel Kontrolle ist, nicht erfassen.

Es geht hier um implizierte Anschauungen, das heißt um Denkweisen, deren Aufbau uns nicht oder nur teilweise bewußt ist. Daher ist es sinnvoll, diese mit anderen zu vergleichen. Das Vergleichen mit anderen hat selbst eine lange Geschichte: Es ist so alt wie unsere Zivilisation. Es resultiert aus einem dumpf wahrgenommenen Unbehagen über uns selbst. Schon Plato schrieb in seinem Buch »Der Staat«, daß der zivilisierte Mensch nicht wissen könne, was gewonnen werde, wenn er nicht wisse, was verlorengegangen sei. Daher unsere Suche nach dem, was war. Ich glaube also, daß uns eine Analyse der Hauptelemente des primitiven Denkens helfen kann, uns selbst besser zu verstehen.

Der Anthropologe Stanley Diamond (1976) meinte: »Überall dort, wo eine Zivilisation aufkommt (...), setzt die rätselnde Suche danach ein, was abgebaut wurde, die Suche nach verschiedenen Möglichkeiten, Mensch zu sein, die Suche nach dem Primitiven.« Der hier verwendete Terminus »das Primitive« sollte uns aber nicht irreführen, er hat wenig oder nichts mit »primitiv« zu tun. »Wir haben Völker, die mit diesem Wort charakterisiert wurden, mindestens ein Jahrhundert lang mehr oder weniger systematisch untersucht (...) Das Wort ›primitiv‹ ist meiner Ansicht nach der entscheidende Terminus der Anthropologie, der Dreh- und Angelpunkt des Untersuchungsfeldes, doch entzieht er sich der Definition, da er eine Reihe von miteinander zusammenhängenden gesellschaftlichen, politischen, ökonomischen, geistigen und psychischen Bedeutungen vereint, sie jedoch nie völlig trifft. Das heißt, mit ›primitiv‹ werden eine bestimmte Geschichtsebene und eine bestimmte Kulturform bezeichnet (...) Diese Kulturform wird durch die Zivilisationsprozesse beständig verdeckt oder abgebaut, und dies weitaus einschneidender, als wir gewöhnlich anzuerkennen willens oder in der Lage sind; infolgedessen ist das Bild einer identifizierbaren, über die Kulturen hinweg vor jeder Zivilisation bestehenden, ja sogar im vornherein gegebenen Chance des Menschen praktisch aus unserer Vorstellungswelt verschwunden. Der unnachgiebige Kulturrelativismus, der Kulturdeterminismus und der gesellschaftswissenschaftliche Szientismus sind zum Teil und jeder auf seine Weise Rationalisierungen einer Zivilisation, die vergessen hat, welche Fragen sie sich selbst zu stellen hat (...) Die Suche nach dem Primitiven ist der Versuch, eine ursprüngliche Möglichkeit des Menschen zu definieren (...) Ohne eine Anthropologie, die darauf gerichtet ist, den Charakter der menschlichen Natur wiederzuentdecken, wird zum Beispiel die medizinische Wissenschaft durchaus bestehen bleiben, die Kunst des Heilens jedoch absterben. Das Heilen nämlich ergibt sich aus der Einsicht in primäre, ›vorzivilisatorische‹ menschliche Prozesse; sie setzt ein Wissen über das Primitive, einen Sinn für das minimale Menschliche, einen Sinn für das voraus, was wesentlich dafür ist, daß der Mensch Mensch ist (...) Um uns selbst zu verstehen und in diesem Zeitalter abstrakter Schrecken heilen zu können, müssen wir den Sinn für die Totalität und die Unmittelbarkeit des menschlichen Erlebens wiedergewinnen (...) Die Geschichte ist das Maß unserer Fähigkeit, die Verbindung zwischen Mensch und Mensch, der Schlüssel zu uns selbst.«

Was sind die Hauptelemente des primitiven Denkens, die uns unsere Sicht bewußter machen, uns von den Irrwegen eines wissenschaftlichen Denkens, das uns immer weiter von uns selbst entfernt, befreien können? Wahrscheinlich ist die Fähigkeit, im Denken mit dem emotional Erlebten in Verbindung zu bleiben, ausschlaggebend. »Primitive Denkweisen sind ihrem Wesen nach konkret, existentiell und nominalistisch innerhalb eines personalistischen Kontexts«, schreibt Diamond, aber »dies läßt nicht darauf schließen, daß die Fähigkeit zur Abstraktion fehlt.« Dies bedeutet, daß der Primitive in Verbindung mit seinen Gefühlen bleibt.

Der bedeutende Anthropologe Boas (1966), der auf seinem Wissenschaftsgebiet Maßgebliches geleistet hat, bestätigt dies: »Der primitive Mensch hat bei der Unterhaltung mit seinen Mitmenschen nicht die Gewohnheit, abstrakte Ideen zu diskutieren. Unterhaltungen über Eigenschaften ohne Verbindung zu dem Gegenstand, zu dem diese Eigenschaften gehören, oder von Tätigkeiten oder Zuständen, abgelöst von den Vorstellungen des Handelnden oder Subjekts in einem bestimmten Zustand, dürften in der primitiven Sprache kaum vorkommen.« Das ist das Bezeichnende: Der Primitive verliert nie den Kontext dessen, was er diskutiert; deswegen ist er in seinem Denken immer auf der Ebene des ganzheitlichen Denkens, das nicht nur auf Resultate und Kontrolle ausgerichtet ist.

Boas gibt einige Beispiele dafür: »So dürfte der Indianer nicht von der Güte als solcher sprechen, obwohl er durchaus von der Güte einer Person sprechen kann. Er wird auch nicht von dem Zustand der Verzückung getrennt von der Person sprechen, die sich in diesem Zustand befindet (...) So kommt es, daß in den Sprachen, in denen die Idee des Besitzes durch Bestandteile ausgedrückt wird, die Hauptwörter untergeordnet sind, alle abstrakten Termini stets im Zusammenhang mit positiven Elementen auftreten (...) Wenn wir uns ein richtiges Urteil bilden wollen, müssen wir berücksichtigen, daß unsere europäischen Sprachen (...) in großem Umfang vom abstrakten

Denken von Philosophen gestaltet worden sind. Termini wie ›Wesen‹, ›Substanz‹, ›Existenz‹, ›Idee‹, ›Realität‹, von denen viele nunmehr in allgemeinem Gebrauch sind, waren ursprünglich Kunstgriffe, um die Ereignisse des abstrakten Denkens ausdrücken zu können. Hierin dürften sie den künstlichen und unidiomatischen abstrakten Termini ähneln, die in primitiven Sprachen gebildet werden können.«

Wir sehen hier, daß Sprache bei uns das Denken formiert, wie ich es bereits in meinem Kapitel über »Sprache, Bewußtsein und die linke und rechte Gehirnhemisphäre« ausgeführt habe. Diamond gibt einige weitere Beispiele dafür: »Die Anaguta auf der nigerianischen Hochebene (zählen) niemals abstrakt, sondern nur in Bezug auf konkrete Objekte oder Personen; die Zahlwörter wandeln ihre Form entsprechend den Objektklassen, die gezählt werden, stehen jedoch grammatisch nicht in Einklang mit ihnen. Dennoch sind die Anaguta vollständig in der Lage, die Zahl ohne Beziehung zu einem bestimmten Objekt zu begreifen. *Sie verehren oder verdinglichen die Zahl jedoch nicht.*«

Es gibt einen weiteren Unterschied zwischen der primitiven Gesellschaft und unserer, der sie und uns in Sicht und Lebensweise von Geburt an je anders formt: Gesellschaftliches Leben beruht bei den Primitiven nicht wie bei uns auf Gehorsam. Zwar gibt es Gehorsam dort auch, aber er hat eine andere Erlebniserfahrung als bei uns. Da wir gewohnt sind, von der Form einer Sache her zu urteilen, also aus der verallgemeinerten, abstrakten Form und nicht aus der inneren Erfahrung heraus, bemerken wir diesen Unterschied nicht oder mißverstehen ihn. »(In) primitiven Gesellschaften sind die Hauptfunktionen und Rollen der Führung gemeinschaftlich und traditionell, und nicht politisch oder profan (...) Der Gehorsam gegenüber den (Führungs-) Gestalten ist symbolisch, ein Zeichen der Achtung gegenüber der eigenen Tradition und daher *der Selbstachtung*. Er beruht nicht auf Zwang oder auf einem institutionellen und manipulativen sozialen Akt« (Diamond 1976, Hervorhebung von A. G.). Selbstachtung: Das ist der springende Punkt. Doch Selbstachtung geht uns verloren, weil wir nicht von ihr ausgehen. Wir sind von Kindheit an übergangen worden und verstehen die Beziehung zu anderen im Grunde nur als ein Einander-Manipulieren, als einen Machtkampf, nicht als einen Umgang zwischen Ebenbürtigen in gegenseitigem Respekt.

Aber da wir eine idealisierte Sicht unserer Zivilisation haben, geben wir die Wahrheit nicht zu, und sogar da, wo wir es möchten, haben wir Schwierigkeiten, weil unsere Denk- und Sprechweisen uns von der Wirklichkeit unserer empathischen Wahrnehmung fernhalten. Ökonomischen und soziologischen Erklärungsmodellen ausschließliche Gültigkeit zuzumessen wird weder den primitiven Gesellschaften noch unserer Gesellschaft gerecht – unserer Gesellschaft dort nicht, wo Selbstachtung ein realer Faktor in der Beziehung zwischen Menschen ist. Nur dort, wo Menschen in ihrer Selbstachtung gestört sind, kann man sie etwa auf abstrakte Produktionsaspekte reduzieren. Die reduzierende Denkungsart des marxistischen und des kapitalistischen Denkens hat nur »Gültigkeit«, wenn in den Ausbeutungsverhältnissen dieser Zivilisation kein innerer Widerspruch in der Spannung zwischen Gehorsam und Selbstachtung existiert.

Wenn ein Denker wie Erich Fromm den Menschen aus einer erweiterten Sicht heraus beurteilt, das heißt die Möglichkeit von Selbstachtung miteinbezieht, dann zeigt sich, daß dagegen rein ökonomische und soziologische Erklärungsmodelle zu kurz greifen. Fromms Streitgespräch mit Herbert Marcuse (Marcuse und Fromm 1989) offenbart diese zwei Welten: die Sichtweise der gegenwärtigen Wissenschaft und die Sichtweise der Humanen oder, in anderen Worten, unsere zivilisierte Welt und die Welt der Primitiven. Für Marcuse besteht keine innere Welt. Fromm widersetzt sich dieser Sichtweise, um zu zeigen, daß moralisches Verhalten nicht nur von wirtschaftlichen oder sozialen Faktoren determiniert ist. Daß nicht alle Menschen, wenn sie in Not geraten, zu Unmenschen werden, ist Beweis genug dafür. Auch Karl Marx (1992) empfand das ähnlich, verfiel aber in reduktionistisches Denken: »All unser Erfinden und unser ganzer Fortschritt scheinen darauf hinauszulaufen, daß sie materielle Kräfte mit geistigem Leben ausstatten und das menschliche Leben zu einer materiellen Kraft verdummen.«

Ein weiterer markanter Unterschied zeigt sich in der Art, wie wir und wie die Primitiven mit Hexen umgehen. Bei uns dienen Hexen als Projektionsfläche für den Haß und die Schuldgefühle, die unsere Zivilisation erzeugt. Hexen können Frauen, Ausländer, Juden, Zigeuner oder andere irgendwie Andersgeartete sein. Bei den Primitiven dagegen werden Hexen in einem sehr intensiven und persönlichen Sinn gesehen. Zauberei betrachten sie als ein außergewöhnliches Einfühlungsvermögen in andere Personen, die auf gewissen Gebieten eine gefährliche Empfindsamkeit bewirkt. »Der Glaube allerdings, daß Menschen andere Menschen krank machen können, enthält eine offensichtliche Wahrheit; er braucht nicht auf einer chronischen Unsicherheit in zwischenmenschlichen Beziehungen zu beruhen und ist nicht das Ergebnis wissenschaftlicher Ignoranz (...).« Die »Wahrnehmung der Hexe als einer außergewöhnlichen narzißtischen Person, einer schlechten Mutter oder einer unbefriedigenden Frau mag aufschlußreich sein (...) In seinem positivsten Sinne ist der primitive Personalismus die ›Berührung der Natur, die die ganze Welt zu unseresgleichen macht‹. Er suggeriert die Eigenschaft der allumfassenden Verwandtschaft, des Zusammengeborenseins« (Diamond 1976). Paul Claudel (1903), einer unserer bedeutendsten Existentialphilosophen, hat genau dies in seinen Werken dargestellt, indem er - genau wie die Primitiven - auf sein eigenes Bewußtsein als ein Fundament des Erlebens und deswegen als ein Faktum des Lebens zurückgriff.

Bei den Primitiven resultiert daraus eine ganzheitliche Sicht, eine Sicht, die immer im Kontext wirklicher Vorgänge steht. Unsere Denkweise erlaubt dagegen Abstraktionen, die losgelöst sind von den wirklichen Vorgängen, in die sie eingebettet sind. Die Anaguta sagen beispielsweise: »Man kann den Charakter eines Menschen herabsetzen, nie aber den Menschen selbst (...) Dies bedeutet, daß ein Mensch danach beurteilt werden muß, was er *tut*, denn das, was er *ist*, ist nicht nur unangreifbar, sondern kann auch zu vielen widersprüchlichen Handlungen führen. Das heißt, daß über diesen Mann nie ein endgültiges Urteil gefällt werden kann, nur über diesen oder jenen Aspekt seines Verhaltens« (Diamond 1976). Hier existiert Achtung für das, was ein Mensch ist, indem zwischen Handlung und Sein differenziert wird. Unser Denken dagegen basiert auf der platonischen Definition des Wesens eines Menschen als universales Ideal. Diese Abstraktion führt dazu, daß wir Menschen losgelöst von ihrer Aktualität wahrnehmen. So idealisieren wir die Täter, verehren Psychopathen wie Hitler, Stalin oder Mussolini wie Götter trotz unseres Wissens über ihre widersprüchlichen Handlungen.

Hierzu ein Beispiel, das an dieser Stelle besonders passend erscheint, weil es um den georgischen Dichter Edward Radzinskij geht, der von Stalin für zehn Jahre ins Lager verbannt worden war. Nach seiner Entlassung aus dem Lager wurde er von Stalin eingeladen, und er schreibt über diese Begegnung: »Er blickte mich liebevoll an, und ich liebte ihn.« Radzinskij konnte nicht auseinanderhalten, was Stalin tat und was er war. Dazu kommt die partikulare Verzerrung durch die Identifikation mit dem Aggressor, die in dieser Zivilisation so bestimmend auf uns wirkt. So konnte er nicht erkennen, was Stalin *war*. Er mußte ihm in seinem Selbstmitleid zustimmen – Stalin vergoß nämlich Tränen, weil er sich von Freunden, die er selbst hatte ermorden lassen, verlassen fühlte (Gruen 1993).

Die Ambivalenz

Unsere vorherrschende Tendenz zu abstrakter Idealisierung hält uns gefangen. Das macht es uns schwierig, wenn nicht sogar unmöglich, Widersprüche wahrzunehmen. Primitive unterdrücken aufgrund ihrer konkreten Realitätsbezogenheit Widersprüche nie. Ihre rituellen Strukturen symbolisieren den dynamischen Prozeß der Ambivalenz. Bei uns dagegen dienen Rituale der Unterdrückung der Ambivalenz, nicht ihrer Akzeptanz. Während wir bei patriotischen Feiern das damit Geheiligte nie verunglimpfen, werden bei den Primitiven geheiligte Ereignisse häufig und in aller Öffentlichkeit, sogar während der Feierlichkeiten verspottet.

Deswegen haben bei uns alle staatlichen Strukturen totalitäre Tendenzen, welche uns von unseren wirklichen Gefühlswahrnehmungen entfremden. Und diese Entfremdung sehen wir als ganz normal an. Läßt sich diese Entfremdung bei Primitiven feststellen, dann ist das ein Zeichen, daß sie bereits auf dem Weg zur Zivilisation sind. Als Gegenstück dazu beschreibt Diamond die Reaktion eines Anaguta, den er überredet hatte, sich einen amerikanischen Kriegsfilm anzusehen: »Dieser Mann verbrachte mehrere Stunden damit, das wahllose, zufällige und beiläufige Töten abzureagieren, das er auf der Leinwand erlebt hatte. Es war ihm fast unmöglich zu glauben, daß sich Menschen gegenüber anderen so verhalten können, und er entschied sich dafür, daß dies eine spezielle Eigenschaft weißer Männer sein müsse – übermenschlich und gleichzeitig menschenunwürdig« (Diamond 1976).

Primitiv ist nicht gleichbedeutend mit Paradies

All dies heißt aber nicht, daß in primitiven Gesellschaften alles glücklich und voller Zufriedenheit und ohne Sorgen vor sich geht. Aber sie zeichnen sich dadurch aus, daß die Einstellung der Menschen zum

Erlebten eine andere ist und sie deswegen mit Problemen, die allen Menschen gemeinsam sind, etwa Eifersucht, anders fertigwerden. »Wichtig ist, daß in den primitiven Gesellschaften gebräuchliche Methoden vorhanden sind, mit diesen gemeinsamen menschlichen Problemen fertigzuwerden (...) Die Gesellschaft übernimmt die Bürde, die bei uns einzig und allein dem Individuum aufgeladen wird« (Fortes 1956).

Bei uns aber ist das Individuum in seinem Selbstwert geschwächt. Denn er wird von Geburt an verletzt. Bei uns dienen deswegen Gruppierungen dazu, die Lügen zur Wahrung der Nicht-Identität aufrechtzuerhalten. Bei den Primitiven dient die Gemeinschaft dem einzelnen dazu, seinen Selbstwert zu unterstützen. Wir sind natürlich der Meinung, daß primitive Gesellschaften keine Individualität zulassen. Die Wirklichkeit jedoch gibt ein anderes Bild wieder – und das wird auch von vielen Forschern (Diamond 1976, Donner 1983, Eibl-Eibesfeldt 1993) bezeugt –, nämlich das Bild einer Vielfalt von Persönlichkeiten.

Fortes (1956) führt dazu aus: »Da ihm die Wertschätzung durch seine Mitmenschen wiedergegeben wird, ist der Primitive in der Lage, mit Leichtigkeit die Routine des täglichen Daseins wiederaufzunehmen, wenn er durch einen emotionalen Ausbruch zeitweilig aus der Bahn geworfen wurde. Dies fällt leicht in primitiven Gesellschaften, bei denen die Grenze zwischen der inneren Welt des Selbst und der Außenwelt der Gemeinschaft mehr eine Nahtstelle als eine Trennungslinie darstellt.« Das ist der wesentliche Punkt. Bei uns kann es nicht eine Nahtstelle sein, denn die inneren Wahrheiten müssen einer verlogenen Welt wegen verneint werden. Hätten wir Identitäten, die auf das eigene Selbst bauten, bräuchten wir nicht so vergeblich falschen Göttern nachzujagen. Romantische Liebe ist deswegen bei uns Ausdruck für die Liebe, die man nicht erlebte. Sie hat sich zu einer Vorstellung über Liebe etabliert, und indem wir dieser nachhängen, wird romantische Liebe notgedrungen zu einer zerstörerischen Waffe in der Partnerschaft. Wir bestehen darauf, daß der andere zu unserer überhöhten Vorstellung auflebe, um den bislang erfahrenen Mangel an Liebe zu kompensieren. Das Scheitern ist dabei vorgezeichnet, und so fördert gerade das Ideal dieser Liebe am Ende menschliche Entfremdung und Isolation, zu deren Überbrückung es eigentlich geschaffen war.

Wissenschaft als Ausdruck unserer Entfremdung von uns selbst

Das Bezeichnende an unserer abstrakten Denkweise ist deren Trennung vom Erlebten. Das müßte nicht so sein, denn – wie der Vergleich mit den Primitiven zeigt – Abstraktion hat den Vorteil, daß Wesentliches auf Begriffe gebracht werden kann und Denkprozesse dadurch verkürzt werden können. Bei den Primitiven geht, wie zuvor ausgeführt, abstraktes Denken nicht mit einer Trennung vom Erlebten einher. Das Erlebte ist für sie selbstverständlich. Außerdem ist ihr Erleben nicht von mangelnder Selbstachtung und fehlendem Respekt für andere gekennzeichnet, im Gegensatz zu unserem Erleben, und das von Geburt an. Wenn Achtung für das Kind dessen Entwicklung nicht selbstverständlich begleitete, dann wird auch verständlich, warum sich abstraktes Denken als Schutz gegen die Erlebnisse in der Kindheit entwickelt hat. Denn es verhindert ein Wiedererleben der Verletzungen während der Kindheit.

Diese Verletzungen abzustreiten oder gar nicht erst zu erwägen ist jedoch verbreitet. B. F. Skinner (1972), der bekannte Behaviorist an der Harvard University, schrieb sogar ein Buch, in dem er zu beweisen beabsichtigte, daß Würde und Freiheit gar nicht existierten. Das Innere war für ihn ein Feind. Noam Chomsky (1959) kommentierte dies einmal, indem er sagte, Skinners reduzierendes Denken habe keine Rückendeckung im wirklich Erlebten. Und er bezeichnete Skinners »Wissenschaftlichkeit« deshalb als »play acting at science«, also als eine Art Schauspielerei mit Wissenschaft.

Skinners Denken spiegelt, was in der Wissenschaft des 17. Jahrhunderts zur absoluten Voraussetzung wurde, nämlich daß Realität objektiv sein müsse. Damit wurde die Trennung des abstrakten Denkens vom Erlebten offiziell etabliert. Was man nicht sehen und was man nicht messen konnte, existierte nicht. Damit wurden natürliche innere seelische Vorgänge als wissenschaftliche Objekte abgetan. Der Mann, der das philosophische Fundament dafür zementierte, war Descartes. Für Descartes war der ideale Mensch ein leeres Subjekt, das allmählich mit Objektivität gefüllt werden müsse. Der finnische Theologe und Philosoph Arne Siirala (1964b) faßte Descartes' Intention so zusammen: »Der Mensch muß lernen, seine Beziehung zur Kindheit abzuschneiden und zu vergessen.«

In seinem Buch »Out of Revolution: The Autobiography of Western Man« schreibt E. Rosenstock-Huessy (1969): »Beschäftigen wir uns noch einmal mit Descartes (...) In seinem Buch über die Methodik beklagt er sich sehr ernsthaft und ohne eine Spur von Humor darüber, daß der Mensch Eindrücken ausgesetzt sei, bevor sich sein Geist zu voller logischer Kraft entwickelt habe. Zwanzig Jahre lang, so seine Klage, wurde ich von Objekten verwirrt und beeindruckt, die ich nicht verstehen konnte. Statt daß mein Gehirn mit zwanzig eine leere Tafel war, fand ich unzählige falsche Ideen dort eingraviert vor. Wie schade, daß der Mensch vom ersten Tag seiner Geburt an nicht klar denken kann, ohne Erinnerungen an sein früheres Leben (...) Dies sagt uns, daß der menschliche Geist nur jene Eindrücke entziffern sollte, die außerhalb seines Selbst entstehen. Deswegen denken Wissenschaftler heute – denn sie alle gehören der Cartesianischen Schule des Denkens an –, daß sie nicht beeindruckt sein sollen, daß es ihre Pflicht ist, kühl zu bleiben, desinteressiert, neutral und leidenschaftslos.« Mit Descartes wurde der fehlende Respekt gegenüber unseren ureigenen Reaktionen vor und nach der Geburt als wissenschaftlich institutionalisiert. Und dieses Vermächtnis gibt unsere heutige Wissenschaft immer noch weiter: Die Gefühle und Wahrnehmungen des Kindes wie auch des Erwachsenen haben keine Basis in der objektiven Wirklichkeit und können deshalb abgetan werden.

Rosenstock-Huessy schreibt weiter: »Je mehr ein Mensch die Eindrücke, die auf ihn wirken, unterdrückt, desto mehr wird er in seiner Orientierung und in seinen Schlußfolgerungen abhängig von Überbleibseln und Eindrücken, welche das Leben auf anderen hinterläßt. Er unterdrückt einen Teil der Zeugnisse der Welt, die er zu studieren glaubt, wenn er für sich beansprucht, mit einem reinen Verstand zu arbeiten (...) Die Wahrheit ist, daß der große Descartes, als er die Eindrücke des Kindes René auslöschte, sich für jegliche gesellschaftliche Wahrnehmung außerhalb der Naturwissenschaften verstümmelte. Dies ist der Preis, den jegliche Methodik in den Naturwissenschaften bezahlen muß. In dem Maß, in welchem diese angewandt wird und einen Geologen, Physiker oder Biochemiker neutralisiert, löscht sie sein persönliches, soziales und politisches Erleben aus. Aus diesem Grund entwickeln die Wissenschaften eine Gewohnheit, die verheerend für den gesellschaftlichen Denker ist« (alle Rosenstock-Huessy-Zitate übersetzt von A. G.). Aber dadurch wird Wissenschaft selbst zum Ausdruck und Förderer des entfremdenden, dissoziierenden Bewußtseins, das nicht nur den Schmerz und das Leid der Kindheit verneint, sondern einer Lüge gewidmet ist, die dem Erleben keinen Raum gibt.

Nicht alle Wissenschaftler und Denker sind dieser Denktradition verhaftet. Viele haben an ihrer Kindheit als Quelle des Lebendigen festhalten können. Beispielsweise Albert Einstein – ich zitierte ihn bereits – sagte, daß er nur deshalb zu neuen Einsichten habe kommen können, weil er an seinen Kindheitserlebnissen festgehalten habe. An einer Sicht festzuhalten, die das Erleben respektiert und ernst nimmt, ist schwierig angesichts des Drucks, der von der etablierten Wissenschaft ausgeht. Einer, der dies vor kurzem versuchte, ist der amerikanische Wissenschaftsphilosoph J. R. Searle. In seinem Buch »Die Wiederentdeckung des Geistes« (1993), in dem er die etablierte wissenschaftliche Denkweise in Frage stellt, schreibt er, daß die Voraussetzung, daß alle Realität objektiv sei, »sich in vielerlei Hinsicht als nützlich erwiesen (hat), aber offenkundig falsch ist«, wie dies uns allein schon ein momentanes Reflektieren unserer subjektiven Empfindungen zeigt. »In der Philosophie des Geistes (...) bestreiten viele – vielleicht sogar die meisten – der auf diesem Gebiet führenden Denker ganz routinemäßig die offenkundigsten Tatsachen: zum Beispiel, daß wir subjektive, bewußte Geisteszustände wirklich haben und daß sie sich nicht zugunsten von irgend etwas anderem eliminieren lassen.«

Die etablierte Wissenschaft geht davon aus, daß der einzige wissenschaftliche Weg, die Psyche oder das Bewußtsein zu studieren, über das Studium objektiver Phänomene verlaufen müsse. Doch diese Annahme impliziert zwei weitere Annahmen: »Sobald wir die Annahme akzeptieren, daß alles Objektive jedwedem Beobachter gleichermaßen zugänglich sein muß, verschieben sich die Fragen ganz von selbst; es geht dann nicht mehr um die Subjektivität von Geisteszuständen, sondern um die Objektivität äußeren Verhaltens. Und das führt dazu, daß nicht mehr gefragt wird: ›Was ist das: einen Wunsch haben?‹ Statt dessen stellen wir Fragen, die vom Standpunkt der dritten Person formuliert sind: ›Unter welchen Bedingungen würden wir einem *anderen* System von außen Überzeugungen, Wünsche usw. *zuschreiben*?‹ Das kommt uns ganz natürlich vor, denn selbstverständlich geht es bei den meisten Fragen, die wir zu geistigen Phänomenen haben, um andere Menschen und nicht bloß um uns selbst (...) Aber der Umstand, daß für die Erkenntnistheorie der Standpunkt der dritten Person charakteristisch ist, sollte uns nicht blind machen für die Tatsache, daß die tatsächliche Ontologie der Geisteszustände eine

Ontologie der ersten Person ist. Die Art und Weise, wie der Standpunkt der dritten Person in der Praxis angewandt wird, macht es uns schwer, den Unterschied zu sehen zwischen etwas, das wirklich einen Geist hat (ein Mensch zum Beispiel), und etwas, das sich so verhält, *als ob* es einen Geist hätte (ein Computer zum Beispiel). Und wenn die Unterscheidung zwischen einem System mit wirklichen Geisteszuständen und einem mit bloßem Als-ob-Verhalten erst einmal aus dem Blickfeld geraten ist, dann entgeht einem auch ein wesentliches Merkmal des Geistigen: daß nämlich die Ontologie des Geistigen wesentlich eine Ontologie der ersten Person ist. Überzeugungen, Wünsche usw. sind immer *jemandes* Überzeugungen und Wünsche, und sie sind immer potentiell bewußt, auch dann, wenn sie de facto unbewußt sind.«

Das ist auch Paul Claudels (1903) Sicht, derzufolge unser eigenes Bewußtsein der Grundstein unserer Weltanschauung sein müsse. Dieses Bewußtsein spiegelt eine in sich selbst ruhende Wirklichkeit wider, die nicht reduzierbar ist. Sobald wir Bewußtsein aber nicht in diesem vollen Ausmaß betrachten und uns zum Beispiel nur auf seine neurologischen Strukturen besinnen, die ja seine Bausteine sind, verlassen wir die Ebene der Bewußtseinserlebnisse und operieren auf einer anderen Ebene. Ein Denken jedoch, das von Bewußtseinsspaltung geprägt ist, kann die Existenz beider Ebenen nicht zulassen und wird die Existenz der Bewußtseinsebene bestreiten.

Auch Searles datiert die Festschreibung dieser reduzierenden Sicht des Erlebten in den Anfängen von Descartes' Dualismus. Die Einteilung der Welt in Geist und Körper legte fest, daß jedes Erlebnis subjektiv sei und deswegen nicht real. Nur »objektive« Phänomene konnten Gegenstand wissenschaftlichen Studiums sein. Dadurch verlagerte sich auch das Studium des Erlebten automatisch auf die Dinge, die objektiv studiert werden konnten. Insofern wurde der gesamte psychologische Bereich, wenn auch unbewußt, nur vom Standpunkt der dritten Person aus angegangen, was dem Beobachter wiederum die tatsächliche Ontologie unserer Erkenntnisse, die eine Ontologie der ersten Person ist, versperrte. So wurden etwa soziologische Erklärungsmodelle über die Bedingungen, unter denen sich bestimmtes menschliches Verhalten zeigt und menschliche Entwicklung stattfindet, zur automatischen und einzig legitimen Deutungsweise, obwohl es letztlich immer um die Frage geht, wie das Individuum diese Bedingungen *integriert*.

Wenn der Standpunkt der ersten Person ausgeschaltet wird, passiert noch etwas anderes Folgenschweres. Die Wissenschaft setzt voraus, daß alles zu Studierende allen Studierenden gleichermaßen zugänglich sein müsse. Davon auszugehen ist jedoch völlig unzutreffend, da die Studierenden individuell unterschiedlich, keinesfalls in gleicher Weise wahrnehmen. Wovon die Wissenschaft da ausgeht, grenzt an Gleichmacherei. Denn nur das, was »allen zugänglich« ist, zum Objekt wissenschaftlicher Auseinandersetzung zu machen, schließt jene aus, deren Bewußtsein einen erweiterten Zugang zum Erlebten erlaubt. Mit anderen Worten: Wissenschaft reduziert sich selbst auf den kleinsten gemeinsamen Nenner dessen, was Beobachter wahrnehmen können.

Jene zum Beispiel, die keinen Zugang zu ihrem eigenen Schmerz haben, weil sie ihn in ihrer eigenen Entwicklung verneinen mußten, werden ihn nicht wahrnehmen können, werden ihn auch verneinen müssen und werden Erscheinungsformen, die nicht verleugnet werden können, auf anderen Ebenen erklären müssen. Dies werden dann die Wissenschaftler sein, die Schmerz auf neurologischer und genetischer Basis »erklären« werden. Sie können nicht beobachten, was sie aus ihrem Bewußtsein ausgeklammert haben.

So glauben Forscher, über Schmerz etwas aussagen zu können, ohne diesen in ihrem eigenen Leben erkannt und gewürdigt zu haben. Das spiegelt nur das Ausmaß der heutigen Verarmung unseres wissenschaftlichen Begehrens wider. Da seelischer Schmerz nicht allen gleichermaßen zugänglich ist, vor allem in unserer Zivilisation, wirkt das Diktat, daß das, was objektiv ist, allen gleichermaßen zugänglich sein müsse, destruktiv. Die, die ihren eigenen Schmerz nicht erleben können, werden so zu Schiedsrichtern über das, was objektiv und wissenschaftlich sei. Sie betreiben dann Forschungen auf dem Gebiet des Schmerzes – zum Beispiel auf dem Gebiet der Schizophrenie, wie ich später zeigen werde – im Namen des Schmerzes, um diesen als uns formendes Erlebnis auszuschalten.

Der Versuch, die neurologische Verdrahtung des Schmerzes und dessen genetische Grundlagen mit seinem Erleben gleichzusetzen, ist ein solches Beispiel. Dieser Denkfehler basiert aber auf dem allgemeinen – jedoch für unsere Zivilisation typischen – Mißverständnis zu glauben, man habe ein Phänomen wie etwa den Schmerz im Griff, weil man ihn durch Psychopharmaka zum Verschwinden bringen kann, und dies sei dasselbe wie diesen Gefühlszustand zu verstehen.

Die Erforschung des Schmerzes mag hier nur als Beispiel gelten, um die allgemeine Verneinung der menschlichen Entwicklung als eines *Erlebnisvorgangs*, der Sinn und Bedeutung hat, zu illustrieren. Deshalb werde ich mich nun dieser Problematik, dem Konzept der Entwicklung im Leben, zuwenden.

Der Begriff der Entwicklung im Hinblick auf die vermeintliche Biologie der geistigen Krankheit

Der Begriff der Entwicklung, die wechselnden Muster des Wachstums, die sich in einem Organismus im Lauf der Zeit zeigen, ist von fundamentaler Bedeutung für die psychologische Betrachtung des Menschen sowie aller Lebewesen (Gruen 1997).

Da die molekularen Vorbedingungen von Verhalten und von psychologischen Fähigkeiten mit immer größerer Klarheit in genetischen Prozessen enthüllt werden, entsteht der unbegründete Glaube, daß die Identifizierung der biologischen Strukturen, die unserem Verhalten zugrundeliegen, gleichbedeutend sei mit der Erklärung unseres Verhaltens. Needham (1929) wie auch Schneirla (1949) haben immer wieder betont, daß das, was auf molekularer, und das, was auf molarer (ganzheitlicher) Ebene erklärt wird, nicht austauschbar sei. Jede Ebene hat ihre eigene Entwicklung, und ihre Grenzen sind diskontinuierlich. Trotzdem nimmt das heutige Denken diese Differenzierung kaum mehr vor, so daß immer stärker die Grundlagen unseres Verhaltens direkt aus genetischen Strukturen abgeleitet werden.

Wie bereits auf S. 179 ausgeführt, werden Gehirnstrukturen, Gene und Neurotransmitter als direkte Verursacher von Depression und Schizophrenie gesehen, so wie auch die neuronalen Verdrahtungen, die sich beim Erleben von Angst im Gehirn beobachten lassen, mit dem Erleben von Angst selbst gleichgesetzt werden. Vor kurzem sind auch zur Erklärung der Unterschiede in der sexuellen Orientierung von Männern Unterschiede in hypothalamischen und genetischen Strukturen angeführt worden (Le Vay 1991, Hamer 1993). All dies fußt in einem Denken, das nicht zwischen Verhalten als solchem und seinen zugrundeliegenden Strukturen zu differenzieren vermag. Dieses Denken geht davon aus, daß menschliches Verhalten getrennt von menschlichem Erleben verstanden werden könne. Unter dieser Voraussetzung kann zwar methodisch korrekt gearbeitet werden, jedoch ohne dabei das zu erfassen, was zu untersuchen behauptet wird, nämlich das Erleben.

Dies läßt sich allgemein in der Wissenschaft beobachten. Die Methodik kann zwar perfekt ausgeklügelt sein, aber die Ergebnisse des Erforschten erlangen dadurch nicht Gültigkeit. Kavanau hat diese Problematik in einer Studie aus dem Jahr 1967 eingehend beleuchtet. Untersucht wurde darin das Verhalten von Mäusen, aus dem ja häufig Rückschlüsse über das menschliche Lernverhalten gezogen werden. Kavanau zeigt, daß die Versuchsbedingungen oft so gestaltet werden, daß die Versuchsergebnisse die Hypothese des Wissenschaftlers bestätigen. Informationen über das tatsächliche Verhalten der Tiere und seine relevanten Hintergründe bleiben dabei unberücksichtigt. Wenn Tiere während eines Experiments beispielsweise in Situationen hineingezwungen werden, die ihre natürlichen Bewegungsabläufe einschränken, wenn sie zum Beispiel in einem Labyrinth unterschiedliche Lernaufgaben lösen müssen, dann werden ihre Lösungen aus der Sicht des Beobachters als Erfolg oder als Mißerfolg eingestuft. Kavanau zeigt jedoch, daß vom Verhalten des Tieres aus gesehen der »Mißerfolg« eigentlich ein Erfolg ist, daß die »Fehler« als Bereicherung in einer einschränkenden Situation zu bewerten sind. Die Verhaltensänderungen des Tieres machen seine Umwelt »interessanter«, das heißt stimulierender. Die eigentliche Leistung des Tieres, seine Anpassung an eine einschränkende Situation, betrachtet der Beobachter als Fehler, und diese Sicht bestätigt seine vorgefaßten Vorstellungen über Lernvorgänge oder biologische Prozesse.

Nur scheinbar werden in solchen Forschungen Lern- oder Entwicklungsvorgänge untersucht. In Wirklichkeit basieren diese Forschungen auf A-priori-Vorstellungen. Es geht dabei darum, eine Hypothese zu bestätigen, und nicht um die Erkenntnis der Wahrheit. Was dann in Experimenten untersucht wird, dient der Bestätigung der A-priori-Vorstellung, etwa daß Erfahrung und deren biologische Substruktur zwei Einheiten seien, die auseinandergehalten werden können, und daß beide meßbar und bestimmbar seien. Das »A-priori-Denken«, das »wissenschaftliche Vorurteil« daran ist, daß Erfahrung und deren biologische Substruktur unabhängige, selbständige und auf direkte Weise wirkende Vorgänge sind.

Aber was im Verlauf der Entwicklung wirklich passiert, widerspricht dieser Auffassung. Kuo (1932 a, b) zeigte vor über fünfzig Jahren in einer Reihe von Untersuchungen, daß eine solche Trennung von Erfahrung und biologischer Substruktur den wirklichen Entwicklungsprozessen nicht entspricht. Er zeigte experimentell, daß das, was ein Küken dazu bringt, aus seinem Ei zu schlüpfen und sofort anzufangen zu picken, nicht etwas Instinktives oder Vorprogrammiertes ist. Begriffe wie »organisch«, »instinktiv« oder »Lernfaktor« sind zur Beschreibung dieses Verhaltens unangebracht, es entsteht vielmehr immer aus einer Wechselwirkung zwischen dem Zeitlauf, den die Organe selbst für ihren Entwicklungsprozeß benötigen (wie zum Beispiel das Herz und die sich entwickelnde Lernfähigkeit des Nervensystems), und dem Aufbau von Reaktionen auf eine sich ändernde Umwelt von pränatalen und uterinen Erfahrungen, welche wiederum Strukturen formen. Aus diesem Grund sind Forschungen, die biologische Strukturen gegen Lernerfahrungen ausspielen (Stichwort »nature versus nurture«), nicht aussagefähig über das Wie einer Entwicklung.

Das Konzept »Entwicklung« beinhaltet, daß Änderungen in der Verhaltensorganisation eines Individuums dauernd vor sich gehen. Sehen wir diese sich verändernde Organisation als eine funktionelle Anpassung, die durchaus in der Lebensgeschichte eines Individuums stattfindet, dann treffen viele Forschungsergebnisse nicht mehr zu. Der Begriff »Reifung« zum Beispiel wird gebraucht, um eine kausale Kraft zu bezeichnen, die den genetischen Beitrag zu der Entwicklung von Verhalten belegen soll. Diese Denkweise basiert auf der unbewiesenen A-priori-Vorstellung, daß Struktur (nature) und Erfahrung (nurture) voneinander gespalten werden können. Erfahrung wird hier nicht nur gleichgesetzt mit Lernen, sondern wird auch von der unrichtigen Annahme begleitet, daß es einen spezifischen Wendepunkt in der Entwicklung gebe, in der die Wirksamkeit dieses Lernens eintritt (Schneirla 1957).

Schneirla ist deshalb der Auffassung, daß eine Wissenschaft von der Verhaltensentwicklung ihre eigenen Theorien aufstellen müsse, anstatt diese direkt und voll geformt aus anderen Gebieten der Biologie zu übernehmen. Es sei sehr wahrscheinlich, schreibt er weiter, daß bei allen Arten das Verhalten im Verlauf seiner Entwicklung verschiedene Grade von indirekten Beziehungen zu den ihm unterliegenden Strukturen habe – jeweils abhängig von den Charakteristika, die jeder phylogenetischen Ebene eigen sind. Eine Vorstellung, die von einer sich fortschreitend aufbauenden Organisation eines sich funktionell anpassenden Systems ausgeht, und das umfaßt durchaus das Leben eines Organismus, sollte der Ausgangspunkt jeglicher Forschung sein. Eine solche Vorstellung führt automatisch zu der richtigen Forschungsmethode, mit der man zu gültigen Ergebnissen gelangt.

Die traditionelle Vererbung-Umwelt-Theorie ist nicht Ausdruck einer solchen Vorstellung. Aktuelle Forschungsergebnisse zeigen, daß bei allen Tieren intrinsische und extrinsiche Faktoren sehr eng miteinander verbunden sind und daß dies charakteristisch für ihre Ontogenese ist. Entwicklung ist weder Entfaltung von Strukturen und Integration angeborener Verhaltensquellen, noch ist sie ein Resultat gestaltender extrinsischer Faktoren. Genetiker gehen davon aus, daß ohne Umwelteinwirkung (auf allen Ebenen der Entwicklung) bei keinem Tier Entwicklung stattfinden würde. Die Kernfrage muß sich deswegen auf das Wie der Entwicklung konzentrieren und nicht auf das, was Vererbung oder Umwelt jeweils spezifisch prägen (Schneirla 1957). Dobszhansky (1950) betont, daß angesichts des Beitrags, den genetische Faktoren zur Stabilisierung organischer Funktionen indirekt leisten, keinesfalls der Eindruck entstehen dürfe, daß Vererbung die Entwicklung direkt bestimme. Zum Beispiel fand Harnly (1941) in seinen Forschungen mit der Fruchtfliege Drosophila heraus, daß die Tiere unterschiedliche Flügelgrößen haben, obwohl immer dasselbe Gen deren Bildung beeinflußt. Die Unterschiede in den Flügelgrößen kommen durch die unterschiedlichen Temperaturen zustande, die während ihrer Entwicklung herrschten.

Über Entwicklung zu sprechen heißt deshalb immer, über Erlebtes zu sprechen. Und über Erfahrung zu sprechen heißt, niemals die zugrundeliegenden biologischen Strukturen zu verneinen. Ein notwendig vorhandenes Merkmal jeder Entwicklung ist der kreisförmig verlaufende Einfluß von Selbststimulation auf das Wachstum eines Organismus. Wenn Erleben verneint wird, wird dabei völlig übersehen, daß ein Individuum in einer Wechselbeziehung zu sich selbst und zu seiner Entwicklung steht. Auf jeder Entwicklungsstufe eröffnen sich neue Möglichkeiten für weitere Stimulus-Reaktions-Beziehungen, die alle von dem Umfang intrinsischer und extrinsischer Bedingungen abhängig sind, die im Beobachtungsmoment herrschen. So fand Birch (1957) heraus, daß weibliche Ratten, denen man schon früh Krägen angelegt hatte, die eine Selbststimulation durch Lecken der hinteren Körperteile und der genitalen Zonen verhinderten, ihren

Wurf kurz nach der Geburt durch Vernachlässigung oder Kannibalismus verloren. Das bedeutet, daß die Erfahrung von Selbststimulation eine grundlegende Rolle für das Verhalten bei der Entbindung und während der Fürsorge spielt.

Erfahrungen tragen deshalb auf subtilen Wegen zur Entwicklung des jeweiligen Organismus bei. Viele Körper- und Verhaltensrhythmen, die als endogen oder angeboren betrachtet werden, kommen aus der Wechselwirkung von intrinsischen und *wesentlichen* extrinsischen Faktoren zustande. Als ein relativ einfaches Beispiel einer solchen Interaktion kann das Ergebnis von Harkers (1953) Forschung mit Insekten angesehen werden. Bei der erwachsenen Maifliege zeigt sich der normale Tag-Nacht-Aktivitätsrhythmus immer nur dann, wenn die Eier einem mindestens vierundzwanzigstündigen Hell-Dunkel-Zyklus ausgesetzt waren. Hieraus ist ersichtlich, wie ein spezifischer physikalischer Zustand, der in einem sehr frühen Entwicklungsstadium auftritt und nur eine begrenzte Zeitspanne lang wirkt, zu tief verwurzelten und komplizierten Verhaltensweisen im Erwachsenenstadium führt.

Wir müssen uns deswegen stets vor Augen halten, daß angefangen mit den frühen biologischen Auswirkungen bis hin zu späten Erfahrungen, die Lernen fördern, die charakteristischen Eigenschaften des Standardumfeldes einer Spezies nie als selbstverständlich hingenommen oder heruntergespielt werden dürfen. Sie müssen immer einbezogen werden als Teil des Umfelds möglicher und unerläßlicher Faktoren. Deswegen ist die Theorie von einer Urnatur von zweifelhafter Gültigkeit. Sie wird hauptsächlich gestützt von einem A-priori-Denken, dem die Isolationsmethode zugrundeliegt und das davon ausgeht, man könne Angeborenes von Erworbenem unterscheiden. Wenn ein Tier nach seiner Geburt von seinen Artgenossen getrennt wird und isoliert heranwächst, werden die Reaktionen, die es zeigt, als angeboren oder vererbt betrachtet. Diese Betrachtungsweise setzt voraus, daß die Reaktionen ohne die Beteiligung der Erfahrung, die aus der Auseinandersetzung mit dem Umfeld gewonnen wird, zustandekommen. Doch diese Annahme legt zu viel Gewicht auf die Ansicht des Forschers, was ein typisches Entwicklungssetting ist und was seine Auswirkung auf die Ontogenese sind. »In der Tat zeigen Isolationstest-Situationen – vor dem Hintergrund einer für deren Analyse ungeeigneten Forschungsmethode – nur, welches Verhalten sich entwickeln oder nicht entwickeln kann in einer von zwei Situationen – einer gewöhnlichen und einer ungewöhnlichen – und durch Ursachen, die noch nicht demonstriert werden konnten« (Schneirla 1957).

Problematisch ist, daß ein Wissenschaftler, der vorgibt, das Typische einer Entwicklungssituation zu kennen, voraussetzen muß, den Kontext der zwei Settings zu kennen. Jedoch ist es denkbar, daß die vermeintlich unterschiedlichen Settings in wichtigen, aber dem Wissenschaftler nicht bekannten Aspekten identisch sind. So kann ein Individuum zum Beispiel durch seine eigenen organischen oder verhaltensmäßigen Eigenschaften jene Folge von Stimulationen hervorbringen, die für eine Spezies die normale Entwicklung einleiten. Hier wird die Methode der Isolation zu falschen Schlußfolgerungen führen.

Dies beweist Kuos (1967) wertvolle Arbeit über das, was er den »Verhaltens-Neophänotyp« (behavioral neophenotye) nannte. Er zeigt, daß sogar das normale Verhalten von Rüden, mit Hündinnen zu kopulieren, eben nicht durch Instinkte und genetische Ausstattung allein determiniert ist, sondern auch erfordert, daß sie gewöhnlichen oder normalen Entwicklungsgegebenheiten ausgesetzt sind. Er schaffte es, daß das normale Paarungsverhalten sich gar nicht erst entwickelte, so auch Gottlieb (1992). Gottlieb weiter: »Leider hat sich Kuos Position, daß bestimmte Verhaltens-Neophänotypen durch die Entwicklungsgegebenheiten wesentlich beeinflußt werden und daß dies nun in der experimentellen Tierforschung verstärkt erforscht werden sollte, nicht durchgesetzt. Dies beweist: Wenn gewisse Wissenschaftler auf Verhalten oder andere Aspekte einer organischen Struktur oder Funktion als ›genetisch determiniert‹ hinweisen, beachten sie nicht, daß Gene Proteine aufbauen, nicht aber völlig entwickelte organismische Eigenschaften. Und Experimente über die frühe Entwicklung des Nervensystems haben gezeigt, daß das Ausmaß des Proteinaufbaus durch die neurale Aktivität selbst reguliert ist, was wiederum die Zweigerichtetheit und das Zusammenwirken von Einflüssen während der individuellen Entwicklung demonstriert« (Gottlieb 1992, Born 1988).

Es ist daher nicht die Methodik, die für einen Wissenschaftler ausschlaggebend sein sollte, sondern die Fragestellung seiner Forschung. Das heißt, daß die Fähigkeit zu einer Gesamtsicht das Ausschlaggebende sein sollte. Methodik kann das Denken nicht ersetzen.

Wenn Wissenschaftler Antidepressiva einsetzen, um zu beweisen, daß die Anwesenheit oder Abwesenheit von Depression dem Erleben oder Nicht-Erleben von Schmerz gleichkommt, dann tun sie genau das, was der Wissenschaftler Kavanau beschrieb: Sie betrachten Schmerz unter dem Aspekt, ihn zu beherrschen, nicht unter dem Aspekt, ihn zu verstehen. Sie setzen die Betäubung und Ausschaltung des Schmerzes mit dessen Nichtexistenz gleich. Dadurch verneinen sie aber nicht nur die Bedeutung des Schmerzes für den Patienten, sondern auch, daß dieser Schmerz eine Geschichte in der persönlichen Entwicklung des Patienten hat.

George Wald, Nobelpreisträger auf dem Gebiet der Perzeption, schrieb mir einmal: »Ich habe mein Leben damit verbracht, Mechanismen der Sehkraft zu enträtseln; und großer Fortschritt wurde auf diesem Gebiet erreicht. Trotzdem habe ich keine Vorstellung davon, was es bedeutet ›zu sehen‹; und würde man alles das, was auf diesem Gebiet experimentell erreicht wurde, extrapolieren und vollkommenen Erfolg annehmen, würde uns all das nicht dem (Erleben) näherbringen (...) Bewußtsein scheint in einem anderen Universum zu liegen. Wir gehen von einer äußeren Physik zu einer inneren (...) Das einzige, was ich direkt kenne, ist mein bewußtes Erleben; und das ist natürlich die Quelle der Wissenschaft« (Brief vom 8. Januar 1975). Für Wald ist klar, daß Mechanismen und Strukturen auf einer Ebene liegen, unser Bewußtsein und Erleben auf einer anderen. Beide Ebenen gleichzusetzen, wie dies in der Psychologie oder Psychiatrie gang und gäbe ist, heißt, die Spaltung in unserem Bewußtsein nur zu zementieren. Darin liegt etwas Gewalttätiges, denn wenn wir Menschen nicht in ihrer Ganzheit begegnen, nehmen wir nur die Dinge wahr, die unsere Voreingenommenheit bestätigen.

In der Physik ist es – vor allem seit Heisenberg – selbstverständlich geworden, das Bewußtsein des Beobachters als Teil dessen, was beobachtet werden muß, einzubeziehen. Dies ist schwierig auf dem Gebiet der Psychologie, wo als Bewußtsein nur zugelassen wird, was das offizielle Bewußtsein bestimmt. Trotz Lippenbekenntnissen sind die Untersuchenden oft unerreichbar für das, was wirklich vor sich geht. Die Verneinung des Schmerzes spielt hier eine zentrale Rolle. Dazu ein Beispiel aus der Praxis, das das Ausmaß der daraus resultierenden Gewalt zeigt.

Eine heute fünfzigjährige Frau lebte ihr ganzes Leben lang mit dem Gefühl und der Überzeugung, sie sei dumm und zu nicht mehr als zur Putzfrau fähig. Ihre Entwicklung war von unzureichender Liebe seitens ihrer Mutter bestimmt und von einem Vater, der sie sexuell mißbrauchte und zu alledem noch Mitleid von ihr verlangte. Der Kern ihrer Klage drehte sich um den unaufhörlichen Schmerz darüber, daß sie sich selbst aufgeben mußte, um am Leben zu bleiben. Sie schrieb mir: »Ich habe Angst, selbst eine Person zu sein, weil sich das anfühlt, als würde ein Mensch mit einem Lastwagen zusammenstoßen oder ein kleines Kind mit seinem Vater. In einer solchen Konfrontation wird man unweigerlich zerschmettert. Wenn ich mich aber wie Wachs an die Person schmiege, dann tut es weniger weh, oder ich werde zumindest nicht zerschmettert. Und scheinbar ist man so eingerichtet, daß man überleben will, selbst wenn man bewußt gar keine Freude daran hat.«

Dreißig Jahre lang unterzog sie sich Behandlungen in verschiedenen psychiatrischen Kliniken und in Psychotherapien, aber ihr eigentlicher Schmerz, der darin bestand, daß sie ihr Selbst hatte aufgeben müssen, wurde dabei nicht gesehen. Gesehen wurde nur das, was sie als Selbstschutz errichtet hatte, ihre »Dummheit« und ihr »Gemecker«. Was wurde bei ihr diagnostiziert?

»Die Patientin kommt mit riesigen Erwartungen, riesigen emotionalen Ansprüchen. Ihre Stimmung ist nicht depressiv, eher unzufrieden vorwurfsvoll (...) Sie wollte Krankenschwester werden, aber die Mutter sagte, sie eigne sich nicht dafür. Die Patientin verzichtete (demzufolge) auf Berufspläne (...) Sie zeigt eine unentrinnbare Gegenübertragung (damit ist gemeint, daß die Patientin die Psychiaterin wie ihre Mutter sah). Auf die Frage, was sie denn daran hindere, sich so zu geben, wie sie es sich wünsche, kommt immer wieder die stereotype Antwort, das wisse sie ja selbst nicht. Es ist dabei sehr merkwürdig, wie wenig Beziehung die Patientin zu ihrem jeweiligen Gesprächspartner aufnimmt. Der Gesprächspartner scheint jederzeit austauschbar zu sein. Sie sieht Psychotherapie als ein magisches, automatisch funktionierendes Instrumentarium.«

Sie wird weiter beschrieben als »eine asthenische, leptosome und schizoide Frau, wirkt äußerst dysphorisch und verbittert wie eine große, graue Klagemauer. Sie befindet sich in einem Zustand dauernder, aggressiv getönter Abwehr, so daß es schwierig wird, die Frau auf Dauer zu ertragen. Es stellt sich die Differential-Diagnose einer Borderline-Schizophrenie versus einer Charakterneurose bei schizoider Persönlichkeit (...) Sie wirkt in ihrem Leidensdruck unecht, ist jedenfalls schwer einfühlbar (...) Es zeigt sich, daß die Patientin unter dem Diktat eines masochistischen und totalen Negativismus steht, der es ihr verunmöglicht, von sich selbst oder der Umwelt auch nur das Geringste positiv zu werten. Es scheint der Patientin regelmäßig zu gelingen, ihr Gegenüber in eine unentrinnbare Gegenübertragung zu manipulieren (...) Um das Verhalten der Patientin zu durchbrechen, versuchten wir eine medikamentöse Behandlung« (Zusammenfassung der Klinikaufenthalte der Patientin von 1971 bis 1987).

Nachfolgend nun, wie die Patientin ihr Erleben in dieser Zeit schildert: »Ich war unter einer fürchterlichen Spannung und hatte Panik davor, plötzlich loszuschreien. Ich mußte mir unbedingt Hilfe suchen, bevor etwas passierte. Ich erinnere mich noch sehr genau, wie die Ärztin sagte: ›Das nehme ich Ihnen nicht ab.‹ Ich fühlte mich wie zerschmettert. Kein Gehör zu finden vergrößerte die Spannung nur noch mehr. Einmal gab man mir einen mehrseitigen Fragebogen und einen Bleistift, und da saß ich in einer Art Korridor und dachte nur immer – je länger, je wütender –, ich brauche einen Menschen, und man gibt mir Papier. Ich hätte mich einfach weigern sollen. Das ist es, was mich später am meisten ärgerte: daß ich die Fragebögen ausfüllte, zwar unter riesigem Protest, aber ich hätte das Zeug hinschmeißen sollen.

Ich sehnte mich so sehr danach herauszufinden, was mit mir los war, warum ich solche Zustände hatte. Ich nahm an, daß es sich nach der Geburt meiner Tochter verschlimmert hatte, ganz abgesehen davon, daß ich zwar wußte, was ein Kind braucht, aber keine annehmbare Lösung für sie finden konnte. Als ich sie im Säuglingsheim daliegen sah, mit der Milchflasche nur so hingelegt, ohne in den Arm genommen zu werden, fand ich das absolut unerträglich. Ich suchte Pflegeeltern für sie. Ich weiß nicht mehr, seit wann ich diesen dauernd wiederkehrenden Traum habe, daß ich mit der Milchflasche umherirre und zu spät zum Füttern komme. Ich glaube, das war später. Aber jedenfalls konnte ich keine Lösung für meine Tochter finden.

Ich war wahnsinnig froh, als ich in die Klinik konnte. Ich dachte, nun könnte ich mich endlich mit mir beschäftigen und versuchen herauszufinden, was mir solche Ängste verursachte und so einen unerträglichen Druck. Ich dachte, da sind Fachleute, und ich bin nicht mehr dem Druck der Arbeit ausgesetzt.

Gleich bei der Ankunft wußte ich, daß das nicht so sein würde. Bei der Arztvisite am Morgen konnte ich die Augen nicht aufbringen, hörte aber, was gesprochen wurde. Es hieß: ›Frau X ganztags in die Arbeitstherapie.‹ Ich fühlte mich wie zum Tode verurteilt. ›Arbeit macht frei‹ – so etwa fühlte es sich an. Oder, wie J. sagte, die haben ein Abkommen mit der Maschinenindustrie, sie müssen die Leute wieder zurechtstutzen, damit sie arbeitsfähig werden. Dann sollte man aber besser Roboter machen und nicht die Menschen auf die Welt stellen, wenn einem das Menschsein nur immer im Wege steht.

Ich sollte aus einem Klumpen Ton etwas machen, da kam mir auf einmal so zwingend die Atmosphäre in der Stube zu Hause in den Sinn: ein großer Tisch, an einem Ende saß die Mutter, am anderen ich. Die Mutter klebte Säcke, die türmten sich in der Mitte, und ich sollte sie zählen und glattstreichen. Es schien mir unmöglich, die Hände arbeiten zu lassen, wenn ich in absoluter Beziehungslosigkeit steckte. Zuerst schlug ich mit dem Fuß ans Tischbein, die Mutter schimpfte, das war wenigstens eine Reaktion. Und dann erinnerte ich mich sehr genau daran, wie ich mit übermenschlicher Anstrengung meine Bedürfnisse hinunterwürgte und arbeitete. Das alles kam mir in der Klinik plötzlich so deutlich in den Sinn, daß ich den Ton nahm und ihn laut weinend auf den Tisch schlug. Und so ging es die ganze Zeit weiter: In mir drängte sich alles mögliche an die Oberfläche, und ich wollte mich damit beschäftigen, weil das offenbar *ich* war. Und von außen wurde ich mit Arbeit bombardiert, von mir selbst weggeholt. Die Pflichten holten mich von mir selbst weg, und das brachte mich zur Verzweiflung.

Mehrmals träumte ich, daß sich eine dichte, undurchdringliche Blumendecke langsam auf mich heruntersenkte, so daß ich unweigerlich ersticken mußte. Meine Zimmergenossin sagte mir am nächsten Morgen, ich hätte zwei Stunden lang gewimmert.

Die Medikamente machten mich wahnsinnig kribbelig, so daß ich nicht mehr imstande war, auch nur fünf Minuten zum Beispiel etwas zu lesen oder mich auf sonst irgend etwas zu konzentrieren. Als ich mich in einem Gespräch mit dem Oberarzt dazu äußerte, meinte er zum Assistenzarzt: ›Das kann man aushalten‹, was mich noch wütender oder eher hilfloser machte.

Einmal fuhr ich mit dem Bus nach Z. zu meinen Eltern. Aber meine Mutter stand so angespannt in der Stube, daß ich wohl oder übel wieder zurück mußte. Sie war froh, daß ich wieder ging. In der Klinik machten sie eine ›Deck-Therapie‹ (eine Verhaltenstherapie, die die Sache zudecken sollte) mit mir, aber ich wollte an die Quelle meiner Wut. Wollte rausfinden, warum.«

Da ist eine Gruppe von wissenschaftlich ausgebildeten Ärzten und Therapeuten, die zwar über Schmerz sprechen, ihn aber nicht fühlen und ihn – schlimmer noch – abtun wollen. Die destruktive Wirkung auf die Patientin war enorm. Sie fühlte sich in ihrem Selbstbild, daß sie nichts tauge, bestätigt. Den Ärzten bestätigte die Patientin jedoch ihre eigenen Thesen darüber, was Widerstand sei. Gerade dadurch, daß die »Fachleute« die Existenz des Schmerzes verneinen, bestätigen sie seine Bedeutung.

Natürlich erfolgte auf seiten der Patientin eine Übertragung. Darin aber hätten die Therapeuten den Terror und den Schmerz, den die Patientin in ihrer Kindheit erlebt hatte, erkennen müssen. Da sie aber den Terror und den Schmerz in ihrer eigenen Kindheitsgeschichte verneinten, mußten sie beides aus der Geschichte der Patientin und aus deren Übertragung auf sie eliminieren. Die ständige Beschwerde – das »Meckern« – der Patientin war das letzte ihr zur Verfügung stehende Mittel, Klage gegen ihre Mutter zu erheben, allerdings mit der Folge, daß sie sich selbst unbeliebt (und unerwünscht) und zum Ekel machte. So lenkte sie ab von der unausgesprochenen Klage gegen die gefürchtete Mutter.

Wenn sich aber die Ärzte ihren eigenen Schmerz aus ihrer Kindheit nicht zugestehen, dann müssen sie auch den der Patientin umdeuten und ihr selbst die Schuld für ihre Krankheit zuschieben. Denn nur so wird der Mythos aufrechterhalten, in der eigenen Lebensgeschichte stünde alles zum besten. Daher wurde die Existenz des Schmerzes der Patientin geleugnet, eines Schmerzes, den sie selbst nicht direkt benennen konnte. Sich in ihren Schmerz einzufühlen hätte den Therapeuten in die Gefahr gebracht, den eigenen Terror wiederzuerleben. Das allerdings darf nicht sein, vor allem dann nicht, wenn man im Krankenhaus die Rolle einer Autoritätsperson innehat. Zudem war die Patientin bereit, der ihr auferlegten Rolle, Opfer zu sein, zu entsprechen. Und so wird weiter untersucht und diagnostiziert, aber die Identifikation mit dem Unterdrücker bleibt davon unberührt.

Die Psychiatrie dient offenbar dazu, unsere Welt zu bestätigen, und nicht, sie zu erforschen. Ich sage dies trotz aller Fortschritte in dieser Wissenschaft. Doch solange der Schmerz aus der frühen Kindheit geleugnet wird, solange liegt der Schleier über dem, was diesen Schmerz erzeugt, und damit auch über dem grundlegend Zerstörerischen in unserer Gesellschaft.

Im Grunde hat sich nicht viel geändert, seit der deutsche Philosoph Georg Simmel darüber schrieb, wie wenig sich der Schmerz des Menschen in seiner Sicht des Menschen widerspiegele (Siirala 1964b). In der Tat existiert das Wort »Schmerz« nicht im DSM, dem internationalen diagnostischen Kodex für Geisteskrankheiten. So entsteht der Eindruck, als würde der schmerzhafte und verzweifelte Versuch eines Schizophrenen, seinen Platz im Leben zu finden, keine Rolle für die Entwicklung seiner Krankheit spielen.

Gaetano Benedettis (1983) schizophrene Patientin war wund vor Schmerz, weil niemand ihre Gefühlswahrnehmungen verstand. Sie äußerte dies so:

> Ich schrie
> Und niemand verstand
> Was ich gesehen hatte
> Horror erschütterte mich
> Und ich verfluchte den Tag
> An dem ich zur Welt kam
> Sie sagten es sei Krankheit
> Und gaben ihr einen häßlichen Namen
> Wahnsinn!

Murray Cox (1982), ein englischer Forscher auf dem Gebiet der forensichen Psychiatrie, zeigt uns in einem Fallbeispiel einen anderen Aspekt der Verneinung von Schmerz. Seine Analyse eines psychotischen Mörders ergab, daß die Unfähigkeit dieses Mannes, seinen eigenen Schmerz zu erleben, ihn dazu brachte zu töten. Indem er seinen eigenen Schmerz nicht erleben konnte, konnte er sich auch nicht lebendig fühlen. Um sich dennoch lebendig zu fühlen, mußte er töten – er mußte Besitz ergreifen vom Leben eines anderen, weil Besitz in unserer Gesellschaft als Schlüssel zum Leben angesehen wird. Der Mann formulierte dies so: »Ich nahm ein Leben, weil ich eins benötigte.«

Dieser Fall zeigt, was die Verneinung des Schmerzes in Gang bringt: Gewalttätigkeit. Insgesamt ist die Gewalttätigkeit in unserer Epoche ganz eng mit der Verneinung des Schmerzes verknüpft. Dieser enge Zusammenhang ist auch ersichtlich in den Auswirkungen des

Vietnamkriegs auf die Psyche vieler amerikanischer Kriegsveteranen und deren Diagnose. Was erst in letzter Zeit offiziell als PTSD (Post-Traumatic Stress Disorder, Delayed) anerkannt wurde, ist eine verspätete Diagnose der psychischen Störungen von Vietnamveteranen, die sich bereits in den siebziger Jahren in psychiatrische Behandlung begeben hatten. Damals wurden ihre Störungen als Angststörungen diagnostiziert, oder die Kriegsheimkehrer wurden als psychotisch oder paranoid-schizophren eingestuft (Eng 1988a, b).

Erling Eng fand aber heraus, daß hinter der Symptomatik etwas anderes steckte: nämlich die Unfähigkeit, mit Schmerz umzugehen, wenn dieser von einer Kriegspropaganda, die den Krieg als richtig hinstellte, verneint wurde. Den Schmerz des Tötens zuzugeben hätte zu einem Loyalitätskonflikt geführt, denn es hätte der Politik des eigenen Landes widersprochen. Deshalb durfte die Analyse auch nicht aus der Sicht der Psychiatrie geschehen, und es durfte auch nicht danach gefragt werden, was zu diesem – heute anerkannten – Syndrom geführt hatte. Eng (1988a) zitiert einen der Patienten: »Als ich in diese Klinik zur Elektroschockbehandlung kam, wollte ich nur vergessen, was ich (in Vietnam) erlebt hatte. Jetzt akzeptiere ich diese Erlebnisse als Teil meines Lebens, und ich will sie nicht vergessen (...) Man muß wissen, was der Tod ist, um leben zu können.«

Wenn Erlebnisse von Menschen dadurch verneint werden, daß sie auf biologische und genetische Strukturen reduziert werden, dann dienen eine solche Optik und die darauf basierenden Forschungen nurmehr einem destruktiven Denken. Schachtel (1959) schrieb, eine solche Wissenschaft begegne ihren Studienobjekten nicht mehr in ihrer Ganzheit: »Ihre Sicht wird, indem sie jene Aspekte ihrer Studienobjekte abschneidet, die sie nicht gebrauchen kann (...), selbst zu einer gewalttätigen Handlung.«

Unsere Angst ist anders als die der Primitiven

Da wir dazu gebracht wurden, Schmerz zu verneinen, leben wir gespalten. Diese Spaltung wirkt sich auch auf unser Bewußtsein aus, und das macht es uns schwierig, unsere Ängste zu erkennen. Angst zu haben gilt bei uns als primitiv, als irrational und als Ausdruck von Schwäche. Also unterdrücken wir unsere Angst, aber gerade die unterdrückte Angst wird zum Antrieb unseres Seins. In unserem steten Bemühen nämlich, der Angst zu entkommen, müssen wir uns dauernd auf die Jagd nach Erfolg und Bestätigung begeben. Dabei gesellt sich zu unserer verdrängten Angst noch die uns bewußte Angst vor dem Versagen. Sie ist wohl das Fundament einer Welt, in der Erfolg, Macht und der Wunsch, alles im Griff zu haben, dominieren. Diese obersten Ziele treiben uns aber immer mehr in die Abhängigkeit von äußeren Reizen, von äußeren Zeichen unseres Erfolgs, den Produkten unserer Konsumgesellschaft. Diese äußeren Reize entwickeln darüber hinaus eine Eigendynamik, die darin besteht, daß nach den Gesetzen unserer Marktwirtschaft der Wunsch nach immer mehr und immer neuen Reizen entsteht (Gruen 1986). Durch unsere Angstverdrängung geraten wir also in den Teufelskreis einer immer stärker werdenden Abhängigkeit von äußeren Reizen.

Wenn nun in Zeiten wirtschaftlicher Unsicherheit die Möglichkeit zum Konsum von Produkten eingeschränkt ist, droht die innere Angst heraufzusteigen. In dieser Situation entsteht für uns die Notwendigkeit, Feindbilder zu entwickeln, um uns vor der unterdrückten Angst zu schützen, einer Angst, die mit unserer ungenügenden Identität einhergeht. Dadurch wird Gewalt zum Mittel, eine defiziente Identität aufrechtzuerhalten.

Konkret sehen wir das überall dort, wo Nationalismus zum Inhalt des Lebens gemacht wird. Solche Versuche laufen immer darauf hinaus, die Angst vor der inneren Leere durch die Identifikation mit einer symbolischen Stärke zu verdrängen. Zwar vermitteln diese Versuche eine scheinhafte Identität, sie sind aber zum Scheitern verurteilt. Wir brauchen nur an die Bilder aus dem nationalsozialistischen Deutschland zu erinnern, an die Menschen in ihren »Operettenuniformen«, die andere demütigten und ermordeten. Diese Bilder wie auch die heutigen Bilder aus Jugoslawien, Ruanda, Rußland und überall dort, wo der Versuch, auf diese Weise eine Identität zu schaffen, verortet werden kann, zeigen Menschen, auf deren Gesichtern Hohn und Verachtung geschrieben stehen. Denn diese Form der Bestätigung der eigenen Identität bringt notwendig eine bestimmte Gesinnung mit sich.

Um diese scheinhafte Identität und den vermeintlichen Selbstwert aufrechtzuerhalten, dürfen die Demütigung und Ermordung scheinbarer Feinde nicht aufhören. Die Verachtung den Opfern gegenüber ist ein Vorwand, um destruktive Aggression auszuleben und um noch vorhandene Reste von Gewissen zu verdrängen. Da die Gewalttätigkeit die eigenen Gewissensregungen zurückdrängt, dürfen solche Menschen auch nicht mit dem Morden aufhören. So wird Destruktivität zum Selbstzweck, der die Zweifel am Selbstwert und die Angst vor der eigenen Wertlosigkeit zudeckt. Der Terror besteht darin, sich selbst begegnen zu müssen und sich der eigenen inneren Leere und Bedeutungslosigkeit auszusetzen. Es ist die Urangst, nicht für sich selbst erkannt zu werden, die immer wieder hervorzubrechen droht. Sich dieser Angst zu stellen, vermögen solche Menschen nicht. Deshalb wehren sie sich mit Prahlen, Toben und Gewalt.

Hinter diesem Abgrund steht die Angst, die die Menschen in unserer Zivilisation verfolgt. Zugleich ist sie es aber, die unsere Gesellschaft am Laufen hält. Angst vor dem Versagen ist ihr bewußter Motor. Und das führt zur Verdrängung unseres Herzens, zum Mangel am Miterleben und zur Dominanz des rationalen und objektiven Denkens in allen sogenannten Hochkulturen von Ägypten über Babylon, Indien, China, Griechenland bis Rom.

Wir glauben, die sogenannten »primitiven« Völker seien voller irrationaler Ängste. Wir unterstellen ihnen das, weil wir unsere eigenen Ängste, deretwegen wir uns wertlos fühlen, wegschieben. Freilich haben sie Ängste. Aber diese Ängste kreisen um etwas anderes als unsere. Wir wollen sie im folgenden näher betrachten.

Im Zusammenhang mit dem Umgang mit Angst ist bezeichnend, daß die Primitiven das Leben auf Erden als herausragendes Ereignis betrachten, während die Zivilisierten das Leben im Jenseits zum Hauptmythos machen. Der Anthropologe Paul Radin (1953) beschrieb dies so: »Der Hauptzweck unserer Mythen (...) (scheint) im Vergessen der Realität zu liegen.« Unsere gesellschaftliche Wirklichkeit stellt den eigenen Selbstwert in Frage und ist deshalb von Angst durchsetzt. Wir aber verdrängen diese Zusammenhänge. Wir entwickeln nicht die Kraft, mit dieser Angst zu leben. Der Primitive hingegen steht über seine Geisterwelt in Einklang mit seiner Angst. Er kann die innere Sicherheit entwickeln, die notwendig ist, um mit der Angst umzugehen, denn seine Identität basiert von Anfang an auf Achtung gegenüber seinem Leben und Freude über sein Sein. In einer primitiven Gesellschaft werde jedem Menschen ohne Rücksicht auf sein Alter Achtung geschenkt, schreibt Radin. Jemandem diese Achtung zu verweigern sei dasselbe, »als hätte man gesagt, er lebe nicht mehr, er sei tot«.

Unser gesellschaftliches Leben ist von Nichtachtung gegenüber uns und anderen gekennzeichnet, und diese Nichtachtung führt zu einer Entfremdung von uns selbst. Während frühere Generationen ihren Wert daraus schöpften, sich auf das Leben im Jenseits vorzubereiten, schöpfen wir Heutigen ihn aus dem Besitz käuflicher Dinge. Doch diese Dinge sind schnell vergänglich, und die Jagd nach immer neuen Produkten – aus einer sich ebenfalls immer rascher wandelnden Angebotspalette –, die unseren Status sichern sollen, steigert sich ins Enorme. Und in demselben Ausmaß wächst die Angst, es nicht zu schaffen, zu versagen. Wenn wir uns an dieser Jagd beteiligen, tritt Status an die Stelle des inneren Werts. Doch ein Ich, das sich über Status definiert, ist nicht mehr bereit zur Einsicht in sein Tun. Statt dessen verliert es sich immer mehr an seinen Trieb, Dinge wie auch Menschen zu besitzen.

Diese Prozesse entwickeln ein Eigenleben, desgleichen die Rahmenbedingungen – die Maschinen, die Industrie –, die diese Prozesse in Gang gebracht haben und von denen sie wiederum in Gang gehalten werden. Dieses Eigenleben reduziert uns alle. Die Maschinen bestimmen unsere Zeitbegriffe. Sie eichen uns, und an ihnen messen wir uns. Unsere natürlichen Rhythmen gehen verloren, und so driften wir immer weiter von uns selbst weg. »Heute schon lieben wir kaum noch die Erde, sehen kaum noch mit den Augen oder lauschen mit den Ohren, und wir hören erst auf unser Herz, wenn es aus Protest streikt« (Diamond 1976). Darin unterscheiden wir uns wesentlich von den Primitiven, und so ist auch unsere Angst eine andere als die der Primitiven.

Die Angst der Primitiven gründet nicht auf einer Entfremdung von sich selbst, sondern in »der Entfremdung von Dorf oder Familie oder

der Erde selbst. Die Furcht besteht vor dem Ausgestoßenwerden aus den persönlichen Beziehungen, durch die Mensch, Gesellschaft und Natur in einem endlosen Entwicklungszusammenhang verbunden sind« (Diamond 1976). Diese Verbundenheit unterscheidet sich grundlegend von dem, was *wir* unter Zusammengehörigkeit verstehen. Wir fühlen uns sicher und akzeptiert – und sind es auch –, wenn wir uns den gesellschaftlichen Normen entsprechend verhalten, und nicht, weil wir uns als eingebettet in die Ganzheit unserer Welt sehen. Wir leben in einer reduzierten, gespaltenen Welt – von Ganzheit kann da keine Rede mehr sein. Im Gegensatz zu den Primitiven stehen bei uns Verhaltensmuster im Vordergrund und die Frage, ob wir mit ihnen konform gehen. Bei den Primitiven wird der Mensch aufgrund seiner Verschiedenheit und seines Facettenreichtums akzeptiert.

»Die primitive Gesellschaft kann als ein gleichgewichtiges System angesehen werden, das sich wie ein Kaleidoskop, jedoch an einem relativen Fixpunkt um seine eigene Achse dreht. Die Zivilisation darf als ein System mit innerem Ungleichgewicht betrachtet werden; die Technik oder die Ideologie oder die Gesellschaftsordnung sind immer ungleichzeitig zueinander – und genau das ist es, was das System auf seiner vorgezeichneten Bahn vorwärts treibt. Unser Gefühl der Bewegung, der *Unvollständigkeit*, trägt zur Idee des Fortschritts bei« (Diamond 1976). Darin liegt eine weitere Quelle unserer Angst, die aber als solche nicht gesehen werden darf und uns deswegen von uns selbst wegtreibt.

»Daher gehört die Idee des Fortschritts wesensmäßig zur Zivilisation, und unsere Idee der primitiven Gesellschaft als einer Gesellschaft, die sich im Zustand dynamischen Gleichgewichts befindet und Ausdruck des Rhythmus' von Natur und Mensch ist, ist ein logisches Wunschbild zivilisierter Gesellschaften und steht im Widerspruch zum derzeitigen Zustand der Zivilisation. Es deckt sich aber auch mit der tatsächlichen historischen Verfassung primitiver Gesellschaften. Die Sehnsucht nach einer primitiven Daseinsform ist kein bloßes Hirngespinst oder eine sentimentale Anwandlung, sie stimmt überein mit grundlegenden menschlichen Bedürfnissen, deren Erfüllung (wenn auch in anderer Form) die Bedingung dafür ist, daß wir überleben können. Samuel Johnson (dieser scharfe Beobachter aus dem England des 18. Jahrhunderts, Anm. A. G.) (...) schrieb: ›Als der Mensch anfing, nach Privateigentum zu streben, traten Gewalt, Betrug, Diebstahl und Raub auf den Plan. Bald danach brachen

Stolz und Neid in der Welt aus und brachten einen neuen Maßstab des Reichtums mit sich, denn die Menschen, die sich bis dahin für reich gehalten hatten, wenn ihnen nichts fehlte, schätzten nun ihr Verlangen nicht nach den natürlichen Bedürfnissen, sondern nach dem Überfluß der anderen ein und fingen an, sich für arm zu halten, wenn sie gewahr wurden, daß ihre Nachbarn mehr Besitztümer hatten als sie selbst‹« (Diamond 1976).

Es ist eigenartig, aber immer wieder besinnt sich der zivilisierte Mensch auf den Primitiven und dessen Lebensformen. Ganz besonders in faschistischen Systemen läßt sich die rückwärtsgewandte Suche nach dem Utopia beobachten. Sie ist allerdings nicht die Suche nach Wahrheit. Die Suche als solche zeugt von dem Verlangen, eine innere Leere aufzufüllen. Sie hat darüber hinaus die Funktion, Mythen zu erzeugen, die ein verdrehtes Bild unserer Geschichte wiedergeben und auf diese Weise die gegenwärtige Gewalttätigkeit rechtfertigen. Die Mythen der Primitiven dagegen zeugen von den Ambivalenzen des Menschseins wie auch von den Gemeinsamkeiten der Menschen untereinander. Insofern ist auch ihre Angst andersgeartet als unsere.

Bei uns resultiert Angst aus der Entfremdung von uns selbst, aus der Spaltung unseres Bewußtseins, aus der Störung unseres Selbstwerts. Bei uns führt Angst dazu, daß wir allein über die Rollen, die wir spielen, nach Anerkennung trachten, was uns jedoch nur wieder weiter von uns selbst entfremdet und unsere Selbstverachtung schürt. Letzten Endes geht es uns darum, Anerkennung und Bestätigung von denjenigen zu erhalten, die uns unser Leid zugefügt haben.

Angst ist bei den Primitiven die Angst, aus *Beziehungen* ausgestoßen zu werden, die Wärme und Geborgenheit vermitteln. Sie ist nicht die Angst, nicht richtig auszusehen. Die Primitiven tolerieren die ambivalenten Gefühle, die sich in jeder Beziehung aufbauen, wir dagegen tolerieren sie nicht, weil wir an einem idealisierenden Bild unserer selbst und unserer Unterdrücker festhalten müssen. Unser Selbst ist nicht in Ordnung – das der Primitiven ist es.

Unser geschichtliches Bewußtsein

Für den Primitiven ist die Voraussetzung für geschichtliches Bewußtsein die schonungslose Auseinandersetzung mit dem eigenen Selbst, so wie es vorhanden und in der Vergangenheit vorstellbar ist. Denn Menschen als Angehörige derselben Gattung sollten in der Lage sein, die Handlungen anderer Menschen, also auch zu anderen Zeiten lebender Menschen zu verstehen. Historisches Wissen sollte eine Form von Kommunikation zwischen den Zeiten sein, vergleichbar mit einem Austausch unter lebenden Menschen. Das ist unsere Geschichtswissenschaft allerdings nicht.

Die Geschichtswissenschaft glaubt, durch Dokumentation von Ereignissen, durch Katalogisierung und Systematisierung von Institutionen und Überresten zu dem, was die Triebfeder von Geschichte ist, zu gelangen. Sobald aber diese Ereignisse und Errungenschaften von den Menschen, die sie schufen, gelöst betrachtet und zu Prozessen abstrahiert werden, können sich diese Abstraktionen fortan nur selbst reproduzieren. »Die historischen Quellen sind nicht unser einziges Mittel, um in die Vergangenheit vorzudringen«, sagt der russische Mediävist Aaron Gurjewitsch (1996), »sie sind auch gleichzeitig das Haupthindernis auf dem Weg dorthin (...) Damit der Historiker wirklich zur Selbstkenntnis der Gesellschaft beiträgt«, führt Gurjewitsch weiter aus, »muß er sich an die ganze Gesellschaft wenden.«

Zwar sind die sozialen, ideologischen und ökonomischen Zusammenhänge geschichtlicher Ereignisse und Errungenschaften aufschlußreich. Wenn ihre Erforschung aber nicht aus einem Verständnis dessen heraus geschieht, was Menschen in ihrem Inneren bewegt und motiviert – Gurjewitsch nennt das »Mentalität« –, dann werden die Resultate geschichtswissenschaftlicher Analysen mehr über denjenigen aussagen, der sie vornimmt, als über die Geschichte selbst. Mit anderen Worten: Solche Resultate spiegeln nur die unzureichenden Identitäten wider, in deren Angesicht sie geformt werden. Wenn die Spaltung in unserem Bewußtsein und deren Auswirkung auf unser Geschichtsverständnis nicht erkannt werden, dann sind auch die Resultate geschichtswissenschaftlicher Analysen nur unvollständig.

Da primitive Völker in einer wirklichen Identitätsstruktur wurzeln, nehmen sie die Persönlichkeitsentwicklung sehr viel stärker wahr, was sich wiederum auf ihr geschichtliches Bewußtsein auswirkt. Anthropologen wie Radin und Diamond beschreiben die Welterklärungen Primitiver als umfassender und entwicklungsspezifischer. Sie betrachten Menschen von ihrem empathischen Erleben her. Sie haben nicht das Ideal des Fortschritts, weil ihre Kulturen auf die Aufrechterhaltung und Befriedigung der Bedürfnisse nach Zuwendung, Liebe und Respekt ausgerichtet sind. Deswegen haben sie kein unpersönliches, veräußerlichtes Geschichtsbewußtsein. (An dieser Stelle sei angemerkt, daß mit den Primitiven, von denen Radin oder Diamond berichten, nicht die primitiven Völker der sogenannten Dritten Welt gemeint sind. Die Kulturen der afrikanischen Zulus, Hutus oder Tutsis beispielsweise sind häufig geprägt von Machtstrukturen, die sich über Jahrhunderte etabliert haben, und – besonders bei den Hutus – von einem alles beherrschenden Gehorsam. Vgl. Malkki 1995, Keane 1996, Lemarchand 1995, Gourevitch 1996.)

Unser geschichtliches Bewußtsein läßt keine Auffassung der menschlichen Natur zu, die auf einem empathischen Wahrnehmungsvermögen beruht und uns so eine ganz andere Möglichkeit der Wahrnehmung unserer selbst wie auch unserer Geschichte eröffnen würde. Würde man diese andere Möglichkeit erlauben, dann könnte man die Hauptfäden unserer Geschichte so darstellen: Unsere Geschichte ist nicht nur eine Geschichte des Fortschritts, sondern die des ständigen Versuchs, zum Menschlichen in uns zurückzukehren. Dieser Gang der Geschichte äußert sich in einer Folge von Revolutionen und Kriegen. Die Gewalt aber ist Ausdruck einer Stimme der Sehnsucht nach Liebe, die den Menschen vorenthalten wurde. Ihre Sehnsucht versuchen die Menschen zum Schweigen zu bringen, indem sie ihrem Haß auf die Liebe, die sie verletzte, freien Lauf lassen.

So ereignet sich die Perversion – eine Umkehr – von wirklicher Geschichte. Anstatt die Falschheit der Liebe, die sie erlebten, zu bekämpfen, bekämpfen die Menschen alles, was sie an wahre Liebe erinnert und was die schreckliche Wahrheit ihrer durchlebten Lieblosigkeit zu enthüllen droht. Sie fühlen sich in ihrem Handeln dadurch gerechtfertigt, daß sie sich als Opfer vermeintlicher Feinde sehen, die die wahren Feinde aus ihrer Kindheit, ihre Eltern, verdecken. Hier wirkt sich die Identifikation mit dem Aggressor aus, die Lüge, daß dieser gut gewesen sei, um dadurch den Haß auf das tatsächlich Gute zu lenken. Diese Prozesse machen Haß und Verachtung zu den

Grundpfeilern unserer Zivilisation. Dies nicht zu erkennen macht aus Geschichtswissenschaft eine leere Wissenschaft.

Das, was in unserer Zivilisation auf der Tagesordnung steht, kann nur entschärft oder verbannt werden durch eine Kindererziehung, die dem Liebevollen eine Chance gibt. Solange Politik dem Destruktiven und Tödlichen verpflichtet bleibt, wird die Möglichkeit der Liebe nicht erwogen. Hierzu drei Beispiele.

Der Präsident von Ecuador, Sixto Duràn Ballén (1995), rief anläßlich der Kämpfe zwischen seinem Land und Peru in einer Versammlung in seiner Hauptstadt aus: »Für das Vaterland sterben ist leben.«

Ryszard Kapuscinski (1994) beschreibt in »Imperium«, seinem Buch über den Sturz der Sowjetunion, eine Mitläuferin, die sich ihren Haß predigenden Führern opfert in dem Glauben, dadurch Identität zu erlangen: »Eine arme, alte Frau in Moskau verließ ihren Platz in der Schlange, wo sie Brot kaufen wollte, um die Straße runterzumarschieren und zu schreien: ›Wir werden die Kurilen nicht zurückgeben.‹«

Eine Studie des General Accounting Office (Bundesfinanzbehörde) der US-Regierung aus dem Jahr 1993 legt dar (Barnet 1994), daß über 40 Prozent der Großunternehmen in den USA mit Vermögenswerten von 250 Millionen Dollar oder mehr überhaupt keine Steuern zahlten oder weniger als 100 000 Dollar. In den fünfziger Jahren dagegen belief sich der Anteil amerikanischer Großunternehmen an den Gesamtsteuereinnahmen auf 23 Prozent. 1991 waren es nur noch 9,2 Prozent. Wenn man diese Zahlen vor dem Hintergrund eines nationalen Gemeinschaftsgefühls betrachtet, dann kennzeichnet diese Entwicklung ein zunehmend destruktives Verhalten der Gemeinschaft gegenüber.

Diese drei Beispiele veranschaulichen, daß sich unsere Geschichte um Verlust von Identität dreht, nicht um Heldentaten. Um aus ihr zu lernen und zu sehen, wie wir unser zukünftiges Handeln ausrichten können, müssen wir uns zunächst uns selbst zuwenden und sehen lernen, was unsere Identität schwächt. Paradoxerweise trägt eine Studie über das Überleben von Menschen in den Todeslagern zu diesem Lernprozeß bei. Hoffnung kann auch aus den Berichten von Leidenswegen der sogenannten Geisteskranken geschöpft werden. Indem wir beidem unsere Aufmerksamkeit schenken, werden wir die uns drohenden Gefahren besser erkennen können.

Terrence DesPres und die Überlebenden: Würde und Nicht-Sein führen zum Überleben Ein Diskurs über Menschsein und Schizophrenie

»Ohne Vergangenheit«, schreibt DesPres (1976) in seiner poetischen Huldigung an die Überlebenden aller Vernichtungslager der Welt, »haben wir nichts, auf dem wir stehen können, haben wir keinen Kontext, in dem wir die Energien für eine moralische Version unseres Seins organisieren können.« Durch seine Schreie behauptet der Mensch sein Recht, seine Vergangenheit mitzuteilen, Widerstand zu leisten und Hilfe einzufordern. »Stille in ihrer primären Eigenschaft ist eine Konsequenz des Terrors, eine Auflösung des Selbst und der Welt. Gekritzelt auf eine Latrinenwand in einem sowjetischen Lager war diese Aufschrift: ›Soll der verdammt sein, der schweigt, nachdem er seine Freiheit wiedererlangt hat.‹« – »Zu schweigen«, schreibt Nadezhda Mandelstam (1970), »ist das wahre Verbrechen gegen die Menschheit.« Zeuge sein bedeutet, jene Hilflosigkeit zu überschreiten, welche sonst Hoffnung und Selbstachtung verdorren läßt.

Und hier stoßen wir auf einen eigenartigen Widerspruch. »Das Ziel einer psychiatrischen Behandlung«, betont DesPres, »ist die Anpassung, die Annahme und das Vergessen, eine Einstellung, die von den Überlebenden der Todeslager abgelehnt wird.« Die Notwendigkeit, Zeugnis abzulegen, bringt den Überlebenden in offenen Konflikt mit einem System, das sein Verhalten wegzuerklären versucht. Aus psychiatrischer Sicht sind seine Not, Zeugnis abzulegen und sein kontinuierliches Schreien Belege für eine neurotische Reaktion.

Auch Robert Lifton (1967) argumentiert, daß Schuld der Schlüssel zur Gesinnung des Überlebenden sei. »Der Überlebende hat das Bedürfnis, sein eigenes Überleben angesichts des Sterbens anderer zu rechtfertigen.« Sich an die Toten zu erinnern ist für ihn ein klarer Hinweis auf eine Neurose. »Jedoch«, hält DesPres dem entgegen, »entsteht der Wille, Zeugnis abzulegen, sehr früh, lange bevor sich Schuldgefühle aufstauen können.« Dieser Wille, sich mitzuteilen, ist die unmittelbare Reaktion auf eine unerträgliche Situation.

DesPres zitiert aus dem Brief eines Überlebenden, aus dem eindeutig hervorgeht, daß das Bedürfnis, Zeugnis abzulegen, vor jeglichem Schuldgefühl entsteht: »Ich fühle mich nicht schuldig dafür, daß ich überlebt habe, aber ich fühle, daß ich eine Aufgabe zu erfüllen habe. Diese Aufgabe könnte man als eine Pflicht des Überlebenden bezeichnen, und diese ist ein Teil meines Ego-Ideals, nicht meines Über-Ichs. Diese Aufgabe drängte sich mir auf, als ich im Konzentrationslager Buchenwald vor vierunddreißig Jahren zum ersten Mal an einem Gefangenenappell teilnahm – obwohl ich damals überhaupt keine Gewißheit haben konnte, daß ich überleben würde.«

Es gehört zum Wesen unseres gespaltenen Bewußtseins, daß wir den Schmerz ignorieren und verleugnen. Da wir aber auf intellektueller Ebene vom Schmerz »wissen«, drücken wir unsere Spaltung auf gespaltenem Weg aus: Wir begegnen ihrem Zeugnis mit einer vordergründigen Anteilnahme, die nichts als ein Lippenbekenntnis ist, zugleich aber diffamieren wir ihr Bedürfnis, Zeugnis abzulegen, als neurotisch.

In dem Maß, in dem wir das Opfer in uns selbst nicht erkennen können, werden wir das Zeugnis der Überlebenden schmälern müssen. Die Weigerung, die Unerträglichkeit einer Extremsituation zu erkennen, ist inhärenter Bestandteil unserer Bewußtseinsspaltung. »Unser geistiges Wohlbefinden«, so DesPres, »beruht deswegen auf Meditationstechniken, die die Quellen des Entsetzens ausschließen. Zu große bewußt wahrgenommene Nähe zu seelischer Verletzlichkeit, zum Bösen, zur menschlichen Unzulänglichkeit wird als existentiell bedrohlich erlebt.« Aber in der Literatur der Überlebenden ist gerade die Sinnlosigkeit des Schmerzes, des unglaublichen Leidens ohne Sinn ein zentrales Thema. Und somit stört uns der Überlebende in unserem mühsam gewahrten inneren Frieden. Auch wenn wir es nicht explizit aussprechen, meinen wir, er müsse sich für diese »Ruhestörung« schuldig fühlen. Für den Überlebenden aber führt nur das Schweigen zu Schuldgefühlen.

In »Ist das ein Mensch« schreibt Primo Levi (1965, 1992) von der »Scham, die ein gerechter Mensch dabei empfindet, das Verbrechen eines anderen zu erleben«, er schreibt von dem »Gefühl der Schuld dafür, daß ein solches Verbrechen existiert.« Das aber ist eine andere Art von Schuld: Es ist die Scham darüber, daß es Menschen waren, die Auschwitz oder seine Äquivalente erdacht und errichtet haben.

Wer davon ausgeht, das Bedürfnis, Zeugnis abzulegen sei Merkmal einer Neurose, bringt damit nur seine grundsätzliche Abwehr des Wesens der durch die Überlebenden vermittelten Erfahrungen zum Ausdruck. Und diese Abwehr wurzelt wiederum im Wesen, das unsere Zivilisation prägt. Die abstrakten Fähigkeiten unserer linken Gehirnhälfte lassen uns dem Entsetzen angesichts der menschlichen Destruktivität entkommen. Doch die Überlebenden mußten sich diesem Entsetzen stellen.

»Es ist der Winter des Jahres 1944. Der Ort ist Neumark, ein kleines Konzentrationslager für Frauen. Der hier erwähnte Nahme ›Stuthofer‹ stammt aus einem typischen SS-Witz. Diejenigen, die erschossen werden sollten – es gibt hierbei keinerlei Logik – bekamen gesagt, sie würden nach ›Stuthof transportiert‹ (...) Niemand durfte das Zelt der Stuthofer betreten. Wurde man dabei erwischt, wie man seine Mutter oder Schwester zu besuchen versuchte, durfte man das Zelt selbst nicht mehr verlassen. Die Stuthofer bekamen nur selten Nahrung, und wurde dann mal welche verteilt, wurde sie einfach im Dunkeln vor das Zelt gestellt. Die Stärksten von ihnen holten sie dann herein und verteilten sie.

Beim Betreten des Zeltes aus der blendenden Helligkeit des Schnees konnte ich im Halbdunkel zunächst kaum etwas erkennen, am wenigsten die auf dem Boden liegenden Frauen. Obwohl das Zelt zugig war, herrschte ein überwältigender Gestank. Nach einiger Zeit hatten sich meine Augen an die Lichtverhältnisse gewöhnt, und ich wurde von dem, was ich sah, völlig überwältigt.

Ich schrie auf vor Entsetzen und verschloß vor dem Anblick meine Augen. Meine Knie begannen zu zittern, mir schwamm der Kopf, und ich mußte mich an den Zeltpfosten festhalten. Es war kaum zu glauben, daß es sich bei den auf dem Boden liegenden Frauen um menschliche Wesen handelte. Ihre erstarrten Leiber waren Skelette. Und ihre Augen glänzten wegen des langen Hungerns (...)

Seit zwei Monaten hatten die Stuthofer völlig nackt auf dem Boden gelegen. Die dürftigen Strohbündel, auf denen sie lagen, waren faulig von Urin und Exkrementen. Die erfrorenen Glieder stanken und waren von Wunden und Insektenstichen so bedeckt, daß sie bluteten, im Eiter nisteten zahllose Läuse. Zwar waren ihre Haare sehr kurz, doch fanden die Armeen der Läuse darin Wohnung. Keine Bemühung der Phantasie und kein geschriebenes Wort kann das Grauen dieses Zeltes vermitteln. Und dennoch (...) waren sie lebendig (...) Sie hatten Hunger und zerrten mit ausgezehrten, von Eiter und Schmutz bedeckten Händen an ihren skelettartigen Leibern. Jede Hilfe kam für sie zu spät. Trotzdem hatten die SS-Wachen ihnen die Gnade verweigert, sie allesamt sofort zu erschießen.Täglich wurden nur drei oder vier zur Erschießung herausgerufen (...)

Tagelang konnte ich keinen Brotkrümel herunterbringen. Das Grauen, diese Qualen gesehen zu haben, wird mich bis an das Ende meiner Tage nicht loslassen. Später sah ich Tausende meiner Mitgefangenen unter Gewehrschüssen sterben, aber selbst das war nicht mit der entsetzlichen und unbeschreiblichen Marter der Stuthofer zu vergleichen« (Weiss 1961, zitiert bei DesPres).

Das Verhalten der Überlebenden kann nicht außerhalb dieses Erlebniskontexts verstanden werden. Massenmord ist in der Geschichte der Menschheit nichts Neues. »Wenn aber die Verwaltung des Todes zu einem bürokratischen Vorgang wird, wenn das Morden computerisiert wird und Effektivität der einzige verbleibende Wert ist, dann haben wir sicherlich etwas vor uns, das über die uralte Mißachtung des Lebens hinausgeht. In unserer Zeit ist das Ergebnis der Macht eine Feindschaft gegen das Leben selbst« (DesPres 1976).

Der Kampf gegen Hoffnungslosigkeit ist ein Ringen um das Selbst

Die Weigerung, das Unerträgliche wahrzunehmen, ist in den Wahrnehmungsstrukturen unserer Zivilisation eingebaut. Damit werden der Tod und seine Leere negiert und durch eine Ideologie des Heldentums gefördert. Damit werden nur Verachtung für das Leben und das Lebendige erzeugt. Und so kommt es, daß diejenigen, die den Schmerz am wenigsten ertragen können, zu den Befürwortern des Todes werden.

»Der Mensch schafft das Gesellschaftliche nicht durch ein Sich-Arrangieren, das vom Verstand getragen wird, sondern durch eine natürliche Eigenschaft, die er mit allen höher entwickelten Tieren gemeinsam hat«, schrieb der Schweizer Biologe Portmann (1961). Es ist die Fähigkeit zur Empathie, die jegliche Gemeinschaft, ob Tier oder Mensch, fördert. Deswegen meinte er auch, daß Moralität und Gesellschaft sich nicht aus dem Verstand heraus entwickeln, nur ihre Kritik. Gemeinschaft kann erst einsetzen, wenn unsere empathischen

Wahrnehmungen nicht durch kognitive Verzerrungen außer Funktion gesetzt werden.

T.C. Schneirla (1949, 1956, 1957, 1959) hat durch seine Arbeiten mit Säugetieren und Insekten gezeigt, daß die Entwicklung des Lebens und deren Organisation nicht auf dem Überlebenskampf des einzelnen beruht, sondern auf Kooperation. »Die enorme Bedeutung, welche dem Überlebenskampf und anderen gewalttätigen Aspekten der Evolution auch von seiten der Wissenschaft zugemessen wird, hat die Bedeutung der Kooperation in der Phylogenie verschleiert« (Schneirla 1956). Deswegen übersehen wir, daß Kooperation eine essentielle Voraussetzung für das Menschsein ist. Wir glauben dagegen, daß der Überlebenskampf vom Biologischen her der Entwicklung und Organisation alles Lebendigen dient. Was aber das Überleben in den Vernichtungslagern möglich machte, war nicht tödliche Konkurrenz, sondern Freundschaft und Kooperation. Der Widerstand gegen mörderische Gewalt und Hoffnungslosigkeit wurde von der Hoffnung auf das Menschsein getragen; und nicht davon, daß unter diesen unmenschlichen Bedingungen jeder für sich selbst sorgte.

Die Menschen verloren nicht etwa ihre Beziehungsfähigkeit, im Gegenteil, sie wurden – vom Mitgefühl beflügelt – stärker. Sie standen immer vor der Wahl, sich entweder total dem Geist der Unmenschlichkeit zu unterwerfen oder Widerstand zu leisten. Aber das Überleben wurde ermöglicht durch die Pose der Unterwerfung *und* das Festhalten an der Würde des Menschseins, die nur das Empathische verleiht.

In diesen Extremsituationen versagen psychoanalytische Erklärungsmuster, wie sie zum Beispiel von Bruno Bettelheim (1953) und Elie Cohen (1943, 1960) vorgegeben werden. »(Das) Potential (der Psychoanalyse)«, so DesPres, »ist groß, wenn es sich auf menschliches Verhalten auf einer symbolischen Ebene bezieht, weit entfernt von äußerster Not und Verzweiflung (...) Um anwendbar zu sein, muß die psychoanalytische Methode (welche auf Interpretation basiert) auf Verhalten angewandt werden, das mehr als nur eine Bedeutung *auf der Ebene der Bedeutung* hat. Das ist aber nicht der Fall, wenn äußerste Not das Verhalten bestimmt. Wenn Frauen und Männer direkt auf diese Not des Unerträglichen reagieren müssen – wenn Schändung von Todesdrohung begleitet ist, wenn extreme Bedürfnisse eine Tat bestimmen oder wenn der Tod selbst diese Bestimmung liefert –, dann hat Verhalten überhaupt keine ›Bedeutung‹ im symbolischen oder psychologischen Sinn.

Das Leben in den Lagern war von einer Dualität abhängig: Zwei Verhaltensebenen konnten unterschieden werden, eine primäre, die mit Unterwerfung zu tun hatte, und eine sekundäre, die mit Widerstand verbunden war. Jede dieser Reaktionen war real und hatte ihre eigene Bedeutung. Für die Psychoanalyse ist verborgenes Verhalten implizites Verhalten. Aber für den Überlebenden war es explizit, aktuell und notwendig auf eine völlig gegenwärtige und praktische Weise. Deswegen liegen Bettelheim und Cohen völlig falsch, weil sie glauben, daß der Überlebende sein Selbst verlor, sich den Tätern unterordnete. Bettelheims Ideen spiegeln die Kultur wider, die er zu kritisieren glaubt. Für ihn war Heldentum eine Verneinung des Todes. So beschreibt er folgendes: ›(...) einmal war eine Gruppe nackter Gefangener dabei, das Vergasungsgebäude zu betreten. Irgendwie hatte der kommandierende SS-Offizier gehört, daß eine der weiblichen Gefangenen eine Tänzerin gewesen sei. Er befahl ihr, für ihn zu tanzen. Sie gehorchte, und als sie tanzte, näherte sie sich ihm, griff nach seiner Pistole und erschoß ihn. Sie wurde auch sofort erschossen.‹

›Sie war bereit, ihr Leben zu riskieren‹, folgert Bettelheim, ›um wieder Autonomie zu erlangen.‹ Aber dies ist kein Beispiel dafür, wie jemand sein Leben riskiert. Die Tat, die er preist, ist Selbstmord. Das ist mutig, schön und unter den Gegebenheiten die einzige Alternative zu einem passiven Sich-Ergeben. Es ist heldenhaft, aber es bleibt Selbstmord. Was bedeutet ›Autonomie‹, wenn sie um den Preis der persönlichen Vernichtung erlangt wird? Wie effektiv wären Untergrundaktivitäten oder irgendeine andere Form des Widerstandes unter solchen Umständen gewesen? Bettelheims Argumentation läßt sich auf folgendes reduzieren: ›Männlichkeit‹ erfordere dramatisch inszenierte Selbstbestätigung, und in den Lagern habe das nur vollbracht werden können durch eine offene Konfrontation mit dem Tod. Solange also der Kampf ums Überleben kein offener Aufstand war, blieben die Gefangenen für ihn ›kindlich‹« (DesPres 1976).

Das Problem dieser Wissenschaftler ist, daß sie sich nicht empathisch in die Psyche der Überlebenden und in deren Lage hineinversetzen können. Ihr Denken ist bestimmt von den Abstraktionen, die in der linken Gehirnhälfte angesiedelt sind. So können sie nicht wahrnehmen, was in den Menschen wirklich vor sich geht. Das tatsächliche Verhalten der Überlebenden kann nicht gesehen werden, »weil es verborgen und undramatisch ist und überhaupt nicht mit unseren Erwartungen an Heldentum übereinstimmt« (DesPres 1976).

Diese Sichtweise ist von dem Denken geprägt, das unsere Zivilisation formt. Der Mensch ist demnach ein Produkt von äußeren Faktoren, von politischen, wirtschaftlichen und soziologischen Kräften, die sein Wesen formen. Wenn wir diese Konzeption von Identität auf die Konzentrationslager übertragen, hätten sich die Überlebenden ihre Menschlichkeit nicht bewahrt haben können, denn Bettelheim meint, Monstrosität könne nur Monstrosität erzeugen. Daß es tatsächlich Menschen gibt mit einem inneren Wesenskern, aufgrund dessen sie sich dem Unmenschlichen widersetzen können, ist Denkern wie Bettelheim grundsätzlich fremd. Diese Sichtweise ist tragisch, mißversteht sie doch nicht nur die Überlebenden, sondern auch all diejenigen, die gegen Unmenschlichkeit ankämpfen, wie die sogenannten psychisch Kranken, vor allem die Schizophrenen. Sie ignoriert die Fähigkeit des Menschen, seine Würde trotz scheinbarer Unterwerfung zu bewahren. Wer diesen inneren Wesenskern leugnet, der kann auch nicht nachvollziehen, daß eine rein äußerliche Unterwerfung der Wahrung der Identität dienen kann, trotz des Versuchs, Menschen zu Unpersonen zu machen.

Für den amerikanischen Verhaltensforscher Skinner ist Würde etwas Inexistentes. Seiner Ansicht nach werden wir auschließlich durch die Umwelt geprägt, ein inneres Wesen des Menschen gibt es für ihn nicht. Erich Fromm hat dem in seinem Disput mit Herbert Marcuse (Marcuse und Fromm 1989) widersprochen. Auch wenn Menschen unter gleichen ökonomischen und politischen Bedingungen lebten, gebe es deutliche Unterschiede in ihrer moralischen Grundhaltung. Manche Menschen könnten anderen keinen Schmerz zufügen. Andere seien wie Maschinen mit Input- und Output-Funktionen. Diese Menschen seien von der Bewußtseinsspaltung in solchem Maße geprägt, daß man ihr Verhalten tatsächlich als das Ergebnis soziologischer oder wirtschaftlicher Abstraktionen erklären kann. »Aber«, schrieb Fromm, »die Vernachlässigung des menschlichen Faktors (...) war einer der Gründe für den Sieg des Stalinismus.« Solange aber Menschen ihren Wesenskern gegen äußere Mächte behaupten, wird der Glaube an die Freiheit als Nebenprodukt dieser Hartnäckigkeit weiterbestehen.

Wir suchen unsere Bedeutung in Idealen und Ideologien, nicht einfach im Leben selbst. Wir haben den unmittelbaren Zugang zum Leben verloren und erklären das Leben in metaphysischen Formeln, um ihm Bedeutung zu verleihen. »Die Überlebenden sind uns suspekt, weil sie gezwungen sind, das offen zu tun, was wir mit Fernsteuerung tun, und sie tun es dazu ohne den Stil und die vornehme Sprache, durch die wir gewohnt sind, unsere Handlungen zu verschleiern. Das Vorurteil gegen das ›Nur-Überleben‹ sitzt tief. Es erhält seine Kraft aus der Tatsache, daß wir zwar alle in der Terminologie des Überlebenskampfes denken, wir tun dies aber mit einer kritischen Distanz zum Erlebten, wodurch wir es von uns fernhalten können (...) Schon Nietzsche hat festgestellt, daß sich der Mensch lieber das Nichts herbeiwünscht, als nichts wollen zu können (...) Was Nietzsche damit meinte, war, daß das Problem unserer symbolischen Metastrukturen dazu führt, das Leben zu retten, indem es negiert wird« (über Nietzsches »Wille zur Macht« in: DesPres).

Diese abstrakten Prinzipien führen zur Negierung des Lebens auf Erden zugunsten eines anderen Lebens, eines höheren, reineren, aber nicht diesseitigen. In diesem Sinne wird Existenz zum Tod und der Tod zum Eintritt ins Leben. Die Bedeutung des Lebens wird hier im Tod gefunden, und die größte Tat eines Menschen besteht darin, sein Leben einem »höheren« Zweck zu widmen. So wird Leben zur Todessehnsucht pervertiert. Der Franco-General Milán verkündete im Spanischen Bürgerkrieg: »Lang lebe der Tod!« (Payne 1962).

Im Konzentrationslager aber wurde das Leben unmittelbar erfahren; »nahe am Boden«, so beschrieb es Nadezhda Mandelstam in »Hoffnung gegen Hoffnung« (1970, auch zitiert bei DesPres). »Unser Leben hat uns nahe am Boden gehalten, es war nicht eines, in dem nach transzendentalen Wahrheiten gesucht wurde. Jedesmal, wenn ich von Selbstmord sprach, sagte Ossip Mandelstam (ihr Mann): ›Warum die Eile. Das Ende ist überall dasselbe, und hier beschleunigen sie es sogar für dich.‹ Das Sterben war so viel wirklicher, so viel einfacher als das Leben, so daß wir alle, ohne es zu wollen, unsere diesseitige Existenz zu verlängern versuchten, nur für einen Moment – nur für den Fall, daß der nächste Tag eine Erleichterung bringen würde. Im Krieg, in den Lagern und während des Terrors dachten die Menschen viel weniger an den Tod (weniger noch an Selbstmord), als wenn sie ein normales Leben leben würden. Wenn sich irgendwo auf Erden tödlicher Terror und der Druck von völlig unlösbaren Problemen in einer besonders intensiven Form präsentieren, treten allgemeine Fragen über die Natur des Seins in den Hintergrund (...) Auf eine eigenartige Art und Weise, trotz des Horrors der Dinge, gab dies unserem Leben einen gewissen Reichtum. Wer weiß schon, was Glücklichsein ist? Vielleicht ist es besser, ganz konkret über die Fülle oder Intensität der Existenz zu sprechen, und in diesem Sinn war da etwas zutiefst Befriedigendes in unserem verzweifelten Klammern ans Leben, etwas Befriedigendes, das vielleicht tiefer ging als das, was Menschen im allgemeinen erstreben.«

Nadezhda Mandelstam beschreibt einen Zustand des Vollauf-mit-dem-Leben-Befaßtseins. Dieser stellt sich bei Menschen mit einem inneren Leben ein und überhaupt dann, wenn sie mit absoluter Unerträglichkeit konfrontiert sind. Ein anderes Beispiel: Dostojewskij wurde als junger Mann wegen einer unwesentlich revolutionären Tat festgenommen, zum Tode verurteilt und zum Erschießungsplatz gebracht. Erst nachdem die Todeszeremonie vollzogen, der Schießbefehl jedoch noch nicht ausgeführt worden war, wurde das Urteil in eine Haftstrafe umgewandelt. Bis zu diesem Moment war Dostojewskij davon überzeugt, daß er sterben müsse. Danach schrieb er seinem Bruder: »(...) ich bin nicht deprimiert und habe meinen Geist nicht verloren. Das Leben überall ist lebendig, das Leben ist in uns und nicht im Äußeren (...) Diese Idee ist in mein Fleisch und Blut eingedrungen. Ja, es ist wahr! Dieser Kopf, der schuf, der durch die höchste Kunst des Lebens lebte, der die höchsten Forderungen des Geistes kannte und anerkannte, dieser Kopf ist von meinen Schultern abgeschnitten worden (...) Aber mein Herz ist mir geblieben, und dasselbe Fleisch und Blut, das zugleich lieben und leiden und begehren und erinnern kann, das ist nach alledem – Leben; on voit le soleil« (zitiert bei DesPres 1976).

»In seinem Brief«, schreibt DesPres, »hat er einfach etwas erkannt, das er vorher nicht wußte.« Das grundsätzlich Gute des Lebens ist ihm klargeworden. Das Leben ist in uns, nicht außerhalb von uns, und wenn der Mensch ein Inneres entwickeln konnte, wird es für ihn in einer schwierigen Lebenssituation da sein. Und so kann DesPres sagen: »Der Überlebende ist froh, am Leben zu sein. Die Überlebenden der Lager gelangten selten freudig und leicht zu dieser Bejahung des Lebens, und oft entstand sie aus trotziger Bitterkeit (...) Nur das Leben selbst zählte (...) Wir sind Opfer. Aber wir sind auch Überlebende (...) Überlebende kommen zurück aus dem Grab, sie gingen durch die Hölle (...) Die Existenz unter Extrembedingungen hat innere Bedeutung (...) Das Ringen um das Leben wurzelt tief in ihnen und ist eine Manifestation der Kraft des Lebens selbst« (DesPres 1976).

Der Überlebende war auch derjenige, für den, indem er die Prozeßordnung des Todes annahm, »du sollst nicht töten« zum obersten Gebot wurde. »Darin liegt die schreckliche Ironie«, meint DesPres, »denn indem das Bewußtsein für den Tod eine entschlossene Sorgfalt für das Leben selbst erzeugte, bewirkte die Verneinung des Todes eine Raserei der Destruktion.« Der Überlebende ist das Zeugnis des Gegenteils dessen, zu dem unsere Zivilisation den Menschen bringt, nämlich einer Angst vor dem Tod, welcher nur dadurch abgeholfen werden kann, daß man darauf besteht, daß das Leben ohne Wert sei. »Der Überlebende ist der Beweis dafür, daß Männer und Frauen jetzt stark genug, reif genug, wach genug sind, um den Tod ohne Verzug zu erkennen und dadurch das Leben ohne Vorbehalt zu umarmen.«

DesPres' Buch ist ein Denkmal, ein Halleluja-Schrei auf das Leben. Es zeigt uns, daß Menschen, wenn sie auf ihre nackte Existenz zurückgeworfen sind und nichts weiter als sich selbst haben, dennoch Hoffnung haben und nicht die Fähigkeit verlieren, die Lage eines anderen Menschen zu erkennen. Wie gezeigt, geschah das unter der Tarnung der Unterwerfung, und somit blieben ihr Geist und ihre Würde unversehrt. »Seine Seele ist in seinem Fleisch, und sein Körper sagt ihm, daß der Mensch so tief sinken kann, Beschmutzung, Angst und unsagbare Härte erleiden kann und dennoch weiterlebt. In unserer Zeit sind das Schicksal der Menschheit und die Geschichte des Leidens ein und dasselbe. Wir würden nicht sehr weise handeln, ignorierten wir die Stimme des Überlebenden. Nicht nur seinen Schrei und den Terror, der ihn hervorgerufen hat, sondern auch seine Stimme in den einfachen Gesprächen mit anderen. In ihrer ersten Nacht in Sachsenhausen sprach ein Überlebender zu den neuen Gefangenen diese Worte: ›Ich habe euch unsere Erlebnisse nicht erzählt, um euch zu quälen, sondern um euch zu stärken. Nun müßt ihr entscheiden, ob ihr Grund habt zu verweifeln‹« (DesPres 1976; DesPres-Zitate übersetzt von Jörg Wichmann und Arno Gruen).

Der Überlebende und der Schizophrene

Hier sind wir an der Stelle, an der sich das Erleben des Überlebenden und das des Schizophrenen überschneiden. Der Unterschied zwischen beiden liegt in der Zeit im Leben, in der das Unerträgliche erlebt und in der die Verletzung der Würde, der Versuch, sie zu zerstören, erlitten wurde. Beim Schizophrenen hat es nicht die Qualität von absoluter körperlicher Gewalt, wie sie die Konzentrationslager charakterisiert. Doch es geht letztlich um dasselbe: um den Versuch, den anderen, der als schwächer eingestuft wird, seiner Person zu entledigen.

Das Ungeheuerliche des Holocausts war die Rache derer, die das Lebendige im Menschen haßten. Ihre Rache richtete sich gegen die Individualität, die ihnen selbst genommen worden war, weshalb sie sich zum Ausrotten berechtigt fühlten. Menschen wurde ihr Name genommen und durch eine Nummer ersetzt. Die Individualität sollte ausgelöscht werden, und durch das Sich-Bemächtigen der nun namenlosen Körper sollte der Selbstwert des Täters erhöht werden. Solche Täter müssen ihre Opfer zu Unpersonen machen, weil sie selbst ohne innere Person sind. Nur so können sie sich selbst lebendig fühlen. Nicht die Täter, sondern die Opfer fühlen die bodenlose Verzweiflung, wenn das Ich, das noch Ich ist, auf kein Echo stößt, wenn es verneint wird.

Das haben Überlebender und Schizophrener gemeinsam: Ihre Individualität wird nicht anerkannt. Der Schizophrene erlebt dies von Beginn seiner Existenz an, der Überlebende später. Aber beide retten sich mit Hilfe derselben Überlebensformel, einem zweischichtigen Verhalten, der Unterwerfung einerseits und dem Festhalten an einer inneren Vision des Eigenen andererseits. Die Nicht-Anerkennung des eigenen Seins ist für das Neugeborene gleichbedeutend mit dem Tod. In den Erinnerungen von Patienten – und auch Nicht-Patienten – steigt Terror auf, wenn die Leere in den Augen der bemutternden Person zurückkehrt oder wenn die Wut in deren Augen keinen Platz für Anerkennung läßt. Diesen Prozeß habe ich bereits in dem Kapitel »Die Identifikation mit dem Aggressor«, S. 85–103, ausführlicher beschrieben.

Hier sei noch ausgeführt, wie der Schizophrene beziehungsweise der Überlebende an der inneren Vision festhält. Ronald Laing (1987) beschrieb dies am Beispiel eines schizophrenen Mädchens, das seine innere Hoffnung auf ein eigenes Sein durch die Vorstellung, eine »Perle auf dem Grund des Sees« zu sein, aufrechterhielt. »Ich war eine Magd«, berichtete eine meiner Patientinnen, »aber als ich merkte, daß ich mich dadurch verlor, fühlte ich mich verrückt.« Ihr Magdsein wurde von ihrer Umgebung als Dummsein wahrgenommen. Dadurch verhüllte die Patientin ihr wahres Wesen und hielt es außer Reichweite ihrer Eltern wie auch ihrer Geschwister. Die Verrücktheit, die dann bei ihr auftrat, weil sie ihr seelisches Sterben nicht mehr aushielt, stempelte die Gesellschaft als krank ab. So konnte niemand erkennen, was ihr angetan worden war, und ihre Klage blieb geheim – ein Selbstschutz, der sie nur immer weiter in die Isolation trieb.

Der Schizophrene erlebt dieses Unperson-Sein als einen Tod, ebenso wie der Überlebende sein Nicht-Sein (Paul Celan erfaßte es in seinem Gedicht »Niemandsrose«), doch beide widersprechen diesem durch inneren Widerstand, durch ihr Festhalten an ihrer inneren Würde. In diesem Sinn gemahnen Überlebende und Schizophrene nicht nur an das Unerträgliche unserer Zivilisation, sondern sie setzen auch Zeichen dafür, daß nicht alle Menschen den Verlust des eigenen Seins und Willens, ihr eigenes Opfer, weitergeben. Der Überlebende und der Schizophrene erkennen den Terror dieser Zivilisation. Darin liegt Hoffnung. Beide sind Wegweiser dafür, was für Menschen unerträglich ist und was geändert werden muß, um den Teufelskreis der Selbstdestruktivität zu durchbrechen.

Die SS-Leute – wie im übrigen alle, die sich dem Gehorsam verpflichtet haben – zweifelten nie daran, daß Macht und Angst jeden Menschen zerbrechen und damit formbar machen. Sie selbst waren ja das Produkt dieser »Formung« und mußten aus Rache am Leben das Niemandsein weitergeben. Genau wie Skinner waren sie der Ansicht, jedes Verhalten könne durch Machtausübung und Angst unter Kontrolle gebracht werden. Deswegen müssen solche Menschen die Würde ihrer Gefangenen vernichten. Nur wenn der Gefangene – das kann auch ein Säugling oder ein Kind sein – seine Würde verloren hat, kann der Folterer leichter mit seiner Arbeit vorankommen. Wenn aber das Innere des Opfers unversehrt bleibt, dann bleibt die Würde bestehen, und diese ist ein unüberwindbarer Widerstand.

Es stimmt, der Überlebende sah entwürdigt aus, und auch der Schizophrene sieht in seinem verstockten Leiden so wahnsinnig aus, wie wir uns das vorstellen, aber im Inneren beider brennt ein Lebensfunke weiter. Der Überlebende hat die Kraft, sich nach seiner Befreiung aufrecht zu halten. Der Schizophrene jedoch kann erst befreit werden, wenn der Funke in ihm zur Entwicklung gebracht werden kann, er darauf zu trauen lernt, daß menschliche Entwicklung möglich ist. In diesem Sinne ist der Schizophrene der primär Geschädigte. Sein Inneres ist unberührbar geworden, weil er Zwischenmenschliches nicht erleben konnte. Der Überlebende dagegen hatte dieses erlebt und konnte darauf bauen. Beide tragen die Hoffnung der Menschheit, denn sie sind der Beweis dafür, daß die Würde des Menschen allen widrigen Umständen zum Trotz im Kern weiter existieren kann. Jene, die glauben, daß der Mensch durch Angst und Macht zurechtgezimmert werden kann, haben selbst keine Würde und sind nicht imstande, solchen Widerstand zu leisten. Im Gegenteil, sie müssen diesen, wo immer er auch auftaucht, ausrotten. Die wahrhaft Angepaßten können sich nur mit den Mächtigen identifizieren. Auf diese Weise erlangen sie eine Schein-Identität und geben die damit verbundene destruktive Aggression weiter.

Es gibt Paralellen in der Art und Weise, in der Überlebende und Schizophrene abgewertet werden. Beiden wird vorgeworfen, ihr Verhalten sei regressiv, es resultiere aus dem Konflikt zwischen gesellschaftlichen Normen und regressivem Verlangen. Der Psychoanalytiker Blum (1948) vermutete zum Beispiel, viele Überlebende seien psychotisch geworden, als man sie zwang, ihre Exkremente zu essen und zu trinken, »weil für sie dieser Verstoß gegen die in frühester Kindheit erlernten Verhaltensnormen unerträglich war«. Da aber Regression aus psychologischer Sicht dem Lustgewinn oder der Vermeidung von Schmerzen dient, ist die Anwendung dieses Konzepts auf das Leid der Überlebenden schlichtweg lächerlich. Das verzweifelte Schreien der Überlebenden, so DesPres, sei schon eine Abwehr gegen die Auflösung der Identität gewesen. Diesen unermeßlichen Schmerz auf eine Tabuverletzung zu reduzieren hieße, die Überlebenden gänzlich mißzuverstehen. Die Reinlichkeitserziehung und ihre den kindlichen Drang nach Entfaltung hemmende Wirkung ist sicher nicht die Ursache für ein Verhalten, das doch vielmehr der Wahrung der inneren Würde des Menschen dient. Das zu übersehen deutet auf ein mangelndes Einfühlungsvermögen auf seiten dieser Forscher hin.

Ähnliches passiert mit dem Schizophrenen, wenn sein Verhalten als Regression eingestuft wird. Regression zu früheren Entwicklungsphasen kann bei ihm schon beobachtet werden, die Frage ist jedoch, wozu sie dient. Für den Schizophrenen geht es darum, seine innerste Wahrheit zu schützen: Er erkennt die Heuchelei der Welt, den Widerspruch zwischen Motiv und Handeln. Man vergießt heiße Tränen, um sein Mitgefühl zu zeigen, empfindet dabei aber keine wirkliche

Trauer. Diese Heuchelei ist dem Schizophrenen fremd. Deshalb verweigert er sich dieser gesellschaftlich dissoziierten Gefühlswelt. Das mag häufig zu einem vollständigen Rückzug aus dem Leben führen, zu einem lebendigen Tod. Doch durch dieses regressive Verhalten versucht er seine Wahrheit und seine Würde verzweifelt und ineffizient zu verteidigen. Wenn wir dieses Verhalten als Regression abtun, verdecken wir damit die Gespaltenheit unserer eigenen Gefühle.

Der Überlebende und der Schizophrene weisen den Weg zu dem, was wahre, unverfälschte Gefühle sind. Dort aber, wo die Identifikation mit dem Aggressor die menschliche Entwicklung bestimmt, dort verliert der Mensch die Fähigkeit zur echten Würde. Sie wird gleichgesetzt mit dem Status, den der einzelne im Machtgefüge der Gesellschaft innehat.

Der französische surrealistische Dichter Robert Desnos schrieb im Konzentrationslager folgendes Gedicht:

Epitaph

Ich habe gelebt in dieser Zeit, seit tausend
Jahren
Bin ich schon tot. Ich lebte stolz, doch oft
gejagt.
Ich wollte frei sein unter den maskierten
Sklaven.

Ich habe gelebt in dieser Zeit, und war
doch frei.
Ich schaute, wie der Fluß, der Himmel
und die Erde
Noch kreisten rund um mich, sie standen
mir noch bei
Die Jahreszeiten, die die Vögel und den
Honig bergen.

Was, Menschen, habt mit diesen Schätzen
ihr getan?
Die Zeit, in der ich rang, denkt ihr noch
manchmal hin?
Habt ihr gesät, was einmal jeder ernten
kann?

Habt ihr sie reich gemacht, die Stadt, aus
der ich bin?

Ihr Lebenden, nur keine Angst, denn ich
bin tot.
Mein Geist, mein Leib; nichts bleibt,
nichts was euch bedroht.

(Aus dem Französischen von Ralph Dutli)

Nochmals: Der Überlebende, der Schizophrene, der Primitive, die Wissenschaft und die Politik

Das, was dem Überlebenden, dem Schizophrenen, aber auch dem Primitiven gemeinsam ist, hat mit Würde zu tun. Die folgende Geschichte soll dies illustrieren. Sie handelt von Ishi, dem letzten Angehörigen des Stammes der Yahi, die in der Gegend von Oroville in Kalifornien gelebt hatten. Man fand Ishi im August 1911. Er war fast verhungert, als Albert Louis Kröber, ein berühmter amerikanischer Anthropologe, der im ersten Viertel unseres Jahrhunderts an der Universität von Kalifornien lehrte, auf ihn stieß. Ishi verbrachte die folgenden vier Jahre bis zu seinem Tod an der Universität, wo er unter Kröbers Schutz lebte. Die Geschichte des letzten Yahi, die von Kröbers Frau Theodora aufgezeichnet wurde (1962), zeigt einen Menschen und dessen Kultur, die trotz des langen und hoffnungslosen Ringens um das Überleben in einer feindlichen weißen Welt weder ihre Menschlichkeit noch ihre Moral verlor. Im Gegenteil, als die Yahi erkannten, daß die Welt der Weißen ihnen ein Leben in Würde unmöglich machte, entschieden sie sich dafür, sich aus dieser Welt zurückzuziehen und auszusterben. Diesen Entschluß trafen sie ohne Bitterkeit. Im Gegensatz zu ihrer brutalen weißen Umwelt »blieben Ishi und sein Stamm unbestechlich, menschlich, voller Erbarmen und mit ihrem Glauben intakt sogar bis ins Verhungern, in den Schmerz und den Tod hinein« (Kröber).

Mit dieser auf Innerlichkeit aufbauenden Identität konnten sie sich auch in eine andere Kultur integrieren, wie Ishi es tat, ohne sich selbst zu verlieren. »Sie waren nicht von Schuld verfolgt«, schrieb Theodora Kröber, »ihr Ego und ihr Ehrgeiz waren nicht aufgeblasen (wie es bei uns der Fall ist).« Die Kindheit der Yahi war von Liebe und Respekt geprägt. Zärtlichkeit, Freizügigkeit und Gelassenheit gegenüber den Eigenarten des Kindes kennzeichneten ihr Leben.

Kröber war ein sehr ehrgeiziger Mann. Und doch hat er nie ein Buch über diesen anthropologisch so interessanten Fall geschrieben. Es hatte viel mit Ishis Persönlichkeit zu tun, daß Kröber es nie fertigbrachte, eine wissenschaftliche Studie über den letzten der Yahi zu veröffentlichen, obgleich dies sein erster Impuls gewesen war. Aber Ishis Menschlichkeit, seine innere Würde, sein Respekt vor seinen Mitmenschen machten es diesem sonst harten Mann unmöglich, das unmittelbare Erleben von Ishi zu einem distanzierten, unpersönlichen Studienobjekt zu machen. Nach Kröbers Tod verfaßte schließlich dessen Frau die Studie, um der Nachwelt ein Bild von der Authentizität der Yahi und ihrem Ringen mit der Kultur der Weißen zu hinterlassen.

Eines der Indizien für das reiche Innenleben der Yahi war ihre intensive Beschäftigung mit ihren Träumen. Das tun im übrigen auch andere sogenannte primitive Völker, so zum Beispiel die australischen Ureinwohner. Auch für sie sind Träume die Schatten der Realität; sie repräsentieren Aspekte des Alltagslebens. Wir dagegen verwenden unsere Träume nicht, um durch sie eine andere Perspektive, eine tiefere Erkenntnis unseres vielschichtigen Seins zu gewinnen. Wir tun sie als unwichtig ab oder machen uns über sie lustig.

Marlo Morgan (1995), eine amerikanische Ärztin, die einige Zeit bei den Aborigines lebte, schildert folgende Begebenheit: Der Werkzeugmacher des Stammes träumte von einer Schildkröte, die plötzlich merkte, daß sie ganz schief ging, weil sie auf einer Seite ihres Körpers keine Beine mehr hatte. Nachdem er diesen Traum mit einem anderen Stammesmitglied besprochen hatte, kam er zu dem Schluß, daß es an der Zeit sei, sein Handwerk an jemand anderen zu übergeben. »Einst hatte er die Verantwortung geliebt, die seine Rolle als Handwerksmeister mit sich brachte, aber jetzt stand er zu sehr unter einem selbst erzeugten Druck (sein Älterwerden), um seine Arbeit noch genießen zu können.« Der Traum war nun ein Zeichen für ihn, daß die Zeit für eine Veränderung gekommen war. »Wie die Schildkröte in seinem Traum befand er sich nicht mehr im Gleichgewicht zwischen Arbeit und Spiel.« Morgan schildert uns einen Menschen, der sein seelisches Erleben ernst nimmt, der seine Gefühle nicht verleugnet, indem er den Leistungsforderungen einer Rolle zu genügen sucht.

Mit seiner wohlüberlegten Entscheidung übernimmt er Verantwortung für sich und für die ganze Gruppe. In einer Gesellschaft wie der unseren könnte eine solche Entscheidung nur gegen große äußere und innere Widerstände getroffen werden, da unser Selbstwertgefühl abhängig ist von der gesellschaftlichen Pose, die wir mit dem wahren Selbst verwechseln.

Die Australierin Robyn Davidson (1982) machte auf ihrem Treck durch die australische Wüste ähnliche Beobachtungen über den unterschiedlichen Umgang mit Gefühlen bei den Aborigines und bei sich selbst. Als sie in der Einsamkeit der Wüste immer mehr auf ihre Gefühle und ihre inneren Wahrnehmungen zurückgeworfen wurde, erkannte sie den Widerspruch zwischen dem falschen Ich, das auf Posieren basiert, und ihren wahren Gefühlen. »Das Ich, dem ich früher das Überleben anvertraute, war hier draußen in einer anderen Umgebung zum Feind geworden (...) Der Wechsel zu diesem (neuen) Realitätsbewußtsein war ein langer Kampf gegen die alte Konditionierung gewesen (...) Die innere Auseinandersetzung hätte ich beinahe nicht verkraftet. Die intellektuellen und kritischen Fähigkeiten taten alles Erdenkliche, um die (alten) Grenzen aufrechtzuerhalten. Sie beschworen die Erinnerungen herauf. Sie klammerten sich an Zeit und Maßeinheiten (...) Das Unbewußte jedoch wurde viel aktiver und wichtiger – und zwar in Form von Träumen und Gefühlen. Ich entwickelte ein zunehmendes Bewußtsein für den Charakter eines bestimmten Punktes, ob es einer guter Art mit einem beruhigenden Einfluß war, oder ob er mich abschreckte. Dies alles verband sich mit der Realität der Aborigines und ihrer Vision von der Welt, mit der sie untrennbar verbunden waren. Das wurde in ihrer Sprache deutlich. In Pitjantjara (...) gibt es kein Wort für ›existieren‹. Das ganze Universum steht in einer unaufhörlichen Interaktion. Man kann nicht sagen: Dies ist ein Felsen. Man kann nur sagen: Dort sitzt, lehnt, steht, fällt ein Felsen« (Davidson 1982). Diese Ureinwohner sehen die Dinge im Kontext, und nicht isoliert, wie wir das tun. Alles steht in einer Relation mit etwas anderem und mit dem Ganzen.

Wenn man ein solches Verhältnis zur Welt hat, kann die Entfremdung vom eigenen Selbst und seiner Umwelt, die uns kennzeichnet, nicht entstehen. Wenn Menschen dem Schmerz nicht ausweichen, bleiben sie integriert. Morgan formuliert dies mit den Worten des Stammesältesten: »Die Menschen können nicht überleben, wenn sie alles, was ihnen unangenehm ist, auslöschen, statt es zu verstehen.«

Bei den Aborigines, so Morgan, gebe es keine Verstellung, kein Ego, das um Aufmerksamkeit kämpft. Es gebe keinen Klatsch und niemanden, der einen anderen übertrumpfen wolle. »Die Stammesleute akzeptierten mich so, wie ich war. Bei ihnen fühlte ich mich angenommen, einzigartig und wunderbar. Jetzt lernte ich, was für ein Gefühl es war, ohne Wenn und Aber einfach akzeptiert zu werden.« Sie verstanden, daß ein Mensch, der einen anderen verletzt, sich selbst verletzt. »Sie sprechen von lebender und nicht-lebender Zeit. Die Menschen leben nicht, wenn sie wütend, traurig, voller Selbstmitleid oder Angst sind. Atmen allein bedeutet noch nicht, daß man lebt (...) Nicht alle Menschen, die atmen, sind lebendig (...) Ich erzählte ihnen, daß wir uns in Amerika sehr für Sportveranstaltungen interessieren (...), um ihnen zu zeigen, wie ein Sportwettbewerb abläuft, schlug ich vor (...), um die Wette zu laufen (...) Aus ihren schönen, dunklen, großen Augen schauten sie erst mich durchdringend an (...), einer von ihnen sagte schließlich: ›Aber wenn nur einer gewinnen kann, müssen doch alle anderen verlieren. Das soll Spaß machen? Spiele sollen doch Freude bereiten‹« (Morgan 1995).

Die Menschen dieses Stammes glauben auch, »daß man den anderen nur durch den eigenen Lebenswandel, die eigenen Handlungen und Verhaltensweisen beeinflussen kann (...) Diese Überzeugung läßt sie jeden Tag daran arbeiten, selbst bessere Menschen zu werden.« Einmal sprach eine Frau, die als Nähmeisterin des Stammes galt, davon, daß das Wirtschaftssystem der Weißen in Gefahr sei: »Ihr habt damit angefangen, weil viele zusammen mehr herstellen und bewirken können als einer alleine. Euer System fördert auch den einzelnen in seiner individuellen Begabung und bietet jedem die Möglichkeit, an eurem Geldsystem teilzunehmen. Aber mittlerweile geht es euch bei allen Geschäften nur noch darum, im Geschäft zu bleiben. Uns ist das sehr fremd, denn wir sehen in einer Sache nur das, was sie wirklich ist, auch in einem Menschen nur das, was er wirklich ist, aber Geschäfte sind unwirklich. Ein Geschäft ist nur eine Idee, eine Vereinbarung, und trotzdem gilt es, um jeden Preis im Geschäft zu bleiben, so etwas ist schwer zu verstehen« (Morgan 1995).

Wenn man mit dem direkt Erlebten in Kontakt ist, ist seine abstrakte Wiedergabe immer eine Entfremdung, eine Distanzierung vom eigentlichen Leben, welche durchaus nützlich sein kann, solange man sich dessen bewußt ist. Sobald aber die Abstraktion zu etwas Übermenschlichem, etwas Gottähnlichem wird, wird sie den Menschen zerstören. Der Soziologe C.W. Mills (1956) zeigt in seiner grundlegenden Studie über die industrielle Macht, daß wir, sobald wir einmal dem abstrakten Machtsystem beigetreten sind, gar nicht mehr aussteigen können. Ein Bewußtsein, das auf Abstraktion aufbaut, erschwert dem Menschen, zu seinen Gefühlen vorzudringen. Wenn unsere Warhnehmungen durch die Identifikation mit dem Aggressor bestimmt sind, ist es nur schwer möglich, diese Wahrnehmungen zu verändern und auf unsere authentischen Gefühle zu richten. Die Unfähigkeit, uns vor drohenden Umweltkatastrophen wie der Klimaveränderung zu schützen, ist ein aktuelles Beispiel für dieses Gefangensein in unseren Wahrnehmungsgewohnheiten.

Je mehr wir von unserem Einfühlungsvermögen abgeschnitten sind, desto eingeschränkter wird unsere Wirklichkeit. Die Aborigines sehen es als ihre Aufgabe, das Leben auf der Erde in seinem Zusammenwirken zu erhalten. C. G. Jung (1985) beobachtete Ähnliches bei den Pueblo-Indianern in Neu Mexiko. Diese erachteten es für ihre Aufgabe, jeden Morgen durch ihre Gebete den Zusammenhalt der Welt zu bewahren. Die australischen Ureinwohner aber spüren inzwischen, daß die Zerstörung dieses Planeten so weit fortgeschritten ist, daß sie nicht länger helfen können. »Die Zyklen des Regens haben sich bereits verändert, die Hitze hat zugenommen, und in der Pflanzen- und Tierwelt gibt es schon seit Jahren immer weniger Wachstum. Wir können für unsere Seelen nicht länger körperliche Hüllen bereitstellen, weil es hier in der Wüste bald kein Wasser und keine Nahrung mehr geben wird (...) Wir werden die Erde verlassen. Wir gebären keine Kinder mehr« (Morgan 1995).

Bei uns lenkt der Machbarkeitsglaube davon ab, die Wirklichkeit zu erkennen. Hinter diesem Glauben steht, so paradox es auch klingen mag, die Flucht vor der Angst als solcher. Diese Angst und der Versuch, ihr zu entkommen, begleiten uns unser Leben lang, denn schon von Kindheit an lernen wir, die Angst zu verdrängen, sie ins Gegenteil zu verkehren: in die Machbarkeit. Das ist an sich nichts Neues. Schon immer wollten die Menschen unserer Zivilisation die Angst vor dem Tode durch große Leistungen überwinden. Die Ägypter bauten Pyramiden, um die Vergänglichkeit allen Lebens zu besiegen. Heute bauen wir andere Monumente, in denen wir uns verewigen wollen. All diese Monumente haben eines gemeinsam: die Idee von Größe. Ob es die Größe oder das Wachstum einer Organisation im Bereich der Industrie, der Wissenschaft oder der Politik ist – immer geht es darum, von der eigenen Unzulänglichkeit und Bedeutungslosigkeit abzulenken. Manchmal ist es auch das rasende Tempo der Veränderungen, mit dem wir uns betäuben, um die Angst nicht zu spüren. Hierbei spielt die Wissenschaft eine zentrale Rolle. Sie ist zum Instrument der Macht geworden und verkümmert deswegen als Instrument der Selbsterkenntnis und -kritik.

Dazu möchte ich folgendes Beispiel zitieren: Am 29. Oktober 1993 erschien in der wahrscheinlich einflußreichsten wissenschaftlichen Zeitschrift »Science« ein vom Chefredakteur Professor Daniel E. Koshland, Jr. verfaßter Leitartikel. Darin lesen wir: »Wenn das Gehirn nicht richtig funktioniert, tendieren manche Nicht-Wissenschaftler dazu, den Grund dafür in den schlechten Eltern, der schlechten Umwelt oder gar in bösen Geistern zu sehen, während ein Wissenschaftler dies auf eine Störung in der Chemie des Gehirns zurückführt (...) Neurologen wissen, daß eine auf ein mutiertes Gen zurückzuführende Hirnstörung ebensowenig durch Liebe geheilt werden kann, wie eine Uhr mit einer gerissenen Zugfeder (...) Manisch-depressive Krankheiten, die durch Gespräche oder psychiatrische Behandlung kaum geheilt werden können, sprechen sehr gut auf die chemische Substanz Lithium an. Schizophrenie (...) kann medikamentös behandelt werden (...) Der Unterschied zwischen einem normalen und einem pathologischen Zustand ist der zwischen freundlicher Chemie und bösartiger Chemie (...) Wir brauchen ein breiteres Wissen über Gehirnkrankheiten, damit ein Richter, der nur unzureichend über elementare wissenschaftliche Fakten informiert ist, keine Kriminellen mehr laufen läßt, die zum Beispiel einen Tennisstar in den Rücken gestochen haben oder die als plötzlich geheilt angesehen werden, nur weil sie nett zu ihrem Psychiater waren.«

Diese Art des wissenschaftlichen Denkens leugnet die Welt der Gefühle, sieht sie quasi nur als das Produkt der falschen oder richtigen Chemie im Gehirn. Koshland versucht, alle Ängste und Unsicherheiten unseres Lebens zu beseitigen, indem er den Menschen zur Maschine macht. So kann das Ungeheuerliche geschehen, daß nämlich das uns umgebende Grauen nicht mehr wahrgenommen wird und unsere Ängste, die uns als wichtige Wegweiser dienen könnten, verdrängt werden.

Die Menschen aber, die den Kontakt zu ihren Gefühlen nicht verloren haben, brauchen die Verantwortlichkeit für ihr Handeln und Fühlen nicht von ihrem Selbst an die Chemie zu delegieren. Unsere politische und wirtschaftliche Elite allerdings trifft Entscheidungen so, als hätten sie nichts mit ihrem persönlichen Sein zu tun. Für diejenigen, die wir als Primitive disqualifizieren, ist die individuelle Verantwortlichkeit hingegen von eminenter Bedeutung. Der Anthropologe Paul Radin (1953) beschreibt in diesem Zusammenhang eine Begegnung, die er mit einem Winnebago-Indianer in Wisconsin, USA, hatte. Radin wollte dem Indianer eine heilige Gebetsrolle abkaufen. Für diesen war sie zu einem recht lästigen Besitz geworden, für den Stamm aber würde ihr Verkauf einen großen Verlust bedeuten. Dies schien den Handel unmöglich zu machen. Um sich der Verantwortung für eine so schwerwiegende Entscheidung zu entziehen, betrank sich der Indianer. Laut Radin ging es dem Winnebago nicht nur um die Frage nach der ethischen Verantwortung, »sondern um die Frage, wer er nun eigentlich war, eine Person betrachtet als abgesonderte Einheit oder ein in Verbundenheit lebendes Wesen« (Radin 1953). Als abgesonderte Einheit unter dem Einfluß des Alkohols konnte er die Rolle jedenfalls verkaufen!

Wie oft aber machen wir uns Gedanken über die Verantwortung, die wir uns selbst und der Gruppe gegenüber tragen? Die Winnebago unterscheiden sehr genau zwischen diesen beiden Arten von Verantwortung. Wenn ein Stammesmitglied sich auf den Kriegspfad begibt, obwohl ihm dies ausdrücklich von der Gemeinschaft verboten worden war, und er dann im Kampf getötet wird, so legt man dies als Selbstmord aus, als etwas Unbilliges und Unechtes. Begleitet ihn aber ein anderes Stammesmitglied auf den Kriegspfad, so wird er zu dessen Anführer. Wenn dieser Begleiter getötet wird, wird der Anführer des Mordes beschuldigt, denn er hat einen anderen in seine gesetzlose Handlung verwickelt und ist folglich für dessen Leben verantwortlich.

Ein weiteres Beispiel für diese innere Bezogenheit, die sich nur aus echter Identität und Verantwortung ergeben kann, erwähnt Gene Weltfish in ihrer Studie über die Pawnee-Indianer (1965). Sie erforschte diesen Stamm über sechsunddreißig Jahre lang. Sie erzählt u.a. von einem Stammesmitglied, einem Mann, der sich immer mehr dessen bewußt wurde, daß er von einem anderen verleumdet wurde. Das tat ihm sehr weh, machte ihn aber auch wütend. Eines Tages nahm er seinen Wagen und sein Pferd, bemalte den Wagen neu, schmückte das Pferd, putzte auch sich selbst heraus, steckte Federn in sein Haar und ging so zum Haus des Verleumders. Dort angekommen, rief er ihn, nahm ihn bei der Hand und sagte: »Siehst du dieses Pferd und diese Wagen? Nun, ich gebe dir beides.« Sprach's und ging fort. Der andere sprach nie wieder über ihn.

Für die anderen Stammesmitglieder war dies ein Mann von großem Mut. Es waren das einzige Pferd und der einzige Wagen, die er hatte. Aber indem er beim anderen Scham hervorrief, ihn dadurch zur Selbstbesinnung bewegte, befreite er die Gemeinschaft von einem Störelement, das diese bedrohte. Bei uns wäre auf die Verleumdung mit einem Racheakt reagiert worden, mit dem Resultat einer Zunahme an gesellschaftlicher Irritation.

Bei uns wird der einzelne immer mehr von der Gemeinschaft isoliert: mechanische Fahrstühle, Shopping-Center ohne individuelle Bedienung, Personentransporte ohne persönliche Begleitung. Allein schon diese Automatisierung vermindert und verhindert zwischenmenschliche Kontakte und führt zu einem immer größer werdenden Abstand von unseren Gefühlen. Wir verlieren immer mehr die Möglichkeit, die Zerrissenheit – von Kindheit an – zu heilen. Wir sehen uns als Instrumente politischer und wirtschaftlicher Vorgänge. Und weil wir uns so wahrnehmen, werden wir auch zu solchen Instrumenten. Wir ignorieren und verdrängen das, was uns zu Individuen macht. Da wir nicht mehr auf unserer Einzigartigkeit bestehen können, verlieren wir sogar unsere noch vorhandenen Zweifel und die Fähigkeit, dieses System in Frage zu stellen. Das einzige Gefühl, das in uns wächst, ist eine unterschwellige und von ihrem Ursprung abgetrennte Wut.

Häufig sind es nur noch die seelisch Kranken, die an den eigenen Wahrnehmungen, so verhüllt und uneigenständig diese auch sein mögen, festhalten. Könnten wir sie hören, sagten sie uns, was bei uns, in unserer Kindheit und später, falsch gelaufen ist. Dadurch würde das Wissen, das uns der Primitive und der Überlebende, nicht aber die heutige Wissenschaft vermittelt, ergänzt. Das Festhalten der seelisch Kranken an ihrer Eigenständigkeit, wie stumm und verbogen es auch sei, macht die Angepaßten verrückt.

Das Ringen um das Nicht-Sein: Patienten beschützen sich

Das Ringen darum, nicht zu sein

Die heutige Vorstellung von der menschlichen Psyche, die in soziologischen, ökonomischen und politischen Theorien ihren Ausdruck findet, geht davon aus, daß externe Kräfte das innere Sein formen. Das Selbst wird in dieser Sicht, die von konservativen wie auch von progressiven Denkern vertreten wird, von Kräften bestimmt, die jenseits der Kontrolle des Individuums liegen. Aber die vielschichtigen Verhaltensweisen von seelisch Kranken und Überlebenden – die bereits beschriebene Dualität von äußerlicher Unterwerfung und innerem Festhalten an der Vision ihres Selbst – beweisen, daß der Mensch mehr ist als nur ein Konglomerat von Reaktionen auf eine omnipotente Umwelt. DesPres nennt diese Dualität »layering« – Schichten; der Soziologe Irving Goffmann (1969) nannte es »primary and secondary adjustment«: Primär ist das nach außen gerichtete Unterwerfen, das dem von der Umwelt erwünschten Verhalten entspricht, während auf einer zweiten, tieferliegenden Ebene das authentische Sein gewahrt bleibt. Ein Beispiel für dieses duale Verhalten beschreibt der südafrikanische Schriftsteller Coetzee (1996) in seinem Essay über Ossip Mandelstam, der Stalin nach außen hin scheinbar verherrlichte, ohne es jedoch wirklich zu tun: »Er erschuf den Körper einer Ode, ohne sie wirklich zu bewohnen.«

Ich nenne dieses Phänomen den Widerstand, der in den Untergrund geht (Gruen 1976), nach der Äußerung eines Patienten, der einmal zu mir sagte: »Du kannst mich nicht berühren, wenn ich so bin, wie du es wünschst.« Da aber dieser Widerstand gegen ein von außen aufgezwungenes Sein in den Untergrund gehen muß, wird er auch vom Kranken selbst oft nicht wahrgenommen. Hierin unterscheidet sich der Überlebende vom Schizophrenen. Selbst wenn die Gefahr für das autonome Sein nicht mehr besteht, wird es vom Schizophrenen weiter als existenzbedrohlich empfunden, offen zu seinem ureigensten Selbst zu stehen. Es trotzdem zu wagen heißt für ihn, einen langen und schmerzlichen Weg zu gehen. Wird dieser Weg in der Psychotherapie eingeschlagen, so bildet die Erlebnisfähigkeit des Therapeuten, das heißt seine Fähigkeit, sich mit seinem eigenen Selbst auseinanderzusetzen und sich in den Kranken einfühlen zu können, den Rahmen, innerhalb dessen der Patient sein eigenes Erleben neu erfahren und formulieren kann.

Die seelisch Kranken haben, wie wir sehen, eine andere Entwicklung durchgemacht als die Überlebenden der Todeslager. Lange bevor sie die Möglichkeit hatten, ihr Selbst zu festigen, waren sie schon einem äußeren Druck ausgesetzt, der sie zwang, eine Nicht-Person zu werden. Wenn ein Kind unter diesen Bedingungen trotz Zurückweisungen und fehlender Anerkennung an seinen eigenen Wahrnehmungen festhalten will, muß es sich zurückziehen, eine Mauer um sich errichten, deren Existenz und deren Verteidigung es vor sich selbst versteckt. Es verhält sich damit so wie die Überlebenden. Auf der äußeren Ebene dient die Identifikation mit den unterdrückenden Eltern durch die Übernahme von deren Image als gute Eltern (der Propaganda sozusagen, die diese über sich selbst verbreiten) dem Schutz vor Terror. Für das Kind ist es besser, sich gemäß den Erwartungen der Eltern zu verhalten und so ein Minimum an Anerkennung zu erhalten, als überhaupt kein lebensnotwendiges Feedback zu bekommen. Auf einer tieferen Ebene (das sekundäre, untergründige Sein) kann es dann an seinen eigenen Möglichkeiten und an der Hoffnung auf echte Liebe festhalten.

Es gibt Menschen, bei denen der Terror der Nicht-Anerkennung und der damit verbundene Schmerz so groß waren, daß sie scheinbar für immer den Zugang zu diesen unerträglichen Erlebnissen verloren haben. Ich hoffe trotzdem, es ist nicht so. Oliver Sacks (1985) hat selbst an hirngeschädigten Patienten beobachtet, daß mit dem Wegfallen der kulturell bedingten Wahrnehmungsmuster auch die Fähigkeit zur Empathie zurückkehrt. Ich habe dies ausführlich in »Der Wahnsinn der Normalität« (1989) beschrieben. Auch Jakob Wassermann (1990) ist der Überzeugung, daß jeder Mensch den Zugang zu seinem mitfühlenden Selbst wiedererlangen könne, da er ja einmal den Kern einer empathischen Zuwendung durch die Mutter erfahren habe. Der Neurologe und Wissenschaftler Paul D. MacLean (1987) hat allerdings Bedenken, ob die neuronalen Verbindungen der Empathie, wenn sie in der Kindheit nicht stimuliert werden, jemals wieder funktionieren können. Diejenigen aber, die aus Angst vor der eigenen

Menschlichkeit die Empathie vollständig verdrängen, verüben die schlimmsten Greueltaten.

Der Terror, der empfunden wird, wenn man in den Augen des anderen nicht existiert, ist unermeßlich groß. Auch Erwachsene, denen die alltägliche Anerkennung ihres Selbst durch die Umwelt verweigert wird, können psychotisch werden, wie Forschungsergebnisse im Bereich der sensoriellen Deprivation zeigten (Lilli 1956, Grunebaum 1960, Heron 1953). Ein Kind und auch ein Erwachsener werden alles tun, um den Kontakt zu der Person aufrechtzuerhalten, der sie, wie sie glauben, das Recht zu leben verdanken. Ein autistisches Kind dagegen wird sich an nicht-lebendige Objekte binden, um für immer dem Schmerz der Nicht-Anerkennung ausweichen zu können.

Patienten berichten von dem Entsetzen, das sie empfanden, als sie sich in den Augen ihrer Mutter nicht finden konnten, vom Terror der Leere, die aus diesem Gefühl entsteht. Es ist wie ein Verschwinden. Die Mutter mag zwar körperlich anwesend gewesen sein, aber für das Kind emotional nicht erreichbar. Wenn die Mutter dem Kind Liebe und Fürsorge entgegenbringt, kann es sich in ihren Augen, in ihrem Blickkontakt förmlich sehen. Ist das nicht der Fall, sind Terror und Leere das Resultat. Klaus und Kennell (1970, 1976, Welch 1994) berichten, daß Säuglinge, die gleich nach der Geburt – noch bevor sie gewaschen werden – auf den Bauch der Mutter gelegt werden, sich hochstemmen und die Augen der Mutter suchen. Ein Kind braucht viel Zeit, bis es nicht mehr auf den Augenkontakt mit der Mutter angewiesen ist, bis es sich seiner Existenz auch ohne diesen Kontakt gewiß ist und sozusagen in seinen eigenen Augen existiert. Manche Menschen erreichen offensichtlich diese emotionale Selbständigkeit nie. Sie bleiben darauf fixiert, sich in den Augen der anderen zu suchen.

Ronald D. Laing (1987) machte darauf aufmerksam, daß Sigmund Freud in »Jenseits des Lustprinzips« (1968) das Versteckspiel eines Kleinkindes beschrieb, welches dem notwendigen Übergang von den Augen der Mutter zu den eigenen diente. Wir wissen, daß Kinder mit einem Jahr Dinge wegwerfen, um dann glücklich zu jauchzen, wenn man sie ihnen zurückgibt. Viele Erwachsene werden dieses Spiels bald überdrüssig. Sie verstehen nicht, wozu es dem Kind dient, weil sie sich nicht mehr in das Kind hineinversetzen können, da ihr eigenes empathisches Miterleben abgewürgt wurde. Freud beschrieb, wie ein anderthalbjähriger Bub während der Abwesenheit seiner Mutter vor einem Spiegel »Verschwindenlassen« spielte. Sein Spiegelbild war abwechselnd »fort« oder »da«, und indem der Bub dieses Spiel spielte, wurde er sozusagen seines Selbst habhaft. Auf diese Weise arbeiten Kinder sich Schritt für Schritt von ihrer Abhängigkeit von der Anwesenheit der Mutter frei.

In einem meiner Patienten weckte eine Gedichtzeile von Hebbel, »So dir im Auge wunderbar / sah ich mich selbst entstehen«, eine terrorisierende Erinnerung an die Augen seiner Mutter, die er als schwarze Löcher wahrgenommen hatte. Die amerikanische Schriftstellerin Ellen Glasgow (1955) hatte als Einjährige ein ähnliches Erlebnis. Sie sah ein körperloses Gesicht, leer, bleich, feindselig, und ihr Körper wurde von diesem überwältigenden Schrecken vollkommen durchgeschüttelt. Ihr war, als wäre sie nicht mehr vorhanden, abgetrennt von allem Lebenden. Sie saß damals auf dem Schoß ihrer Mutter, die aber gefühlsmäßig von ihr abgewandt war. Bei Ellen Glasgow führte dieses Gefühl der Abgeschnittenheit zu der Erkenntnis, daß sie verletzlich war, aber auch zur bewußten Entdeckung ihres eigenen Selbst.

Erstaunlicherweise führen Terror und Schmerz bei manchen Menschen dazu, das Selbst, das sein könnte, im Abseits aufrechtzuerhalten, bei anderen wird hingegen eine Entwicklung ausgelöst, durch die das eigene Selbst unerreichbar wird. Dadurch werden auch Schmerz und Terror ausgeschaltet. Was bleibt, ist der Haß auf das abgewiesene Selbst: Schmerz und Terror werden aber weiter gesucht. Um ihrer aber habhaft zu werden, müssen solche Menschen anderen Schmerz und Terror zufügen.

Fallbeispiele

ARKIN

Die Bürde unserer seelischen Entwicklung liegt darin, daß wir Liebe benötigen, aber unser Erleben aufgeben müssen, damit wir den Kontakt zu einer vermeintlichen Liebe aufrechterhalten können. Arkin, ein Patient, erzählte mir, er habe seine Eltern besucht, die gerade mit einer Bekannten über deren Kind sprachen, das an einem Hirnschaden litt. Dieses »Gespräch« glich für Arkin mehr einem Kreuzverhör, denn seine Eltern urteilten selbstgerecht und kalt über die Frau und ihr Kind. Arkin verließ das Haus seiner Eltern fluchtartig. Er hätte schreien mögen, weil ihm klar war, daß seine Eltern, würde er sie mit ihrer Härte und ihrem mangelnden Einfühlungsvermögen konfrontieren, ihn für verrückt halten würden. Sie sahen sich lediglich als Menschen, die am Leid einer Bekannten teilnahmen. Während Arkin mir über dieses Erlebnis berichtete, begann er plötzlich, an seinen eigenen Warhnehmungen zu zweifeln. Zugleich aber erinnerte er sich daran, daß seine Eltern sich ihm gegenüber genauso verhalten hatten. Er litt unter der Unmöglichkeit, seine widersprüchlichen Bedürfnisse und Wahrnehmungen – sein Bedürfnis nach elterlicher Liebe, seine Erinnerung an den ihm zugefügten Schmerz und das Selbstbild seiner Eltern als liebevolle Menschen – zu vereinen, ohne dabei den Verstand zu verlieren. So zweifelte er am Ende der Sitzung wieder an seinen Empfindungen.

In seiner Kindheit führte seine Identifikation mit seinen Eltern dazu, sie so sehen zu können, wie sie gesehen werden wollten. Er wollte verhindern, daß sie ihn ablehnten oder lieblos behandelten, und so wurde es zunehmend schwerer für ihn, das ihm von seinen Eltern oktroyierte Selbst und seine tatsächlichen Wahrnehmungen auseinanderzuhalten. Die Ohnmacht und die Wut, die dies in ihm auslöste, verstärkten nur sein Erleben von Gefahr. Seine daraus resultierende Aggression und seine Angst führten noch weiter dazu, die Sicht seiner Eltern zu übernehmen.

DORIS

Eine andere Patientin, Doris, schuf aus ihrer Angst, verlassen und in ihrem Bedürfnis nach Wärme nicht anerkannt zu werden, heraus eine innere Stimme, die sie mahnte: »Du brauchst keine Liebe!« Diese Stimme gab das wieder, was ihre Mutter durch ihre ablehnende Haltung vermittelte. Indem sie ihre Mutter auf diese Art verinnerlichte, konnte sie die Verbindung zu ihr aufrechterhalten und ihr verweifeltes Bedürfnis nach Liebe verdrängen.

Auf solchen Wegen wird Identifikation zu einem die Entwicklung verzerrenden Prozeß. Eine Identifikation ohne Bezug zum Eigenen führt dazu, nie Verantwortung für sein eigenes Leben zu übernehmen. »Ich bin so, wie du mich willst. Ich führe nur das aus, was du willst. Wenn etwas schief geht, ist es nicht meine Schuld.« Dieses Diktum, wenn auch nicht ausgesprochen, ist im Wissen der Menschen unserer Zivilisation unterschwellig vorhanden und führt zu der Verantwortungslosigkeit, über die wir uns dauernd beklagen. So leben wir eher gemäß den uns auferlegten Pflichten und nicht gemäß einem von innen heraus wirkenden Verantwortungsgefühl. Jedes Menschenrechtstribunal bringt diese Einstellung zutage. Alle Verantwortlichen bestehen darauf, nur gehorsamst ihre Pflicht erfüllt zu haben.

HANS

Obwohl viele Menschen Hoffnung auf Liebe und Nähe haben, bleibt deren Erfüllung für sie außer Reichweite. Immer wieder erleben sie einen Teufelskreis von Erwartung und unweigerlich darauf folgender Enttäuschung. Es ist, als ob sie dazu verdammt wären, die prägenden Erlebnisse aus ihrer Kindheit zwanghaft zu wiederholen. Hans, ein vierzigjähriger Patient, hatte in seiner Kindheit eine zutiefst ambivalente Behandlung durch seine Eltern erfahren, die seinen Ideen und Impulsen nie Bestätigung entgegenbrachten, ihm aber unentwegt sagten, wie sehr sie seine Persönlichkeit schätzten.

Als Erwachsener war Hans immer auf der Suche nach Partnerinnen, die ihm einerseits Vorwürfe machten, diese aber andererseits gleichzeitig verneinten. In der Therapie zeigte sich sehr bald deutlich, daß er seine Partnerinnen – stellvertretend für seine Eltern – immer wieder dazu bringen wollte, sich ihre Widersprüchlichkeit einzugestehen. Doch sobald sie dies taten, wurden sie für ihn uninteressant, weil er nun ja die Rolle des Opfers hätte aufgeben müssen. Doch Opfersein war für ihn zum Lebensinhalt geworden, denn dadurch hielt er sich für unverwundbar. Scheinbar ein paradoxes Verhalten, solange wir zwei Dinge nicht erkennen: Indem Hans den Schmerz des Abgelehntwerdens aufrechterhielt, blieb er Herr seiner Lage. Er wußte, was kommen würde, und hatte insofern sein Leben im Griff. Sein Erleben war das einer leeren, schrecklichen Unverwundbarkeit, in der Schmerz ihm einen Selbstwert gab. Dann konnte er sich lieben.

Doch auf einer tieferen Ebene erfüllte diese Wiederholung noch eine zweite Funktion: Mit jeder »Enttäuschung« über eine Partnerin bestätigte sich aus seiner Sicht, daß nur seine Eltern über jede Widersprüchlichkeit erhaben waren. So konnte er vor der tiefen Verzweiflung fliehen, in die ihn die Erkenntnis seiner ursprünglichen Verletzung stürzen würde. Durch diesen Prozeß blieb er trotz seines Schmerzes weiterhin verbunden mit denjenigen, die ihn einst verletzten. Es ist diese frühe Erfahrung, dieser Terror des Nicht-Seins, die wir gleichzeitig wiederholen und abwehren, wenn wir vor der Nähe, die wir eigentlich so verzweifelt suchen, fliehen.

EVA

Eva war dreißig Jahre alt, als sie in die Therapie kam. Sie lebte damals ein sehr eingeschränktes Leben, bei der Arbeit gelang es ihr nicht, ihr Leistungspotential auch nur annähernd auszuschöpfen, und sie war nicht imstande, ihre bereits begonnene Doktorarbeit zu Ende zu führen. Bis zu diesem Zeitpunkt hatte sie in ihrem Leben mit sehr vielen Schwierigkeiten und Entbehrungen kämpfen müssen.

Als ich Eva das erste Mal sah, erschien sie mir starr, hölzern, feindselig, herrschsüchtig und ohne Anmut. Sie klagte, daß sie sich leer, unzufrieden und erschöpft fühle. Mir wurde bald klar, daß diese Starrheit in ihrem Selbstverständnis für Beständigkeit stand, die sie für die höchste aller Tugenden hielt. Sie setzte Beständigkeit mit Integrität gleich, was ihr das Gefühl moralischer Überlegenheit gab. Sie war der Überzeugung, sie sei von minderwertigen Menschen umgeben, was sie darin bestätigte, daß ihr niemand wirklich etwas geben könne. Später formulierte sie es so: »Ich bin monströs und häßlich, aber ich bin ein besserer Mensch als die anderen. Weil ich häßlich bin, wird mir niemand etwas geben, und ich werde nie auch etwas verlangen.« Indem sie sich häßlich machte, konnte sie sich dafür bewundern, daß niemand sie wollte, weil sie dadurch sich selbst treu bleiben konnte. Sie sah sich als in ihrem Wesen konstant, wodurch sie es als gerechtfertigt ansah, dem Leben fernzubleiben. So entwickelte sie ein falsches Selbst, eines, das auf einer vermeintlichen moralischen Überlegenheit aufgebaut war und sie davon abhielt, ihre wahren Bedürfnisse zu erkennen. Mit ihrer dominanten Art löschte sie ihre Hilflosigkeit aus.

Evas Mutter war eine Frau, die körperlichen Kontakt zu ihrer Tochter suchte, sonst aber beziehungslos zu ihr war. Ihre Liebe zu Eva drückte sie mit den Worten »Ich werde dich aufessen« aus. Beim Spielen löste sie die Grenzen zwischen ihrem und Evas Körper auf;

sie sagte zum Beispiel: »Wessen Popo wird jetzt gekniffen?« oder: »Wessen Finger tut jetzt weh?« Eine Welt der scheinbaren Nähe und der fließenden Körpergrenzen. Als die Tochter älter wurde und begann, sich von der Mutter zu entfernen, empfand diese das als bedrohlich. Für die Mutter wurde Eva zu einer Quelle von Gefühlen, die sie entleerte, anstatt sie zu füllen.

Die »Liebe« dieser Mutter verwandelte sich nun schlagartig in einen Rückzug von Eva. Ihre Mutter unter diesen Gegebenheiten noch zu lieben, hätte für Eva aber etwas wirklich Unverträgliches bedeutet: Sie hätte den Vorwurf ihrer Mutter »du liebst mich nicht mehr« sich einverleiben müssen. Statt dessen wurde sie der Mutter gegenüber kalt. Diese Reaktion wurde dadurch noch gefestigt, daß die Mutter ihrerseits ihr nun vermittelte, daß Eva keine Liebe benötige. Das terrorisierte Eva. So schnitt sie ihre Gefühle ab, vergrub Bedürfnisse und flüchtete sich in eine Pseudoeigenständigkeit, die ihre Mutter allerdings sehr schätzte. Denn jetzt konnte sie sich wieder an ihre Tochter anlehnen.

Eva wurde sehr kühl und selbständig. Schon als Fünfjährige war sie fähig, sich alleine in einer bedrohlichen Umwelt, nämlich in dem von den Nazis besetzten Frankreich, durchzuschlagen. In der Therapie brauchte es viel Zeit, bis sie die Sprache wiederzufand, mit der sie ihre Verzweiflung von damals zurückholen konnte. »Es ist so schlimm zu wissen, daß ich Bedürfnisse habe. Ich wende mich von Ihnen ab, sonst werde ich wütend auf mich selbst. Diese Bedürfnisse sind so brutal zu spüren; sie tun mir weh wie Zahnschmerzen oder schmerzende Knochen oder Herzschmerzen. Ich schäme mich, so bedürftig zu sein. Meine Mutter benötigte damals Trost. Aber ich war ganz alleine. Bedürfnisse liefern mich anderen aus.«

Ein andermal berichtete sie: »Wenn ich meine Bedürfnisse zulasse, fühle ich, daß ich nichts tauge. Wäre ich ein gutes Kind gewesen, hätte ich doch bekommen, was ich damals brauchte.« Als ihre unterdrückten Gefühle zurückkehrten, sagte sie: »Ich fühle mich wie eine fremde Person, als wäre ich außerhalb meines Kopfes, nicht mehr ich selbst – ich hasse mich – ich weiß nicht mehr, wo ich bin – meine Mutter ist nicht hier.« Ich bat sie in diesem Augenblick, mich anzusehen. Sie antwortete: »Oh, jetzt gehöre ich wieder mir selbst. Aber ich kann Sie nicht ansehen – das würde Sie zu wichtig machen.«

Es ist, als hätte Eva die Vergangenheit wiedererlebt. Ihre Mutter war zu früh in ihrem Leben nicht für sie da gewesen, deshalb hatte

Eva nicht das Gefühl entwickeln können, eine eigenständige Person zu sein. Diese Möglichkeit hatte ihr die Mutter genommen, indem sie ihr Bedürfnis, mit der Tochter zu verschmelzen, in den Vordergrund gestellt hatte. Zugleich mußte sich Eva gegen ihre Sehnsucht nach der Mutter wehren – wie sie es mit mir wiedererlebte. Denn wenn ich für sie zu wichtig würde, müßte sie ja ihre Identität an mich verlieren. Als Kind konnte sie sich nur wehren, indem sie alle eigenen Bedürfnisse hinter sich ließ.

»Wenn ich morgens aufstehe, habe ich kein eigenes Selbst. Ich bin dann ganz durcheinander. Ich sehe die Bäume draußen blühen, aber ich fühle mich deprimiert. Ich spüre, wie mich etwas ins Bett zurückzieht, wie in eine Gruft. Ich fühle mich zersplittert. Mir bleibt nichts, gar nichts. Ich sehe, wie ich war und wie ich jetzt bin. Ich kann nicht mehr sprechen. Was ich wirklich möchte, ist, vor mir selbst zu fliehen – es juckt mich – muß ich es Ihnen sagen? Ich fühle mich zu meiner Mutter oder zu Ihnen hingezogen? Sie hat mich nicht gerne – ich bin schwach – ich habe nichts mehr übrig. Ich weiß nicht, welcher Teil von mir jetzt spricht, wer ich sein möchte. Ich kann doch nicht aus dem Nichtsein zu ihnen sprechen. Ich möchte das Mädchen sein, das selbst entscheiden kann. Ich könnte doch ich selbst sein und nicht sein. Das kleine Mädchen in mir von damals ist stärker, trotzdem es jetzt etwas fühlt. Haha, ich führe Sie an der Nase herum, ich muß beinahe lachen.« Sich selbst zu spüren war für sie plötzlich nicht mehr zu ertragen. Danach aber fand sie die Kraft zu schreien. »Bedürfnisse zu haben heißt, leer zu sein! Lassen Sie mich alleine! Besser, krank zu sein – aber nicht zu krank, sonst verzweifelt die Kleine zu sehr.«

»Ich selbst zu sein bedeutet, bedürftig zu sein.« Bedürfnisse zu haben bedeutet, der Mutter ausgeliefert zu sein – einer Mutter, die an ihrer Tochter klammerte, die keine Distanz zu Eva ertragen konnte. Die Patientin entwickelte folglich das Gefühl: »Ich war ein Tier aus dem Sumpf, mit Zähnen, die an Mutter rissen und die stanken. Meine Mutter hatte recht, ich war schlecht.« Eva wünschte sich, tot zu sein, aber in diesem Todeswunsch steckte auch vitaler Trotz. »Dieses innere Absterben ist auch ein kleines Mädchen, das am Daumen nuckelt und grinsend sagt: ›Du kannst mich nicht berühren.‹ Oh, das ist ein schreckliches Gefühl, ich schäme mich.«

Als Eva klein war, ging sie einmal mit ihrem Vater in ein Museum, wo sie die Steinskulptur einer ägyptischen Prinzessin sah. Diese wurde zu ihrer geheimen Phantasie, zur Vision ihres Selbst. Sie fühlte sich insgeheim so schön und kalt wie diese Figur, allerdings in einem Mausoleum – herrisch, selbstbewundernd, stark, aber tot.

Ihr Vater war ein Frauenheld, ein Dandy, untreu und verachtend, unter dem ihre Mutter sehr litt. Doch ihr Leiden war von einer unbewußten Genugtuung begleitet: »Seht ihr, was für Tiere Männer sind!« Ihr Leiden gab ihr auch das Gefühl, besser zu sein »als die Frauen, die Männern nachlaufen, um sich durch deren Besitz stärker zu fühlen.« Für Eva war es schwer, das Leid der Mutter und auch noch ihr eigenes Leid zu erleben. Sie wollte nicht die Partei der Mutter gegen den Vater ergreifen.

Als Eva drei oder vier war, bekam sie von ihrem Vater eine Puppe geschenkt. Sie empfand das so, als hätte er ihr »ein Kind gegeben«. Für ihre Mutter war diese kindliche Phantasie eine echte Kränkung. In ihrer Infantilität war sie nicht fähig, die Träume eines kleinen Mädchens als solche zu erkennen. Eva hatte ihr einmal gesagt, daß nur der Vater im Haus leben dürfe, weil nur sein Name auf dem Türschild stehe. Die Mutter stritt sich deswegen den ganzen Tag mit Eva, anstatt diese Idee ihrer Tochter einfach nur belustigt zur Kenntnis zu nehmen. Als der Vater abends nach Hause kam, mußte er der Tochter erklären, daß auch die Mutter ein Bleiberecht im Haus habe.

Eva konnte den Schmerz, den sie erlebt hatte, weder als Kind noch zu diesem Zeitpunkt der Therapie zulassen. Als sie sich während der Behandlung dieser früheren Erlebnisse erinnerte, sagte sie, sie würde nie wieder zu weinen aufhören, wenn sie einmal anfinge. Der Schmerz war für sie ein bodenloser Abgrund. »Wenn ich es zulasse zu spüren, wie alleine ich bin, werde ich auseinanderfallen. Dieses Gefühl könnte ich nicht ertragen. Wenn jemand bei mir ist, für den ich nichts empfinde, dann fühle ich mich eins mit mir selbst. Wenn ich mich aber alleine fühle, dann fühle ich zuerst gar nichts, dann empfinde ich Angst, und dann habe ich das Gefühl, ich müßte explodieren, als müßten Schreie von innen herausdrängen. Wenn ich mir meiner Bedürfnisse bewußt werde, erwarte ich, daß Sie böse auf mich werden und mir sagen, die Sitzung sei beendet. Ich sehe dann meine Mutter, und sie schreit: ›Du denkst doch nicht, daß ich mich deinetwegen schlecht fühlen werde!‹ Ich fühle mich hilflos und voller Angst. Es kommt mir dann so vor, als sei ich ein Kind, das aus einem Alptraum aufwacht. Aber ich hatte nie Alpträume. Ich erinnere mich an keinen einzigen. Diese Angst fängt im Herzen an und steigt wie eine Spirale nach oben. Ich habe nicht genügend Worte, um das zu beschreiben. Als Kind fühlte ich mich ganz klein, so als bräuchte ich die Gegenwart eines anderen Menschen, um jemand zu sein, um zu fühlen, daß ich überhaupt sein kann. Ich fühle mich, als ob ich mich im Bett an Mutter festhalten müßte.«

Eva konnte jetzt den Terror des Nicht-Seins zulassen, den sie als Kind empfunden hatte, weil ihre Mutter sie nicht als eigenständige Person wahrnehmen konnte. Das Gefühl, nicht anerkannt zu werden war für sie gleichbedeutend mit dem Gefühl gewesen, sterben zu müssen. Sie hatte nur »überleben« können, indem sie den Schmerz und den Terror in sich einmauerte und verdrängte. Dieses Ringen ums Überleben war eine schreckliche Erfahrung. Einige Wochen, nachdem Eva diesen Schmerz das erste Mal zulassen konnte, sagte sie zu mir: »Ich habe ein großartiges Bild vom Alleinsein in mir, das aussieht wie diese leuchtende Frauenstatue. Gestern wollte das kleine Mädchen in mir nein zu Ihnen sagen, keine Nähe zu Ihnen zulassen und statt dessen zu der Statue. Das ist aber kein Leben, nur diese glänzende Pracht. Das kleine Mädchen kletterte also auf deren Schoß und wurde selbst zur Statue. Es fühlt sich zwar dann wie eine tote Pracht an, aber bevor man da ankommt, glaubt man fest, es werde ganz großartig sein.

Ich habe Jahre gebraucht, um zu erkennen, wieviel Angst ich vor Nähe hatte. Und dabei dachte ich immer, ich wollte nichts anderes als Nähe. Ich träumte einmal, daß ich mit zwei Männern in einem Auto fuhr. Einen von ihnen kannte ich, er war ein sehr warmherziger Mann. Der andere war ein Politiker, der für seine kalte und herablassende Art berüchtigt war. In meinem Traum entschloß ich mich, diesem zu folgen. Er faszinierte mich. Ich dachte, so ein Mann braucht nicht zu leiden, er ist nie nervös oder unsicher. Doch gleichzeitig fühlte ich mich wie eine Idiotin, weil ich mich für Leute interessierte, die sich nichts aus mir machten. Ich habe ein Loch in meinem Herzen, weil ich mich nach jemandem sehne, der nicht da ist, und dabei weiß ich genau, daß er nie dasein wird. Aber ich habe Angst, verletzt zu werden. Ich verstecke mich hinter meiner Statuenfassade und fühle mich dabei wie ein kaputter Roboter.«

Die Mutter gab Eva weder Liebe noch Anerkennung, und so wurde der charmante, dandyhafte Vater zur Quelle ihres Selbstwertes. Sie glaubte, daß sie ihm viel bedeutete, obwohl er sie oft enttäuschte und sich nie darum bemühte, sie wirklich zu verstehen. Aber durch die Vision vom liebenden Vater konnte sie ihre Hilflosigkeit und das Gefühl, unwichtig zu sein, erfolgreich verdrängen. Diese ödipale Situation verstärkte die Abspaltung von ihrem Leiden und ihrer Hilflosigkeit. Sie glaubte, über ihre Mutter zu triumphieren. So entwickelte Eva ein inneres Gefühl der Überlegenheit, eine lebenslange geheime Falschheit: »Ich habe eine ganz besondere Macht, meine Häßlichkeit besänftigt Mutter und behält mich zugleich nur meinem Vater vor.«

Da ihr Vater von der Gestapo verfolgt und verhaftet wurde, als sie sechs Jahre alt war, hatte sie nie die Möglichkeit, ihre ödipalen Verzerrungen zu korrigieren. Aber ihre Reaktion auf seine Verhaftung war absolute Kühle. Was sie erlebte, war ein Absterben, kein Terror. Sie lebte fortan ohne Gefühlsregungen, was ihrem Überleben damals förderlich war. Da ihre Familie politisch verfolgt wurde, mußten sie und ihre Mutter untertauchen und sich trennen. Eva wurde bei einer Bauernfamilie auf dem Land untergebracht. Sie lehnte jegliches Mitgefühl anderer ab. »Die halfen mir nicht, weil ich hungrig war, sondern weil sie sich gut fühlen konnten, wenn sie mir etwas gaben. Ich wurde ihr Ding. So gebrauchte ich ihr ›Mitleid‹, um zu überleben. Ich hatte keine Angst damals, einzig davor, daß ich gedemütigt würde. Wenn ich in Gefahr kam, fühlte ich mich nur hilflos. Das empfand ich als demütigend. Ich hasse Sie, weil Sie mich an die Angst erinnern. Ich spüre immer, daß ich was tun kann.« Auf diese Weise ersetzte sie ihre Angst – überhaupt ihre Gefühle – durch Aktivitäten. Ähnlich wie in ihrer Kindheit gebrauchte sie das Dominieren als Ersatz dafür, für einen anderen Menschen bedeutend zu sein. Ihre Stärke war die Angst, nicht stark zu sein, die sie in Aktivitäten hineintrieb.

In dieser Phase der Therapie, in der sie sich ihrer Angst immer mehr bewußt wurde, empfand sie mir gegenüber oft Wut. »Ich bin wütend auf Sie. Ich müßte Angst empfinden, aber ich fühle nur Trauer. Ich bin so verzweifelt, als ob ich sterben müßte.« So groß war also die Angst, der sie als Kind ausgesetzt war und die sie hatte abspalten müssen, um nicht auseinanderzufallen.

In dem Maße, in dem Eva ihrer Angst näherkam, wuchs auch ihre Wut auf die Männer. Sie erkannte nun die Verachtung, die ihr Vater ihrer Mutter und ihr gegenüber gefühlt hatte. Und sie wurde sich auch der generellen Verachtung der Männer gegenüber Frauen bewußter. Manchmal empfand sie auch Wut darüber, daß ihr Vater sie so plötzlich »im Stich gelassen« hatte. Darin erkannte sie auch die Ursache für ihr Zwangsvorstellung, in der sie zerstückelte Penisse sah. Und sie begann in dieser Entwicklungsphase auch, einen Zugang zu ihrem Gefühl der Hilflosigkeit als Frau in einer Männerwelt zu finden. Sie hatte bis zu diesem Zeitpunkt geglaubt, daß sie sich über Sex die Macht eines Mannes aneignen könne. Doch nun begann sie zu erkennen, daß sie durch ihre Rivalität mit Männern den Mythos der männlichen Überlegenheit verinnerlicht hatte und damit sich selbst als Frau verleugnete.

»Die Vorstellung, daß ein Mann mich vergewaltigen kann, macht das Frausein so erniedrigend.« Sie hatte sich bisher nie bewußt gemacht, daß ein Zusammenhang bestand zwischen diesem Minderwertigkeitsgefühl und der Tatsache, daß sie nur diejenigen Männer für »stark« hielt, die grausam, herablassend und misogyn waren. Und nun begann sie zu erkennen, daß diese Männer im Grunde genommen seelisch verarmt und verformt waren. Dieser Erkenntnis widersetzte sie sich zuerst mit allen Mitteln, bis sie entdeckte, daß ihre Erniedrigung bei Männern wie auch ihre Rivalität mit ihnen dazu dienten, keine echte Beziehung zu Männern zu entwickeln, die anders als ihr Vater waren. Ihre Aggressivität und ihr Leiden hatten dazu beigetragen, sie von erfüllenden Beziehungen fernzuhalten und ein idealisiertes Bild ihres Vaters zu bewahren.

Die inneren Veränderungen weckten in Eva aggressive Gefühle gegenüber mir als Therapeuten, und die Therapie wurde in dieser Phase sehr turbulent. Wenn Eva nun ihre ursprünglichen empathischen Wahrnehmungen wiedererlebte, rief das auch immer wieder die alten Verletzungen und den alten Terror hervor. Es schien ihr daher immer noch der attraktivere Weg, sich hinter der Maske der Gefühllosigkeit zu verstecken, nichts zu hoffen und folglich auch nicht enttäuscht zu werden. »Ich kann die Hilflosigkeit der anderen nicht ertragen, sie macht mich depressiv. Es ist so schrecklich, hilflos zu sein und mit einem gebrochenen Herzen zu leben. Ich will gar nicht wissen, wie schwer es ist, ohne Liebe und Wärme leben zu müssen. Die Vorstellung, jemandem, den ich gerne habe, nahe zu sein, macht mir angst – er würde wie Heroin für mich sein; ich könnte nicht mehr ohne ihn leben.« Eva verwechselte Nähe mit Abhängigkeit. Zum einen hatte sie Angst vor ihren eigenen Bedürfnissen, die so groß waren, daß sie glaubte, ihnen ausgeliefert zu sein, wenn sie sie zuließe. Zum anderen hatte »Nähe« als Kind für sie bedeutet, ihre eigenen Bedürfnisse zu verleugnen und sich völlig den Erwartungen eines anderen anzupassen. »Sich auf jemanden zu verlassen bedeutet, schwach zu sein. Man macht sich lächerlich. Ich würde lieber für immer leer bleiben, als das

Risiko einzugehen, nach einer Begegnung, auf die ich mich einlasse, wieder leer zu sein.«

Es war immer noch Evas vorrangiges Bedürfnis, den Schmerz zu vermeiden. »Mein Gesicht fühlt sich an, als wäre es aus Stein. Meine Mutter wird mich nicht gern haben, wenn ich gücklich bin. Glücklich war ich in ihren Augen immer nur dann, wenn ich mit Vater zusammen war. Jedenfalls hielt sie mir das vor. Sie sagte mir: ›Wenn du jemand anderen als mich liebst, wirst du eines Tages erleben, daß du bitter enttäuscht wirst. Dann wirst du zu mir zurückkehren.‹ Ich weiß nicht, ob ich mehr Angst vor einem zerbrochenen Herzen habe als vor einem vollen.« In dem Moment, als sie dies zugeben konnte, kehrte der Terror zurück. »Ich fühle mich so unwirklich, ich komme mir unreal vor. Das alles wird doch nur dazu führen, daß ich Sie hasse, weil ich Sie brauche und Angst habe, daß Sie mich verlassen könnten. Wenn ich als Kind wütend war, hat mich meine Mutter immer im Stich gelassen. Wochenlang hat sie dann nicht mehr mit mir gesprochen. Sie müssen mich ja hassen, denn ich bin so voll von Gift und Galle, Eiter, Erbrochenem. Ich habe das Gefühl, daß alles zu Schmerz wird, wenn ich mich öffne. Wie können Sie mir wichtig sein, ohne mich zu zerstören? Mein Selbst ist zerrissen, und da ist ein leerer Raum an den Grenzen meines Ichs. Ich versuche, diese Leere wieder zu füllen – diese Leere, die einmal von einem anderen Menschen ausgefüllt wurde.« In dieser erschreckenden Aussage liegt der Terror der Erfahrung einer sie verweigernden Mutter. Danach sagte sie: «Meine Haut ist voller Wunden, ich stürze durchs Weltall, da ist kein Boden, da sind keine Worte, um dies zu beschreiben. Ich kann nie alleine sein und dabei ein ganzer Mensch werden.«

Eva beschreibt hier das grundlegende Dilemma unserer menschlichen Existenz: Ohne eine echte Beziehung erlebt zu haben, können wie nie ein wahrer Mensch werden. »Ich bin zu Tode erschrocken. Ich werde versuchen, zu funktionieren, aber ich habe Angst davor, daß ich mich wieder so fühlen werde wie an dem Ort, an dem ich auf mein Rufen kein Echo hören konnte.« Damit meint sie den Zustand des Nicht-Seins, hervorgerufen durch die ablehnende Mutter. Der Grundsatz einer Entwicklung sollte eben der sein, daß die bemutternde Person das Sein des Kindes anerkennt.

Eva konnte jetzt die ungeheure innere Kraft erkennen, mit der sie sich gegen eine Identifikation mit dem Aggressor zur Wehr gesetzt hatte. Doch um sich den Bedürfnissen ihrer Mutter zu widersetzen, hatte sie die Welt der Gefühle verlassen müssen, mußte sie sich auf ein Nicht-in-der-Welt-der-Gefühle-Sein reduzieren. Um am Leben bleiben zu können, hatte sie sich aus dem Leben zurückgezogen. »Ein Teil von mir kämpfte gegen das Weinen, die Schwermut und die Trauer, weil ich mich nicht von denjenigen Menschen angezogen fühlen wollte, die ja im Grunde meine Feinde waren. Es war besser, wenn ich von ihnen nicht mehr berührt werden konnte. Es fällt mir schwer, das zuzugeben, aber ich glaubte damals, daß ich selbst für meine Einsamkeit und Gefühlskälte verantwortlich war. Das hieß für mich auch, daß diejenigen, die böse auf mich waren oder mich ablehnten, im Recht waren. Ich konnte die Anziehungskraft, die gerade diese Menschen auf mich ausübten, nicht ertragen. Lieber wollte ich gar nichts fühlen.

So wurde es mein Lebensinhalt, zu kämpfen und zu gewinnen. Die dahinter verborgene Panik fühle ich erst jetzt. Ich kann mich nicht mehr in die tote Marmorstatue verwandeln. Die Angst kommt in Wellen, ich zittere. Die Welt da draußen ist furchtbar. Ich möchte mich am liebsten in Ihnen verstecken. Oh, jetzt erkenne ich, daß ich damit versuche, wirklicher Nähe zu entkommen. Wenn ich mich von außen bedroht fühlte, konnte ich dagegen etwas tun und mich dadurch stark fühlen. Wenn ich mich aber zu einem anderen Menschen hingezogen fühle, dann ist die Gefahr in mir selbst, nämlich in meinen Bedürfnissen, die mich dem anderen ausliefern.« In der darauffolgenden Sitzung erzählte sie mir einen Tagtraum: »Meine Isolation und meine Marmorprinzessin trafen aufeinander. Ich sah mich plötzlich als eine Königin, deren Bein zerschmettert war. Wer braucht denn so was?«

Kurz danach sagte sie: »Das kleine Mädchen in mir ist rachsüchtig. Seine Klage lautet: ›Vater hat mich verlassen, und seitdem bin ich hilflos.‹ Wenn ich das zugebe, bedeutet das, daß ich meinen Vater verloren habe und daß meine Mutter gewonnen hat. Ich fühle mich im Moment wie ein Waisenkind, aber doch stärker, als ich es vorher war. Vielleicht ist es ja an der Zeit, meine Reinheit, meine moralische Überlegenheit aufzugeben.« Eva konnte es jetzt wagen, den Marmorsockel zu verlassen und ins Leben hineinzugehen. Ihre bisherige Weigerung, am Leben teilzunehmen, hatte nichts mit narzißtischer Selbstbefriedigung zu tun – obwohl es so aussieht, wenn wir nicht gleichzeitig die Gesamtsituation betrachten.

Werfen wir einen Blick darauf, dann merken wir, daß der Kampf dieser Patientin ein Kampf gegen die Bedrohung ihrer seelischen Existenz war. Indem sie sich nicht dem Willen ihrer Mutter unterwarf, nicht so tat, als sei falsche und ungenügende Liebe wahre Liebe, hielt sie an sich selbst fest. Natürlich war das nur eine Hoffnung, die in der Phantasie über die tote Prinzessin zum Ausdruck kommt. Das trieb sie in einen existentiellen Tod hinein. Aber das Vermeiden des Lebens, der Versuch, nicht im Leben zu sein, erhielt die Hoffnung auf ein wahres Leben aufrecht.

BARBARA

Anhand einer Sitzung mit einer anderen Patientin – Barbara – soll nochmals das Ringen um das Nicht-Sein illustriert werden, allerdings unter einem anderen Aspekt. Die Patientin war fünfundvierzig Jahre alt und bereits seit drei Jahren in Behandlung. Sie hatte die Therapie begonnen, weil sie sich bedrückt und armselig fühlte und voller Angst und Schuldgefühle war. Im zweiten Jahr der Therapie hatte sich immer deutlicher herauskristallisiert, daß sie von beiden Eltern sexuell mißbraucht worden war. Es war für sie jedoch unerträglich, mit dieser Erkenntnis zu leben. Wie in den folgenden Sitzungen deutlich wurde, ekelte sie sich vor sich selbst und konnte sich nicht aus der Opferrolle befreien. Die Sitzung, die ich hier beschreiben will, begann sie mit den Worten: »Ich fühle mich ein wenig besser. Aber ich komme mir so dumm und unfähig vor, wie der Esel vorm Berg. Alles, was ich sagen will, kommt mir so blöd vor – es ist wie früher in der Schule. Und dann schäme ich mich. Ich rede zu leise, ich verleugne mich. Eigentlich müßte ich jetzt wütend sein, aber je mehr ich mir sage, daß ich wütend sein sollte, desto mehr verschwinde ich.«

Diese Patientin verhielt sich so, als hätte ich von ihr verlangt, wütend zu sein, als wäre sie ein Roboter, der all meinen (vermeintlichen) Erwartungen entsprechen müßte. Um diesem Erwartungsdruck zu entgehen, hielt sie alle Gefühle zurück und verbarg sie unter dem Deckmantel der Hilflosigkeit.

Ich sagte zu ihr: »Sie tun so, als ob Sie nur mein Roboter sein können, aber wer sind Sie wirklich?«

Ihre Antwort: »Es kommt mir so vor, als ob wir böse aufeinander wären. Wie kann ich es Ihnen recht machen? Ich komme von diesem Gedanken nicht los.«

Ich: »Sie werden alles dafür tun, daß niemand an Sie herankommen kann. Aber in der letzten Sitzung haben Sie mir von der Metamorphose der Raupe zum Schmetterling erzählt, also von der Entwicklung, die Sie für sich erhoffen.«

Barbara: »Ich komme mir unwirklich, schlecht und dumm vor. Sie bestätigen mir doch, daß ich dämlich bin. Ich stinke, ich bin doof, doof, doof. Ich tue alles, um Sie hinters Licht zu führen. Das mache ich absichtlich, denn ich bin nicht wütend, obwohl ich es sein müßte.«

Ich: »Ach, Sie können es wirklich niemandem recht machen. Es ist wahr, geboren zu werden ist schwer und macht angst.«

Barbara: »Ich tue nichts anderes, als zu versuchen, es allen recht zu machen. Wie kann ich damit nur aufhören? Ich tue das ja nicht aus Boshaftigkeit.« Es folgt eine lange Pause. »Ich denke, es muß doch einfach vorwärtsgehen. Dieses Verschlossensein (...), ich weiß nicht, wie lange ich das noch aushalten kann. Ich kann nicht beschreiben, wie es sich anfühlt. Ich erwache, stehe auf und arbeite bis zum Abend – und alles nur aus Pflichtgefühl, nicht, weil ich es will. Den ganzen Tag lang mache ich es allen recht, damit niemand merkt, wer ich wirklich bin. Das ist mir noch nie so klargeworden wie eben jetzt. Dann gibt es auch Tage, ganz selten, da fühle ich mich so lebendig wie nie zuvor. Dann bricht wieder alles in mir zusammen, und ich bin wieder ganz verschlossen. Seit drei Jahren versuche ich, es Ihnen recht zu machen.«

Ich: »Barbara, nichts ist so schwer, wie neu geboren zu werden, aber diesmal werden Sie es schaffen.« Die Patientin fängt leise an zu weinen. Ich: »Es geht um das Loslassen, nicht wahr? Sie wissen nicht, ob Sie es wagen dürfen. Sie haben ja recht, in Ihrer Kindheit konnten Sie niemandem trauen. So hatten Sie sich gerettet.« Die Patientin, die auf der Couch liegt, dreht sich zur Seite. Nach einigen Minuten sagt sie mit einer weichen Stimme, mit der ich sie noch nie habe sprechen hören: »Dieses Zusein – so waren meine ersten Lebenstage, genauso fühlte es sich an. Ich wollte nicht mehr atmen. Nach meinen ersten Lebensstunden hätte ich mich mit einem Messer umbringen können.« Dies ist ihr existentielles Statement, erschreckend und zugleich eine so traurige Erkenntnis der Situation der Familie, in die sie hineingeboren wurde. Ich sagte: »Sie waren unerwünscht, nicht Sie selbst, sondern das Leben. Ihre Eltern liebten das Leben nicht, sie haßten sich und das Leben. Ihr Vater war ein Nazi (er war es in der Tat), Ihre Mutter hat Sie nie beschützt, hat Sie schon als kleines Mädchen Männern zugeschoben und hat sich oft gewünscht, Sie wären tot.« Barbara entgegnete: »Aber ich liebe das Leben.«

Wir können verstehen, wie dieses Verschlossensein, dieses Abgewandtsein von Leben und der Versuch, es allen recht zu machen, für diese Patientin der einzige Weg war, um zu überleben. Die Mauern, die ein Kind um sich errichtet, um den eigenen Kern vor Berührung zu schützen, können in der Therapie durchbrochen werden. Aber das zu wagen bedeutet für Patient und Therapeut, die Hilflosigkeit und den früh verdrängten Terror wiederzuerleben. Nur so kann man erkennen, worin der Terror bestand, den man als Kind nicht verarbeiten konnte, der aber im nachhinein im Erwachsensein neu integriert werden kann.

Der magische Besitz des Kranken

Das bezeichnende *Aber* in der Existenz jener Menschen, die uns als seelisch krank vorgeführt werden – und sie sind es ja auch, weil sie sich selbst zerstören –, ist die *uns* verschleierte Tatsache, daß sie sich gegen die in unserer Zivilisation vorherrschende Bewußtseinsspaltung wehren. Sie tun dies voller Verzweiflung und ohne dabei auch nur den geringsten Eindruck auf unsere Gesellschaft zu machen – wenn sie überhaupt wahrgenommen werden, dann als abstoßend und als Kläger. Wir verneinen, daß sie uns einen Weg weisen könnten aus den Verstrickungen der Gespaltenheit, die uns immer mehr in das Verderben treibt. Wir können ihre verschlüsselten Botschaften nicht wahrnehmen, weil uns die Ursache unseres Unbehagens nicht bewußt ist, die in der Identifikation mit unseren Unterdrückern liegt. Statt dessen kämpfen wir gegen jene politischen und gesellschaftlichen Kräfte, die wir für unser Unbehagen verantwortlich machen – und die es zum Teil auch sind –, und fühlen uns wie Helden in einem immer verheerenderen Kampf gegen Phantome, die wir selbst heraufbeschworen haben.

Wir sehen im Kranken all das, was wir in uns selbst fürchten, um es so nicht in uns selbst erkennen zu müssen. Aber sein Leid ist unser Leid, sein Schmerz unser Schmerz. Allerdings dürfen wir dies nicht erkennen, denn sonst würde uns die Wahrheit über unsere ursprüngliche Unterdrückung und die Idealisierung, mit der wir die von ihr produzierte Angst bewältigen, bloßgestellt. So projizieren wir diese Angst in unsere Kranken hinein und wandeln sie mit Hilfe unserer wissenschaftlichen Vorgehensweise in hochdifferenzierte Krankheitsbilder um. Damit schaffen wir eine wissenschaftlich untermauerte »Wirklichkeit«, die uns den Zugang zu unserem Tun weiter verbarrikadiert.

Ein Mensch ist in unseren Augen »normal«, wenn er frei von Schmerz und Leiden ist. Indem wir den Schmerz des Kranken losgelöst von der uns umgebenden gesellschaftlichen Pathologie betrachten, können wir sein Leiden als narzißtische Nabelschau abtun und uns zugleich als gesund einstufen. Soweit die Psychiatrie diese Betrachtungsweise unterstützt, macht sie sich zum Handlanger des

Unmenschlichen in unserer Zivilisation und bestraft diejenigen, die ihren Schmerz nicht verdrängen.

In anderen Kulturen hingegen begegnet man diesen Kranken mit Respekt. Man sieht sie als Götter oder Orakel, weil sie mit ihrem Leid etwas ausdrücken, das etwas über alle Menschen aussagt und dadurch zur Besinnung zwingt (Diamond 1976). Deveraux (1939) spricht – ebenso wie andere Anthropologen – davon, daß die Schizophrenie bei primitiven Völkern vorkommt, aber nicht wie bei uns in ihrem »klinischen« Bild gesehen wird, sondern in ihrem Prozeß. Das heißt, daß sie als diagnostische Kategorie irrelevant ist, aber von ihrem Wesen her erkannt wird. Sie hat die Funktion eines Wegweisers – heraus aus unseren Entstellungen. Die Kranken werden nicht zu Opfern gemacht – bei uns hingegen haben sie die Funktion, den Ursprung unseres eigenen Opferseins weiter zu verdecken.

Sehen wir aber diese anderen, zum Beispiel die Schizophrenen, wie uns selbst als Menschen, dann hält das Diagnostizieren nicht stand. Etwas anderes stellt sich ein. Der amerikanische Literat Edmund Wilson (1965) hat dies anhand von Sophokles' »Philoktet« herausgearbeitet. Wilson stellte sich die Frage, wie man einem seelisch Kranken helfen könne. Und er kam zu dem Schluß, daß man den anderen als Menschen betrachten müsse, nicht als Ungeheuer oder als einen magischen Besitz, mit dem man seinen Selbstwert stärkt. Das aber tun Psychiater und Psychologen, wenn sie ihr eigenes Leid nicht wahrnehmen können, es jedoch im Kranken als etwas Fremdes und etwas Nachteiliges wiederfinden. Sie müssen es im Kranken finden, um sich selbst als besser und als überlegen zu bestätigen. Man muß den anderen als den Geringeren einstufen können, um dem eigenen Schmerz auszuweichen. Auf diese Weise wird das, was uns alle verbindet, nämlich unser gemeinsames Leid, ignoriert. Deshalb kann auch ein wahres Verständnis für unsere gemeinsame Lage als Menschen nicht erreicht werden.

Sophokles' Philoktet ist ein abstoßender Invalide, der den gesellschaftlichen Alltag mit seinen Flüchen und Schreien durcheinanderbringt und der sich weigert, mit und für die Menschen zu arbeiten, die ihn aus der Gemeinschaft verbannt haben und ihn auf einer Insel gefangen halten. Von den Griechen um Hilfe im Kampf gegen Troja gebeten, weigert er sich, denen zu helfen, die ihn zur Einsamkeit verurteilt haben. Odysseus beauftragt daraufhin ausgerechnet den ehrlichen und mitfühlenden Neoptolemos, Philoktet seinen Bogen – eine

Wunderwaffe, die einst Herakles gehörte – zu entwenden, damit die Griechen sich dieser Waffe bedienen können. Dem widerstrebt es aber, einen Kranken zu täuschen und zu berauben, weil er treuherzig, arglos und menschlich ist. Er behandelt Philoktet nicht als einen abstoßenden Krüppel, sondern als einen Menschen, dessen Leid sein Mitgefühl erweckt hat und dessen Mut und Würde er bewundert. Indem er sich zu dem gemeinsam Menschlichen mit dem Kranken bekennt, riskiert Neoptolemos, auch zu einem Ausgestoßenen zu werden, der Gesellschaft fremd zu werden. Dadurch aber wird Philoktet geheilt.

Wenn ich generell von Psychologen und Psychiatern spreche, die mit seelischer Krankheit in einer Weise umgehen, daß es der Aufrechterhaltung des Mythos' einer vermeintlich menschlichen Zivilisation dient, dann sind damit nicht alle gemeint. Foucault (1973), Szasz (1961), M. Siirala (1979) und Ingleby (1970) sind einige von denen, die mit ihren eigenen Augen sehen. Gaetano Benedetti (1978) hat noch dazu auf das Schöpferische im Schizophrenen hingewiesen und dieses miterlebt. Er meint, daß der Therapeut, um heilen zu können, es wagen müsse, in die Welt des Patienten einzusteigen. Nur so könne er dessen Wahrheit erleben und unsere eigene erweitern.

Wenn wir uns auf die Welt des Kranken einlassen, steigen allmählich ein anderes Bewußtsein und eine andere mögliche Art des Diagnostizierens auf, eine, die auf dem Verständnis dessen gründet, worauf der Prozeß der Entwicklung zum Menschen in dieser Zivilisation beruht: dem Verständnis, daß ein Mensch in seiner Entwicklung zum Menschen für seine Menschlichkeit kämpfen muß. Wenn wir dies als Grundsatz akzeptieren können, dann folgt daraus, daß sich die Entwicklung in unserer Zivilisation in zwei entgegengesetzte Richtungen aufspaltet. Die eine führt zu einer Entwicklung, in der alle Lebenserfahrungen integriert werden können, weil die Hilflosigkeit des Kindes nicht zu einem zerstörenden Erlebnis wurde. Die andere bewirkt eine Entwicklung, die darin mündet, daß diese Hilflosigkeit des Kindes zu einem Terror und dieser zum Grunderlebnis seines Überlebens wird. Hierbei kommt ganz früh eine seelische Spaltung zustande – vielleicht schon in den ersten Tagen, Wochen und Monaten im Leben eines Säuglings. Um aber mit diesem erlebten Terror weiterexistieren zu können, muß dieser aus dem Bewußtsein ausgeschaltet werden. Hier setzt der Vorgang ein, durch den die Identifizierung mit denen, die dem Kind das Weiterleben ermöglichen, eintritt.

Die Welt, die einen verletzte und die den Terror zuließ, wird zu einer Welt, deren Sichtweise das Kind als seine eigene übernimmt. Nur wenn die Hilflosigkeit nicht zu einem terrorisierenden Erlebnis führt, kann ein Kind lernen, seinen eigenen Wahrnehmungen zu trauen, auf diese zu bauen, und so eine Identität entwickeln, die seinen Anlagen entspricht. Verläuft die Entwicklung aber nicht in dieser Weise, dann verläuft der Prozeß der Identitätsbildung immer entlang der Vorgabe derer, die den Terror verursachten. Diese Art von Identität verewigt das, was sie formte, indem sie den erlebten Terror verneint, ihn aber dadurch weitergibt, daß das Opfer andere Opfer suchen muß, um mit dem Verneinten zurechtzukommen. Dabei werden Hindernisse auf dem Weg zur Erweiterung des eigenen Horizonts eingebaut, da das Sein auf der Identifizierung mit der Macht gründet (Gruen 1993b).

Silverberg (1947) beschreibt diesen Mechanismus der Identifizierung mit dem Aggressor als eine bereits in frühester Kindheit auftretende Reaktion auf äußerste Hilflosigkeit. Was hier zu passieren scheint, ist eine Verneinung der Differenzierung, der Trennung vom bemutternden Objekt, weil das in diesem Entwicklungsstadium zu bedrohlich wäre. Diese Trennung darf nicht, kann nicht wahrgenommen werden, sonst wäre das Überleben gefährdet. Damit dies ermöglicht wird, so Silverberg, bedarf es eines Manövers vergleichbar mit einer Halluzination, einer Phantasie oder einem Traum. Es besteht darin, daß die Wirklichkeit zwischen sich selbst und dem anderen verdreht wird. Es ist, als ob das frühkindliche Ich doch einmal etwas Besseres erlebt hat und nun versucht, diesen Zustand zurückzuholen (Silverberg 1952), indem es eine phantasierte Homöostasis aufrechterhält, um sein Weiterleben zu ermöglichen. Der Plötzliche Kindstod (Gruen 1993a) sowie der Autismus (Victor 1983) sind Beispiele dafür, daß manche diesen Weg nicht gehen.

Aber für die anderen - und das können nicht wenige sein, denn immer wieder erlangt die Suche nach äußeren Feinden in der Geschichte unserer Zivilisation die Oberhand – fängt ein Leben an, das auf einer Lüge basiert und gerade deswegen als Wirklichkeit angesehen wird. Es ist ein Leben, das die Ursprünge der eigenen Malaise, der eigenen Unzulänglichkeit, der eigenen Wertlosigkeit nicht berühren und deswegen die Wahrheit über die Gesellschaft nicht erkennen darf. Denn dies würde ja den alten Terror und das Gefühl der Hilflosigkeit wieder wachrufen, das zu ertragen man nicht die Stärke hat. Und so leben Menschen mit einem ihnen innewohnenden Unvermögen, ihre eigene Wahrheit zu erkennen, und mit der Bereitschaft, all das und all jene anzugreifen, die die Identifizierung mit der Macht aufzeigen und in Frage stellen. Aber diese Identifizierung führt zur Errichtung der »einzigen Wirklichkeit«, und sie muß deshalb »einzig« sein, um die Identifizierung mit der Macht zu verhüllen. Und einmal auf diesem Weg, verlieren wir den Zugang zum eigenen Mitgefühl und leben losgelöst von den eigentlichen Wurzeln unseres Seins. Unsere Erlebnisse verkümmern dann zu diskontinuierlichen Erfahrungen, welche, auf das Gesellschaftssystem rückwirkend, zum Selbstzweck werden. Diese Drosselung des Eigenen führt zu einer nihilistischen Wut, die, abgeschnitten von ihrem ursächlichen Zustandekommen, immer wieder zu explodieren sucht.

Diese Aggression und die daraus resultierende Gewalttätigkeit sind es, die sich auf andere Opfer richten, um dem Opfer in sich selbst zu entkommen. Dadurch wird aber dieser ganze Prozeß noch mehr verschleiert. Indem wir andere zu Opfern machen, uns Feinde schaffen, um aufrecht gehen zu können, ebnen wir den Weg zu einem Heldentum. Beschreiten wir ihn erst einmal, wird jegliche kritische Ermahnung als Verrat und als tiefste Beleidigung empfunden. Denn ein Held zu sein hält den vergrabenen Terror in Schach. Das Paradoxe an diesem Heldentum ist, daß der Held, eigentlich dem Tode ergeben, sich dem Leben verschrieben glaubt.

Der Schizophrene sieht für uns verrückt aus, weil seine Wesensart unseren uneingestandenen Ängsten entspricht. Indem er sich so gibt, das heißt so verrückt aussieht, wie wir es erwarten, läßt er sich zum Opfer abstempeln, wodurch von seinem Widerstand abgelenkt wird. Indem dieser Kern unerkannt bleibt, ist er davor sicher, von falscher Liebe überrumpelt zu werden. Er kann dann nicht zerstört werden.

Laing (1987) gibt wieder, was ihm ein Schizophrener einmal erklärte: »Während des ersten Interviews mit einem Psychiater wurde ihm (dem Schizophrenen) seine intensive Verachtung für diesen bewußt. Er hatte Angst, diese Verachtung zu zeigen, da er fürchtete, man könne ihm dann eine Leukotomie anordnen, und doch wünschte er verzweifelt, sie ausdrücken zu können. Im Verlauf des Interviews empfand er sich immer mehr als eine Täuschung und leer, da er bloß eine falsche Fassade vortäuschte, und der Psychiater schien diese falsche Darbietung vollkommen ernst zu nehmen. Er dachte, daß der Psychiater mehr und mehr zum Dummkopf werde. Der Psychiater fragte ihn, ob er eine Stimme höre. Der Patient dachte, was für eine dumme Frage das sei, da er doch die Stimme des Psychiaters hörte. Er antwortete darum ja, und auf weiteres Nachfragen, daß die Stimme männlich sei. Die nächste Frage war: ›Was sagt die Stimme zu Ihnen?‹ Worauf er antwortete: ›Du bist ein Dummkopf.‹ Indem er ›verrückt sein‹ spielte, machte er es so möglich, ungestraft das zu sagen, was er von dem Psychiater hielt.«

Das wirklich Verrückte an einer Welt, in der die Menschen die Wahrheit leugnen und sich in Heldentum und Gewalt zu bestätigen suchen, um ihren Ängsten zu entkommen, ist, daß all das als normal gilt. Diese Krankheit als solche zu erkennen würde bedeuten, die Zivilisation als krank zu beurteilen. Das können wir noch nicht. Und so machen wir den Schizophrenen zum »offziellen« Kranken, um durch seine Inbesitznahme – denn er kollaboriert ja mit uns – uns selbst in Besitz nehmen zu können, wenn auch nur auf Armeslänge Abstand, damit wir seinem Leid nicht zu nahe kommen. Dieser Besitz ist allerdings ein rein magischer, denn der Schizophrene läßt sich nicht berühren, und nur wir sind es, die ihn auf halluzinatorische Weise glauben im Griff zu haben.

Die »Wirklichkeit«: Der Tod eines Menschen
Ein Fallbeispiel

Nachfolgend möchte ich die Fallgeschichte einer Patientin aus einer ganz »normalen«, angesehenen Familie erzählen. Die fünfzigjährige Patientin kam in die Therapie, um sich von ihren Schuldgefühlen zu befreien. Sie wirkte vital und ausgesprochen durchsetzungsfähig. Im zweiten Jahr ihrer Therapie starb ihr Vater, und sie sprach über seinen Tod: »Es war eine Qual für ihn und für uns, weil er nicht mit sich selbst zu Rande kommen konnte. Hier war ein Mensch, der sein Leben lang so überzeugend von Religion geredet hatte, von allen als Grundmauer seines Dorfes angesehen wurde. Und ausgerechnet er hatte am Ende so eine Angst vor der Hölle. Es macht mich fertig, das jetzt gesehen und erlebt zu haben. Es ging ja für ihn nur darum, das Gesicht nicht zu verlieren.

Zwei Tage vor seinem Tod, als er so schrecklich mit sich rang, schrie er : ›Hölle (...), halte mich‹, und meine Mutter und meine Schwester sagten darauf: ›Er will in die Höhe.‹ Der Arzt, ein junger, sehr mitfühlender Mann, war zufällig da und sagte: ›Höhe? Nein, er sagte etwas von Hölle.‹ Dann fragte er meinen Vater: ›Haben Sie Angst vor der Hölle?‹ Und er antwortete, offensichtlich befreit, weil ihn jemand verstand: ›Ja, ja.‹ Danach war er beruhigt. Er tat mir so leid, weil er solche Angst vor der Hölle hatte. Offensichtlich hatte er doch kein religiöses Fundament, obschon ihn alle als religiösen Mann sahen, auch ich. Aber heute, Tage danach, sprechen meine Mutter und meine Schwester immer noch davon, daß er nach der ›Höhe‹ fragte.«

Dieses Fallbeispiel führt deutlich vor Augen, daß Menschen, die sich mit dem Aggressor identifizieren, alles nur durch dessen Augen sehen können. Der Vater meiner Patientin war ein Tyrann, der seine Familie unterdrückte. Doch niemand kämpfte gegen ihn, und so konnten seine Frau und seine eine Tochter weder mit eigenen Augen sehen noch mit eigenen Ohren hören. Wenn solche Menschen als »normal« bezeichnet werden, nur weil sie sich ihr Leben lang anpassen, dann macht das aus unserer Diagnostik ein Verfahren, das in die Irre führt.

Ein literarischer Fall

Wie würde ein ähnliches Erlebnis aus der Sicht eines Schizophrenen aussehen? Die Verzweiflung des Nicht-Seins, die sich einstellt, weil der Schmerz nicht verdrängt wurde, macht die Identifikation mit dem Aggressor unmöglich. Nachfolgend möchte ich einen literarischen »Fall« aus Erich Maria Remarques Roman »Der schwarze Obelisk« (1957) schildern. Mit seiner einfühlsamen Beschreibung einer schizophrenen jungen Frau zeigt Remarque, daß er genau versteht, was diese Krankheit bedeutet: den verweifelten Versuch, sich dem Zerstörerischen in unserer Zivilisation, ihrer gedankenlosen, blendenden Oberflächlichkeit zu widersetzen. Wir sehen auch, daß uns große Künstler mit ihren Werken helfen können, die Verschleierungen und Unwahrheiten in unserer Gesellschaft zu durchbrechen. Remarque schrieb die Geschichte einer Schizophrenen und des Verrats, den ihre Mutter und ihr Psychiater an ihr verübten, Jahre vor dem Erscheinen von Laings wegweisendem Buch »Das geteilte Selbst«.

Die Protagonistin des Romans heißt Isabella. Sie lebt nach dem Ersten Weltkrieg in einer Irrenanstalt. Durch Isabella macht Ludwig Bodmer, ein ehemaliger Frontsoldat, eine grundlegende Wandlung durch. Er überwindet den brutalen Zynismus der Nachkriegszeit, der ihn geformt hat, und es gelingt ihm, das Leben unmittelbar zu erspüren. Am Ende ist ihm durch Isabellas Leiden bewußt geworden, daß er lebt, »um zu leben«. Durch die Schilderung von Isabellas Krankheit und von Ludwigs Entwicklung können wir uns in die Welt und das Selbstbild der Schizophrenen einfühlen. Isabella spricht direkt über ihre Wahrnehmungen: »Ich? Ich bin doch gar nicht da. Was machen Spiegel, wenn sie alleine sind? Sie spiegeln das, was da ist. Und wenn nichts da ist? (...) Wo ist es (mein Selbst)? Sag mir, wo es ist! Ist überall von mir ein Stück zurückgeblieben? In all den Spiegeln, die ich gesehen habe? Ich habe viele gesehen, unzählige! Bin ich überall darin verstreut? Hat jeder etwas von mir genommen? Einen dünnen Abdruck, eine dünne Scheibe von mir? Bin ich vom Spiegel zerschnitten worden wie ein Stück Holz von Hobeln? Was ist denn noch von mir da? (...) Wenn es (das Selbst) überall begraben liegt in tausend und tausend Spiegeln? Wie kann man es zurückholen? (...) Es ist verloren! Es ist abgehobelt wie eine Statue, die kein Gesicht mehr hat. Wo ist mein Gesicht? Wo ist mein erstes Gesicht? Das vor allen Spiegeln? Das, bevor sie begannen, mich zu stehlen?«

Das ist das entsetzliche existentielle Statement einer Frau, deren Selbst zu stehlen man versucht hat, noch bevor es entstehen konnte: »Wo ist mein erstes Gesicht? Das vor allen Spiegeln?« Diese Spiegel sind die Augen der Mutter, die sie in ihrer Einzigartigkeit hätten widerspiegeln sollen. Statt dessen versucht man, sie zum Werkzeug eines anderen Willens zu machen. Isabella rettet sich davor, indem sie sich ins Nicht-Sein, ins Leer-Sein flüchtet. Dadurch gelingt es ihr, die Wahrheit weiter durch ihre eigenen Augen zu sehen. Sie läßt sich nicht korrumpieren, leistet Widerstand und zeigt »störrischen« Eigensinn:

»Sie schüttelt den Kopf und zeigt auf die Kapelle. ›Die dort! Und sie haben ihn darin gefangen‹, flüstert sie. ›Er kann nicht heraus. Er möchte es. Aber sie haben ihn ans Kreuz genagelt (...) Er möchte hinaus, aber sie (die Priester) halten ihn gefangen. Er blutet und blutet und will vom Kreuz herunter. Sie aber lassen ihn nicht. Sie halten ihn fest in ihren Gefängnissen (...) und geben ihm Weihrauch und Gebete und lassen ihn nicht hinaus (...) Er ist sehr, sehr reich. Sie aber wollen sein Vermögen behalten. Wenn er herauskäme, würde er es zurückbekommen, und dann wären sie alle plötzlich arm. Es ist wie mit jemand, den man hier oben (in der Irrenanstalt) einsperrt; andere verwalten dann sein Vermögen und tun damit, was sie wollen, und leben wie reiche Leute. So, wie bei mir.‹« Sie meint damit ihr inneres Vermögen – nicht Geld, sondern ihr Selbst, ihre Lebendigkeit, die ihr die anderen nehmen, um sich dann selbst lebendiger fühlen zu können. »Man muß sich verstellen, sonst schlagen sie einen ans Kreuz. Aber sie sind dumm. Man kann sie täuschen.«

Remarque erkannte, wie die Psychiatrie sich durch den magischen Besitz des Patienten dessen Lebendigkeit aneignet, und er erkannte ebenfalls, daß sich der Schizophrene vom Leben fernhält, um nicht zum Besitz der anderen zu werden. Dieser Vorgang ermöglicht Überleben um den Preis des Außerhalb-des-Lebens-Stehens. Wenn wir uns diesen Prozeß bewußt machen, erkennen wir auch, inwieweit wir an ihm teilhaben und inwieweit wir uns vielleicht unbewußt selbst zu Opfern machen. Dieses Opfersein ist die Grundlage unserer Beziehungen in einer Zivilisation, in der man sich nur durch Besitzen und Beherrschen scheinbar aufrechthalten kann.

Opfersein als Sinn des Lebens und als Basis unserer Gewalttätigkeit

Opfersein: Fallbeispiele

BELLA

Die Patientin Bella berichtete: »Franz und ich treffen zufällig seinen Sohn und dessen neue Freundin im Park. Sie unterhalten sich und tun so, als ob ich gar nicht da wäre. Niemand stellt mich der Freundin vor. Es ist verletzend. Der Sohn kennt mich doch. Ich koche innerlich!« Ich: »Es ist verletzend, aber warum konnten sie nicht sagen: ›Hier bin ich!‹ Damit hätten Sie doch die Opferrolle abgelegt. Es ist verletzend, aber warum mitspielen?« Die Patientin war seit drei Jahren in Behandlung, so daß ich sie schon mit sich selbst konfrontieren konnte. »Sie haben eigentlich recht«, antwortete sie, »und das ärgert mich. Ich bin jetzt in meinem Trotz. Da ist eine kriechende Kälte um mich, jeder sagt mir, wie ich sein sollte. Bei Franz' Mutter muß ich die fröhliche Freundin spielen, und hier bei Ihnen soll ich mich anschauen können und auch darüber lachen. Leckt mich alle am Arsch!« Ich: »Sie haben früh gelernt, Opfer zu sein. Das war leider für Sie der einzige Weg, um etwas Greifbares über sich selbst fühlen zu können. Aber müssen Sie das jetzt auch noch?« Bella: »Ich weiß, ich muß aufhören, Opfer zu sein, aber dann sterbe ich.« Ich: »Das stimmte mal.« Bella: »Ich erinnere mich, wie das als Kind war. Ich war Dreck, und man sagte mir: ›Bleib im Dreck.‹ Ich hätte mich in Luft auflösen sollen.« Ich: »So war es damals leider, das schreckliche Opfersein gab Ihnen Substanz. Es geht nicht darum, das zu verwerfen, sondern zu verstehen, wie es Ihnen unter den Umständen half zu überleben.« Bella: »Das zu verstehen?« Ich: »Ja, und zu sehen, wie Sie jetzt Ihr eigenes Leben selbst erweitern können.« – »Ich möchte«, sagte sie daraufhin, »mit Ihnen streiten, mit allen.«

Sie war offen aggressiv, und das war ein Neubeginn, denn bisher hatte sie sich immer allen gegenüber dankbar zeigen müssen. Ihr Klagen und ihr Opfersein hatten verhindert, daß sie in andere Menschen Gefühle investierte. Sie gestattete es sich nie, mitfühlend zu sein, und war statt dessen allem und jedem gegenüber kritisch. Deswegen konnte sie nie etwas von Menschen annehmen, die auf sie zugingen. Als Opfer »schuldete« sie niemandem Verbindlichkeit.

Wenn Kinder zu Opfern gemacht werden, werden sie die Haltung des Opferseins beibehalten und dauernd wiederholen, um sich am Leben fühlen zu können. Bella mußte sich ihrer Mutter gegenüber als Opfer verhalten, eine andere Verbindung zu ihr gab es nicht. Ein solches Verhalten wird als Masochismus eingestuft, ohne daß der darin verborgene Überlebensmechanismus honoriert wird. Es ist klar, daß das Selbst unter diesen Bedingungen zur Zielscheibe der eigenen Aggressionen werden mußte. Aber Bella einfach als Masochistin einzustufen würde bedeuten, ihren Lebenswillen zu ignorieren, und würde es zudem schwierig machen, die wahren Täter zu erkennen, mit denen sie auf diese Weise kämpfte.

AXEL

Ein Therapeut kam zu mir in die Supervision, weil einer seiner Patienten – Axel – sich von ihm mißachtet und abgelehnt fühlte. Er klagte und schrie in den Sitzungen und war verzeifelt. Ich fragte mich, weshalb er sich verzweifelt fühlte, da der Therapeut ihm doch offenbar mit Verständnis und Wärme entgegenkam. Anscheinend brachte Axel es fertig, daß sein Therapeut sich schuldig fühlte. Damit brachte er den Therapieprozeß zum Stillstand. Was war passiert?

Wenn wir die Klagen des Patienten nur als Widerstand gegen die Therapie sehen, können wir seine Verzweiflung nicht verstehen. Sein Widerstand galt vielmehr einem Terror, den der Patient noch nicht erkannt hatte, sein Therapeut allerdings auch nicht. So machte der Patient sich und den Therapeuten zum Opfer. Dadurch brachte er die Ursituation, in der er sich als Opfer erlebt hatte, in die Therapie hinein. Es galt, diese wahrzunehmen und zu analysieren. Mit seiner Klage, er werde vom Therapeuten abgelehnt, wiederholte er implizit einen an die Adresse seiner ihn erdrückenden Mutter gerichteten, allerdings nie ausgesprochenen Vorwurf. »Sieh, was du mir antust« war das, was Axel seinem Therapeuten indirekt mitteilte, ohne es aber tatsächlich auszusprechen, denn seiner Mutter hätte er das auch nicht sagen können, ohne daß er von ihr zurückgewiesen worden wäre.

So klagte er in der Sitzung wie als Kind und machte sich zu einem

Opfer, das sich selbst und anderen zuwider war. Er hatte sich nach Nähe zu seiner Mutter gesehnt, aber die Nähe, die er erhalten hatte, war gefährlich, denn die Mutter drückte ihn an sich und ließ ihm keine Möglichkeit, sich frei zu entwickeln und zu bewegen. Die Wärme und das Sich-Einfühlen des Therapeuten gaben dem Patienten wirkliche Nähe. Aber jede Form von Nähe wird von einem Menschen, der die umklammernde »Liebe« einer Mutter erlebt hat, als gefährlich empfunden. Er kann noch nicht differenzieren zwischen Nähe, die ihn respektiert, und Nähe, die ihn verschlingt. So kamen die Angst und die Verzweiflung aus der Kindheit wieder in ihm hoch. Axel konnte sich nur auf die Art wehren, die er auch schon seiner Mutter gegenüber angewandt hatte: indem er unentwegt klagte, daß der Therapeut ihn nicht richtig behandle, und indem er gleichzeitig nicht von ihm loslassen konnte.

Daß er noch nicht zwischen verschiedenen Formen von Nähe unterscheiden konnte, liegt in der Natur der Verzweiflung begründet, die er als Kind und auch als Erwachsener empfand, einer Verzweiflung, die er nicht verstehen konnte, weil der Schmerz, der sie verursacht hatte, solch ein Abgrund war, daß er ihn nicht wieder erleben konnte.

Indem der Patient sein Opfersein wiederholte, verteidigte er seine Mutter. Er zeigte dem Therapeuten, daß niemand ihren Platz einnehmen könnte. Könnte er Nähe zum Therapeuten zulassen, würde der Schmerz über die ungenügende und ihn terrorisierende mütterliche »Liebe« zurückkehren. Dies würde ihn – wie damals als Kind – in eine so tiefe Depression stürzen, daß er sich dem Tode nahe fühlen würde, genauso wie er ihn als Kind gespürt hatte, ihm aber enkommen konnte, indem er sich zum Opfer gemacht hatte. Seine »masochistische« Haltung hatte ihn damals trotz allen Leidens vor dem Abgrund gerettet, und sie sollte es auch jetzt tun, so als ob es besser wäre, alles beim alten zu belassen. Hinter dieser Angst vor dem Neuen verbirgt sich der ursprünglich erfahrene Terror. Das Opfersein gewährte Axel trotz Isolation und Leid Sicherheit. Daß seine Mutter selbst Opfer seines tyrannischen Vaters war, verstärkte nur die Identifikation mit der Täterin. Die Erkenntnis dieser Zusammenhänge half dem Therapeuten, Axel langsam und geduldig in seiner Annäherung an seinen tiefen Schmerz zu begleiten.

Was aber passiert, wenn einem Kind das Opfersein und der geheime Vorwurf »Seht, was ihr mir antut« genommen werden? James war ein dreißigjähiger Handwerker, dessen Eltern in seiner Kindheit und auch später jede seiner Gefühlsäußerungen und Interessen ignorierten und ständig seinen Selbstwert herabsetzten. Wenn er sich darüber beklagte und sagte, daß ihn dies verletze, hieß es, er solle doch mit seinem Selbstmitleid aufhören. Mit der Zeit suchte er den Schmerz, den er nicht fühlen durfte, außerhalb seiner Person und fügte ihn anderen zu. Wenn er sein Leid äußerte, sagten seine Eltern ihm immer wider: »Du bist zu sensibel, wenn du normal wärest, könntest du das aushalten.«

Er wurde von ihnen geschlagen, eingesperrt und mißhandelt. Seine große Angst in der Therapie – er wurde mir von seinem Therapeuten in der Supervision vorgestellt – war nun, daß der Therapeut sein »Selbstmitleid« nicht akzeptieren würde. Was ihm aber wirklich genommen worden war, was die Eltern in sich selbst beiseitegeschoben hatten, weil es ihnen angst machte, war seine Trauer, die sie als »Selbstmitleid« bezeichneten. Solange er keinen Zugang zu seiner Trauer hatte – zum Teil hatte er auch gar keine Worte für sie –, mußte er andere Menschen, vor allem Frauen, verachten, schlagen und psychisch zerstören. Ohne Zugang zu seiner Trauer gefunden zu haben, konnte er nicht zu seinem wahren Selbst finden, konnte er seine Aggressionen nicht sehen, konnte sie lediglich ausagieren. Er suchte förmlich nach dem Schmerz, von dem er abgeschnitten wurde.

Opfersein als Basis der Gewalttätigkeit

Dieses letzte Fallbeispiel spiegelt den Entwicklungsprozeß wider, den alle Gewalttätigen, ob offziell als Kriminelle eingestuft oder im Krieg als Helden gefeiert, durchgemacht haben. Diese Menschen können nicht über ihre Verletzung trauern, denn sie haben keinen Zugang mehr zu ihrem Schmerz, weil dieser als Schwäche ausgelegt wurde. So müssen sie die Aggression, die den Schmerz begleitet, nach außen verlagern. Der Schmerz der Opfer wird von ihnen als verdiente Bestrafung erlebt, da auch sie in ihrer Kindheit bestraft wurden. Es ist ein unaufhörliches Weitergeben der eigenen Bestrafung.

Die Täter fühlen sich »betroffen«, daß sie den anderen bestrafen »müssen«. Dieses Selbstmitleid vernichtet die Reste des eigenen Gewissens und führt dazu, das Opfer noch mehr zu bestrafen, wenn es schreit oder sich wehrt. Solche Gewalt kann also nicht durch Abreagieren reduziert werden. Sie entwickelt vielmehr ein Eigenleben: Je mehr Gewalttätigkeit ausgeübt wird, desto mehr muß das Gewissen durch weitere Gewalttätigkeit zurückgedrängt werden. Solche Menschen werden nur dann aufhören, gewalttätig zu sein, wenn man ihrem Tun Einhalt gebietet. Sonst wird Gewalt zur Grundlage ihres Seins.

Das ist das Charakteristikum aller Todesschwadrone wie der SS, wie der in Südamerika, in Ruanda, im ehemaligen Jugoslawien und der terroristischen Gruppierungen jeglicher politischer Couleur. Politiker, die glauben, diese Gruppierungen durch Milde zum Einlenken bringen zu können, fördern nur die Gewalt. Alles, was von den Gewalttätigen als Erlaubnis und Rechtfertigung für ihr Vorgehen verstanden wird, führt zur Verfestigung der Gewaltverherrlichung und zur Ausweitung der Gewalt. Die Änderung des Artikels 16 des deutschen Grundgesetzes hatte genau diese Wirkung. Sie führte unmittelbar zur Ausbreitung fremdenfeindlicher Gewalt.

Was so schwer nachvollziehbar ist, ist die Tatsache, daß sich diese Gewalttätigen als Bedrohte und damit als Opfer darstellen. Sie fühlen sich von allen Seiten von Feinden umringt. Das bewirkt bei uns dann wiederum Mitleid mit ihnen und, auf einer weniger bewußten Ebene, auch Mitleid mit uns selbst, weil auch wir uns von Feinden bedroht fühlen, die in Wirklichkeit keine sind, und uns damit unserem ursprünglichen Opfersein nicht zu stellen brauchen. So wird die Krankheit unserer Zivilisation weitergegeben. Man sucht sich Opfer, um das eigene Opfer, das man war und ist, nicht erkennen zu müssen.

Nicht-Liebe und Nicht-Identität: Die Konsequenzen für die Gesellschaft

Die gute und die böse Mutter

Betrachten wir noch einmal, was die Identifikation mit dem Aggressor fördert. Eine Patientin erzählte mir: »Ich wünschte, Frau Laxner wäre bei meinem Vortrag gewesen. Sie ist wie meine Mama.« Frau Laxner hatte sich einige Jahre lang sehr um die Patientin gekümmert. Dann begann Frau Laxner, die Patientin als unverantwortlich zu kritisieren. »Bei ihr bin ich wie ein Baby«, fährt die Patientin fort, »zwar eingeschlossen, aber wenn ich bei ihr bleiben könnte, würde ich in einer guten Welt leben, wenn auch in einer, die von ihr bestimmt wird. Es ist wie Helligkeit und Freude mit ihr. Und das habe ich bei meiner Mutter nie gespürt.« Dieser Mutter hatte sie es nie recht machen können, auch wenn sie versuchte, ihr völlig beizutreten. Daher hatte sie eine Sehnsucht nach einer guten Mutter entwickelt, die zwar über sie bestimmt, aber auch eine Verbundenheit bis hin zur Symbiose zulassen würde.

Hier wird deutlich, was die Spaltung der Gefühlswelt in eine »gute« und eine »böse« Mutter bewirkt. Die Hoffnung auf Befriedigung ihrer Bedürfnisse haftete die Patientin weiter an eine Mutter, die ihre Entscheidungsfreiheit und ihre Selbstbestimmung einengte oder verbot. Die schlechte Mutter war die unerreichbare Mutter. »Mir ist wichtig, daß Frau Laxner, obwohl ich nur so weit gehen darf, mich einschließt. Dennoch fing ich an, mich gegen dieses Einschließen zu wehren.« – »Ja«, antwortete ich, »Ihre Hoffnungen sind eben von denen Ihres inneren Kindes bestimmt, das macht es so schwierig.« Das Gesicht der Patientin verdüsterte sich. »Ich habe das Gefühl, daß ich mich von Ihnen abwende. Sie haben etwas gegen Frau Laxner. Sie sind gegen meine Mutter.«

Die Patientin verteidigte ganz offensichtlich die Identifikation mit der Mutter – einer Mutter, die ihre Tochter nie in ihrem eigenständigen Sein anerkannte und bestätigte. Offensichtlich spürte die Patientin das, denn sie erinnerte sich jetzt an die widersprüchlichen Gefühle, die sie als Kind gehabt hatte. »Gestern nachmittag habe ich das

Verlagen verspürt, zu meiner Mutter zu gehen. Gleichzeitig aber fühlte ich die Angst vor ihr, die Angst, die ich als Kind hatte, und wollte bloß weg von ihr.« Das Bezeichnende für diese Patientin ist, daß sie sich trotz der Identifikation mit einer Mutter, die sie nicht nur unterdrückt, sondern auch mehrmals zu töten versucht hatte, an die ursprüngliche Angst erinnern konnte und daß sie immer wieder nach ihren eigenen Wahrnehmungen und Werten suchte.

Sie fuhr fort: »Ich spürte auch das Kind in mir, das wahrhaft lieb ist. Ich habe mir ein derart negatives Sebstbild angeeignet, weil meine Eltern mich ständig erniedrigt haben. Da ist aber auch noch dieses andere Kind, das *da* ist. Und in diesem Bild ist meine Mutter nicht da.« – »Woher glauben Sie«, fragte ich, »stammt dieses Bild?« – »Vielleicht ist das meine Schwester? Nein, Frau Laxner erinnert mich an meine Schwester. Dann war es Tante Helga. Sie und die Oma (die Mutter des Vaters) waren wichtig für mich. Die Oma war der Welt zugewandt.«

Die Patientin begann, um dieses verlorene Paradies zu weinen. Die Oma habe ihr das Gefühl gegeben, wichtig zu sein. Ich fragte, wie sie das denn getan habe. »Als ich etwa zehn Jahre alt war, habe ich ihr immer aus Büchern vorgelesen. Ich las ihr zum Beispiel Günter Grass' ›Die Blechtrommel‹ vor.« – »Haben Sie das Buch denn damals verstehen können?« – »Eigentlich fand ich es beunruhigend, und es machte mir angst, wenn ich von diesem Jungen las.« Ich dachte mir, daß eine Großmutter, die sich keine Gedanken machte, wie eine Zehnjährige ein solches Buch auffassen würde, nicht viel Einfühlungsvermögen gehabt haben kann. Deshalb bat ich die Patientin, mehr von ihrer Oma zu erzählen. »Die merkte eigentlich nicht, wer ich war, aber ich war ihr wichtig.« Daraufhin weinte sie wieder. Bei der Oma war sie wichtig, anders als zu Hause, wo sie allen nur im Weg war. Aber es war ein Wichtigsein, durch das die Großmutter ihr narzißtisches Selbstwertgefühl bestätigen konnte: Wenn du das für mich tust, bist du gut und wichtig, weil du mir zeigst, wie wunderbar ich bin. Es ging der Großmutter nicht um den Wert des Kindes an sich.

»Meine Großmutter mütterlicherseits brachte sich um, als meine Mutter zwölf Jahre alt war. Sie erhängte sich. Ich glaube, es war meine Mutter, die ihre Leiche fand. Der Todesschrei meiner Mutter, als sie ihre Mutter entdeckte, steckt wahrscheinlich in meinen Schreien. Gestern hatte ich das Gefühl, als könne ich spüren, wie meine Mutter ihre Mutter in mir sucht. Als ich zwölf war, hatte meine Mutter eine schwere Depression und lag im Bett. Ich hörte sie vom Nebenzimmer aus mit meiner fünfzehnjährigen Schwester sprechen. Da erfuhr ich, daß sich ihre Mutter umgebracht hatte, als meine Mutter so alt war wie ich, und daß sie nicht wollte, daß mir dasselbe widerfährt. Damals hatte ich erstmals Angst, sie zu verlieren. Vater schimpfte immer, meine Mutter sei eine Zigeunerin. Das bedeutete für mich, daß diese Oma auch eine gewesen war. Darauf war ich stolz.« – »Vielleicht«, sagte ich, »gab Ihnen Ihre Mutter unbewußt eine Art Selbstwert, indem sie sich selbst in Ihnen suchte.« – »Ich glaube schon. Deswegen bin ich Ärztin geworden. Der Sinn meines Lebens ist es, für andere da zu sein.« – »Waren Sie deshalb vielleicht wütend auf mich vorhin?« fragte ich, »habe ich Ihnen etwas weggenommen?« – »Ja, aber zugleich spürte ich auch Haß auf Frau Laxner. Sie hat mich noch mehr in diese Rolle getrieben. Wissen Sie, meine Oma war klein und dick. Kleine, dicke Frauen faszinieren mich.« Ihre Identifikation mit ihrer Mutter via dieser Großmutter hält sie weiter an die Mutter gebunden.

In der nächsten Sitzung erzählte sie von einem verwirrenden Traum: »In diesem Traum bin ich wichtig, aber auch pompös. Das Essen steht auf schiefen Tischen, und das rohe Fleisch darauf erinnert mich an meinen Vater (er war Jäger).« Danach sprach sie von einer Patientin, der sie sehr geholfen hatte. Sie hatte diese zufällig in der Sauna getroffen und hatte das Gefühl gehabt, daß dieses Wiedersehen zu viel gewesen war. »Es war, als ob mir etwas weggenommen würde.« Zunehmend regredierte sie zu einem bedürftigen Kind, das immer in der Angst lebt, es könne zu kurz kommen. Diese Regression war aber förderlich für den Therapieverlauf. Indem alte psychische Strukturen abgebaut wurden, mit denen sie sich aufrechthielt (das Essen auf dem schiefen Tisch), gelangte sie vorübergehend in frühere Entwicklungsstadien, wodurch ihre tiefsitzenden negativen Selbstwertgefühle zugänglich wurden.

»Ich könnte Sie und meinen Vater umbringen. Dieses widerliche Arschloch! (Der Vater hatte sie als kleines Kind sexuell mißbraucht.) Frau Laxner hat mich vor Ihnen gewarnt. Mein Lehrauftrag an der Uni ging zu Ende. Die Universität wollte, daß ich weitermachte. Aber ich hatte Zweifel, ob ich das könnte. Ich traute es mir zu, glaubte aber, daß gewisse Kollegen gegen mich seien. Ich würde es nicht schaffen. Ich hatte das Gefühl, daß ich noch nicht genug Fachwissen besitze. Ich kann es nicht.« Mir kam es so vor, als ob die Patientin sich nicht nur wertlos fühlte, sondern sich auch für böse hielt. Weil sie gerade so direkten Zugang zu diesen Gefühlen hatte, fragte ich sie: »Haben Sie das Gefühl, daß Sie nicht nur nicht ›richtig‹ sind, sondern auch böse?« – »Ja, und was mich reizt, ist, daß Sie gegen mich sind.« – »Was noch?« – »Die ganze Woche über ist mir immer ›Mama‹ in der Kehle hochgestiegen. Wann immer ich meine Schultern bewegte, wollte dieser Schrei herauskommen. Ich dachte an Sie, und ›Mama‹ stieg in mir hoch. ›Arschloch‹ auf Sie und meine Mutter. Ich habe eine ›platsche‹ Übertragung auf Sie. Ich muß aussortieren. Ich bin unruhig und wütend. Sie gehen für zwei Wochen weg, und ich werde einfach abgeschoben. Dieses Gefühl muß mit dem Krankenhaus zu tun haben, in dem ich als Zweijährige war. Ich lasse mich nicht einfach wegmachen, abschieben. Ich stelle mir vor, wie ich mich hier richtig aufführe, auf dem Boden tobe wie ein Kind, nicht unter Kontrolle zu halten. Ich möchte zu einem englischen Kongreß gehen. Ich wünschte, Sie würden mir Englisch beibringen. Das hat etwas mit meinem Vater zu tun. Er sollte es mir beibringen. Meine Schwester hat versucht, mich zu vernichten (in der Tat versuchte sie einmal, die Patientin zu ertränken), sie hat Englisch von ihm gelernt.«

Es schien so, als ob sich die Patientin in diesem Moment selbst schrecklich zuwider war. Ihr Tonfall zeigte dies an. Das war es auch, was ihre Mutter und Frau Laxner ihr vorwarfen. Deshalb fragte ich sie: »Was fühlen Sie jetzt sich selbst gegenüber?« Sie antwortete: »Ich war zwei, als ich ins Krankenhaus kam. Es war, als wäre meine Intimsphäre plötzlich verschwunden. Ich fühlte mich ausgeliefert. Ich lag in einem Glaskasten, völlig isoliert (sie erhielt Sauerstoff). Dann holten mich meine Eltern ab. Meine Mutter dachte, sie könne mich mit einer Tafel Schokolade überraschen. Die warf ich im Auto auf den Boden. Meine Mutter konnte meine Wut nicht aushalten – Sie sollten mein Sponsor sein, jemand, der mich finanziert, der alles für mich tut.«

Ihre Forderungen hatten eine gewisse Berechtigung. Als Kind hatte sie nicht das bekommen, was ihr zugestanden hätte. Doch ihre damalige Reaktion, ihr Trotz, fesselte sie an die Vergangenheit, an ihren Vater und vor allem an ihre Mutter, aber auch an Frau Laxner. Und in dieser Sitzung war es ihre Mutter, die ihr Verhalten beeinflußte, obschon der Vater beziehungsweise ich wichtig erschienen. Sie hatte ihrer Tochter unmittelbar vermittelt, daß sie nie Erfolg haben würde. Das bedeutete für die Patientin, daß sie keinen Erfolg haben durfte. Ihre Mutter beziehungsweise Frau Laxner, denen sie hörig war, wollten verhindern, daß die Patientin mehr sein könnte als sie selbst. Deswegen durfte sie auch ihren Lehrauftrag nicht erneuern. »Komisch, Frau Laxner und die anderen an der Uni sind alle so alt wie meine Schwester. Frau Laxner will bewundert werden, sie verträgt meine Kindlichkeit und mein Regredieren nicht – im Gegensatz zu Ihnen.« Danach sprachen wir über todbringende Mütter, und sie erzählte mir, wie ihre Mutter ein paarmal versucht hatte, sie mit einer Schere zu erstechen. Es wurde deutlich, daß ihre Mutter die eigene Mutter besänftigen wollte, indem sie ihr ihre Tochter als Opfer darbrachte.

»Muß ich die Sehnsüchte meiner Mutter in mir tragen? Muß ich mich für sie umbringen? Als ich gestern ein Kind schreien hörte, spürte ich den starken Impuls, mir etwas anzutun, mich aus dem Fenster zu stürzen, mich umzubringen. Mutter ist darin verhängt. Sie verbot mir alles, ich konnte nichts dagegen tun. Ha, ich möchte am liebsten am Institut eine Gegenveranstaltung zu der von Frau Laxner organisieren. Da ist etwas an diesen kleinen, dicken Fauen, das mich fasziniert.« Die Patientin kämpfte darum, sich zu befreien, gleichzeitig aber hatte sie weiterhin den Wunsch, die alten Verbindungen aufrechtzuerhalten.

Wir suchen Befriedigung, wo sie nicht sein kann

Wie komplex dieser Vorgang ist und wie stark die Wünsche nach Befriedigung an denjenigen haften, die nicht befriedigen können, zeigt das folgende Beispiel. Ein vierzigjähriger Patient erzählte, daß er am Haus des jetzigen Freundes seiner ehemaligen Geliebten vorbeifuhr. Er hegte immer noch die Hoffnung, daß er sich wieder mit ihr versöhnen könnte, obgleich sie ihn betrogen hatte. Sie förderte diese Hoffnung, indem sie ihn immer wieder bei verschiedensten Anlässen um Hilfe bat. Als der Patient nun an jenem Haus vorbeifuhr, versteifte sich sein Nacken, und er knirschte mit den Zähnen. »Mit diesem Mann«, sagte er, »der ihr ein Haus, ein Auto und teuren Urlaub bieten kann, kann ich nicht konkurrieren.«

Damit schilderte er die Ursituation seiner Kindheit. Er hatte damals gespürt, daß er die Liebe seiner Mutter nicht bekommen konnte, weil sie alle Liebe dem Vater geben »mußte«. »Als ich am Haus meiner ehemaligen Freundin vorbeifuhr, sah ich ihr Auto vor dem Haus stehen und war beruhigt. Ich stellte mir vor, daß sie mich jetzt einfach in den Armen hielte, nichts fragte und nichts sagte. Dann kam auf einmal der Satz in mir hoch: ›Mutter, warum hast du mich verlassen?‹ Ich laufe nicht ihr (der Ex-Freundin) nach, sondern einer Frau, die mich hält und nichts fragt. Vor einigen Tagen rief mich meine Ex-Freundin an; sie klang verzweifelt wegen der Probleme, die sie mit ihrem jetzigen Freund hat.« Ich hakte ein: »Sie erzählen mir doch, daß Sie sie retten möchten. Wenn Sie dies aber versuchen, spielt sie die Hilflose, die von ihrem Freund nicht wegkommen kann. Genau so haben Sie mir Ihre Mutter beschrieben.« – »Das Bild, das ich von meiner Mutter habe, stimmt nicht mit meiner wirklichen Mutter überein. Als ob sie nicht meine Mutter wäre, sondern S. (die Ex-Freundin), die mich festhält. Das Bild meiner wirklichen Mutter und das Bild, das ich von ihr mit mir rumtrage, passen nicht zueinander. Von der guten habe ich gar keine Vorstellung. Die böse kenne ich gut. Es ist aber schwer zu sagen, wer sie wirklich ist. Ich kann die gute Mutter nicht in die schlechte hineinstopfen und die schlechte schon gar nicht in die gute. Die gute Mutter ist mir heilig.«

Der Patient kämpfte mit den verzerrten und unklaren Bildern von seiner Mutter, die er so widersprüchlich erlebt hatte. Er konnte die einzelnen Bruchstücke nicht in ein vollständiges Bild integrieren, denn dann würde er sein Ideal der heiligen Mutter zerstören. Deshalb blieb das Bild der Mutter gespalten und fragmenthaft, und die idealisierte Mutter war diejenige, die sein Bewußtsein dominierte. »Wenn sie mich vor meiner Geburt verlassen hätte, hätte ich keine wirkliche Mutter. Sie war in den Augen der Nachbarn die arme Frau, die wegen ihrer Kinder immer zu viel zu tun hatte. Wo ist aber das Gute in ihr? Ich weiß es nicht; vielleicht war sie gut zu mir, wenn ich krank war. Aber es war meine Schuld, wenn ich krank war. Kann denn ein Kind die Liebe seiner Mutter einfordern?« Er sagte dies so, als könnte er nicht glauben, daß ein Kind ein Recht auf Liebe habe. Deshalb sagte ich zu ihm: »Sie haben mir doch so oft erzählt, wie sehr Ihnen das Schreien der Kinder immer weh tut.« – »Das stimmt. Aber als ich diese italienische Familie aus Mailand abgeholt habe, haben deren Kinder nie geschrien. Die wurden auch immer und überallhin getragen. – Wenn jemand von was mir fordert, tue ich es nicht gerne.« – »Und wie ist das mit Ihrer Tochter?« fragte ich, da er mir oft erzählt hatte, wie gerne er auf sie einging. »Nein, da habe ich Lust dazu, und es macht mir richtig Spaß.« – »Sehen Sie«, sagte ich, »Sie sind anders als Ihre Mutter.«

Man sucht die gute Mutter im Bild der Mutter, die man tatsächlich erlebt hat. So suchte dieser Patient eine warmherzige Frau, allerdings immer wieder in den Aspekten seiner eigenen zwar gefälligen, aber trügerischen Mutter. Er erzählte mir, daß sein Vater seine Mutter im Grunde genommen verachtet hatte, die Mutter aber immer wieder den Kindern mit Bestrafung durch den Vater gedroht hatte. Dasselbe Verhalten schilderte er bei S. Er ertappte sie häufig beim Lügen, hatte aber immer Mitleid für ihr vermeintliches Leiden – genau wie bei seiner Mutter. Dieses Leiden war aber nichts als Selbstmitleid, das sie benutzte, um Mitleid in denjenigen zu wecken, die sie betrogen hatte. Da der Patient diese Ur-Konstellation nicht verlassen konnte, blieb er Opfer. Er suchte die gute Frau, endete aber immer bei einer bösen. Das Gute im Bösen zu suchen spiegelt einen allgemeinen Prozeß wieder. Auch Menschen, die großes Leid über andere gebracht haben, wie Hitler oder Stalin, sind idealisiert worden, genau wie die schlechten Mütter, die wir als gute erleben.

Die gesellschaftlichen Konsequenzen

Wir suchen nach dem Besseren, verfallen aber immer wieder Führern, die uns unterdrücken, uns zwingen, unsere individuelle Geschichte der Unterdrückung und Rebellion zu wiederholen. So wird unsere Leidensgeschichte immer weitergegeben. Sie mag zwar unterschiedlich verlaufen, aber der Inhalt des Leidens und der Unterdrückung bleibt. Dennoch bleiben die Hoffnung auf das Gute und der Wille, Gutes zu tun, bestehen. Sie flackern immer wieder auf. Ich spreche hier nicht von organisierten politischen Bewegungen, sondern von Individuen, die zu sich selbst gefunden haben und der Gewalt und der Verlogenheit die Stirn bieten. Ob dies auf dem Weg des inneren Widerstandes oder in Form von offener Rebellion geschieht, ist dabei unerheblich. Wichtig ist, daß die Individuen zu ihrem Menschsein stehen.

Es gab solche Menschen auch im Nazi-Deutschland, einem Land, in dem jeglicher Widerstand sofort niedergeschlagen wurde. Im Zweiten Weltkrieg gab es mindestens 14 500 Soldaten, die als Deserteure zum Tode verurteilt wurden. Hinter dem Delikt der Fahnenflucht vesteckte sich eine Form des Widerstandes gegen die Unmenschlichkeit der Diktatur, wenn wir in Betracht ziehen, daß in der britischen Armee nicht mehr als vierzig Todesurteile vollstreckt wurden und im Ersten Weltkrieg »nur« achtundvierzig deutsche Soldaten als Deserteure hingerichtet wurden. Kammler (1985) schätzte in seiner historischen Studie »Ich habe die Metzelei satt«, daß die Zahl derer, die in der Armee auf diesem Weg Widerstand geleistet haben, in Wirklichkeit noch viel größer war. Hinter den Todesdaten von achtundvierzig aus Kassel stammenden Soldaten stand der Vermerk »Freitod«. Die Nazis erkannten, daß Selbstmord eine extreme Form des Widerstandes sein konnte, und erklärten Suizidversuche für strafbar. Kammler erwähnt auch die vielen Tausende, die trotz der Bedrohung durch die Gestapo keinen Augenblick zögerten, Menschen in größter Not zu helfen. Wenn wir die große Menge der Mitläufer betrachten (Goldhagen 1996), so war die Zahl derer, die Widerstand leisteten, nicht groß. Aber was zählt, ist, daß es solche Menschen überhaupt gab und gibt.

Menschen, die sich in ihrer menschlichen Identität nicht beirren lassen, existieren überall. Es geht darum, diese Menschlichkeit in denjenigen zu stärken, die Zweifel daran haben. Der Weg dahin führt über unsere Kinder. Uns für deren Anliegen zu sensibilisieren, wird uns alle stärken. Dabei müssen wir zwei Wege beschreiten: Zum einen müssen wir dem Kind eine größere Rolle in unserem Leben zugestehen, um das Kind in uns zu befreien und der Bewußtseinsspaltung entgegenzutreten. Zum anderen dürfen wir uns nicht weigern, uns an unsere Vergangenheit zu erinnern. Auch Czeslaw Milosz (1995) betont, daß die Erinnerung die Waffe ist, derer wir uns bedienen müssen. Damit können wir all die bekämpfen, die sich der Gewalt und der Zerstörung verschrieben haben.

Wie aber kann das geschehen? Janusz Korczak erklärte in seinem Buch »Wie man ein Kind lieben soll« (1992, zuerst auf deutsch 1916), daß der Erwachsene sich zum Kind hinabbücken muß, um von ihm zu lernen. Genau wie die Schizophrenen weisen die Kinder den Weg hin zum Menschlichen, das in uns allen verborgen ist. Es gibt viele Kulturen, in denen Kinder ganz selbstverständlich diese Rolle einnehmen. Die Laconda-Indianer in Chiapas, Mexiko, von deren Aufstand 1996 in den Medien berichtet wurde, treffen wichtige Entscheidungen nur mit Zustimmung der Kinder. Bei uns dagegen besteht die Tendenz, unsere Kinder nicht ernst zu nehmen, sie so klein wie möglich zu halten, so daß wir nichts von ihnen über sie und über uns selbst zu lernen brauchen. Das herablassende

Lächeln, mit dem wir den Kindern und solchen Vorschlägen begegnen, spiegelt die Verteidigung des Mordes an der eigenen Kindheit wider.

Was ist Geschichte? Was tun?

Wenn wir die zentrale Rolle des Mitgefühls in unserem Leben erkennen, können wir die Geschichte unserer Zivilisation als Geschichte des Ringens um Empathie bezeichnen. Die Pervertierung der Empathie in Selbstmitleid aber dient nur dem Haß auf das Leben.

Empathie ist etwas, über das wir alle verfügen und das auch unter widrigsten Umständen aufsteigen kann. Doch der Haß auf das Leben ist schwer zu vernichten. Wenn wir ihm Einhalt gebieten, kehrt er in anderer Form wieder und ist häufig nicht sofort als Haß zu erkennen. Die Unfähigkeit, uns selbst vor diesem Haß zu schützen, beruht auf der Identifikation mit unseren Unterdrückern – einer Identifikation, die bei jedem unterschiedlich ausgeprägt ist. Die Sehnsucht nach Liebe wird blockiert von der Sehnsucht nach Autorität, die uns vor der Angst und dem Terror retten soll, durch die wir zur Idealisierung des Täters gezwungen wurden. Wir fühlen uns sündig, weil wir die Wahrheit ursprünglich erkennen konnten, zugleich streiten wir diese Sünde fortwährend ab, indem wir andere zu Opfern machen, die wir dafür bestrafen, daß wir selbst Opfer geworden sind.

Solange Wohlstand und scheinbare Ordnung herrschen, ruht das Opfer in uns. Wenn es aber in Zeiten von wirtschaftlicher Not und politischem Chaos erwacht, erwacht auch der Haß gegen uns selbst und die Notwendigkeit, diesen Haß auf »Feinde« abzuwälzen. Und so lassen wir das Böse in dem Maße zu, in dem wir selbst von Nicht-Liebe geformt worden sind. Zudem können viele von uns keine eigene Identität entwickeln, sondern sich lediglich mit jenen identifizieren, die die Unterwerfung anderer zum Sinn ihres Lebens gemacht haben.

Unsere Aufgabe muß es sein, die Erinnerung an das Kind in uns zurückzuholen und uns unseren Kindern zu widmen, indem wir auf der Legitimität unseres Mitgefühls bestehen. Jakob Wassermann (1994) illustriert dies mit folgender Parabel: »Wenn ich einen Fuhrmann sehe, der sein abgetriebenes Roß mit der Peitsche dermaßen mißhandelt, daß die Adern des Tieres springen und die Nerven zittern, und es fragt mich einer von den untätig, obschon mitleidig Herumstehenden, was geschehen soll, so sage ich ihm: ›Reißt dem Wüterich vor allem die Peitsche aus der Hand.‹

Erwidert mir dann einer: Der Gaul ist störrisch, der Gaul ist tückisch, der Gaul will bloß die Aufmerksamkeit auf sich lenken, es ist ein gutgenährter Gaul, und der Wagen ist mit Stroh beladen, so sage ich ihm: Das können wir nachher untersuchen; vor allem reißt dem Wüterich die Peitsche aus der Hand.« Die Analogie zu unserem Umgang mit Kindern braucht wohl nicht hervorgehoben zu werden. Diesem Vergleich aber können wir entnehmen, was wir einzeln oder kollektiv tun müssen: uns gegen Gewalt und deren ideologische Rechtfertigung zu Wehr setzen.

Wenn wir nicht gegen die Preisgabe unserer authentischen Gefühle ankämpfen können, zu der wir von Kindheit an genötigt werden, dann wächst die Gefahr, daß das Menschsein unterliegt und wir unsere wahre Identität verlieren. Bei unserer Geburt tragen wir das Menschsein in uns. Was sich daraus entwickelt, ist aber häufig nur eine Attrappe, die zwar die Sprache des Menschseins nachahmt, das Herz des Menschen aber verraten hat. Dann geschieht das, was der englische Dichter Edward Young schon im 18. Jahrhundert beschrieben hat: »Wir werden als Originale geboren, sterben aber als Kopien.«

Danksagung

Dieses Buch ist vor allem meinen Patienten gewidmet. Ihr Ringen um persönliche Wahrheit hat jeden Tag mit ihnen zu einem neuen Erlebnis gemacht.

Viele andere haben auch mitgewirkt: Monika Nienstedt und Arnim Westermann haben mir wichtige und zentrale Denkanstöße über die Lage unserer Kinder gegeben; Franz Wurm mit Ideen über des Menschen aufrechten Gang; Marie Louise Brütsch mit ihrer Hilfe bei der Übersetzung von George Trows Essay über Hamlet; Jörg Wichmann mit DesPres' Huldigung aller Überlebenden; Monika Binkert und Louise Naef-Greber mit der ersten Überarbeitung des Manuskripts; und meine Lektorin Hannelore Roeckelein mit ihrem wertvollen Einsatz, meine Ideen und meinen Stil dem Leser zugänglicher zu machen.

George Trow speziellen Dank dafür, daß er mir erlaubte, seinen Hamlet-Essay zu gebrauchen, und Ignacio Ramonet von »Le Monde diplomatique« für den seinigen. An dieser Stelle möchte ich auch George Wald dafür danken, daß ich seine persönlichen Zeilen an mich über unser Bewußtsein veröffentlichen kann.

Gertrud Hunziker-Fromm hat mir grundlegende Auslöser für diese Arbeit durch ihre mitfühlende Begleitung während dieser ganzen Zeit gegeben. Und meine Frau Simone gab mir die Unterstützung und das Verständnis, welche ich brauchte.

Zuletzt – »but not least« – danke ich meinem Freund Helmut Holzapfel für seine moralische Unterstützung bei diesem Vorgehen. Die endgültige Fassung dieses Buchs verdankt seinem Verständnis meines Anliegens und meines Schreibens auf deutsch, aber doch englisch denkend, unermeßlich viel.

Zürich, Juni 1997

Literaturverzeichnis

Amendt, G. (1992): Das Leben unerwünschter Kinder. Frankfurt/Main: Fischer

Arendt, H. (1963): Eichmann in Jerusalem. Ein Bericht von der Banalität des Bösen. München: Piper.

Aronson, E. und S. Rosenbloom (1971): Space perception in early infancy. Perception within a common auditory-visual space. In: Science 172, 1161.

Ash, S. E. und H. A. Witkin (1948): Studies in space orientation, Teil I: Perception of the upright with displaced visual fields. In: Journal of Experimental Psychology 38, 325-337.

Ashton-Warner, S. (1963): Teacher. New York: Simon and Schuster.

Ballén, S. D. (1995): Bericht in: Neue Zürcher Zeitung, 1.2.1995, 3.

Bar-On, D. (1993): Die Last des Schweigens. Gespräche mit Kindern von Nazi-Tätern. Frankfurt/Main: Campus.

Barnet, R. J. (1994): Lords of the global economy. The 1993 study of the USA General Accounting Office. In: The Nation, 19.12.1994, 756.

Bates, E. und J. Elman (1996): Learning rediscovered. In: Science 274, 13.12.1996.

Baumann, B. (1975): Wie alles anfing. München: Trikont.

Baumann, R. (1995): Die große Solidaritäts-Show. In: Die Woche, 27. 1.1995.

Beckord, D. (1987): Pränatale Psychologie und Schwangerenberatung. In: Dialog Spezial 4. Hrsg. v. Institut für Ehe und Familie, Wien.

Benedetti, G. (1973): The irrational in the psychotherapy of psychosis. In: Journal of the American Academy of Psychoanalysis 1, 243.

– (1978/79): Psychotherapie bei Schizophrenen. In: Schweizer Ärzte Bulletin, 1978/79, 453-459.

– (1983): Possibilities and limits of individual psychotherapy of schizophrenic patients. In: Psychosocial Intervention in Schizophrenia. Hrsg. v. H. Stierlin, L. C. Wynne und M. Wirsching. Berlin: Springer.

Bergson, H. (1992): Die beiden Quellen der Moral und der Religion. Frankfurt: Fischer.

Bettelheim, B. (1943): Individual and mass behavior in extreme situations. In: Journal of Abnormal and Social Psychology 38, 4, 417-452.

– (1960): The informed heart. Autonomy in a mass age. Glencoe: Free Press. Dt.: Erziehung zum Überleben. Zur Psychologie der Extremsituation. München: Deutscher Taschenbuch Verlag 1992.

Birch, H. G.: Ontogenetic sources for order in the maternal behavior of the rat. In: T. C. Schneirla: The concept of development in comparative psychology.

In: Concept of Development. Hrsg. v. D. B. Harris. Minnesota: University of Minnesota Press 1957.
Blum, H. O. (1948): How did they survive? In: American Journal of Psychotherapy II, 1, 3-32.
Bluvol, H. (1972): Differences in patterns of autonomy in achieving and underachieving adolescent boys. Diss. The City University of New York.
Boas , F. (1966): The mind of primitive man. New York: AMS.
Böll, H. (1984): Mein trauriges Gesicht. Bornheim: Lamuv.
Boring, E. G. (1942): Sensation and perception in the history of experimental psychology. New York: Appleton-Century-Crofts, 34-45.
Born, D. E. und E. W. Rubel (1988): Afferent influences on brain stem auditory nuclei of the chicken. Presynaptic action potentials regulate protein synthesis in nucleus magnocellularis neurons. In: Journal of Neuroscience 8, 901.
Boswell: zitiert in: S. Diamond: Kritik der Zivilisation. Anthropologie und die Wiederentdeckung des Primitiven. Frankfurt/Main: Campus 1976, 59.
Breuer, J. und S. Freud: Studien über Hysterie. In: S. Freud: Gesammelte Werke, Bd. 1. Frankfurt/Main: Fischer.
Bulger-Mordprozeß, s. Neue Zürcher Zeitung.
Call, J. (1986): Commentary on »An anthropological perspective on the sudden infant death syndrome« by James J. McKenna. In: Medical Anthropology 10 (1), 56.
Cameron, J. R.(1978): Parental treatment, children's temperament, and the risk of childhood behavior problems. In: American Journal of Orthopsychiatry 47, 140-147.
Cannon, W. B. (1942): »Voodoo«-Death. In: American Anthropologist 44.
Celan, P. (1965): Die Niemandsrose. Gedichte. Frankfurt/Main: Fischer.
Chess, S. und A. Thomas (1976): Defense mechanisms in middle childhood. In: Journal of the Canadian Psychiatric Association 21, 519-525.
Chomsky, N. (1959): A review of B. F. Skinner's verbal behavior. In: Language 38.
Clark, R. W. (1971): Einstein. The life and times. New York: World. Dt.: Albert Einstein. Eine Biographie. München: Herbig 1979.
Claudel, P. (1903): Kritische Schriften. Zürich: Benziger.
Cleckley, H. (1964): The mask of sanity. St. Louis: Mosby.
Coetzee, M. J. (1996): Ossip Mandelstam and the Stalin ode. In: Giving offense. Essays on censorschip. Chicago: University of Chicago Press.
Cohen, E. A. (1953): Human behavior in the concentration camp. New York: Norton.
Cohen, J. D. und D. Servan-Schreiber (1992): Context, cortext, and dopamine: A connectionist approach to behavior and biology in schizophrenia. In: Psychological Review 99, 45.
Cox, M. (1982): I took a life because I needed one. Psychotherapeutic possibili-

ties with the schizophrenic offender-patient. In: Psychotherapy and Psychosomatics. Hrsg. v. P. E. Sifneos. Basel: Karger.
Cox, M. und A. Gruen (1989): Interview with patient in Boadmoor. Unveröffentlicht.
Cramer, B. (1989): Frühe Erwartungen. Unsichtbare Bindungen zwischen Mutter und Kind. München: Kösel.
Crow, T. J. und E. C. Johnstone: Schizophrenia. Nature of the disease process and its biological correlates. In: Handbook of physiology. The nervous system. Hrsg. v. F. Blum. Baltimore: American Physiological Society 1987.
Danner, M. (1993): The truth of El Mozote. In: The New Yorker, 6. 12. 1993.
Davidson, R. (1982): Spuren. Eine Reise durch Australien. Reinbek: Rowohlt.
Davidson, R. J. und N. A. Fox (1982): Asymmetrical brain activity discriminates between positive and negative affective stimuli in human infants. In: Science, 12/1982, 1235ff.
Davis, R. C. (1957): Differences in response patterns. Results and problems. In: Transactions of the New York Academy of Science 118.
DeCasper, A. J. und W.P. Fifer (1980): Of human bonding. Newborns prefer their mothers' voices. In: Science 208, 1174.
DeMause, L. (1980): Hört ihr die Kinder weinen. Eine psychogenetische Geschichte der Kindheit. Frankfurt/Main: Suhrkamp.
DesPres, T. (1976): The survivor. An anatomy of life in the death camps. Oxford: Oxford University Press.
Deveraux, G. (1939): Sociological theory of schizophrenia. In: Psychoanalytic Review 26.
Diamond, S. (1976): Kritik der Zivilisation: Anthropologie und die Wiederentdeckung des Primitiven. Frankfurt/Main: Campus.
Diekmann, D. (1995): Identität und Gewaltbereitschaft. In: Neue Zürcher Zeitung, 4.2.1995.
Dobszhansky, T. (1950): Heredity, environment, and evolution. In: Science 3,161.
Dolto, F. (1988): Über das Begehren. Die Anfänge der menschlichen Kommunikation. Stuttgart: Klett-Cotta.
– (1989): Mein Leben auf der Seite der Kinder. Eine ungewöhnliche Therapeutin erzählt. München: Kösel.
Donner, F. (1983): Shabono. Eine Frau in der magischen Welt der Iticoteri. Wien: Zsolnay.
Dorenwend, L. N. et al. (1992): Socioeconomic status and psychiatric disorders. The causation-selection issue. In: Science 255, 946.
Dornes, M. (1992): Der kompetente Säugling. Die präverbale Entwicklung des Menschen. Frankfurt/Main: Fischer.
Duchenne de Bologne, B. (1990; Erstveröffentlichung 1862): The mechanism of human facial expression or an electro-physiological analysis of the expression of the emotions.Cambridge: Cambridge University Press.

Eckstein, R. und R. L. Motto (1969): From learning to love to love of learning. New York: Brunner-Mazel.

Eco, U. (1982): Der Name der Rose. München: Hanser.

Egeland, J. A. et al. (1987): Bipolar affective disorders linked to DNA markers on chromosome 11. In: Nature 325, 783.

Eggers, C. (1996): Selbstlosigkeit als Ursache für ausländerfeindliche Gewalt. In: Neue Sammlung: Zeitschrift für Erziehung und Gesellschaft 2, April/Mai/Juni 1996.

Eibl-Eibesfeldt. Sein Schlüssel zur Verhaltensforschung. Hrsg. v. W. Schiefenhövel, J. Uher und R. Krell. München: Realis 1970 (170).

Eisner, M. (1994): Delinquenz, Gewalt und Opfererfahrungen von Jugendlichen in der Stadt Zürich. Zürich: ETH Zentrum/UNB13. (Publikation der Eidgenössischen Technischen Hochschule, Zürich)

Ekman, P. (1993): Facial expression and emotion. In: American Psychologist 48, 4.

Eliacheff, C. (1994): Das Kind, das eine Katze sein wollte. Psychoanalytische Arbeit mit Säuglingen und Kleinkindern. München: Kunstmann.

Eng, E. (1988a): Creative patient/patient therapist. In: Psychotherapy and the Creative Patient. Hrsg. v. E. M. Stern. New York: Haworth.

– (1988b): Love that is not all pain is not love. IX. International Symposium of the Psychotherapy of Schizophrenia, Turin, 15. September 1988.

Erb, H. (1991): »Der Wahnsinn der Normalität«. Psychologische Theoriebildung als Identifikation mit dem Aggressor. In: Journal des psychoanalytischen Seminars, Zürich, Juni 1991.

Erikson, E. H. (1958): Young man Luther. New York: Norton. Dt.: Der junge Mann Luther. Eine psychoanalytische und historische Studie. Frankfurt/Main: Suhrkamp 1975.

Feldenkrais, M. (1949): Body and mature behavior. New York: International Universities Press. Dt.: Der Weg zum reifen Selbst. Phänomene menschlichen Verhaltens. Paderborn: Junfermann 1994.

– (1978): Bewußtheit durch Bewegung. Der aufrechte Gang. Frankfurt/Main: Suhrkamp.

Ferenczi, S. (1984): Sprachverwirrungen zwischen den Erwachsenen und dem Kind. In: Bausteine zur Psychoanalyse, Bd. 3. Berlin: Ullstein.

Field, T. M., R. Woodson, R. Greenberg und D. Cohen (1982): Discrimination and imitation of facial expressions by neonates. In: Science 218, 179.

Flavell, J. H. (1963): The developmental psychology of Jean Piaget. New York: Van Nostrand.

Fortes, M. (1956): Mind. In: The institutions of primitive society. Hrsg. v. E. E. Evans-Pritchard. New York: Glencoe.

Foucault, M. (1973): Madness and civilization. New York: Vintage. Dt.: Wahnsinn und Gesellschaft. Frankfurt/Main: Suhrkamp 1969.

Frank, H.: zitiert in: A. Gruen: Der Wahnsinn der Normalität. Realismus als Krankheit: eine grundlegende Theorie zur menschlichen Destruktivität. München: Deutscher Taschenbuch Verlag, 43-46.

Frefel, A. (1989): Rumänien, das Konzentrationslager des Ostens. In: Tages-Anzeiger, Zürich, 21.12.1989.

Freire, P. (1971): Pädagogik der Unterdrückten. Bildung als Praxis der Freiheit. Stuttgart: Kreuz.

Freud, S. (1993): The Moses of Michelangelo. In: Penguin Freud Library, Bd. 14. Dt.: Der Moses des Michelangelo. Schriften über Kunst und Künstler. Frankfurt/Main: Fischer.

– (1969): Jenseits des Lustprinzips. In: S. Freud: Gesammelte Werke, Bd.13. Frankfurt/Main: Fischer. Engl. Ausg.: Beyond the pleasure principle. London: Hogarth 1950.

– (1968): Das Unbehagen in der Kultur. In: S. Freud: Gesammelte Werke, Bd. 14. Frankfurt/Main: Fischer.

Fromm, E. (1989): Empirische Untersuchungen zum Gesellschafts-Charakter. In: Gesamtausgabe, Bd. 3. München: Deutscher Taschenbuch Verlag.

– (1989): Vorwort zu Karl Marx' »Selected Writings« (1964). In: Gesamtausgabe, Bd. 5. München: Deutscher Taschenbuch Verlag.

Fuller, J. L. (1967): Experiential deprivation and later behavior. In: Science 158.

Galin, D. und R. E. Ornstein (1972): Lateral specialisation of cognitive mode. An EEG study. In: Psychophysiology 9, 412-418.

Gelb, B. und A. Gelb (1964): O'Neill. New York: Delta, 870.

Gilbert,G. M. (1948): Nuremberg diary. London: Eyre and Spottiswood.

Gilligan, C. (1988): Die andere Stimme. Lebenskonflikte und Moral der Frau. München: Piper.

Glasgow, E. (1955): The Woman Within. London: Eyre and Spottiswood.

Goettle, G. (1992): Lieber Vati, liebe Mutti. In: Die Tageszeitung, 28.12.1992.

Goffman, I. (1969): Asylums. Chicago: Oldine.

Goldhagen, D. J. (1996): Hitler's willing executioners. New York: Knopf. Dt.: Hitlers willige Vollstrecker. Ganz gewöhnliche Deutsche und der Holocaust. Berlin: Siedler 1996.

Gottlieb, G. (1992): Individual development and evolution. The genesis of novel behavior. New York: Oxford University Press.

Gourevitch, P. (1996): The Poisoned Country. In: New York Review of Books, 6.6.1996.

Greenson, M.: zitiert in: M. Cox: I took a life because I needed one. Psychotherapeutic possibilities with the schizophrenic offender-patient. In: Psychotherapy and Psychosomatics. Hrsg. v. P. E. Sifneos. Basel: Karger 1982.

Greve, L. (1994): Wo gehörte ich hin? Geschichte einer Jugend. Frankfurt/Main: Fischer.

Gruen, A. (1955): The relation of dancing experience and personality to perception. In: Psychological Monographs 69,14. (Visual and postural determinants of perceptual organization in subjects having special postural training. Diss. New York University 1951.)

Gruen, A. (1957): A critique and re-evaluation of Witkin's perception and perception-personality work. In: Journal of General Psychology 55, 73-93.

– (1962): Psychologic aging as a pre-existing factor in strokes. In: Journal of Nervous and Mental Disease 134, 2.

– (1969): The Oedipal experience and the development of the self. In: Psychoanalytic Review 56, 2.

– (1974/75): The discontinuity in the ontogeny of self. Possibilities for integration or destructiveness. In: Psychoanalytic Review 61, 4.

– (1976): Autonomy and compliance. The fundamental antithesis. In: Journal of Humanistic Psychology, 16.

– (1980): Maternal rejection and children's intensity. In: Confinia Psychiatrica 23, 223-229.

– und J. Prekop (1986): Das Festhalten und die Problematik der Bindung im Autismus. In: Praxis der Kinderpsychologie und Kinderpsychiatrie 7, 248.

– (1986): Der Verrat am Selbst. Die Angst vor Autonomie bei Mann und Frau. München: Deutscher Taschenbuch Verlag.

– (1989): Der Wahnsinn der Normalität. Realismus als Krankheit: eine grundlegende Theorie zur menschlichen Destruktivität. München: Deutscher Taschenbuch Verlag.

– (1993a): Der frühe Abschied. Eine Deutung des Plötzlichen Kindstodes. München: Deutscher Taschenbuch Verlag (Originalausgabe 1988).

– (1993b): The integration vs. splitting of the wholeness of experience. In: The Psychotherapy of Schizophrenia. Hrsg. v. G. Benedetti und P. M. Furlan. Bern: Hogrefe und Huber.

– (1993c): Falsche Götter: Über Liebe, Haß und die Schwierigkeit des Friedens. München: Deutscher Taschenbuch Verlag.

– (1994a): Anpassung als Sucht. In: Lindauer Texte zur psychotherapeutischen Fort-und Weiterbildung. Hrsg. v. P. Buchheim, M. Cierpka und Th. Seifert. Berlin: Springer.

– (1994b): Anne Frank und wir. Vortrag im Stapferhaus, Schloß Lenzburg, am 7.4.1994.

– (1998): Reductionistic biological thinking and the denial of experience and pain in developmental theories. In: Journal of Humanistic Psychology. Vol. 38,2. Frühjahr 1998.

Grunebaum, H. U., S. J. Freedman und M. Greenblatt (1960): Sensory deprivation and personality. In: American Journal of Psychiatry 116.

Gruneberger: zitiert in: A. Westermann: Aggressive Distanzierung. Klage und Anklage. Seminar im Rahmen der Lindauer Psychotherapiewochen am 28.4.1994.

Gulde, J. und S. Landgraf (1991): Geraubte Kindheit. Ein Film. München: Terra Media.
Gurjewitsch, A. (1996): Ein Blick auf die Geschichte. In: Neue Zürcher Zeitung, 13.5.1996, Feuilleton, 24.
Hamer, D. H., S. Hu, V. L. Magnuson, N. Hu und A. M. L. Pattatucci (1993): A linkage between DNA markers on the X chromosome and male sexual orientation. In: Science 261, 321.
Harker, J. E. (1953): The diurnal rhythm of activity of mayfly nymphs. In: Journal of Experimental Biology 30, 525.
Harnly, M. H. (1941): Flight capacity in relation to phenotypic and genotypic variations in the wings of Drosophila melanogaster. In: Journal of Experimental Zoology 88, 263.
Hecaen, H. (1962): Clinical symptomatology in right and left hemispheric lesions. In: Interhemispheric relations and cerebral dominance. Hrsg. v. V. B. Mountcastle. Baltimore: Johns Hopkins Press.
Hendin, H. und A. P. Haas (1984): Wounds of war. The psychological aftermath of combat in Vietnam. New York: Basic Books.
Herman, J. L. (1981): Father Daughter Incest. Cambridge: Harvard University Press.
– (1994): Die Narben der Gewalt. München: Kindler.
Heron, W., W. H. Bexton und D. O. Hebb (1953): Cognitive effects of a decreased variation in the sensory environment. In: American Psychologist 18.
Hoijer, H. (1954): The Sapir-Whorf-Hypothesis. In: Language in Culture. Hrsg.v. H. Hoijer. Publikation der American Anthropological Association, Bd. 56.
Holden, C. (1991): News. In: Science 254, 1450.
Hollenweger, J. (1989): Das vorgeburtliche Geschehen und seine Auswirkungen. Zürich: Marie-Meinhofer-Institut.
Holst, E. von und H. Mittelstaedt (1950): Das Reafferenzprinzip. In: Naturwissenschaften 37, 464.
Holzapfel, H. (1997): Autonomie statt Auto. Zum Verhältnis von Lebensstil, Umwelt und Ökonomie am Beispiel des Verkehrs. Bonn: Economica (Kapitel: Verkehr und Lebenswelt der Kinder).
Huynh, J. N. Q. (1994): South wind changing. New York: Graywolf Press.
Ibsen, H. : Peer Gynt: zitiert in: A. Gruen: Der Wahnsinn der Normalität. Realismus als Krankheit: eine grundlegende Theorie zur menschlichen Destruktivität. München: Deutscher Taschenbuch Verlag 1989.
Ingleby, D. (1970): Ideology and the human sciences. Some comments on the role of reification in psychology and psychiatry. In: Human Context 2, 2.
Jacoby, H. (1987): Jenseits von »Begabt« und »Unbegabt«. Zweckmäßige Fragestellung und zweckmäßiges Verhalten, Schlüssel für die Entfaltung des Menschen. Hamburg: Christians.

James, W. (1950; Erstveröffentlichung 1905): Principles of Psychology. New York: Dover.
Janet, P. (1889): L'automatisme psychologique. Paris: Thèse.
Jaynes, J. (1976): The origin of consciousness in the breakdown of the bicameral mind. Boston: Houghton.
Jung, C. G. (1985): Erinnerungen, Träume, Gedanken. Aufgezeichnet und hrsg. v. Aniela Jaffé. Olten: Walter.
Kahler, E. (1953): Man the measure. New York: Bobbs-Merrill.
Kaltenegger, M. L. (1982): Als Soldat und brav. In: Kursbuch 67.
Kammler, J. (1985): Ich habe die Metzelei satt und laufe über. Fuldabrück: Hesse.
Kapuscinski, R. (1994): Imperium. New York: Granta. Dt.: Imperium. Sowjetische Streifzüge. Frankfurt/Main: Fischer 1996.
Kavanau, J. L. (1967): Behavior of captive white-footed mice. In: Science 155, 1623.
Keane, F. (1996): Season of blood. New York: Viking.
Keller, E. F. (1983): A Feeling for the organism. New York: Freeman 1983.
Keller, M.: Persönliche Mitteilung. 1990.
– (1995): Die Effektivität neuropsychologischer Rehabilitation nach rechtshemisphärischem Schlaganfall. Diss. Universität Zürich.
Klaus, M. H., J. H. Kennell, N. Plumb und D. Zuehlke (1970): Human maternal behavior at first contact with her young. In: Pediatrics 46, 187.
– und J. H. Kennell (1976): Parent-to-infant attachement. In: Maternal infant bonding. St.Louis: Mosby.
Klein, M. (1975): The writings of Melanie Klein. London: Hogarth. Dt.: Gesammelte Schriften. 4 Bde. Stuttgart: Frommann-Holzboog 1995.
Korczak, J. (1992): Wie man ein Kind lieben soll. Göttingen: Vandenhoeck und Ruprecht.
Koshland, D. E., Jr. (1993): Frontiers in neuroscience. In: Science 262, 29.10.1993.
Kröber, T. (1962): Ishi in two worlds. Berkeley: University of California Press.
Kuhn, T. S. (1967): Die Struktur wissenschaftlicher Revolutionen. Frankfurt/Main: Suhrkamp.
Kuo, Z. Y. (1932a): The structure and environmental factors in embryonic behavior. In: Journal of Comparative Psychology 13, 245.
– (1932b): The influence of embryonic movements upon the behavior after hatching. In: Journal of Comparative Psychology 14, 109.
– (1978): The dynamics of behavior development. An epigenetic view. Erweiterte Ausgabe. New York: Plenum Press.
Laing, R. D. (1987): Das geteilte Selbst. Eine existentielle Studie über geistige Gesundheit und Wahnsinn. München: Deutscher Taschenbuch Verlag.

Lasch, C. (1986): Das Zeitalter des Narzißmus. München: Deutscher Taschenbuch Verlag.
Latané, B. und J. Darley (1969): Bystander »apathy«. In: American Scientist 57.
Lawrence, D. H. (1949; Erstveröffentlichung 1915): The Rainbow. Harmondsworth: Penguin.
Leacock, E. B. (1981): Myths of male dominance. New York: Monthly Review Press.
Lebovici, S. (1990): Der Säugling, die Mutter und der Psychoanalytiker. Die frühen Formen der Kommunikation. Stuttgart: Klett-Cotta.
Lee, D. (1944): Linguistic reflections of Wintu thought. In: International Journal of American Linguistics X, 4.10.1944.
Lemarchand, R. (1993): Burundi. Ethnocide as discourse and practice. New York: Cambridge University Press.
Leonhard, W. (1955): Die Revolution entläßt ihre Kinder. Köln: Kiepenheuer und Witsch.
LeVay, S. (1991): A difference in hypothalamic structures between heterosexual and homosexual men. In: Science 253, 1034.
Levi, P. (1965): The reawakening. Boston: Little, Brown and Co.
– (1992): Ist das ein Mensch? Ein autobiographischer Bericht. München: Deutscher Taschenbuch Verlag.
Lewis, M. (1992): Shame and the exposed self. In: Zero to three, 4/1992. Hrsg. v. National center for clinical infant programs, Arlington.
Lewis, N. und R. Meyer (1990): Roman civilization. New York: Columbia University Press.
Lifton, R. J. (1967): Death in life. Survivors of Hiroshima. New York: Random House.
– (1972): Questions of guilt. In: Partisan Review XXXIX, Winter 1972.
Lilli, J. C. (1956): Mental effects of reduction of ordinary levels of physical stimuli on intact, healthy persons. In: Psychiatric Research Reports 5.
Locke, J. L. (1994): Phases in the child's development of language. In: American Scientist 82, 9/10/ Lynd 1994.
Lynd, H. M. (1958): On shame and the search for identity. London: Routledge.
MacLean, P. D. (1967): The brain in relation to empathy and medical education. In: Journal of Nervous and Mental Disease 144, 5.
– (1987): Triune Brain. In: Encyclopedia of neuroscience, Bd. 2, Appendix 1. Hrsg. v. G. Adelman. Boston: Birkhäuser.
Malkki, L. H. (1995): Purity and exile. Chicago: University of Chicago Press.
Mandelstam, N. (1970): Hope against hope. A Memoir. New York: Atheneum.
Mantell, D. M. (1972): Familie und Aggression. Frankfurt/Main: Fischer.
Manvell, R. und H. Fraenkel (1967): The incomparable crime. Mass extermination in the twentieth century. London: Heinemann.

Marcuse, H. und E. Fromm (1955): Dissent Magazine 1955. Politics and psychoanalysis. Auch in: E. Fromm: Die Auswirkungen eines triebtheoretischen Radikalismus auf den Menschen. In: Gesamtausgabe, Bd. 8. München: Deutscher Taschenbuch Verlag 1989.
Marvick, E. W. (1974): Childhood history and decisions of state. The case of Louis XIII. In: History of Childhood Quarterly 2, 2, Herbst 1974.
Marx, K. (1992): Deutsche Ideologie. In: Marx-Engels-Werke, Bd. 3. Berlin: Dietz.
Max-Planck-Gesellschaft-Spiegel, April 1994.
McKenna, J. J. (1990a, b, c): Evolution and sudden infant death syndrome. In: Human Nature 1/2, 145, 1990 (a); 1/2, 179, 1990 (b); 1/3, 291, 1990 (c).
Meadows, D. L. u.a. (1972) Die Grenzen des Wachstums. Bericht des Club of Rome zur Lage der Menschheit. Stuttgart: DVA.
Meadows, D. H., D. L. Meadows und J. Randers (1992): Die neuen Grenzen des Wachstums. Die Lage der Menschheit: Bedrohung und Zukunftschancen. Bild der Wissenschaft. Stuttgart: DVA.
Meerwein, F. (1959): Überlegungen zum Schuldproblem bei Depressiven. In: Schweizer Archiv für Neurologie und Psychiatrie, 1959, LXXXIII.
Meltzoff , A. N. und M. K. Moore (1977): Imitations of facial and manual gestures by human neonates. In: Science, 198, 10/1977.
Miller, A. (1979): Das Drama des begabten Kindes und die Suche nach dem wahren Selbst. Frankfurt/Main: Suhrkamp.
Miller, H. (1946): Maurizius forever. New York: Colt.
– (1980): Rimbaud oder Vom großen Aufstand. Reinbek: Rowohlt.
– (1988): Nachwort zu Jakob Wassermanns »Etzel Andergast«. München: Deutscher Taschenbuch Verlag.
Mills, C. W. (1956): The power elite. New York: Oxford University Press. Dt.: Die amerikanische Elite. Hamburg: Holsten 1962.
Milner, B. (1965): Visually guided maze learning in man. Effects in bilateral, frontal, and unilateral cerebral lesions. In: Neuropsychologia 3.
Milosz, C. (1995): Year of the hunter. In: New York Review of Books, 23. 3. 1995.
Mitscherlich, A. (1983): Der Reflex reicht nicht aus. Grundzüge einer Sozialpsychologie. In: Gesammelte Schriften, Bd. 7. Frankfurt/Main: Suhrkamp.
Modena, E. (1981): Unter dem Banner des Narzißmus. In: Die neuen Narzißmustheorien. Zurück ins Paradies. Hrsg. v. Psychoanalytischen Seminar, Zürich. Frankfurt: Syndikat.
Morgan, M. (1995): Traumfänger. Die Reise einer Frau in die Welt der Aborigines. München: Goldmann.
Murphy, R. F. und J. H. Steward (1955): Tappers and trappers. Parallel processes in acculturation. In: Economic Development and Cultural Change 4.

Myerhoff, B. (1978): Number our days. New York: Simon and Schuster.
Needham, J. (1929): The sceptical biologist. London: Chatto and Windus.
Neue Zürcher Zeitung, 28. 4. 1993: Sicherheitsdebakel.
–, 25. 11. 1993: Schuldspruch im Bulger-Mordprozeß.
–, 12. 4. 1997: Eine Million Kinder in den USA jährlich mißbraucht.
Neumann, R. (1960): Ausflüchte unseres Gewissens. Hannover: Verlag für Literatur und Zeitgeschehen.
The neurosciences second study program. Hrsg. v. F. O. Schmitt. New York: Rockefeller University Press 1970.
New York Review of Books, 3.11.1994: Rezension von R. Kapucinskis »Imperium« (1994).
New York Times, 2. 9. 1981: Nachruf auf Albert Speer.
–, 18. 8. 1993: San Francisco Erdbeben.
–, 18. 8. 1993: Rough emotional seas for flood victims, C-11.
Niemelä, P. (1982a): Idealized motherhood and the later reality. In: Advances in Psychosomatics, Obstetrics and Gynecology. Hrsg. v. H. J. Prill und M. Stauber. Berlin: Springer.
– (1982b): Psychological work after abortion. In: Health and clinical psychology. Hrsg. v. J. J. Sanchez-Sosa. North Holland: Elsevier.
Nienstedt, M. (1989): Die Angstbindung des Kindes und die Identifikation mit dem Aggressor. In: Mitteilungen des Landesjugendamtes Westfalen-Lippe 101.
– und A. Westermann (1990): Pflegekinder. Psychologische Beiträge zur Sozialisation von Kindern in Ersatzfamilien. Münster: Votum.
– und A. Westermann (1994): Die schmerzlichen Erinnerungen bleiben. Zur Bewältigung traumatischer Erfahrungen in Ersatzbeziehungen. In: Sozialmagazin 7/8.
Nietzsche, F. (1980): Zur Genealogie der Moral. München: Deutscher Taschenbuch Verlag, 273 f.
Nilsson, M. P. (1964): A history of Greek religion. New York: Norton.
Osborne R. B., J. W. Hatcher und A. J. Richtsmeier (1989): The role of social modeling in unexplained pediatric pain. In: Journal of Pediatric Psychology 14, 43-61.
Pagels, E. (1981): Versuchung durch Erkenntnis. Die gnostischen Evangelien. Frankfurt/Main: Suhrkamp.
Pawl, J. H. (1995): The therapeutic relationship as human connectedness. Being held in another's mind. In: Zero to three, Bd. 15, 4, 2/3. Hrsg. v. National center for clinical infant programs, Arlington.
Payne, R. (1962): The civil war in Spain. New York: Premier Books.
Pilgrim, V. E. (1986): Muttersöhne. Düsseldorf: Claassen.
Portmann, A. (1961): Animals as social beings. New York: Viking. Dt.: Das Tier als soziales Wesen. Zürich: Rhein 1953.
Radin, P. (1953): Gott und Mensch in der primitiven Welt. Zürich: Rhein.

Ramonet, I. (1997): Globalitäre Regime. In: Le Monde diplomatique 1, Januar 1997.
Rank, O. (1988): Das Trauma der Geburt und seine Bedeutung für die Psychoanalyse. Frankfurt/Main: Fischer 1988.
Ratusshinskaja, I. (1993): My best teacher. In: Times Evening Standard, 9. 7. 1993.
Reagan, R. (1982): Woher ich komme. Erinnerungen. München: Langen-Müller.
Reck-Malleczewen, F. P. von (1971): Tagebuch eines Verzweifelten. Frankfurt/Main: Fischer.
Reeves, D. L. und C. B. Carville (1938): Complete agenesis of corpus callosum. Report of four cases. In: Bulletin of the Los Angeles Neurological Society 3.
Reiff, J.: Persönliche Mitteilung. November 1994.
Remarque, E. M. (1989; Erstveröffentlichung 1957): Der schwarze Obelisk. Geschichte einer verspäteten Jugend. Köln: Kiepenheuer und Witsch.
Rheingold, J. C. (1964): The fear of being a woman. New York: Grune & Stratton.
– (1967): The mother, anxiety, and death. Boston: Little, Brown and Co.
Ribble, M. (1943): The rights of infants. New York: Columbia University Press.
Richter, C. P. (1965): The phenomenon of unexplained sudden death in animals and man. In: The meaning of death. Hrsg. v. H. Feifel. New York: McGraw Hill.
Riefenstahl, L. (1994): Memorien. Berlin: Ullstein.
Roberts, G. W. (1991): Schizophrenia. A neuropathological perspective. In: British Journal of Psychiatry 158, 8.
Robins, L. N. et al. (1984): Lifetime prevalence of specific psychiatric disorders in three sites. In: Archives of General Psychiatry 41, 949.
Rosenstock-Huessy, E. (1969): Out of revolution. Autobiography of Western man. Norwich: Argo.
Roskam, A. (1972): Patterns of autonomy in high achieving adolescent girls who differ in need for approval. Diss. The City University of New York.
Rottmann, G. (1974): Untersuchungen über die Einstellungen zur Schwangerschaft und zur fötalen Entwicklung. In: Pränatale Psychologie. Hrsg. v. G. H. Graber. München: Kindler.
Sacks, O. (1985): The president's speech. In: The New York Review of Books, 15. 8. 1985.
Saffran, J. R., R. N. Aslin und E. L. Newport (1996): Statistical learning by eight-month-old infants. In: Science 274, 13.12.1996.
Sampson , R. (1966): The psychology of power. New York: Pantheon.
– (1991): Vorwort zu Leo Tolstois »What then must we do?« Bideford: Green.
Sandburg, C. (1968): Abraham Lincoln. The war years. 2 Bde. New York: Dell.

Saul, R. E. und R. W. Sperry (1968): Absence of commissurotomy symptoms with agenesis of the corpus callosum. In: Neurology 18.
Schachtel, E. G. (1959): Metamorphosis. On the development of affect, perception, attention and memory. New York: Basic Books (Kapitel: Memory and childhood amnesia).
Scheerer, M. (mit R. Reiff; 1959): Memory and hypnotic age regression. New York: International Universities Press.
Schneirla, T. C. (1949): Levels in the psychological capacities of animals. In: Philosophy for the Future. Hrsg. v. R. W. Sellars, V. J. McGill und M. Farber. New York: Macmillan.
– (1956): Interrelationships of the »innate« and the »acquired« in instinctive behavior. In: P. P. Grassé: L'instinct dans le comportement des animaux et de l'homme. Paris: Masson.
– (1957): The concept of development in comparative psychology. In: Concept of development. Hrsg. v. D. B. Harris. Minnesota: University of Minnesota Press.
– (1959): An evolutionary and developmental theory of biphasic processes underlying approach and withdrawal. In: Nebraska Symposium on Motivation, Bd.7. Hrsg. v. M. R. Jones. Nebraska: University of Nebraska Press.
Searle, J. R. (1993): Die Wiederentdeckung des Geistes. München: Artemis.
Sereny, G. (1995): Das Ringen mit der Wahrheit. Albert Speer und das deutsche Trauma. München: Kindler.
Shaheen, E., D. Alexander, M. Truskowsky, und G. J. Barbero (1968): Failure to thrive. A retrospective profile. In: Clinical Pediatrics 7, 255.
Shakespeare, W.: Dramatische Werke. Übersetzt von A. W. v. Schlegel und L. Tieck. Herausgegeben und revidiert von H. Matter. Basel: Birkhäuser 1943.
Siirala, A. (1964a): The voice of illness. New York: Mellen.
– (1964b): Divine humaneness. Philadelphia: Fortress.
Siirala, M. (1972): Psychotherapy of schizophrenia as a basic human experience, as a ferment for a metamorphosis in the conception of knowledge and the image of man. In: Psychotherapy of Schizophrenia. Hrsg. v. D. Rubinstein und Y. O. Alanen. Amsterdam: Excerpta Medica.
– (1983): From transfer to transference. Helsinki: Therapeia Foundation.
Silverberg, W. V. (1947): The schizoid maneuver. In: Psychiatry 10.
– (1952): Childhood experience and personal destiny. New York: Springer.
Simmel: zitiert in: A. Siirala: Divine humaneness. Philadelphia: Fortress 1964, Anm. 212.
Skinner, B. F. (1972): Jenseits von Freiheit. Reinbek: Rowohlt.
Solschenizyn, A. (1975): Lenin in Zürich. Bern: Scherz (23).
Stern, D. N. (1992): Die Lebenserfahrung des Säuglings. Stuttgart: Klett-Cotta.

Stork, J. (1994): Zwischen Leben und Tod. Aus der Behandlung eines Säuglings – ein Beitrag zum plötzlichen Kindstod. In: Kinderanalyse 1, 60-94.
Szasz, T. S. (1961): The Myth of Mental Illness. New York: Harper and Row.
Tages-Anzeiger, Zürich, 3. 1. 1994: US-Kriminalität.
–, 11. 2. 1994: Einfach niedergeschossen, grundlos.
–, 20. 5. 1995 (Magazin): Säuglingssterben in Ruanda.
Thomas, A. et al. (1963): Behavioral individuality in early childhood. New York: New York University Press.
–, S. Chess und H. G. Birch (1968): Temperament and behavior disorders in children. New York: New York University Press.
Tinbergen, N. (1974): Ethology and stress disease. In: Science 185, 20.
Tišma, A. (1993): Die Schule der Gottlosigkeit. München: Hanser.
Tolstoi, L. N. (1960): The life and death of Ivan Illych. New York: Signet. Dt.: Der Tod des Iwan Iljitsch. Frankfurt/Main: Insel.
Tomatis, A. A. (1987): Der Klang des Lebens. Vorgeburtliche Kommunikation, die Anfänge der seelischen Entwicklung. Reinbek: Rowohlt.
Tophinke, C. (1989): Das Prinzip Langeweile. In: Tages-Anzeiger Magazin, Zürich, 7.10.1989.
Trow, G.: Reflections. The »New York Post« and the dominant black male. 10/1992. Unveröffentlicht.
Turrini, P. (1986): Ein paar Schritte zurück. Gedichte. Wien: Europa.
Turnbull, C. M. (1961): The forest people. New York: Simon and Schuster.
Ulman, M., E. M. Ashenhurst, L. J. Hurwitz und A. Gruen (1960): Motivational and structural factors in the denial of hemiplegia. In: Archives of Neurology 3, 9/1960.
– und A. Gruen (1961): Behavioral changes in patients with strokes. In: American Journal of Psychiatry 117, 11, Mai 1961.
Victor, G. (1983): The riddle of autism. A psychological analysis. Lexington: Heath and Co.
Wald, G.: Privatbrief vom 8. 1. 1975.
Walker, L. S., J. Garber und J. W. Greene (1993): Psychosocial correlates of recurrent childhood pain. In: Journal of Abnormal Psychology 102, 2, 248-258.
Wassermann, J. (1988; Erstveröffentlichung Berlin: Fischer 1928): Der Fall Maurizius. München: Deutscher Taschenbuch Verlag.
– (1983): Caspar Hauser oder Die Trägheit des Herzens. München: Deutscher Taschenbuch Verlag.
– (1990): Christian Wahnschaffe. München: Deutscher Taschenbuch Verlag.
– (1994): Mein Weg als Deutscher und Jude. München: Deutscher Taschenbuch Verlag.
Webster's new collegiate dictionary. Springfield: Merriam Webster.
Weiss, R. (1961): Journey through hell. London: Valentine, Mitchell.
Welch, M.: Persönliche Mitteilung über einen Vortrag von M. H. Klaus und

J. H. Kennell bei der Annual ATTACh Conference, Cleveland, Ohio, Oktober 1994.

Weltfish, G. (1965): The lost universe. New York: Basic Books.

Werner, E. E. (1989): High-risk children in young adulthood. A longitudinal study from birth to 32 years. In: American Journal of Orthopsychiatry 59.

Wertheimer, M. (1945): Productive thinking. New York: Harper.

Westermann, A. (1994): Aggressive Distanzierung. Klage und Anklage. Seminar im Rahmen der Lindauer Psychotherapiewochen am 28.4.1994.

Whorf, B. L.: zitiert in: H. M. Lynd: On shame and the search for identity. London: Routledge 1985, 173f.

Wilson, C. (1956): The outsider. New York: Delta.

Wilson, E. (1965): The wound and the bow. New York: Oxford University Press.

Witelson, S. F. (1976): Sex and the single hemisphere. In: Science 193, 425ff.

Witkin, H. A., H. B. Lewis, M. Hertzman, K. Machover, P. Bretnall Meissner und S. Wapner (1954): Personality through perception. New York: Harper.

Wolf, E. R.: zitiert in: S. Diamond: Kritik der Zivilisation. Anthropologie und die Wiederentdeckung des Primitiven. Frankfurt/Main: Campus 1976.

Wurm, F.: Der Mensch und sein Verhalten. Nachbemerkungen zu Moshé Feldenkrais. 1994. Unveröffentlicht.

Wyman, D. S. (1986): Das unerwünschte Volk. Amerika und die Vernichtung der europäischen Juden. München: Hueber.

Yarmolinsky, A. (1962): Road to revolution. New York: Collier.

Zhisui, L. (1994): The private life of chairman Mao. New York: Random House.

Namenregister